# 漢家天下

## 劉邦定鼎

忠將辭弓，王者悽惶！
英雄路何處歸？

清秋子　著

大風起兮雲飛揚，威加海內兮歸故鄉，安得猛士兮守四方！
天下之定，源於英雄與庶民共擔
江山如棋，人心如水！智者擇時進退

# 目錄

# 良弓難棄，將軍忍別戰場

項羽戰亡之際，天寒地凍，本是蕭瑟季節；然而在垓下北郊，漢軍大營內，卻是一派喜慶。眾將士經多年征戰，皆勞頓不堪，此時忽然沒了敵手，頓覺身心俱暢。兒郎們在軍帳內歇息數日，只覺得憋悶，都跑出軍帳來，相互角力，比試擲石，以此嬉戲。

數日內，自晨至昏，漢王劉邦不知受了多少臣下致賀，諸臣都稱滅楚為「萬世之功」，諛辭不絕，翻來覆去，直聽得耳朵竅裡都冒出油來。

故而這日晨起，劉邦便喚來左丞相曹參，吩咐傳令諸將：「所有虛禮皆免，都不要來絮聒了，各自守住營壘，不擾民便好。」

曹參走後，劉邦又喚來陳平，劈面便嗤笑道：「你看諸將，都是血濺戰袍、創痕遍身，獨你這典軍者，袍上連個血漬都沒有，若非天佑，便是你躲懶，哪裡像個上戰陣的人！來來，寡人也須沾些你的福氣，今日無事，為我誦讀《太公兵法》，先養養神再說。」

陳平道了一聲：「臣慚愧。」便席地坐下，拿過案頭一卷簡冊，展開來讀。

劉邦脫了鞋履，箕踞於榻上，閉目聆聽。喧囂中，有了這書聲琅琅，便覺分外提神，聽到精妙處，不時撫膝讚嘆。

正在悠然之間，忽聞天際傳來一陣雷鳴，如山崩地裂，震耳欲聾。劉邦渾身便是一顫，興致全消。

那滾雷又響了數聲，便戛然而止。劉邦忙爬起來，倒趿鞋履衝出帳去，仰起頭來望天。只見漫天彤雲密布，一派欲雪天氣，他臉色便發白，倒吸一口冷氣道：「冬日裡，如何打雷？莫非是天象示警？」當即命中郎將徐厲，速去傳太史令來。

陳平此時走出大帳，卻一伸臂，攔住徐厲道：「且慢！」

劉邦回首瞥了一眼，笑道：「陳平兄，又有何高見？」

陳平道：「今日聞冬雷，正當其時，君上何須問太史令？」劉邦睜大雙目，訝異道：「哦？這又是何道理？」

「冬日雷震，夏日雨雪，皆為逆天之象。應合這人間之事，恐是喻示：倒行逆施者，必難久長也。」

「莫非說這冬雷，是應了項王敗亡？」

「正是。此天象所應人事，必為項王之死，而無他！烏江浦距此地，不過五百里。依臣之推算，呂馬童等諸將，最遲於今日，就該攜項王首級歸來。」

「哦？」劉邦被提醒，心內不覺一動。再望望大營內外，見兒郎們也都為冬雷所驚嚇，停住了嬉戲，面面相覷。

劉邦便有些惱恨，對徐厲道：「項王死了，居然能嚇得住活人！你去傳令，命兒郎們擂鼓奏樂，鬧他一鬧。」

待徐厲領命退下，劉邦便與陳平返回帳內。不須片時，大營各處便是金鼓齊鳴，兼以絲竹之聲，一片鼓噪。

陳平聞之，不由大喜，抬眼望了望劉邦，以為君上也必是滿面喜色。卻不料，只見劉邦神色黯然，僵坐於榻上，動也未動一下。

陳平先是一驚，轉而一想，便知劉邦心中亦是哀憫，於是連忙斂容坐下。

君臣如此默坐，也不知過了幾時，忽聞帳外有馬蹄橐橐，由遠及近，馳至帳門前停下。一員驍將自馬背滾下，進帳來稟報：「大王，王翳、呂馬童等五將，已攜回項王屍身，稍後即至。」

來者原是中郎將周緤，此前兩日，他奉劉邦之命，往東去打探消息，半路恰遇見呂馬童一行攜屍返回。周緤驗看了項王頭顱，知此事已坐實，便飛馬先回大營報信。

劉邦望一眼周緤面孔，不禁一笑：「寡人知道了。看你塵土滿面，哪還有半分威儀？莫教同僚輩笑話，快退下洗洗吧。」

徐厲等一眾近侍，見周緤飛騎歸來，都知項王頭顱今日必定傳回，各個高興，蜂擁奔進大帳來，要向君上賀喜。

卻不料，劉邦卻霍然起身，下令道：「項王雖薨，然終究為尊者，稍後屍身送回，須以諸侯之禮入殮。你等且退下，傳令各軍統統歸帳，不得喧嘩，不得出帳觀看，違令者，殺頭，定不赦！」

眾人聞言，都不禁咋舌，連忙分頭去傳令。

待眾人退下後，劉邦回首對陳平道：「陳平兄，你去請齊王韓信來。你二人，便守在這帳外，待驗看項王屍身無誤，再來稟報。」

陳平領命，出得帳來，即喚來謁者僕射隨何，請他速去傳召韓信。

韓信得了傳令，急忙趕來，滿臉都是喜氣，只想一睹項羽首級。陳平見他來，忙拉住他衣襟，耳語了數句。韓信聽了，神情不禁一凜，當下便與陳平在帳前立定，等候呂馬童一行前來報捷。

兩人負手等候，卻遲遲不見五將蹤影，只得耐下性子，不住地朝遠處張望。

如此等了多時，只見東方塵頭大起，一隊軍馬驟馳而來。前頭五將，在轅門前下了馬，各自牽了馬匹，昂然而入。大營內各處兵卒，因軍令之故，都不敢擅動，只躲在軍帳內探頭張望。

經陳平布置，自轅門至漢王大帳前，有軍卒執戟排列，甚是隆重。走在前頭的王翳，胸前所掛包袱，即是項王頭顱。後面四將，各搶得項王一肢，皆馱於馬背之上。

一行人來至漢王大帳前，只聽陳平一聲招呼，徐厲立時拿來一匹白絹，鋪於地上。五將神色肅然，各卸下項王頭顱、四肢，於白絹之上拼好。陳平便斂了斂氣，拉了韓信上前驗看。

此景端的是悲壯之極！但見那項王屍首，雖是戰袍襤褸，血汙遍體，卻仍是鬚髯僨張，雙目圓睜，似隨時都可發出雷霆之吼……

陳平朝那屍身看了一眼，便面色發白。韓信到底是膽大，彎腰看清了無誤，便朝陳平以目示意，請陳平進帳去稟報。

陳平略穩一穩神，吸了口氣，轉身進了帳，高聲稟道：「齊王與臣適才驗看，確是項王屍首無疑，請大王親自驗看。」

劉邦聞言站起，正欲出帳，忽又止了步，只緩緩道：「項王，故人也。你二人既然看了，自是無誤。」

陳平便勸道：「大王，滅楚大業，乃千秋之事。今大功告成，還請大王親眼驗看為好。」

劉邦閉了雙目，默然半晌，眼角忽有淚水湧出，仰頭嘆道：「項籍兄，廣武山一別，尚不足三月，如今……兄之勇烈，我劉季是萬不能及呀！」便對陳平揮揮手道：「算了，寡人如何能有心情驗看？便由你操持吧，用上等棺木裝殮，以車載之，隨隊而行，日後擇地安葬。」

陳平領命，正要退下，劉邦又吩咐道：「去喚那五將來吧，寡人要當面嘉勉。」陳平便提醒道：「大王，先前曾有軍令，得項王首級者，封萬戶侯。」

「這個自然，五將均可封侯。」

「哦？莫非……要封五個萬戶侯？」

「荒唐！」劉邦臉上，這才有了些許笑意：「如此封賞，豈不是要將天下都賠光了？只一個萬戶侯，由五人均分；若嫌不夠，再多賜半個萬戶亦不妨。」

陳平一笑，忙將五將喚進帳來。只見那五將，甲冑整齊，魚貫而入，滿身猶有殺氣。到得劉邦跟前，便一字排開施禮，禮畢，各個都有得意之色。

劉邦逐一望過去，頻頻頷首，讚道：「虎將，虎將！今日得此大功，恐是祖墳埋得好。待來日封侯，你等子孫襲爵，保萬世富貴，定要羨煞眾人了。」

五將喜得眉飛色舞，又一齊拱手謝恩。劉邦便戟指呂馬童道：「將軍，項王是你舊主，那烏江邊上，你如何下得了手？」

呂馬童正自得意，遭此一問，不禁滿面惶悚，俯下頭去，不能對答。

劉邦遂大笑道：「你心腸到底是比我硬！好了，封侯之事，待天下平定之後再說，寡人既有旨，便絕不食言。今晚你等都好生歇息，教那灶上好好備一餐飯。」

五將齊聲謝恩，揖禮畢，便各自歸營去了。

陳平跟著出帳，招呼了一聲，眾郎衛便一齊上來，七手八腳將項王屍身移走，自去裝殮了。劉邦這才踱出帳來，嘆息道：「項王年方三十二，便如此歿了，寡人實有不忍。」

韓信意氣正盛，興沖沖道：「臣則為大王賀！項王橫霸天下，終告傾覆；我漢家上下，從此可以安枕了。」

劉邦卻揮揮袖道：「此時慶功，尚且過早，楚地尚有東海、江東等處未降。這便召各位文武來議吧，教那諸王也來，將此事早做籌措。」

韓信一時血湧，以手按劍，慨然應道：「項王既薨，殘餘不足為慮。請大王引軍自回關中，臣願率齊軍，往東南去，將那楚軍統統蕩平。」

劉邦望了望韓信，微微笑道：「垓下之戰，齊王居功甚偉。今後這些枝節小事，就不必勞你費神了。」

韓信大失所望，只得退後一步，默然無語。

少頃，英布、彭越、曹參、周勃、樊噲、夏侯嬰等一眾豪雄，都奉召前來。劉邦便也不講究禮數，與眾人圍坐一起，議起用兵之事來。

劉邦道：「項王自號『西楚霸王』，乃因楚之根本，皆在彭城以西。如今西楚數郡，大部已定，楚實已覆亡。然我輩不可驕矜自大，今江東之東楚、江陵之南楚，尚有楚軍餘眾數萬，不單是未降，且都懷復仇之心，諸君可大意不得。依寡人之意，明日即遣別軍兩支，將東楚分頭略定，不知何人願當此任？」

此言甫畢，在座諸人便都紛紛起身，爭相請命，唯周勃穩坐不語。劉邦便笑道：「還是周勃兄厚重！罷罷，此功便給了你吧。自明日起，你率別軍一支，前往平定泗水、東海，逐城而奪，務要剪草絕根。」

周勃便霍地起身，唱喏領命。

劉邦又道：「再看那灌嬰部，已兵臨江東，也是大意不得。楚之江東，乃是項氏舊巢，人心素不向漢。可傳令灌嬰不必班師，備好渡船，過江去攻吳縣（今屬江蘇省蘇州市）。待吳縣攻破，再南下平定豫章、會稽兩地。楚之餘孽，乃我之大患，不得稍有姑息。大軍所到之處，只須以刀劍說話，無論良莠，逆之者亡！」

聽了劉邦這番布置，眾人都狂呼叫好。曹參高聲道：「灌嬰雖年少，其鋒芒卻甚銳，追殺項王，未出旬日便將首級傳回，今日率軍蕩平東南，當不在話下。」

劉邦大喜道：「好！我便在這垓下靜候，只待南北兩路捷報。」

韓信此時，神色卻頗顯不安，從座中起身建言道：「臣以為，今後兵事，有諸王及各將安排，大王無須多慮，只管引軍返歸關中。若放心不下，可先撤至洛陽，靜觀一時。這垓下左近，千里蒿草，滿目淒涼，豈是久留之地？」

劉邦卻搖頭道：「齊王勇氣可嘉，寡人不及。然事有奇正之變，哪裡有一定之規？寡人時來常思：楚雖三戶，尚可亡秦；吾輩新得天下，豈能無憂？吾意已決，楚地不平，不離垓下。」

韓信略作躊躇，便又道：「如此也好。垓下為福地，在此必能等來捷報。只是……我齊軍自南下以來，經垓下惡戰，折損甚多，人馬三去其一，餘者亦多疲極。如今既無仗可打，不如臣先行班師，回齊地也好休息。」

「哦？你目下還有多少人馬？」

「除去灌嬰一部，尚有二十萬餘。」

劉邦便連連搖頭：「齊王不能走！有你這二十萬雄兵在側，我方可睡得安穩。」

韓信不禁面露詫異：「大王亦有兵馬二十萬，且半為老營精兵。今楚已敗亡，僅存餘燼，又何懼之有？」

劉邦苦笑道：「寡人用兵，怎與將軍相比？不過屢敗屢戰而已。二十萬兵又有何用？近來，曾數次夢見項王活轉過來，驚出我一身冷汗。故而寡人之意，齊王還是暫留此地，以防楚地復叛。」

見劉邦執意挽留，韓信也只得應了，不再多言。

劉邦見韓信怏怏不樂，便對眾人道：「齊王方才想慶功，也屬常情。也罷，寡人這便置酒，為諸君慶功。」

當下，僕射隨何一聲喚，便有涓人出來，將筵席擺上。諸將見有酒飲，都喜形於色，紛紛解甲，不分尊卑，席地而坐。

酒過三巡，眾人開懷大悅。劉邦環視座中，笑道：「吾提劍安天下，唯賴諸君。漢家諸將，可了不得！威名加於四海，何人可敵？」

韓信亦知劉邦心思，忙應道：「武人仗劍，匹夫耳，豈有多智？唯陛下馬首是瞻，方能橫行天下。」

劉邦聞言，微笑不語，忽瞄見隨何立在座側，便指著隨何對眾將道：「哈哈，還是武人有用。定天下，安用腐儒哉？」

眾將亦隨劉邦視之，見隨何身形單薄，似手不能縛雞之狀，不禁哄堂大笑。

隨何正侍立於劉邦身後，聞諸將哄笑，便略一揖，不慌不忙問劉邦道：「昔年大王引兵攻彭城，倘使項王不回軍，大王率步卒五萬、騎士五千，能擒來英布嗎？」

劉邦一怔，只得答道：「不能。」

「然大王曾遣臣與二十人，出使淮南，至九江，勸降九江王英布。以此觀之，臣之賢能，勝於步卒五萬、騎五千也。然大王卻指臣為腐儒，且稱『定天下，安用腐儒』，又是何故呢？」

「這個嘛……咳咳！」劉邦臉一紅，忙改口道，「愛卿之功，也甚是了得！如何打賞，容寡人思之。」

諸武將聞隨何之言，皆有所感，紛紛斂容起身，向隨何拱手致禮。

果然未及旬日，劉邦便有諭令下，加隨何為護軍中尉，官職與陳平相等，分陳平之權，朝夕隨駕顧問。諸將聞令，無不驚異，再也不敢小覷隨何。

此後半月間，劉邦擁大軍駐在垓下，日日怵惕，不敢有半分鬆懈。閒來無事，便閱看各地傳回的軍書，也無心召婢女來洗腳了。

如此等候，至漢王五年（西元前202年）正月間，南北兩路，果然都有捷報傳至。周勃所領兩萬人馬，北上之後，便如風捲殘雲，橫掃泗水、東海兩郡，攻下二十二城，多是兵鋒所至，楚民便開門迎降了。

然灌嬰所部渡江後，卻意外遭逢勁敵。那吳縣的守將景陽，乃楚之孤臣孽子，不甘受滅國之辱，閉門抗拒，竟致漢軍寸步難進。

灌嬰見堅城難下，已引得江東楚軍氣焰復熾，心裡便煩躁。這日他騎馬督戰，在吳縣城下，聞城頭守卒叫罵，忽想起漢王破曹咎之計。便命所部後撤，在城郊席地而坐，打起項王靈幡，向城上祖宗八代地亂罵。

這一計，果然靈驗。漢軍辱罵已故項王，直激得景陽氣血上湧，當下率兵傾巢而出，唯求一戰。城中的楚卒，都知國破主亡，已再無生路，各個抱定決死之心，勇猛異常。兩軍廝殺開來，竟難分勝負。然灌嬰所率的郎中騎，畢竟多了些歷練，戰了大半日，漸漸發起力來，長戟飛舞，迭次衝陣，終大破楚軍，擊殺景陽，這才將吳縣平定。

吳縣既下，衡山王吳芮在邾縣（今湖北省武漢市邾城）孤懸於外，便也無心再守，當即傳檄天下，易幟降漢。

楚上柱國陳嬰聞之，亦在江東率部降漢，聲言要過江來覲見漢王。這位陳嬰，早年曾是義帝輔臣，在楚地聲望甚高。他之降漢，震動甚廣，江東一帶立呈瓦解之勢。

劉邦在大營得知後，不由大喜，忙馳書灌嬰，囑他務必優待降臣。又函告陳嬰暫不必朝見，且與灌嬰合兵，略定會稽、豫章兩地。

此後情勢，正如劉邦事前所料，一入正月，天下便大定。楚之遺民，皆知霸王猶如始皇帝，腦門上寫了「暴虐」兩字，萬年也洗不乾淨。一旦國亡，便永無復國之望，於是皆俯首稱臣，再無反心。

然於此間，仍有一南一北兩座城不服。

南邊的這一個，乃是臨江王的都城江陵（今湖北省荊州市），地處南楚。自霸王分封至今，四年來，臨江王的王號已傳了兩代。那老王共敖，原是戰國故楚之貴胄，秦末投了項梁義軍，成了楚懷王身邊的重臣，官至上柱國。項羽西征咸陽之時，共敖也曾相隨，曾領兵一支擊破南郡（今湖北省荊州市一帶）。後項王分封天下，念他是楚貴胄，便給了他這個臨江王做。封地在楚之舊都江陵，也算是恰合身分。

待到劉邦傳檄伐楚時，各路諸侯群起相從，獨獨臨江王不予理睬。然楚漢後來在滎陽相持之際，共敖為明哲保身計，卻又未發一兵一卒助楚。

老王共敖身體不佳，已於年前過世，其子共尉便襲了王號。至項王戰歿之時，老王共敖已死了一年有餘，其子共尉血氣方剛，只認楚為正統，偏就不來降漢。

劉邦得知此情，心裡便發了狠，悄悄喚來劉賈、盧綰，吩咐道：「臨江王共尉，尚有乳臭，卻敢與我漢家作對，寡人必不相饒，定要滅之而後快。今楚地歸服，天下初定，再無甚大仗好打了，末尾的這份功勞，便賞了你二人吧。」

劉賈、盧綰頓覺大喜。劉賈應道：「千里游擊，為我所長。今赴江陵，定要提得共尉頭顱回來。」

劉邦卻是連連搖頭，告誡道：「臨江憑山臨水，有兵法所云之地利。其疆土遼闊，堪比楚漢、三秦，都城江陵得糧道之利，且已有備，爾等若無些韜略，只怕是『可以往，不可返』，故萬萬不可大意。你二人，乃我心腹，莫要無功而返，丟了我的老臉。」

盧綰口稱諾諾，劉賈卻是不服，大言道：「昔日襲楚，所向無不披靡，況乎區區之江陵？」

劉邦便叱道：「咄！沒有阿兄我，你個豎子，怕至今仍為賣餅者流，離不開沛縣一步。這等狂言，休在我面前搬弄！」

劉賈笑道：「正是阿兄照拂，弟才有幸彎弓躍馬，做了一回大丈夫。阿兄請勿慮，奪不下那江陵，弟怎有臉面回來？」

二人領命之後，便在本營點起萬餘兵馬，大張旗鼓，向西而去了。再說那楚之北地，也有一城未降，那便是魯城。

近日有前去招降的漢使，返回覆命稱：魯城軍民頑愚之極，倚仗塹深牆高，囤積了足夠一年的糧秣，遍豎赤旗，拒不降漢。至此，西楚九郡盡皆歸漢，唯此一城仍高懸楚幟，甚為狂悖。使者勸降之時，一語未畢，城上便有亂箭射下，全無轉圜餘地。

劉邦聽罷稟報，不由大怒：「魯城，這是何等怪物？」當下，便召張良、陳平前來商議。

張良道：「魯城不降，自有其道理。昔年項梁君戰死，楚懷王即封項王為魯公，項王收拾餘眾，便以此城為根據，與章邯交鋒，故而魯城與項王甚有淵源。魯人素重禮制，今不降漢，只為感念舊主而已。」

劉邦恍然大悟道：「原來如此！魯城軍民，居然愚到如此地步。」低頭想想，又憤然道：「今漢家得勢，各路人馬都大勝而歸，寡人將集天下之兵，前往征討，非屠此城不可！不如此，不足以令天下服我！」

陳平聞言大驚，忙勸阻道：「區區魯地，腐儒之邦，何勞大王親征？可命韓信率別軍一支，即可攻破。」

劉邦不禁勃然變色，拂袖怒道：「寡人用兵，固不如韓信；但若論兵，你陳平恐還不如寡人！」

當下陳平臉便漲紅，忙請罪道：「誠哉誠哉，請大王賜教。」

「寡人豈敢教你？寡人只知：魯乃項王舊封之地，父老一心向楚，正是所謂項王老巢，豈是偏師一支就可攻破的？吾與項王，惡鬥四載，便宜了韓信，竊得那垓下滅楚大功。今海內漸平，唯此一戰，可揚我之名、添我之威，寡人不親征又當如何？項王生時，我劉季不得出頭；項王死了，我還怕個甚麼神鬼狐怪？」

陳平望望張良，見張良意態如常，並無驚詫之色，便知劉邦是嫌惡韓信功高，方有此意。於是不敢再爭，忙謝罪道：「臣迂腐，不明大事，陛下還請息怒。那魯城雖微，然能守微而抗我大漢，自是不可小視。陛下親征，是大有道理。」

劉邦便抬手指點陳平，嗤笑道：「兵書讀到你肚子裡，如進狗肚，算是全廢。此事毋庸再議了，趁正月吉時，即集起天下之兵，征伐魯城。此戰，乃楚漢終局之戰，務要一舉蕩平，教那楚民各個震恐，不敢心生反意。如此，你我之子孫，才好落個萬世太平。」

陳平忽想到昔年的睢水之敗，便忍不住一笑：「此等豪言，到如今，便是微臣我，也敢說了。」

劉邦聽出陳平話中的譏諷，心中罵了一句，叱道：「你只是個嘴巧！」

如此又過了旬日，灌嬰率部得勝班師，降臣陳嬰亦來歸。灌嬰稟稱：江東數郡，盡皆平定，連同化外番邦，亦多來歸降。陳嬰所部平定豫章之後，城垣殘破，已築造新城，號曰「南昌」，取「昌大南疆」之意。

劉邦聞之，心內大定，正要點兵北上，忽有軍使從西南而歸，呈上軍書稱：劉賈、盧綰兵臨江陵城下，急攻共尉不下，折損甚重。

劉邦氣極，一把扯爛了軍書竹簡，頓足道：「豎子！庸夫！《孫子兵法》是如何說的？軍中屯長、伙夫皆知：『圍師必闕，窮寇勿迫』！江陵乃故楚郢都，高城堅壁，天下無匹。共尉此刻恰是窮寇，他若據城死守，豈是兩個庸才能圍困得下的？」罵畢，又急召韓信前來商議。

君臣二人密議了半日，議定遣騎將靳歙，率別軍一支急趨往援，換太尉盧綰回來。靳歙臨行，劉邦覺放心不下，又面囑再三，令他務必效仿韓信破趙，誘敵出城而殲之。

料理好南邊軍略，劉邦便點起本部二十萬人馬。連同韓信、英布、彭越、周殷、陳嬰等諸部，攏共有五十萬之眾，冒寒北上。

可憐那江淮一帶楚民，於短短四年間，便兩次身歷數十萬軍過境，徵糧徵丁，不勝其擾。幸而此時已是冬季，否則，田禾又不知將踏壞多少。

漢家兵卒挾得勝之威，士氣高漲，絲毫不以天寒為苦。樊噲所部先鋒中，尚有未戰死的巴蜀「板楯蠻」[01] 千餘人，一路歌呼，捧雪嬉戲，引得其餘諸部也都興起，南腔北調地唱個不停。

諸臣中，唯張良打不起精神來，一路都心事重重。劉邦在戎車[02] 上看見，忙招手問道：「子房兄，可有恙乎？」

張良連忙打馬趕上，拱手答道：「臣只是略感體虛，並無大礙。」劉邦望望，疑心道：「恐非如此吧，兄莫不是有心事？」

張良沉吟片刻，問道：「天下之兵盡在此，區區魯城，不知藏有糧秣幾何？」

劉邦便哈哈大笑，笑罷，低聲道：「魯之於我，癬疥之疾也，此行不過虛張聲勢，大軍哪裡要進魯城就食？」

「既如此，君上何必統兵北行？」

---

[01] 板楯蠻，古族名，古代巴人的一支。又稱「白虎夷」、「白虎復夷」、「賨人」、「巴人」。漢初曾助劉邦定關中。其俗喜歌舞。

[02] 戎車，亦稱「戎輅（ㄌㄨˋ）」，即戰車、兵車。單轅兩輪，車廂呈橫長方形，後面開門。戎車作戰左右旋轉自如，以利放箭或格鬥。

「這個……子房兄應知寡人之疾，究竟在何處！」

張良聞得此言，便是一驚，失手將馬鞭墜於地，臉色越發不好了。

漢軍從垓下拔營，浩蕩北上，不數日，便途經蕭縣。軍旅過處，正是舊日戰場。劉邦憑軾四望，心中感慨，索性令車駕停下，縱身一躍，跳下車來，換了一匹馬騎上，與張良、陳平並轡而行。

一路談笑，不覺便進抵彭城之下。只見城牆大部已墮，城內街市蕭條，楚民皆有驚懼之色。劉邦見此狀，頗為驚異，便下令全軍稍歇。

俄頃，有城內留守校尉前來覲見，稟稱：年前攻破彭城，不待大股漢軍入城，城內百姓因恨霸王黷武，竟聚眾將王宮一搶而空，又焚毀宮室以洩憤。後灌嬰為厭彭城王氣，下令將大半城牆墮壞。彭城經此兵燹，元氣大傷，城內百業俱廢，謀生艱難，百姓已逃亡大半。

劉邦聞罷，嘆息不止，遂下令：「各軍繞道而行，不得有一卒擅入城內。」又對張良、陳平道：「昔日項王，鼻孔朝天，何其霸道？眼下一朝覆亡，竟是這般可憐相。我今日見了，也是心驚。你二人今後須多留意：我漢家天下，萬不能落到此等地步。」

張良附和道：「今日觀之，果令人感嘆。」

陳平卻不以為然，只說道：「大王洪福，斷無步項王後塵之理。」

劉邦哼了一聲：「月滿則虧，平地也要防跌倒，只怕未必是多慮！陳平兄，你何時才能不似倡優，盡說這些拍馬的話？」

陳平忙辯白道：「臣也知此理，只不願口出危言，敗了季兄興頭。」劉邦便笑：「你是無論何時，總有道理！」

待行至彭城郊外九里山，劉邦忽勾起哀傷之念，遂跳下馬來，環視左右，躬身以手掘土，翻出了兩個箭鏃來，嘆息道：「當日在此，折了我多少兒郎！」

張良、陳平與眾侍衛也下馬來，在各處尋出些斷劍殘弓來。眾人睹物生情，皆唏噓不止。陳平喃喃道：「當日逃命，何敢想今日重遊？時乎？勢乎？」

劉邦便道：「今天下雖定，然四方豪傑，心卻未定。我君臣若鼻孔朝天，難免不重蹈睢水之敗。陳平兄，今日魯城雖微，然亦須大軍壓境，便是此理。」

陳平嘆服道：「君上遠見，臣萬不能及。」

劉邦遂大笑，指著陳平的頭頂道：「今日得意，莫忘當日丟盔棄甲便好。」眾人聞劉邦調侃，都一片哄笑。陳平頓感大慚，面紅耳赤。

大軍繞彭城而過，行了未及數里，劉邦忽又下令改道，全軍轉向西北而行。如此走了數日，大隊陸續至定陶城下，即各自安營。

那定陶城內，倉廩豐足，可供大軍就食數月。各部之軍卒，也知區區魯城不足一哂，都將北征視為遊行，只是喧呼嬉笑，不多時，便紮好了營寨。那連營，竟有數十里之廣，遠遠望去，唯見平野帳幕如林。

在定陶，劉邦只歇了一夜，便留下大部人馬，親率十萬老營精銳，往襲魯城。

一彪人馬向東疾行，軍伍過處，暫態便將雪地踏成黑土一片。沿路鄉民不知就裡，但見旌旗紛紜、戈戟交錯，都嚇得紛紛避走，閭里為之一空。劉邦也顧不得安民了，只是催軍疾進。如此過了五日，行至魯城數里之外，便望見周勃所部兵馬，早將那城圍得似鐵桶一般。

待劉邦紮下營來，周勃便進帳來拜見。君臣見過禮，周勃大不服氣道：「區區魯城，何勞大王親征？城內僅有邑兵寥寥，無非是千把個丁壯守城。大王若下令，以微臣之力，三日內即可攻下。」

劉邦便斥道：「你已貴為公侯，心胸如何還是狹小？寡人豈是疑你無能，皆因此戰為大局收尾，須得揚我劉邦聲威，以震天下。我親率大軍來此，誓言屠城，便是要教楚民膽寒，永世屈服。」

「季兄，我懂不得那許多。屠也罷，不屠也罷，周勃皆願為前驅。」

「你明事理便好！以我之意，老營人馬歇息一夜，明朝食畢，便與你部合兵攻城，兩日內，務必破城。這就傳令下去吧，城破必屠，不留根孽！老營隨我在廣武山吃苦甚多，早該犒賞。今番破城，城內男丁不分老幼，一概屠戮；財帛女子，盡歸軍士。」

周勃聞令大喜，奔出帳去，向各營傳令。老營士卒聞之，無不踴躍，各個厲兵秣馬，只待明日放手劫掠。

次日朝食既畢，十萬餘漢軍便傾巢而出，抵近城下。霎時，小小魯城便成汪洋孤島。城下，但見漢軍旗幟，如林交錯；黑衣兵卒，漫野湧動。僅那萬千馬匹的喘息之聲，便如潮聲轟鳴。

魯城牆垣並不甚高，於重圍之中，眼見得竟是要傾頹的樣子。主將曹參全身披掛精甲，持盾執戟，壯偉如煞神，笑對眾將道：「區區小邑，何勞我大軍動武？唾水也淹得塌了！」笑罷，一聲雷吼，便下令攻城。

眾士卒聞令，齊聲呼喝，如潮一般奔湧向前。各個舉盾擋箭，負土築版。一派鼓鳴吶喊之中，費時多半日，便築起了攻城壁壘，與城牆遙遙相對。又將那備好的衝車、樓櫓、拋石炮等，都推至前沿。曹參見狀，微微一笑，拔起壁壘上大纛來，狠命搖了幾搖，扯開喉嚨吼道：「三軍聽著！」一聲喊罷，陣前便是萬籟無聲，軍卒們按行伍抵近壁壘，執盾荷戈，彎弓張弩，只待那一聲號令。

劉邦披一身簇新犀甲，親執盾牌，來至壁壘前沿，在大纛下站定。他回望一眼，只見葛衣戰袍黑壓壓一片，延至天際，仍不見盡頭。十萬漢兵，正一伍一什，排列成行，單膝跪地待命，猶如滾滾黑浪，前後相續，直抵魯城城垣之下。

眾軍見漢王親臨城下，都不敢懈怠。加之平素被楚軍殺得苦了，今日見了赤幟，立時打起了十二分精神來。

見軍卒士氣旺盛，劉邦不禁大喜，心中喊了一聲好，便抬眼朝城上望去。只見魯城於晨光之中，似巨獸蹲伏，其門緊閉，人蹤全無，唯有無數赤幟遍插城頭，旗上皆是斗大的「楚」字。劉邦便不由納罕：這魯城，怎的就吃了豹子膽呢？

此時張良、陳平立於旁側，只是凝神不語。再看身後的曹參、周勃、樊噲等諸將，則是一臉不屑。劉邦頓覺此景甚是滑稽，拈鬚自語道：「腐儒，偏要弄些名堂出來！」

曹參見時辰已到，便搶步上前，拱手道：「陛下與文臣可退後，待微臣發令，命樊噲登城。」

「且慢！」劉邦擺手道，「看此城，似無城防，我若恃強登城，顯是勝之不武。你且喊話，勸這班腐儒降了便罷，免得死人。」

曹參應諾一聲，便以盾牌護身，躍上壁壘，大呼道：「大漢左丞相曹參在此！城上諸君聽清了。我家漢王御駕親征至此，意在平魯。今日定陶城下，有天下兵馬五十萬，絡繹而至。前月，項王已薨，楚地九郡無不降漢，江淮上下再無一面赤幟。天下諸侯，也都是曉事的，早已歸順多時。大勢若此，魯城彈丸之地，豈可回天？還望城中父老不可執迷，勿使白白送了性命。城中若有楚官，只要降了，性命可保，官爵亦可保。人貴在曉事，切勿錯失良機，我可再等諸君半個時辰，到時，莫怪我手下無情。」

喊話畢，只見垛堞後有一人挺身而出，向城下喊道：「此城中，哪還有甚麼楚官？連縣丞、縣尉也尋不著了。俺不過是鄉中三老，目聲耳聵，不堪大用，今為闔城父老所推，管些城中閒事。足下所言，我是半句也未聽懂。」

曹參不由火起，怒喝道：「我是教你開城降順，可保你全家頭顱！」

那三老仍慢悠悠道：「方才，聞足下自稱漢家左丞相，卻見你甲胄在身，顯是武人。我魯地，自古乃禮儀之邦，上從周公，下敬孔子，與武人從不相干。適才將軍曾言項王已薨，老朽卻是未曾聞。敝鄉大儒孔子曰：『知之為知之，不知為不知。』吾人確乎不知項王生死，項王豈是常人，或許還活得好好的！將軍只管去忙碌吧，我等鄉民，便不奉陪了。」說罷將身一縮，便不見了蹤影。

樊噲氣得跳起腳來：「曹參兄，如何不下令攻城！」

曹參回頭望望劉邦，劉邦便一頷首。周勃會意，抖一抖寬肩厚背，攢足了勁兒，正要下令，忽聞城內笙簧大作、管弦齊鳴。繼而，有眾人誦讀之聲悠揚入耳。漢軍將士聽得面面相覷，不由都將眼光一齊望向劉邦。

劉邦側耳聽了片刻，便一笑：「居然、居然！我劉季自幼好樂，所聞所歌，皆是俗樂。如此雅樂，平生還未曾耳聞呢。攻城之事，不急，且聽他一聽吧。」樊噲道：「小心城上伏兵，勿遭了暗箭。」

劉邦便笑：「儒雅之民，他懂得甚麼放暗箭？」遂喚郎衛們搬來茵席，招呼諸臣坐下，閉目傾聽起來。

聽了半晌，劉邦睜開眼，嘆道：「周天子之樂，也不過如此吧。」說罷起身，整了整衣冠，下令道，「曹參兄，今番不攻城了，只圍住便罷。樓櫓、炮石等器械，統統撤回，只留五千人圍城，其餘可暫回營歇息。」

張良、陳平聞令，都鬆了一口氣，不覺相視一笑。諸將卻一時譁然，紛紛上前，問劉邦此乃何意。

劉邦嘆口氣道：「此處乃禮儀之邦，天下瞻仰，我若破城屠之，勝之以武，定有損於漢家名聲，弄得不好，臭名遠揚，譬如那秦始皇，弄到天下咬牙切齒。魯人今日不降，自有他不降的道理。他乃是愚忠，為主守節，若以畜類作喻，便是上等的好狗了！若項王尚在，他就願為項王死，豈是能講通道理的？好在項王柩車，即在大營中，夏侯兄請速回營去，將項王首級取來，教那城上看看，以絕他僥倖之念。見了項王頭顱，我再以溫言勸之，他豈有不降之理！」

陳平聞之，面露欣喜之色，讚道：「這攻心之計，便是孫武子所言『衝其虛也』。」張良亦喜道：「如此，魯人幸甚，我將士亦幸甚。」

不多時，夏侯嬰便將項王首級取來。劉邦命兩名校尉提了首級，從壁壘中策馬奔出，繞城而馳。

此時，城上城下兩軍士卒，都不知此為何等名堂。一時屏住氣，只顧呆望。戰陣之上，不聞嘈雜，唯有兩騎疾奔之馬蹄聲，清脆如刁斗。

那兩名漢軍校尉，一人手持長竿，將項羽首級高高挑起，一人高呼：「項王首級在此！今漢王仁厚，不忍屠戮，以此號令魯城父老，勿再執迷。」

兩騎在城下，繞城三匝。城上聞聲，忽地就從城堞後冒出許多人來，各個俯身下望。漢軍也覺稀罕，都忘了待命，紛紛挺身翹首。陣上寂靜，落針可聞。忽然，城上略有騷動，頃刻間便如崩堤一般，爆出來一片哭聲。

劉邦在壁壘中見了，微微一笑，對曹參使了個眼色。曹參便躍上壁壘，大呼道：「項王勇武，天下無敵，我漢軍也心服口服；然其滅秦之際，坑秦卒、弒義帝，大失人心，成了暴虐之主，與爾等所敬之孔夫子，全不相干。數年前，諸侯聯兵討伐項王，可見人心向背。今楚已覆亡，魯城父老若不降，試問更為何人守節？世間之事，江河可以倒流，唯天道不可違逆。爾等既敬大儒，便不可愚忠於暴君。昔日項王待你輩如何，漢王也絕不減等，城門一開，魯人便見萬世太平，何其美哉！諸父老請聽好，今日不降，更待何時？」

如此喊過不久，忽見城上赤幟皆被人拔下，紛紛拋下城來，片刻工夫，便堆得如積柴一般。又過了半晌，城門豁然洞開，有一隊人走出，只見諸閭里父老在前，儒生數千隨後，皆衣縞素，分列道旁，焚香頂禮。

劉邦大喜道：「這才是識相呢，何須費事？」便拉了身邊一匹馬來騎上，帶領文武諸臣，隨大隊兵馬緩緩進城。

路旁父老及儒生雖皆跪迎，卻是埋首不語、淚流滿面。劉邦見了，心中忽生憐憫，勒馬停下，撫慰道：「天下息了刀兵，總是好事，諸位請回去讀書吧。我輩持劍殺伐，血濺戰袍，也是亂世所逼，不得不為之。」說罷便催馬前行，昂然入城。

進得城後，見街衢整齊、氣象端莊，行人峨冠博帶、身披雲羅，望去皆似君子貌。劉邦便不由讚道：「大儒所在，果真就不一樣！」又回首對張良、陳平道：「今見儒鄉，即使是寡人，亦有田舍翁進城之感。你二人，骨子裡也是腐儒，見此景，當是大遂心願了吧？惜乎酈老夫子命不好，無緣得見。」

張良在旁提醒道：「叔孫通才是大儒，今在櫟陽[03]做太子太傅，教授太子讀書，已閒置多年了。」

劉邦怔了一怔，笑道：「叔孫通已官拜博士，封號稷嗣君，並未埋沒。他一介儒生，不教太子，眼下還有何事可做？權當養著。我漢家，

---

[03] 櫟（ㄌㄧˋ）陽，秦置縣。曾為戰國時秦國都城，在今陝西省西安市武屯鎮。

養幾個腐儒也好，免得人譏我為屠狗輩。」

陳平插言道：「那叔孫通因陛下厭儒，已多時不服儒冠。臣見他換了短衣，一如楚制，與儒雅之風毫不相干了。」

「哈哈，這個叔孫通，倒也曉事，怪不得越看他越順眼。這個嘛……漢家得了天下，少不得要作勢一番，多半有賴他謀劃。罷罷，這便命他速來軍中吧。」

稍後，在城中衙署內，劉邦會過各鄉三老，好言安撫畢，便道：「項王於昔日興楚之際，曾封為魯公，因而貴鄉乃項王的根本之地。根脈既在此，自然最宜修造墳墓。項王與我，兄弟也，他的墳墓，當然我要來修。此事寡人已想了多時，此次來魯城途中，曾見穀城（今山東省平陰縣東阿鎮）之東，山水極佳，是個好歸處。今擬以魯公之禮，葬項王於穀城，諸君以為如何？」

眾人豈有說不好的？都紛紛稽首謝恩，感泣不止。自次日起，魯城百姓為項王素服三日，便欣然為漢家臣民了。至此，楚之最後一城，即告收服。楚地千里，再也無楚軍片甲了。

魯城事畢之後，漢軍回師定陶，途經穀城，大隊停留了數日。劉邦帶領眾文武與堪輿術士，於城東十五里處，相看了一處好地，點起香燭，行了開山之禮。禮畢，便命數百士卒即刻挖穴造墳。

入葬當日，劉邦一身縞素，親為發喪。他手捧祭文，立於棺柩前誦之，讀至「情同兄弟，本非仇讎」一句，不禁潸然淚下，幾欲暈倒。身旁夏侯嬰見事不好，忙上前扶住，順勢附耳道：「季兄，人死不能復生。況乎項王若復生，恐非喜事呢。」

劉邦怔了一怔，只佯作未聽清，拭去眼淚，勉強讀罷祭文，望著眾人七手八腳下葬，想起與項羽交往之種種，不禁又大慟，欲以頭觸地。

張良等一眾文武，只得上前死命勸住。眾軍士見了，也為之動容。

經幾百軍士晝夜忙碌，兩日之後，項王墓於平地矗起，狀如覆斗，四周柏樹森森。劉邦前來看了，甚覺稱意，便喚來當地三老、嗇夫[04]，命其為項王立廟享祭，不得怠慢。

此處項羽墓葬，在今山東省東平縣舊縣村一帶，早年尚有神道、碑刻等遺存，漢柏成蔭，然今日僅存宋代殘碑一座，其餘皆無跡可尋了。另在項王自刎之處，即今安徽省和縣烏江鎮上，有一處「霸王廟」，規模甚巨，香火至今不廢。此皆為後話了。

且說這夜，劉邦與諸臣宿於穀城。劉邦仍覺心傷，不能入寐，便披了紫羔裘衣坐起，點燃炭爐來烤火。想想息兵之後，仍有諸事如麻，不容稍歇，還不知何日是個盡頭。忽而，想起一件事來，便遣人喚了張良來，問道：「楚地已平，項氏舊族多已星散，生死不知。那未死的項伯，是否逃匿在你帳下？」

張良見問得突兀，一時面孔漲紅，不敢作答。

劉邦便仰頭笑道：「子房兄，在就在，你怕甚麼？」

張良更加惶悚，連忙伏地請罪道：「大王，確在臣帳下，此事臣不該隱瞞。」

「嘿嘿，此事我早已知。項伯是何許人也？若在你處，如何便能瞞得住人？莫非你怕寡人一怒，誅了他這老兒嗎？」

「臣確是礙於舊誼……然即使項氏伏誅，也屬罪有應得。」

劉邦忙將張良扶起，笑道：「子房兄，這是哪裡話？若無項伯，我這頸上頭顱，還不知在何處呢，焉能取他項伯的頭顱？你速去，召他來見我。」

張良聞此言，方覺釋然，忙奔回帳中，喚起隱匿在傭僕中的項伯，

[04] 嗇夫，官吏名，鄉官。秦時鄉置嗇夫，掌聽訟、徵收賦稅。漢、晉及南朝劉宋仍沿襲之。

一同來至劉邦行宮。

劉邦一見項伯，即捧腹大笑道：「項伯兄，你即使戴了綠幘[05]，披了葛衣，亦是細皮白肉的，哪裡就像個僕役？只好哄鬼！」

項伯大窘，忙伏地叩首，口稱罪人，道：「罪臣項伯，雖苟免於兵亂，然不敢來見漢王。」

劉邦故意面露不豫道：「當今天下，已無寸土未降漢家，你還能逃往何處？」

項伯只是不敢抬頭：「臣罪孽在身，萬死難謝天下，當任憑漢王發落。」

劉邦大笑三聲，起身近前，將項伯恭恭敬敬扶起，嗔怪道：「項伯兄這便不爽快了，弟劉季豈是那不仁不義之徒？項王薨了，那是天命難饒他，然項氏族屬何罪有之？寡人在垓下時，便已想好：項氏一門，可統統免罪，賜姓劉，與我做個同宗骨肉。如此，也不枉我與項王兄弟一場了。待天下事定，項氏便都封侯，與我共用那萬世的富貴。」

項伯聞言，恍似夢寐。呆了一呆，不禁大哭起來：「漢王，漢王……項氏即是做馬做犬，也是要報恩的。」

「哪裡話？鴻門宴上，項莊舞劍時，你那一番與項莊的對舞，不單是救了寡人，也是救了項氏同宗。你一門族屬，除項莊戰歿、項佗被俘之外，其餘藏匿民間者，還請項伯兄統統尋回，好生安撫，皆遷往櫟陽安頓吧。」

項伯自是一番千恩萬謝，唏噓不止。三人又在燈下敘了一番舊，項伯方起身告退。

劉邦要留張良議事，便請項伯先返回歇息。待項伯走遠，劉邦方對

---

[05] 幘（ㄗㄜˊ），又稱巾幘，古代漢地男子裹發的巾帕。綠幘，為供膳僕役所服，亦指卑賤者之服式。

張良道：「寡人也不是聖人，有恩報恩，有仇便要報仇。日前過九里山，看得我心驚。當年追殺我最力者，季布、鍾離眛也。這二人，就是逃至化外番邦，也必捉回，要砍下頭來，祭我亡兄紀信！」

張良聞言一驚，囁嚅道：「只是……此二人全無蹤跡。」

劉邦笑望張良道：「你臉白甚麼？我又沒說藏在你處，諒你也無膽量留此二賊。此事，待明日張榜通緝，申令天下。想那兩人，總不能遁到地下去吧。」

「緝捕之事，自是應當，然此等戴罪之人，已不足為患了。」

「正是！子房兄，今夜我留你計議，便是要防大患。你且隨我來。」說罷，劉邦便拉住張良衣襟，轉入密室之中去了。

這日，韓信在定陶壁壘中閒得不耐煩，便帶領一干親隨，馳馬奔至郊外圍獵。日前一場大雪尚未融化，但見雪地上獸蹤錯雜，宛如圖畫。韓信興起，手挽雕弓，只循著那新鮮足跡追趕，弓弦響處，必有斬獲，引得眾人陣陣喝彩。

眾將士飛鷹走馬，馳騁了半日，無不盡興，將那方圓數里的狐兔打了個精光。副將高邑騎馬朝韓信奔來，氣喘吁吁稟道：「此處已無鳥獸可覓，大王可下令回營。」

韓信意猶未盡，將那弓弦撥得錚錚作響，心中便在猶豫，想是否轉至他處再獵。

正在此時，身邊一員驍將忽地伸手過來，輕輕一掠，便奪過了韓信手中雕弓，笑道：「此弓且交與臣吧！既已無物可獵，縱是神弓，也只得空弦自鳴。」

韓信心中一顫，不由想起蒯通當日所言，轉頭看去，原來是新晉將軍陳豨（ㄒㄧ）。

這位陳豨，乃宛朐（ㄑㄩˊ）人氏，年少有為。宛朐本屬碭郡，當年沛公軍西取咸陽，途經此處，陳豨便慨然投軍。因勇猛善戰，頗得劉邦賞識，只不過因年齒尚小，故未得加拜將軍。待韓信伐齊之後，劉邦發兵一萬前往增援，陳豨便在那援軍之中。

入齊之後，陳豨越發神勇，登城陷陣，無不當先。其勇武倒還罷了，於兵法上也十分精通，可獨當一面。韓信對他，遂有了一番惺惺相惜之心，多次馳書向漢王保薦。曹參、灌嬰、傅寬等諸將，也都對他交口稱讚。

行軍途次，韓信常喚陳豨到帳中一同吃酒，飲罷，便秉燭論兵，終夜不倦。及至韓信受封為齊王，陳豨便也水漲船高，做了將軍。

此時見無物可獵，韓信瞥一眼陳豨，便苦笑道：「世無敵手，倒也十分惱人。」

陳豨道：「大王何出此言？敵手甚多，天下還遠未定呢。」

韓信聞言，心中便是一陣煩亂，吩咐道：「不獵了，回營！你且到我帳中來議。」

回到定陶壁壘中，陳豨卸去戎裝，換了一身襦衣[06]，來至韓信帳中。見韓信已擺好棋枰，正等他來下棋。

陳豨便笑：「垓下息兵之前，數次與大王對弈，因常有軍務打擾，多不能終局。今日總算是無事了。」兩人便各執黑白，慢慢下起棋來。

韓信似有心事，只顧揣摩棋局，半晌未置一詞，陳豨便也不作聲。有侍者送上滾熱的羊羹，韓信便對近侍擺手道：「你等皆退出帳去，孤王要與陳豨將軍好好對弈。」

待眾近侍退下，韓信凝視棋盤，久久才落下一子，頭也不抬地問：

---

[06] 襦衣，即短衣。

「天下之勢，不知將軍以為如何？」

陳豨小心答道：「無非是又一番合縱連橫。」

「嗯？恐不至於。如今項王已死，更有何人能有此手段？」「微臣只知，若一虎潛蹤，則群狼復起。」

「如此說來……倒是得小心了。日前我還正愁悶呢，天下若就此息了兵戈，此生將再也無甚樂趣。」

「臣以為，鏖兵之事，或綿綿不絕，遠未至偃武修文之時。臣只是為大王擔憂。」韓信遂一笑：「憂從何來？莫非齊地將有反覆？」

陳豨卻不答，起身至案邊書篋前，尋出一卷書來。韓信望望，原是《莊子》。陳豨手持書卷道：「微臣魯鈍，於軍書之外，百書不讀，唯嗜讀《莊子》。」

韓信便覺好奇：「將軍最常習的，是何篇目？」

「便是那《直木》篇。莊子曰：『直木先伐，甘井先竭。』如此洞見，豈是凡庸之輩所能及？」

「哦？那麼孤王便是凡庸了……」

「不敢！臣絕非此意。那莊子神思，大王必能領會。直木與彎木，有大用者，必為人所先伐；甘井與苦井，有甘泉者，必為人所盡汲。在此敢問一聲大王：秦末以來，環顧海內，何人最擅用兵？」

「當然是項王。」

陳豨便在棋枰上輕輕落下一子，又低聲問道：「然項王終為何人所敗？」

韓信頓時呆住，擲下棋子，疑惑道：「將軍之言，是謂孤王獨秀於林，招致眾妒。居王位，勢必不寧了？」

陳豨一拜道：「大王，恕臣僅言於此，多言則不祥。」

韓信望住陳豨半晌，而後起身，嘩地一下，以袖拂亂棋局，嘆口氣道：「將軍之言，甚有道理，容孤王深省熟慮再說。看來，天下恐未見得已大定，若亂局再起，我當明哲自保才是。」

陳豨便又道：「此處並無他人耳目，容微臣坦言：臣平生所最敬服者，唯大王一人耳。若論縱橫謀略，即是吳起、孫武復生，恐亦不如大王；唯有春秋兵聖先軫（ㄓㄣˇ），或可與大王比肩。大王之才，實乃天縱，滅楚之後，已達於鼎盛。望大王及早退步，歸於至柔，安享後半世的榮華，即便只做個富家翁，亦強於項王在烏江自刎。」

韓信心頭一熱，連連嘆道：「孤王知矣！將軍之才，豈止是馳騁於兵陣焉？」隨即便喚人擺酒，兩人又是一番暢飲。

如此數日無事。這日，忽有趙國信使自邯鄲來，攜來趙王張耳、河間郡守趙衍的書信各一封。韓信收下信來，至夜，方才啟封細讀。見到故人筆跡，往日鏖戰的種種情形，紛然而至眼前，令韓信不禁眼溼。

兩信中，並無機密事，無非是些家常問候，皆溫語款款。

張耳在信中說：去年為小兒張敖迎親，新媳為漢王之女魯元公主，因主持納娶六禮[07]，勞煩過劇，漸至體力疲弱。入冬至今，只是飲酒賞景，政事都交與臣屬去辦了。數月以來，摒棄俗務，好不快活。久之，忽覺生而有涯，恰如白駒之過隙，待得功名俱至時，竟是再活不多久了。

此信之末尾，張耳感念韓信推舉之恩，故以忠言相告，勸韓信趁滅楚建有不世之功，及時行樂，效富家翁聲色之娛，以遣歲月。另還須廣積資財，惠及子孫。

韓信讀罷此信，不由感慨，訝異於如此一位豪雄，晚來心境竟如田

[07] 六禮，古時聘婚的一整套程序。即納采、問名、納吉、納徵、請期、親迎。

舍翁一般。憶起當年與張耳夜走井陘口事，竟如隔世。不由便嘆：人世之莫測，有過於此乎？

接著又拆開趙衍書信來看，內中也是一番問候，辭意頗懇切。趙衍信中說道：職在河間郡，欣聞大軍進駐定陶，可謂隔河相望，然職守在身，不能擅離，故而無緣拜訪。年前一別，不才在趙地做了這庸官，不離衙署，日夜陷於冗務，常念起在將軍帳下的許多好處來。

信中又言及：昔年承蒙將軍教誨，得益匪淺，聞將軍以齊王之尊，成就破楚大業，此等豐功，定能垂名後世了。臣趙衍曾為將軍僚屬，聞之欣然，亦覺與有榮焉云云。

韓信看罷，頓生感慨。昔日趙衍在側，凡事尚有個可商議之人；如今故人遠離，心事再難與人訴說。就算是躋身於諸侯，南面為王，卻一如孤峰獨立，倍覺寥落。同儕中曹參、灌嬰者流，終是草莽出身，胸無點墨，不過是些不怕血濺三尺的匹夫罷了，實難共話古今。帳下諸人，唯有陳豨尚屬孺子可教，今後有事，看來還須多與陳豨商量。

繼之又想道：自垓下息兵以來，漢王行事，便有諸般的古怪。賜我統軍虎符後，便將我這二三十萬軍牽住不放。軍至魯城，又不與我仗打，一路只是陪他作遊行。同是為王，我卻要終生仰他鼻息。看來，當年在漢中的擢拔之恩，這一世也是報不完的了。

如此想著，便不由意氣消沉，直覺這貌似風光的齊王，做得越來越無甚滋味了。

寂然默坐間，刁斗不知不覺響過了數巡。待到侍者送上羹湯來，韓信這才驚覺，時已過了夜半，急忙援筆寫了兩通回函，吩咐從人，天明後即交驛使帶走。

寫罷信函，韓信方覺心中積鬱消散了大半，於是喚人端來熱水，盥洗就寢不提。

次日醒來，想起昨日陳豨所言「唯有春秋兵聖先軫，或可與大王比肩」之語，韓信心仍不能平。梳洗完畢，即帶領親隨巡營，去觀看軍士操演。

齊軍每日的晨操，甚有章法，演兵場上縱橫有度，時發陣陣吼聲。韓信望見自家兒郎列伍齊整、甲冑鮮明，心頭便是一喜。遂走近一士卒身旁，要過他手中的劍來看。

韓信將劍拂拭一遍，舉起來端詳，見此劍乃是韓地鑄鐵劍，其紋理之密，層層如鱗，劍脊筆直分明，有一股青光逼人，端的是一柄難得的好劍器。再看列伍中其他軍卒所佩，俱是如此，心中便頗為自得。

想到從廣武山來的老營漢軍，半數用的還是秦鑄青銅劍，兩軍器械之高下，立時可判。如此想來，那陳豨所言，也不見得是當面阿諛。以今日之勢，環視海內之兵，還有哪個能比得上這堂堂的齊軍？

韓信將劍還回那小卒，正要詢問炊食如何，忽聞身後有人疾呼：「大王，大王！」回身望去，見是謁者一路狂奔而來。

那謁者奔至近前，拱手稟道：「大王，漢王率張良、曹參等朝中重臣，前來壁壘探望。」

「哦？」韓信一時竟回不過神來，「不是尚在安葬項王嗎，如此之快，便回定陶了？漢王現在營內何處？」

謁者答道：「已入大帳等候。」

韓信只淡淡應了聲：「知道了。」正要轉身回大帳，忽又想起，問那謁者道：「你看漢王來營中，究竟是何用意？」

謁者滿臉惶然，搖頭道：「小臣實不能揣度。」

韓信這才向眾隨從道：「爾等且在此觀看，孤王稍後便來。」說罷即偕了謁者，朝大帳疾步而去。

走近大帳，只見中郎將周緤、徐厲持劍肅立，守住帳門，四周有數十名執戟郎衛，於帳外警戒。見韓信來，周緤一聲號令，眾郎衛便恭謹退步，讓出了一條路來。

韓信頓覺情形有異常，但無暇多想，便疾步搶入。進得大帳，見劉邦已端坐於主座之上，衣冠分外鮮亮，身著一襲龍鳳紋錦緞寬袍，端然有新霸氣象。尤其異於平常的，乃是頭上戴了一頂簇新的竹皮冠。

昔年劉邦在泗水亭捕盜時，喜戴薛城人編的竹皮冠。登漢王之位後，此好依舊不改，凡遇大事，必戴一頂竹皮冠，其狀巍峨，長如鵲尾，如屈原遺風。以至群臣也紛起效仿，以為尊崇，民間皆稱之為「劉氏冠」。劉邦若戴起此冠，必有大事。

至於張良等人，似也有異，皆立於劉邦身後，並未坐下。韓信一笑，便招呼眾人入座。卻聽劉邦緩緩道：「齊王不必多禮，今為兩王相會。其餘人等，姑且站著吧。」

韓信無奈，只得朝眾人一揖，在劉邦南側坐下，暗自揣摩漢王來此之意。

劉邦此刻神閒氣定，看似並無大事；然則一戴上這頂竹皮冠，便分外鄭重其事，絕非平常造訪。再看那張良、陳平、曹參、周勃、樊噲、夏侯嬰等數人，見了面，亦無平日嬉笑寒暄之態，行禮既畢，便是緘口無語。韓信心中，便知今日必有不尋常事。

正在他忐忑之間，但見劉邦一笑，側身斜視道：「齊王⋯⋯大將軍⋯⋯哈哈，韓都尉！」

韓信連忙俯首稱謝道：「臣投漢數年來，全憑大王賞識擢拔。臣實不才，然所得封賞，卻逾常人之貴，此厚恩萬難報答。」

劉邦便一揮袖，笑道：「今日不說這個，僅敘舊而已。」說罷，即吩咐眾人道，「諸君也都坐下吧，切莫見外。」

張良略讓了一讓，便獨坐於北側，其餘人皆在下首西向而坐。

劉邦見眾人已坐好，便一抬身，懶懶伸直了雙腿，道：「齊王並非外人，寡人這便不拘禮了。」接著，便將話扯開了去，「寡人於近日，不知何故，常憶起過往陳糠爛穀之事。記得丁酉年秋，魏王豹憑河拒我，酈食其以言辭不能勸降，你率別軍北上，與我分略天下，堪堪已是一年有餘了。將軍之功，天下皆知，其間車馬勞累，不說也可知。」

韓信正要謙遜，劉邦卻抬手擋住，又道：「現如今，酈生已赴了黃泉，魏王也變成枯骨，就是那勇冠天下的項王，數月後，也將化為泥巴。你我諸人，卻還在這裡談笑，足見上蒼還是偏心的，你我當自珍才是。昔在滎陽，寡人不勝勞煩，體力曾不能支，然在廣武山相持之時，常洗腳享樂，身體竟然漸漸好了。齊王，我見你面色又發黃，似甚於當年，總不是有疾患在身吧？」

韓信不知此話為何意，只得尷尬一笑：「微臣面黃，自幼而然，昔年曾為項氏叔姪所嫌惡，幸而蒙大王不棄。近年來統軍，確是勞頓，然職分內事，不敢言苦。臣目下體力尚可，面色近來不好，恐是宿醉所致，大王請勿念。」

「這便好。」劉邦撫膝大悅，環視諸臣道，「我輩打打殺殺，在劍刃下求生，怎比那黃石公悠閒一世，仍有美名傳遍天下？所幸，項王已死了，這個災星既除，諸侯也就相安無事，再不必兵戎相見了。」

韓信頷首道：「正是。」

劉邦望了張良一眼，便向韓信笑道：「那麼，齊王既然也是此意，今日之事，便好說了。」

聞此言，韓信耳畔便嗡的一聲，知今日果然有不測之事。再看張良、曹參等人，神色均是木然，難辨喜怒，唯樊噲略顯不安。

此時，劉邦看也不看韓信一眼，似對空說道：「自寡人有幸，得將軍之助，平定三秦，東出平陰，以弱勝強，拿到了天下。將軍之功，寡人難忘，這個不必提了。然出頭之鳥，恐不是好事。將軍你驟得富貴，如何能不令人妒忌？應及早抽身為妙。再則，將軍體弱，數年間不曾好好將養，若有萬一，豈非前功盡失？幸虧今日已無戰事，不如好自保重，將三十萬軍交還，暫由他人代領。」

韓信聞罷，頓覺有五雷轟頂 —— 原來漢王匆匆返駕，是要來襲奪兵權！他情急之下，竟不知如何作答，只得假作恍惚，沉吟不語。

劉邦見韓信緘默，便又追問：「將軍意下如何？」

韓信這才明白：劉邦所圖，全不是當初項王之分封。漢家諸王，縱是各自帶甲百萬，亦統統號為漢軍。以此推之，自垓下得勝之後，便不該再有這齊軍了。

想到此，韓信既悲且憤，幾乎要掩飾不住，然轉念一想：若在此時力爭，恐是全無用處，只能徒然惹禍。今日漢王率舊部勳臣一同來此，便是想迫我就範。天下方定，同袍恩義未絕，我縱是不服，又怎能與此輩拔劍相向？

此時，座中一片啞然。君臣相對，彼此間似呼吸可聞。

見僵持下去總不是辦法，韓信這才勉強應道：「齊國乃新封之地，民心尚未歸順，若無重兵鎮守，恐非所宜。」

劉邦與張良對視一眼，便笑道：「區區草民，欲求安生而不得，豈能復又倡亂？如今天下一統，人心思定，兵馬還有何用？不如繳還軍符，仍舊封國，安居琅琊山，好好做你的諸侯王，興百業，治萬民，不亦樂乎？」

聞劉邦此言，韓信忽而想到當初武涉所言，方悟到今日這事，原是勢所必然。項王滅後，良機盡失，天下如何擺布，自家已是無能為力了。於是心裡暗罵了一聲，嘴上卻應道：「臣這便將虎符交出，明日即返臨淄。」

「呵呵，齊王也無須心急。近日寡人將大會諸侯，安排天下事，將要新封彭越為王。如此盛會，齊王焉能錯過？你且待幾日，何必匆忙？」

韓信知無可再躲，便從懷中取出金錯虎符[08]，一語不發，起身遞向劉邦。

劉邦也連忙站起，接過虎符，即轉手交給曹參，又道：「近日事多，衡山王吳芮新近來投，寡人須召見，這便告辭了。明晨起，齊王即可與曹丞相交接，齊軍仍歸漢營，總聽曹丞相處置，寡人就不再過問了。」說罷，便招呼諸臣起身，與韓信揖別。

諸人面色至此才有所稍緩，都起身與韓信一一揖別。張良率先向韓信一躬，韓信勉強回禮，然忍不住面有慍色。張良不敢與韓信對視，只輕輕一嘆，返身便走。他人亦無多言，唯樊噲忍了又忍，終問了一句：「齊王，那臨淄女子……尚可觀乎？」

韓信唯有苦笑，狠狠瞪了樊噲一眼。

樊噲頓感大窘，連連拱手道：「冒犯冒犯！」

夏侯嬰強忍住笑，一把拉住樊噲道：「走吧，齊王豈會與你計較？」

待一行人步出大帳，韓信忽然想起，忙返身去取來「漢王劍」，追至劉邦身旁，雙手遞上。

劉邦轉頭看見，「嗯」了一聲，接過來，緩緩將劍從鞘中抽出，瞇起眼睛道：「此物恐再也無用了，暫由寡人收起。齊王，你我僥倖不死，且

[08] 金錯虎符，銅質虎符之一種。金錯為古代工藝，今亦稱為「錯金」，即用金銀絲在器物表面鑲嵌出花紋或文字。

享用醇酒婦人，就算有那『萬人敵』的雄心，也須收一收了。將軍之職，在於殺敵；敵殺光了，就只能殺羊烹肉。哈哈⋯⋯」言畢收起劍，將劍鞘鼻往腰帶上一掛，就頭也不回地走了。同來諸臣忙疾步跟上，一起奔出了齊營，上馬離去。

韓信在營門送別罷，呆立半晌未動。俄頃，聞得身邊有步履走近，便回身望去，見是陳豨從演兵場來。

陳豨略一揖禮，問道：「大王，晨操已畢，將士尚未散去，還有何吩咐？」

「散了吧！」韓信一甩衣袖，憤然道，「還有何話可說？適才漢王來，已有詔下：明晨起，齊軍統歸漢營。我韓某，是真正成了孤家寡人！」

陳豨大驚，「啊」了一聲，旋即悟到原委，不由嘆道：「直木先伐，其來何速也！」「將軍也不必慨嘆了。軍權既遭襲奪，孤王倒是樂得做個富家翁。」

「只是，本軍既歸了漢營，臣欲拜見大王，恐是不易了。」

韓信猛然一震，瞥了陳豨一眼，道：「大丈夫，何必作婦人之怨？江海相逢，必於江海作別，相知又豈在遠近？孤王只等你封侯的那一日呢。」說罷，解下腰間所佩山紋玉，遞給陳豨，「拿去，見此物，便如見孤王。」

陳豨大驚：「此乃諸侯之物，臣⋯⋯如何敢受？」

韓信大笑道：「君不見，當今之諸侯，有幾個不是拿刀劍奪來的？」

陳豨忍不住湧出熱淚，接過玉佩揣入懷中，躬身一揖道：「大王保重，臣定當自勉。」

二人正說話間，忽見營前驛路上，有一隊人馬迤邐而來。望去約有數千馬軍，簇擁一隊輅車[09]昂然駛過。

這一隊車駕，浩浩蕩蕩。前有導駕，後有鼓吹，其鹵簿之威，幾逾諸侯。隊中一輛黃蓋轀輬車[10]，極盡華麗。百名郎衛圍繞其前後，人人高頭大馬，手執長鈹、金鉤，威風凜凜。

「這是何人？」韓信大感驚異。他知劉邦自渡河東征後，與諸將一般起居，早已不用這等鹵簿了。

未幾，便有巡哨飛步來報：「大王，小的方才已探明：此乃櫟陽宮車駕，護送戚夫人駕臨，來定陶歸寧。為首者，是郎中令[11]王恬啟。」

韓信與陳豨對視一眼，又問那巡哨小卒：「可知戚夫人外家，在定陶何處？」那小卒答道：「在城東十餘里處，戚家寨便是。」

韓信遂搖頭嘆道：「女流輩竟有如此排場，吾貴為王侯，只不知何日能及？」

旬日之後，正是冬末晴和天氣。劉邦將諸事安排妥當，便在濟水之南的左崗這地方，大會天下諸侯。與會諸王，除了齊王韓信、淮南王英布、燕王臧荼、韓王信早在軍中之外，趙王張耳、衡山王吳芮亦遠道趕來。另有原河南王申陽，降漢之後，自請除去封號，改拜將軍，故而不在此列。

左崗在定陶以西二十餘里，四周山巒連綿，松柏蓊鬱，乃一處風景絕佳之地。為此次盛會，劉邦命軍卒連日勞作，築起高臺一座，雖僅有數尺高，卻是依山而建，可覽四方。登臨其上，可見到一番浩茫氣象。

這日，高臺上旌旗遍布，冠蓋如雲，絲竹之聲悠揚悅耳。到會的諸王，均頭戴九旒冠冕，身著華章袞服，各自就座於綾羅傘蓋下，身後扈

---

[09] 輅車，天子或諸侯所乘的車。

[10] 轀輬車，此處係指古代的臥車。

[11] 郎中令，秦置官職，漢初沿襲，掌握庭掖門戶，簡掌征討、出使冊封、皇帝喪葬、典校圖書等。

從如雲，旗甲粲然。自崗下而望之，宛如神仙之會。

當日主司儀為隨何，他見吉時已至，便命人鳴鑼三聲，所有絲竹管弦，立時戛然而止。

劉邦便起身，向諸王一揖，說道：「今日諸侯來會，寡人面子可謂十足，故不勝欣喜。想那天下紛紛，迄今已七載有餘，百姓之苦，再不能忍。所幸，滅楚大業已告功成，在座各位，皆為不世出的豪雄，解民於倒懸，功莫大焉。今日聚會，便是慶功吧，登高而覽山河形勝，不負大丈夫慷慨之志！然則，諸位可知，這左崗是個甚麼來頭？」

在座諸王彼此望望，皆不能答，便都拱手向劉邦道：「願聞賜教。」

劉邦笑笑，便道：「這兩日，寡人在定陶閒得無事，訪了訪本地父老。方知這左崗，地處濟水之南，故而名之。[12]然本地鄉民，也另有傳言，說那盲眼史官左丘明之父，即葬於此，故而得名。鄉間傳聞，或不足道，然《左傳》確為萬世經典。何以見得呢？彼時春秋諸國，君王之功過，皆刊於此書中，一字不能增刪。這一字不改，便好生厲害！在座各位，今日有了生殺之權，萬不可任性為之。或善或惡，必在後世之《左傳》上刊刻，任人評說，你是動不得一個字的。」諸王聞之，都不由一凜。

張耳於座中高聲道：「漢王高見，老朽甚是贊同。我輩自秦末揭竿而起，得享今日榮華，當怵惕自省，以圖那百代子孫的安穩。」

劉邦便哈哈大笑：「親家翁說得好！令公子張敖，寡人的那位小婿，似尚欠歷練，須得親家翁好好調教才是。」

張耳頓感惶悚，忙應道：「小兒無知，老朽欲教之，然豎子哪裡肯聽？漢王若得便，可多多耳提面命。」

劉邦擺擺手道：「今日不談家事。我倒要問諸君：打打殺殺了這多年，

---

[12] 古代地理習俗，地處水之南稱為左。

可曾想過，四年前戲水之會，也曾極一時之盛。當日有十八位諸侯，連同項王，皆為一世之雄。然這一十九人，今日竟大半為鬼，僅餘五人僥倖還在。爾等可知，這又是何緣故？」

諸王萬料不到劉邦會有這一問，皆面面相覷，滿臉得意之色頓然僵住，都一齊望向劉邦。

劉邦瞥了一眼韓信，見韓信亦是無語，便道：「此中道理，寡人一時也未能參透；然素來胡亂讀書，卻是略有心得。想那黃老之術所謂『恭儉樸素』、『貴柔守雌』，恐正是苟全性命的要訣。諸君試想：秦之咸陽，楚之彭城，當日的花花綠綠，今朝全都去了哪裡？目睹此二城之墮，即是木石之人，也不能不心驚！」

諸王都「哇」了一聲，似有所悟。吳芮當即立起，施禮道：「漢王所言甚是。存亡之道，不可不察。」

劉邦大悅，擺手教吳芮坐下，便對諸王道：「衡山王昔年在番陽[13]，統領那江南諸越，自然懂得以柔克剛。治民者，須與民相睦如父子，方不至遽亡。今天下初定，秦之暴虐，楚之刻毒，固然再無蹤影，也要教那後世子孫勿效法。至於我等興義師，伐無道，更不可得勢便做始皇第二……」

淮南王英布笑道：「這個自然。我輩九死一生，搏的便是個安樂和睦。」

劉邦便又向北一指，道：「諸位看那邊，濟水滔滔，萬世不竭，澤惠百姓稼穡。漢家承襲水德，為子孫計，為山河社稷計，亦當如此水！」

諸王聞之不禁動容，紛紛拱手稱是，神色都極恭謹。

劉邦見諸人均無異議，便起身道：「天下豪雄，尚有功高而未封者。

---

[13] 番陽，春秋楚國時為番邑，秦置番陽縣，西漢改為鄱陽縣，為鄱陽郡治所。

今日會盟，寡人便要論功封賞，無使遺漏，在此一併曉諭。」

諸王聞言，知是正戲要開場了，便都起身離座，整好衣冠，恭立聽旨。

劉邦便朗聲道：「我等起兵伐楚，是為義帝復仇。今楚地已平，元凶剪除，然義帝無後，不能垂統萬世，實乃憾事。寡人之意，齊王韓信生長於楚，熟習楚地風俗，且攻滅項氏，功蓋群雄，今改封為楚王，定都於下邳，鎮撫淮北，楚民定當擁戴，楚地則自安。我輩為義帝攻伐一場，如此措置，亦對得起他之冤魂了。」

諸王聞劉邦旨意，一時都怔住。過了片刻，才參差不齊地讚道：「漢王英明！」

韓信臉色便一變，心裡哀嘆：悔不該當初不聽武涉、蒯通之勸！甫一抬頭，卻見張耳在前面，正回首朝他頻頻使眼色。韓信領會張耳之意，也知此時萬不能發作，只得躬身一揖，並無言語。

劉邦見韓信並未謝恩，心中便有數，遂溫言款語道：「韓信將軍，今封你在父母之邦，光耀故里，算是遂了你多年心願。以你之功，正當如此！諒天下亦無人敢多言。即便是寡人，亦不能及，只得在關中遙望故里了。哈哈……」

韓信心知當下無兵無勇，爭也是徒勞，只好狠狠心，一讓到底。遂拱手高聲謝恩道：「漢王厚恩，臣當沒齒不忘。向時在齊，便無一日不思歸鄉。日前，見戚夫人千里歸寧，鹵簿相接，車馬喧闐，是何等榮耀！臣不勝欣羡。不想今日，臣亦能如願以償，如何能不謝漢王？臣德薄才小，早年落魄鄉里，遭人輕賤，今日竟能翻作楚王，豈非夢寐乎？臣在此謝恩。」

諸王之中，多有不知戚夫人為何人者，都覺詫異，便抬頭望向劉邦。

劉邦知韓信此番話，實為綿裡藏針，只得一笑，將話頭岔過去：「哈哈，今日說好不談家事，韓將軍高興便好。隨何，請將楚王印綬交與將軍，原齊王印綬，待明日收繳。」

韓信縱有一萬個不願意，也只得將那楚王印綬接過，口稱謝恩。

劉邦見韓信接了印，便又對諸王道：「魏相國彭越，滅秦時首義有功，惜乎項王未賞。後於滎陽相持時，彭越又出兵撓楚[14]，建有不世之功，早當封王。今魏地已無主，寡人便將魏地封與彭越，號梁王，定都定陶。如此，人心方能歸服。」

話音甫落，隨何便捧出梁王印信，來至彭越面前。彭越此時正坐在下首，乍聞此言，喜極而泣，忙跌跌撞撞起身，接過印信，伏地謝恩道：「謝大王厚恩。臣於夢中，也曾幾番封王，醒來卻是唯聞蛙鳴狗吠而已。然今朝，卻不是夢了。」

劉邦大笑道：「封你的採食之地，離你家鄉不遠，亦可謂榮耀之極。昨日為賊，今日為王，此中之得意，你自去消受吧。」

當下隨何便命近侍數人，七手八腳，將彭越的案几，搬到了諸王席位中，伺候彭越入座。

之後，劉邦又指點著吳芮，對諸王道：「衡山王吳芮千里來投，寡人與之晤談，方知他是吳王夫差之後。這且不論，衡山王少時便通兵法，秦末任番陽縣令，甚得民心，號為『番君』。當年諸侯反秦，他與英布翁婿兩人，率越人舉兵反秦，隨項王西入咸陽。其間，曾從張良之勸，遣將助我沛公軍入武關，有大功。項王偏私，僅以區區邾縣封之，實為輕賤天下豪士。故此，寡人已有意，擬改封他為長沙王，定都臨湘（今屬湖南省），以統馭百越。」

諸王聞之，皆大嘆。吳芮感激涕零，拜伏謝恩道：「某願在江南，世

[14] 後「彭越撓楚」成為古代兵法之一種，意即兵分多路，一部佯攻襲擾，另一部進行實攻。

代為漢家守土。」

劉邦又道：「另有故越王無諸，為越王勾踐之後，受秦荼毒，連個社稷[15]也沒有。諸侯反秦之際，無諸率閩中之兵，襄贊滅秦，立有大功，然項王分封，卻是不問。今寡人遙封其為閩越王，領閩中之地，世守南疆。其餘趙王張耳、韓王信、淮南王英布、燕王臧荼，封土皆如故，永襲王號。值此天下已定，寡人必重信義，踐前約。江淮沃土，情願拱手相讓，與四方英雄共用升平。吾漢家雖承秦制，然郡國並行，秦之三十六郡，今朝廷僅據十五郡，其餘皆為封國。若三分天下，諸君便已封有其二，較之昔日項王，何人敢言寡人有私？還望諸君，來日各歸封國，各立社稷，好生馭民為是。」

諸王便一齊拱手謝恩，讚頌不止。

劉邦忽又斂起笑容，厲聲道：「環顧海內，唯一個臨江王共尉，不服漢家。然太尉盧綰已在歸途上報稱：江陵已破，共尉成擒！如此不識好歹的貨色，留之何用？依寡人之意，殺之亦不足惜。即日起，撤廢臨江王之號，以謝天下。」

諸王都知今日之賞罰，乃是漢王借機樹威，焉有不從之理，都紛紛稱善。

劉邦望望俯首如儀的諸王，大笑不止，一揮袖道：「各位都請落座好了！今日大事已畢，我等且賞樂飲酒，做一日之歡。」

諸王這才不再拘謹，復又言笑，爭相向韓信、彭越道賀。劉邦也從座中下來，踱至韓信近前，殷切道：「楚地為王，實為不易，願將軍仍為我左右手，不負天下之望。」

韓信此刻，臉上卻似無喜無怒，也不回話，只向劉邦深深一躬。

---

[15] 社稷，這裡指太廟。

## 荒野嘯聚，亂世擁立漢皇

韓信在定陶又候了數日，每日仍聞軍士操練聲喧，然自家號令卻再也不能出大帳之外。眾軍忙忙碌碌，路遇韓信，雖仍執禮甚恭，卻是唯曹參將令是從，神色匆匆，竟無暇與韓信多言語幾句了。

身邊隨侍者尚有中涓數十名、郎衛百餘名，眾人見韓信鬱悶，倒是一心想哄他高興，天天鼓噪著要去圍獵。但韓信哪裡還有心情，唯盼劉邦早日允諸侯歸國。

這日，韓信去拜會張耳，提起此事。張耳身體衰頹，早也是耐不住了，便道：「邯鄲雖好，卻不及臨淄之繁盛，無怪韓兄要盼歸了。然那漢王新得天下，意氣正盛，正是君臨天下的癮頭上，你我二人要告辭，怕是未能獲允，不如邀了諸王一齊去。」

韓信深以為然，當下便去邀了各位諸侯，一齊來面謁漢王。皆言封國事多，頭緒紛紜，不欲在定陶久留，唯盼返國。

劉邦這日正要起駕，前往城東戚家寨，聽了諸王來意，不禁大笑：「諸君多是武人出身，一日清閒，便耐不住了！我輩自秦末至今，征伐七年有餘，好不容易天下平定，爾等急的甚麼？寡人與群臣已謀劃多時，因嫌櫟陽僻遠，不日將遷都洛陽，也好居天下之中，控馭四海。諸君且暫留，與寡人共襄盛舉，而後再歸國也不遲。」

韓信知一時不能脫身，不由得焦躁，脫口道：「天下初定，楚孽尚存，如此長久在外淹留，臣等實不放心。」

劉邦便又笑：「天下只你一人執拗！吾輩生死以搏，圖的不就是這般安閒嗎？你那齊地，又何患之有？項王今歸黃土，已不能復生，所餘區區區幾個亡臣，何足道哉？好了，諸君之事忙得我頭暈，總算各遂其願。寡人今日還有家事，欲往城東拜一拜新岳丈，失陪失陪！諸君且去歇了，天氣這般好，飛鷹走狗，何不快活一番？」

諸王聞此，或滿腹疑慮，或玩心頓起，便不再提歸國之事，謝了劉邦，一齊退下。

張耳與韓信走在一處，對韓通道：「遲暮之年，得安居一隅，我心於此足矣。足下盛年，尚有可為，然切不可心急。」

韓信神色憂鬱，對張耳拱拱手道：「兄有所不知，弟也是於心足矣。」兩人便就此別過，登車各歸住所。

韓信車駕過處，鸞轡叮噹，後有百餘名郎衛呼喝跟隨，百姓見了，都紛紛避讓。韓信在車上，憑軾而望，見街上有成伍的漢軍在巡哨，各個喜氣洋洋，心裡便嘆：自己若是一名小卒，此刻怕也正高興，只待歸鄉，憑戰功分田晉爵。然可嘆曾為三軍之帥，擁兵數十萬眾，一念便可傾動天下，如今軍權全失，只能驅使百十個跟從，落得與土豪一般。

想想氣悶，韓信當即便命御者：「改道！我要去見見張良。」

不過片時，軺車便馳近張良行營，守門閽人見了，慌忙見禮。正待進去通報，韓信卻將手一揮：「不必，孤王自入便可。」便跳下車來，昂然直入。

閽人不敢阻攔，只得急趨跟隨，一面高聲通報。

此時張良正於堂上讀書，見韓信突然闖入，便是一驚，忙拋下書卷，起身施禮道：「不知楚王駕臨，未曾遠迎。」

韓信步入室內，略作打量，冷笑一聲道：「子房兄，何必客氣？」說罷，便擇了客座坐下。

張良急忙相讓道：「楚王還請上座。」

韓通道：「你我兄弟，一切虛禮可免。兄博古通今，舉世無匹，弟今日是特來討教的。」

張良見韓信來者不善，便淡淡一笑：「楚王請吩咐。」

「楚王？我之所問，正是這個『王』字。昔日在齊，印綬係足下所親授，所允彭城至東海永世封齊，言猶在耳，然寸土也未見到。無信無義，竟可至此地步嗎？如何功成之日，便有羞辱迭至，昨日奪軍權，今日徙荊楚，漢王究竟視我為何人？我身之所處，一派混沌，兄可否為我一語道明？」

「韓兄請息怒。世上事，本不是一語便可說清的。以我愚見，兄之由卒伍而將軍，由將軍而封王，應是拜漢王所賜；然漢王受困於廣武山、頓兵於陽夏，韓兄彼時又在何處？進退得失，恩怨繫之。若以一語以蔽之，便是這個了，不知兄以為如何？」

張良一席話，說得韓信啞口無言，欠身欲起，旋又坐下，以手撫額道：「他還是恨我當時不救！」

張良接著又道：「韓兄，昨日之錯不可追了，謹防明日之錯，才是要緊。」

韓信想想，又直視張良道：「鏖兵天下者，無人如我；然控馭天下者，子房兄也。弟近來連番受窘，失權徙地，想那漢王如何有此等急智？莫非……計皆由子房兄所出？」

張良連忙起身，對韓通道：「此處不是說話處，容後再說。前幾日，項伯送我兩匹好馬，稱其疾可追風。今日晴和，不妨同去郊外一試。」

韓信氣已漸平，知張良必有知己之言，便將車駕、扈從打發回營。張良即命舍人牽出馬來，與韓信並轡出城，隨身只帶了家老張申屠等幾個家臣。

此時，已是漢王五年正月末梢，天已漸漸回暖。馬馳平野，長風拂面，似已有春意和煦。縱馬跑了一程，韓信拍拍馬頸，不由連聲叫好，張良便道：「韓兄所愛，必是良駒，弟便以此馬相贈了。」

韓信笑道：「那項伯老兒，亦是了得！竟搜得如此好馬，定是始皇所遺的八駿無疑。子房兄，承蒙你好意，弟便愧受了。」

兩人當下競相加鞭，又往前馳驅了一回。幾個家臣，只騎馬遠遠跟在後面。

向北馳了十餘里，忽見前面有岡巒突起，甚是壯觀。韓信望望，疑惑道：「此乃何處？如何便能平地起山？」

張良道：「曾問過父老，此處名曰仿山。周天子所封曹國，國都便是這陶邑，前後有二十五代君主，皆葬於此。封土疊加，林木蔥蘢，故而望去仿似丘山。」

韓信不禁一震：「謔矣！二十五代？」遂勒住馬，悵望良久，回首對張良道，「大丈夫應庇蔭子孫富貴若此，代代巍峨似丘山，為世人所羨。」

張良便拱手道：「韓兄功名，遠邁於曹國之君，富貴又豈止二十五代？然莊子曾有言：『削跡捐勢，不為功名。』先哲高論，兄亦不可不信。」

韓信驀然想起，近日陳豨也曾說起「直木先伐」之論，便望住張良：「察兄之意，弟應以明哲自保為上？」

「大智者，貴在退步為安。韓兄可知越之范蠡，昔年退隱在何處？」

「哦……弟倒是疏忽了！那范蠡棄官從商，幾次聚財千金，原來正是在這定陶。」

張良遂一笑，跳下馬來，手指山上，對韓通道：「天氣晴和，山景亦佳，我二人不妨徒步一遊。」韓信欣然應允，兩人便將馬匹交與家臣，緩步攀上山丘。

眼望平野開敞，禾苗返青，綠油油一片，張良不禁面露怡然之色，停下腳來，慨嘆道：「曹國乃周文王之後，天潢貴胄，何其榮耀。然煌煌二十五代，盡都在這腳下了。可見人世本無常，豈如這丘山之固？」

「子房兄，漢家方興，正是你我得意時，聽你言談，何以消沉至此？」

「此無關心緒。近日我曾思之：范蠡何以生，文種何以死？我輩不可不察。范蠡隱於此地時，曾致文種書信一封，內中之語，兄今日可還能記誦乎？」

韓信當即脫口道：「飛鳥盡，良弓藏；狡兔死，走狗烹……」背誦至此，忽覺愕然，便戛然止住，直直地望住張良。

張良見他如此，便揮袖笑道：「興之所至，偶爾想起罷了，然古今異勢，兄也不必多慮。」

韓信一臉肅然，拱手道：「非也！兄以良言贈我，弟當深思。至楚地後，或應百事不問，以光耀故里為樂。」

張良想想，便道：「有句知己之言，不可不說與韓兄：當世之文韜武略，除你我二人，再無第三人，然我輩終不過范蠡、文種之輩，萬勿作勾踐之想。兄之雄才，不輸於孫武、吳起，更遠勝王翦、項燕，萬種計略，當著書傳於後世，方不負此生。那衣錦還鄉、光耀故里之舉，應屬微末小事，在可有可無之間也。」

韓信望見張良裝束，仍是舊時綈袍，渾如百姓，便微微搖頭，道：「兄知隱忍，弟愧不如。」

「韓兄過譽了。」

韓信便將頭一扭，直直盯住張良問：「兄淡泊如此，待人亦應寬厚；莫非真是你獻計於漢王，要折辱我到此地步？」

張良胸中，此時不免心起漣漪。日前劉邦欲貶辱韓信，夜半問計，張良曾躊躇再三。對韓信，他素有惺惺相惜之心，本不欲獻計，然君命不可違，容不得他置身於事外，只得應命。故而一旦謀劃既遂，心下總覺得歉然，今日韓信問上門來，自是無法再敷衍了。

思來想去，便將那心一橫，對韓信坦言道：「韓兄之種種不快，皆出於君上，自是無疑。弟為君上獻計，實為勢所迫，不得不然，心內甚是糾結。然弟也以為：福禍相倚，人不可執著於一端，韓兄雖失兵權，改徙楚王，人卻是好好的，尊榮未減，終強於范增被逐死……」

韓信望望張良，默然片刻，方說道：「君子之心，在下領教了。」

「韓兄且珍重，待漢家定鼎之後，你我隱於山林，著書縱論兵法，豈不快哉？」

「如此也罷！弟雖嫻於兵法，卻不諳人事。只想不通：君上如此待諸王，究竟要做甚麼？還請子房兄指點一二。」

張良只淡淡一笑：「這個麼……兄不見，萬人之上，唯此一人耳。」

韓信聞言，不禁瞠目，半晌才回過神來：「原來如此！多虧兄一語道破，弟真乃愚不可及！既然如此，弟這便與諸王聯名上疏，共尊漢王為皇帝。待漢王了卻心事，諸王方可安居封邑。唯弟於文字之道不甚了了，還望兄代為執筆。」

「此乃小事，遵命便是了。」

韓信遂大喜，當即翻身上馬，告辭道：「弟這便去見張耳，共商此事。兄心存高遠，乃超然之人，且在這大野之中多多流連，恕弟不陪了。」說罷，一抖馬韁，便疾馳而去。

張良負手立於岡上，目送韓信遠去，心頭不由傷感。想到自己雖是苦心相勸，然聞者能否改弦更張，不得而知。韓信以軍功而得諸侯，卻不知收斂，那頂諸侯冕旒戴在他頭上，究竟是禍是福，實難揣測⋯⋯

張良悶想了半晌，便喚過張申屠來，吩咐道：「久不行走，腿也要軟了。今日便不再騎馬了，徒步而歸也甚好。我看遠處有一市集，不妨順路逛上一逛。」

主僕一行，便徒步來至集上。這處地方，不過是一尋常亭市[16]，然商販雲集，貨物互易，卻也十分熱鬧。一路看去，沿街多有售賣禽畜穀粟之人，亦有將那草木魚蟲等拿來賣的。

張良見了，不由興起，將那店中的奇石、珍禽、花木逐個看過。行至街尾，眼前倏地便是一亮，只見路旁地上，擺著些陶缽，內有枝枝青荷插在水中，含苞待放。

再看那賣主，是個約二十七八歲的婦人，貌雖不妖冶，卻生得十分清爽。看那光景，顯係寒素人家女子，身著一襲舊襦裙，袖手坐於荷叢之中。

張良便大奇，走近前去問道：「這位阿嫂，時方孟春，天氣仍寒，如何養得出這夏令的花草來？」

那婦人望了張良一眼，便道：「此花之違時，正合『有無相生』之道。君不見當今亂世，卻仍不乏清正之人？花草亦是一樣的。」

張良聽那婦人張口便是黃老之術，更是一驚，知這女子絕非凡庸，便深深一揖，又問道：「敢問阿嫂是何方人氏？可曾師從賢德長者？」

那婦人一笑，謙謙答道：「公子不必多禮，喚我何二娘便是。奴家生於瀟湘，本以織屨[17]為業，後逢秦末大亂，為避兵燹，逃匿於濟北山

[16] 亭市，漢代的農村集市類型之一。其時鄉村還有鄉市、聚市（設於較大村落）、野市等。
[17] 屨（ㄐㄩˋ），以麻、葛編織成的鞋。

中。曾遇一長者授徒，奴家便求告於他，投入門下，為師徒漿洗煮飯，聊以為生。」

張良聞言，心中便是轟的一聲，想到當年授書的黃石公，忙問：「那長者所隱仙鄉，不知是何處？」

「就在穀城。」

張良便怔住，忽憶起當年在下邳橋上，黃石公曾囑「十三年後，孺子見我於濟北，穀城山下黃石即我矣」。於是急忙問道：「請問何二娘，那長者……可是黃石公？」

何二娘一臉茫然，搖頭道：「奴家未聞黃石公之名，只知那長者名喚赤松子，曾教我辟穀之術，至今奴家尚能辟穀，偶食山桃一枚，便可活命半月，不然早成餓殍了。」

「赤松子？便是那絕世真人！此刻他就在穀城嗎？」

「公子怕是尋他不到了，年前先生遣散徒眾，將隨身錢物施與奴家，自往蜀中的天臺山去了。奴家將錢物用盡，才來此地，做些小本生意度日。」

聽罷何二娘所述，張良心中便不免惶惶，深悔當日過穀城時，竟將此事忘了個精光。如此想著，便恨不能立時就飛入山中，去尋那黃石公。慚愧之下，執意要買那婦人兩缽青荷，以為酬謝。然而左右摸摸，袖中卻是沒帶錢，只得摘下腰間環佩，要遞與何二娘。

張申屠見了，忙搶上一步攔阻道：「主公，有錢，有錢。」說著便往自己腰間篋兒摸去，掏出一把「秦半兩」銅錢來，見枚數不多，便又道：「還有，還有。」說著急忙回首，向另外幾人使眼色。眾人七湊八湊，湊起百餘文錢來，張申屠接過，轉身便朝二娘手中塞去。

何二娘哪裡肯受這麼多錢，只拿過幾枚來揣好，向張良謝道：「公子好意，奴家領受了。看公子衣履，與奴輩一般無二，然公子之氣，卻似超邁到了天上去，應是侯王將相之身。奴家雖賤，卻也知『多藏必厚亡』之理。如今刀兵雖然歇了，世道還是亂，人心之險，仍如刀劍環伺，各個都想殺你。唯似公子這般抱素返真，方可保全得好。」

張良聽得滿心驚異，連連拱手道：「女史之言，在下當謹記。不知此生是否有幸，得親炙赤松子先生教誨？」

何二娘手指那仿山，只答了一句：「積土尚能成丘，此等微小之事，更有何難？」張良又一怔，不禁暗自驚呼：「異人，好一個異人！」

此刻，時已至日中，忽聞巷中木樓上傳來三通鼓響，便有一位市令出來，吆喝收市。眾商家似得了號令一般，都手忙腳亂起來，收拾貨物。那婦人也起身，從身後推出一輛獨輪雞公車來，不及言語，只顧收撿荷花。張良又望了何二娘兩眼，方才悻悻別過，與眾家臣循那來路返回了。

隔日，張良便帶著張申屠等北渡濟水，疾趨穀城。入了城邑，喚來當地嗇夫帶路，徒步沿大河尋覓，將那大小丘壑尋了個遍。然奔波兩日，卻是全不見黃石公蹤跡。

一行人又尋入村寨中，問了幾位老叟，皆言從未聞黃石公大名。張良莫可奈何，呆立河邊，忽望見大河之北亦有山陵，便命嗇夫找了船北渡，徑直尋至東阿地面。但見此邑各處，俱鑿有深井，約六七丈之深，鄉民淘井水來煮驢皮，將驢皮化為琥珀似的漿水，傾入盆內凝結，名曰盆覆膠，是為補血良藥。

張申屠見張良愁悶，便道：「尋不見黃石公，便是買些盆膠帶走也好。」張良詫異道：「做甚？」

張申屠道：「回去贈那何二娘，亦是好的。」

張良便叱道：「兒戲！此番來，便是掘地，也要尋出黃石先生來。」

眾人便又打馬北行，走了不多時，忽見渺遠處有一山陵，平地矗起百丈，危峰突兀，險僻非常。問路人，知其名為魚山。於是策馬來至山下，見果有大石臥於地，然其色不黃不白，難以分辨。

張良下得馬來，舉目四望，但見滿野荒涼，不見人蹤，哪裡能探得黃石公蹤跡？屈指算來，黃石公迄今壽已逾九十，或是羽化登仙了也未可知。此一巍然巨石，是否為他精魂所化，也萬難猜度。

張良在石畔悵然良久，終無計可施，只得命家臣將石前荒草除去，伏地叩拜再三，聊表心意。拜畢，這才撿了一塊，怏怏而去。

此事於張良終究是糾結，返程中便直奔仿山，欲再次尋得那何二娘，好生問問，以期探得赤松子行跡。哪知重返那亭市中，卻不見何二娘蹤跡。張申屠問遍相鄰商販，都謂何二娘已多日不來，亦無人知她居於何處。張良頓感茫然，呆立於巷中，不知如何是好。

張申屠見狀，勸道：「此婦若有意隱跡，神仙怕也尋不出。主公，且歸吧。」

張良仍不語，呆立良久，耳聞那人喧犬吠，覺萬般繁華都無趣，心中便發了個毒誓：「此生若能往天臺山去，王侯亦可不做！」

＊　＊　＊

再說劉邦這幾日，將諸王之事料理停當，便帶著親隨去了戚家寨，暫享天倫之樂。

劉邦還記得，早年駐軍霸上之時，樊噲、張良曾勸諫莫入阿房宮。不入阿房宮，不過是做樣子給天下人看而已，然有此禁忌，漢家便得了仁義之名，人心歸服，日後果真就滅了那恣意妄為的項王。

項王歿後，劉邦越發認定：迂執亦有迂執的好處。雖此生再也住不進那阿房宮，社稷卻是穩穩地坐住了。兩者相權衡，孰輕孰重？這個帳，自然要算分明。也正是如此，劉邦將安撫諸王看作大事，待諸王事畢，方偷閒前往戚家寨，去看戚夫人。

那戚夫人在櫟陽剛誕下一子，本是滿心歡喜；然自歸寧之後，卻還未得機緣見到劉邦一面，正自在莊上心焦。這日，忽聞莊外人馬聲喧，呼喝連連，知是漢王鹵簿到了，連忙右手抱嬰兒，左手攙老父，迎出了宅門去。

那邊漢王法駕，早有王恬啟先行一步迎住。劉邦一臉喜色下車，率親隨來至戚家宅門。

戚太公遠遠望見，慌忙整衣，便要伏地大拜。劉邦見了，不禁大呼一聲：「使不得，使不得！」連忙三步並作兩步，搶上前去，伏地便拜。拜罷，起身又道：「小子即使為王侯，見了丈人，亦是要拜的，豈有丈人拜女婿之理？」

那戚太公見眼前鹵簿威儀，恍如置身夢寐，受過劉邦這三拜，忽然膝蓋一軟，也跪倒於地，口稱：「方才是賢婿拜老朽，此刻是小民拜君王。」說罷，便叩了幾個頭。

戚夫人掩口笑道：「你們翁婿見面，倒是比別家要麻煩些！」

劉邦起身，這才與戚夫人見過，一把搶過了她懷中嬰孩，細細端詳。早在廣武山時，劉邦便知回櫟陽逗留那幾日，戚夫人已懷了胎，心中早就惦念。今日見那孩子五官清秀，不由大喜，笑道：「小兒甚好，全不似我俗氣！」

戚夫人想起近日等得心焦，便嗔道：「陛下在定陶，如何勾留這許久？」

劉邦只顧逗弄嬰孩，隨口道：「分天下，豈如分肉那般容易？半月來，要累煞寡人了……呵呵，這小兒，可有名字？」

「尚未取名。」

「小兒來得好！當今時節，天下定，諸侯安，百姓亦不用送死了，真乃諸事如意。小兒便喚作『如意』吧，可還順耳？」

戚夫人便嫣然一笑：「陛下說甚便是甚，這名兒，倒是乖巧。」

早在先前幾日，櫟陽宮車駕進駐，莊上便鬧了個人仰馬翻。如今漢王法駕又至，戚家寨更是家家不寧。隨侍的謁者、郎衛等，在莊外搭起了帳幕歇宿，劉邦則宿於戚家，做了幾日「倒插門」。所喜戚宅雖不寬敞，房屋倒還潔淨。

院外槐樹下，戚太公每日擺起數十桌流水筵席，邀來鄉鄰老少，酒肉招待。劉邦便請戚太公與父老坐於上座，自家陪坐對飲。酒饌上來，座中唯聞村語喁喁，話不離菽麥桑麻。那劉邦原是與田家打慣交道的，談天說地，語多諧謔，莊院內外便是一派喧笑。

寨中有那一群老嫗，圍著戚夫人恭喜，皆誇戚太公有福氣，只一夜留宿，便攀牢了一門好親。

酒正酣時，座中有一村學老叟，顫巍巍起身，向劉邦敬酒道：「老子言：『昔之得一者，天得一以清，地得一以寧，神得一以靈，穀得一以盈，萬物得一以生，侯王得一以為天下貞。』誠哉斯言也。今大王得天下，是為得一；得戚姬，亦為得一；小民願大王萬年唯守此一。」

劉邦一時語塞，乾咳兩聲，便欲支吾過去。

那戚太公知此言不妥，臉色就一白，忙起身打岔道：「今日吃酒，哪裡有恁多斯文？大王起自閭里，視我等細微為兄弟，這同一，便是得一。來來，吃酒吃酒！」

劉邦卻朝戚太公擺擺手，對那老叟道：「老丈之言，實獲我心。那黃老之術，乃聖人之道也，我當謹記。這『得一』嘛，便是我這小兒如意；此生此世，吾將鍾愛如一。老丈，你看如何？」

舉座聞此言，皆大笑不止，一時又是杯觥交錯。

如此一日兩醉，鬧了數日。這日晌午，朝食既畢，隨何忽然自門外奔入，報稱：「護軍中尉[18]陳平將軍到！」

劉邦正與戚太公閒談，聞報不由遽然變色：「陳平來做甚？莫非是韓信反了？」便急命召入。

陳平來至屋內，其神色並無異常，劉邦這才放下心來，懶懶問道：「將軍來此何干？」

陳平一揖道：「諸王與群臣有疏上，亟盼大王恩准。」說罷，自袖中拿出一封奏疏來，恭恭敬敬呈上。

劉邦接過，展冊掃了一眼，便渾身一顫，立刻挺身長跽，看了起來。

此疏，原是眾臣請漢王上皇帝尊號疏。這還了得？劉邦看得脊梁冒汗，兩手顫抖。看罷又看了一遍，才將奏疏卷起，默然無語。

陳平便連連作揖道：「眾臣皆謂，天下既安，不可一日無主。民久苦於暴秦逆楚，望明君之出，若大旱之望雲霓。請大王及早示下，准眾臣之請。」

劉邦轉頭望望戚太公：「丈人，你看這成何體統？諸王及群臣，竟要我上皇帝尊號，豈不是要折煞寡人？」

戚太公聞言，神色便一凜，忙俯身拜道：「大王，此乃天意，豈可違乎？」

劉邦笑道：「正要與丈人商議，來日就常住戚家寨，作林下之遊，忙

---

[18] 護軍中尉，漢軍軍官職。後改稱護軍將軍，有監督諸將、調度全軍之責。

時稼穡，閒來飲酒，豈不是好？彼輩竟要我做皇帝，那皇帝怎生做得？但見眾叛親離，疆土分崩，傳二世而亡，千秋之下仍由人笑罵！」

「斷非如此！那秦政暴虐，方致山河分崩；而大王仁德，澤被蒼生，必傳萬世而不竭。」

「哈哈，丈人又在恭維我了。萬世不萬世的，只合夢中才有，寡人還是保住眼前之位便好。」

陳平此時又道：「諸臣從大王征伐，九死一生，所為者何？無非冀有百年富貴。大王固然可以淡泊，只是莫要冷了群臣之心。」

「唔？」劉邦似有所悟，便掉頭對戚太公道，「請丈人暫且迴避，我要與陳平將軍說話。」

待戚太公退下，劉邦便斂容問道：「陳平，此事莫非是你主使？」

陳平答道：「臣不敢。但聞韓信謀劃甚力，英布、彭越亦熱心襄贊。」

「韓信？」劉邦拈鬚半晌，忽又問道，「那張良卻是何意？」「張良近幾日裡，只顧四處尋仙問道，倒不曾參與其事。」

「欺我！」劉邦遂將奏疏一摔，「這不是張良的手筆嗎？他如何就未曾參與？」「這個……恕臣失察。」

「哼，韓信要我做皇帝，我偏就不做！此事不要再議了，勸進便是要害我。全是眾人在定陶閒得心慌，才生出這等枝節來。回去傳詔吧，各部人馬立即整裝，旬日內即開拔，且往洛陽再說。」

陳平見劉邦全無轉圜餘地，便嘆了一聲，拾起奏疏揣於袖中，告辭了。

待陳平一走，劉邦又流連了數日，便也坐不穩，要回定陶。他命備好車駕，便拽住戚太公衣袖，要太公也跟去洛陽享福。

戚太公只是搖頭：「這便使不得。田戶人家，如何離得了鄉土？賢婿，你只管去做皇帝，老朽這裡，無須掛礙。待你進了洛陽，若能免去戚家寨三五載的糧賦，便不枉我兒這一番遠嫁了。」

戚太公說得動情，劉邦聽了，險些落淚，連連頷首道：「丈人放心。一則，免賦之事，遵命便是。二則，寡人莫說不做皇帝，即使做了皇帝，與令愛亦是棒打不散。那如意，更是我心頭肉，將來這山河社稷，恐也要傳與他呢。」

「這哪裡敢當！老朽若壽長，只是年年要去洛陽，看一眼外孫，便知足了。」一番話別畢，劉邦便點起儀衛，攜了戚夫人與如意，匆匆離了戚家寨。

回到定陶，才知趙王張耳身體忽然不支，已回了邯鄲。劉邦正自惦念時，忽有趙國使者飛馳來報喪，說趙王於歸途中病倒，沉屙不治，竟一命嗚呼了。

老友才得享福，便撒手而去，劉邦不由得大慟。半日裡，竟是失魂落魄三數回，待得回過神來，自語了一句：「人生在世，固然是個夢，然老兄如何真的就睡了！」忙教張良起草了冊書，攜了金帛財寶，前去邯鄲宣慰，詔命張耳之子張敖承繼王位。

待張良一走，劉邦即點起各部人馬五十萬，前往洛陽，命左丞相曹參交還相印，留鎮齊地。諸王及漢家文武諸臣，皆隨軍同行。

行了一日，將近仿山，大隊剛紮下營寨，便有隨何進帳，呈上奏疏一封。

劉邦打開簡冊，只看了一眼，便怒道：「如何又是勸進表？」正要擲下，忽一眼瞥見領銜者乃是韓信，便又細看起來。只見那奏疏寫道：

楚王韓信、韓王信、淮南王英布、梁王彭越、故衡山王[19]吳芮、趙王張敖、燕王臧荼冒死再拜言大王陛下：先時，秦為無道，天下誅之。大王先俘秦王，定關中，於天下功最多。存亡定危，救敗繼絕，以安萬民，功盛德厚。又善待諸侯王有功者，使得立社稷。名位各已定，然大王之位號比擬，與吾等無上下之分。吾等不忍見大王功德之高，於後世不顯，故此冒死再拜，請上皇帝尊號。乞伏准行。

看罷，劉邦便對隨何笑笑：「看這諸王，不想與我做兄弟了。那張敖也是，阿翁死了，正是斬衰[20]之期，服喪尚且不及，也來趕這個熱鬧。」隨何卻道：「天下一心，豈止是諸王。」

劉邦故意板起臉道：「妄言！我做了皇帝，你好做趙高嗎？」

隨何聞聽「趙高」兩字，嚇得汗出如雨，忙下跪道：「陛下之仁，無遠弗屆，焉有趙高輩立足之地？」

劉邦恨恨道：「我這裡無有趙高，然到了漢家二世，怕也未必。」隨何聞此，只是伏地惶悚，噤不能言。

劉邦忽又笑了：「算了，別人能做趙高，你哪裡就能？且去傳諸王及眾臣來吧。」

待諸王與眾臣進得帳來，劉邦便將手中奏疏一揚，斥道：「爾等飽食終日，只費心思在這上面。吾聞帝之尊號非賢者不能當；空言虛語，豈能稱帝？諸君哄鬧似的抬舉我，尤以韓信為甚，不知是何意？寡人起自草莽，素無高行，在沛縣尚有酒帳未清呢。以此之薄德，如何敢當皇帝尊號？」

眾人哪裡肯聽，只見韓信搶前奏道：「不然！大王起於細微，誅暴秦，平定四海，有功者皆分封裂土為王侯，大王若不加尊號，天下人

[19] 衡山王吳芮係項羽所封，吳芮投漢較晚，漢彼時尚未重新冊封，故而吳芮自稱「故衡山王」。
[20] 斬衰（ㄘㄨㄟ），「五服」之等級最高的喪服，用最粗的生麻布製作，服期三年。

皆心疑不定。臣等決意以死守候於此，不見大王上尊號，臣等便不走了。」

「哈哈，這算是說了真話。上尊號，哪裡是為寡人？分明是想抬舉我而自保。此事，日前曾有一疏，今日又見一疏，你等何其心急也！若說我劉季功高堪比五帝，那便是罵我；若說你輩欲求自安，要推我下湯鑊，倒還可信。這皇帝之位，諸君既然選舉了寡人，還須寡人有心思做方可。且容我稍作斟酌，今日就不議了，照舊吃酒便好。」

眾人見勸不動劉邦，也只好暫且作罷。

大隊又西行了半日，來至汜（ㄈㄢˊ）水之北。劉邦在車駕中，覺萬事順遂，沒來由地想起紀信，正在心酸，猛見有一彪人馬從後急追上來，有幾人翻身下馬，攔道伏地而拜。劉邦起身看時，原是韓信、英布、彭越等六王。稍後，又有群臣三百餘人蜂擁而至，也是爭相伏地不起。

劉邦大驚：「諸君，這是為何？」略一遲疑，又嘆道，「唉，你等只是要逼我！」

韓信抬頭朗聲道：「陛下若不加尊號，臣等便遮道候旨，再也無心赴洛陽了。」

英布亦道：「陛下以漢王之號君臨天下，多有不便。上皇帝尊號，正應了天時民心。」

劉邦擺手道：「入洛陽之後再議吧。」

韓信執意不肯讓：「臣以為不可！事到如今，天意不可違，眾心亦不可拂逆。此地開闊，在水之陽，正合老子『居善地』之道，陛下可在此登大位。」

眾人也一齊附和，喧聲震耳。

劉邦只得起身，朝眾人拱手道：「諸君之意我已知，既是諸君以為便民，寡人也只得違心，所幸此舉上應天意，下合民心，不可謂悖逆。還望諸君同心相與，有益家邦安定。」

諸王與群臣聞之皆大喜，當下稽首叩拜，齊呼「萬歲」。隨侍郎衛們見了，也猜到了八九分，都紛紛下馬，棄戟跪拜，呼聲震天。

劉邦只得連連回禮，待喧聲稍息，便對隨何道：「全軍便在此安營吧，命士卒壘土築壇。明日起，由盧綰、叔孫通主事，擇吉定儀，籌辦郊天大典。」

群臣又一番喧呼歡騰，禮畢起身，都擁至劉邦車駕前道賀，皆是喜極而泣的樣子。劉邦苦笑道：「寡人起於鄉野，也只好在這荒野之中登基了。」

次日，盧綰、叔孫通與隨何等人商議了一夜，定下了登基、朝賀儀規。又知會少府，取來秦始皇傳國玉璽，以備登基時用。

這氾水之陽[21]，地處荒郊，所有器物一時難措，諸事只得從權。叔孫通拿來漢王冠冕，親手加了三條旒，湊成天子之十二旒。至於那皇袍衣飾等，不及置辦，就仍用漢王舊物。

這日劉邦無事，一時興起，便帶了王恬啟、隨何等一干侍臣，來至叔孫通帳中。

叔孫通見劉邦駕臨，慌忙施禮。

劉邦含笑問道：「夫子，忙碌得如何？」

叔孫通回道：「臣與太尉已兩夜未眠，急督軍士築壇。郊天那座圜丘，後日即可告竣。其餘萬事俱已齊備，只惜乎百官未有一色官服。」

劉邦便道：「這是何等年月？官袍之事，隨眾官自便。日後承平，漢

[21] 古代地名，山之南、水之北為陽，反之為陰。

家亦不定製官袍。天下之民，窮矣苦矣，寡人何忍再去搜刮？」

說罷，他一眼望見傳國玉璽，眼睛便發亮，上前捧起來，細細端詳，口中道：「當年，自秦王子嬰手中得此物，只道是殘磚一塊，不想今日派上了用場。」

始皇所遺的這方玉璽，乃是以和氏璧鐫成，其方四寸，上紐為五龍交錯，精緻無比。印文係秦丞相李斯所書，乃是「受命於天，既壽永昌」八個字，字字端麗。劉邦將玉璽摩挲半晌，嘆道：「百二河山，如此寶物！只可惜了祖龍基業，竟敗在了小兒手裡。」

叔孫通道：「漢家興業，為萬物續天命，非暴秦可比。」

劉邦卻搖頭道：「夫子只管揀好聽的講，將寡人推上高臺，你是不怕我跌下來！觀今日天下，欲為倡亂者，十室有八。遍地唯見虎豹熊羆，如何得安？我來日若下了黃泉，那太子劉盈，天資不敏，又如何能將天下擺布得好？」

王恬啟在旁道：「漢家猛將如雲，豈容再有陳勝之輩作亂？」

劉邦望了王恬啟一眼，冷笑道：「猛將？倒給你說中了……」當下便托起那玉璽，問道，「我若下了黃泉，此物可抵得一員猛將嗎？無非玉石一塊，人人皆可得。」

王恬啟、隨何聞此言，皆不知所對，心內大起驚異。

待劉邦一行走後，叔孫通那弟子百人聞之，全都跑來打探。其中有弟子抱怨道：「吾輩侍奉先生數年，自彭城投漢，一路艱辛，幾乎喪命；然先生向漢王舉薦用人，卻不薦弟子一人。所薦者不是群盜，便是梟雄。如此行事，究竟為何故？」

叔孫通將諸弟子打量一番，哂笑道：「漢王冒矢石而爭天下，若遣諸生上陣，可能戰鬥乎？故須先薦斬將搴旗之士。諸生欲做官，人之常情也；且容一時，我必不忘此事。」

諸弟子聽了，都半信半疑。想想無奈，也只得聽從叔孫通調遣，為登基事忙碌起來。

如此，又操辦了數日，至漢王五年二月甲午（二月初三），便是叔孫通定下的吉日。

這日丑時，夜色未褪，三星微微偏西。五十萬各軍士卒，皆走出軍帳肅立，人人手持火把。氾水之陽，眨眼便是一派通明。劉邦借著火光看清：只在這三五日中，眾軍卒便依憑土岡，築起了一座高兩丈的圜丘。此丘迄今仍可見模樣，後世名為「官堌堆」，在今定陶仿山鄉。

圜丘分九層八十一級，各層上旌旗環繞，金鉞如林。圜丘之頂，又積滿九層薪柴，高可以摩天。階陛之下，有玉璧、鼎、簋等禮器一字排開。

隨何手持火把立於壇上，待時辰一到，便將火把高高擎起，發一聲令：「起！」圜丘之下，立時有悠悠樂聲騰起。眾人屏息靜聽，乃是圜鐘為宮，黃鐘為角，大蔟為徵，姑洗為羽，奏出了一曲天籟般的雅樂來。

原來，這是漢軍中擅長歌樂的巴人，奏響鐘磬琴瑟。樂音悠揚，夜中便似有薄霧飄至，飄遊於大野，令五十萬軍卒都聽得醉了。

片時之後，樂畢，劉邦峨冠博帶，一身袞衣，手持白圭踱至壇下，主祀昊天上帝。此時太尉盧綰在旁，遞上祭文。劉邦便手捧卷冊，朗朗而誦，其聲遠播四方：

> 皇天上帝，後土神祇，眷顧降命，屬吾黎元。惟周宗不祀，暴秦僭越，四海紛擾，天命乃絕。朕本沛民，賴上天眷佑，祖宗靈庇，資我文武之力，克秦滅楚，平定天下⋯⋯

劉邦每唸一句，軍伍中便有早選好的健卒，隔著十數排向後傳去。如此一遞一聲，直傳至最後一排。五十萬軍眾，皆可聞劉邦此時所誦之辭。靜夜中聽來，劉邦每出一語，便如石投水中，一層層漣漪蕩漾開來，雄壯之至。

待劉邦誦至「群臣欲尊朕為皇帝，為生民之計，乃於楚漢五年二月甲午日，告祭天帝，即皇帝位於汜水之陽，號曰大漢，定都洛陽……」一句，群臣登時狂呼，士卒亦是一派喧騰。

劉邦誦畢，一聲「伏惟 —— 尚饗 —— 」未等落地，隨何便又將火把一舉，三軍見了，登時高呼萬歲，其勢若潮，澎湃震耳。

隨後，便是祭天大典中的「燔燎之儀」了。夏侯嬰率一隊郎衛，牽出牛、羊、豕三牲來，當場宰殺，以為太牢[22]之禮。連同玉璧、玉圭、繒帛等祭獻，由軍士魚貫傳至柴堆上。劉邦由隨何引導，緩步登上壇頂，接過火把，點燃積柴。

因那薪柴皆是油浸過的，故而火把一觸，便有沖天火起，灼烤人面。隨何連忙拉住劉邦衣袖，退至壇下。

此時的圜丘，宛如烽火墩一般，光焰萬丈，直衝蒼穹，照得曠野如同白晝。三軍將士見此，無不痴狂，都紛紛搖動火把，歡躍鼓噪。

劉邦回首望去，但見遍野星火萬點，倒映於汜水之中，恍如銀河，心頭便一熱，向諸人道：「生年五十六，不白活呀！宇宙洪荒，何人登基可如此壯觀？」

夏侯嬰便道：「三千年後，或許有。」

劉邦連拍夏侯嬰肩頭，哈哈大笑。忽覺額前十二冕旒搖晃不止，幾欲暈眩，便止住笑，恨道：「這擋眼之物，好不累贅。」

夏侯嬰望望，忽問：「陛下此刻，可還記得那美髯客？」

---

[22] 太牢，古之祭祀禮。帝王祭祀社稷時，所用牛、羊、豕三牲或僅有牛為「太牢」。因所用犧牲在行祭之前，須先飼養於牢，故其稱為「牢」。其中有太牢、少牢之分，少牢只有羊、豕兩種。此概念，後亦引申為盛宴之意。

劉邦便目射精光，挺胸道：「如何能忘？當年泗水亭上所言，竟都應在了今日。」

「只惜乎紀信兄，惜乎酈老夫子……」

「唉！吾心於此，也是戚戚。常憶起那奚涓將軍，何其年少，便為我而死。苟活如我者，實乃彎木倖存也，也算是天佑一時吧。」

盧綰在旁道：「陛下寬仁，舊部無不心知，漢家必不同於陳勝王。」

劉邦聽了大笑：「臣下之心，不說朕也知道，爾等榮華富貴，須朕來保。朕欲歸鄉養老，卻是做夢了！我這皇帝，只是諸君一個好擋箭牌罷了。」

之後，隨何又是一聲唱喏，劉邦連忙斂容，行灑血酹酒之禮，往復三番。禮畢，樂聲又起，百名巴人躍入場中，將劉邦團團圍住，跳起了雲門之舞。劉邦會意一笑，也下了場，拿眼左瞄右看，裝模作樣跟著舞了一回。

舞罷不多時，鼎鼐中三牲已然熟了，天也漸漸亮起來。隨何便舉樽向前，代上天賜福酒於劉邦；劉邦接過飲畢，又逐個向諸臣賜胙[23]。

北征這一路上，所過之處唯遇荒村，百官已多日未見葷腥了，饞涎難忍，眨眼便將那牛羊雞豕掃了個乾淨。

郊天之禮，至此方畢，圜丘之頂唯餘嫋嫋青煙。劉邦率了沛縣舊部十數人，緩步登上了壇頂，手捧白圭過頂，向眾軍大呼道：「上天之載，無聲無臭。儀刑文王，萬邦作孚——」

三軍又是一陣歡呼，方才各自散去，歸營朝食。

劉邦一夜未眠，與諸人步下圜丘時，頭一暈，竟打了個趔趄。隨何在旁急忙扶住，劉邦便自嘲道：「山河才入囊中，我可不要隨了那項王去！」

[23] 賜胙（ㄗㄨㄛˋ），古時大典，天子在祭祀後，須將祭肉分與群臣。

隨何笑道：「哪裡？陛下正是壽永，那項王卻已是枯骨了。」

劉邦聽了怔住，望望天際曙色，嘆了一聲：「他不該強出頭才是。」

自是，劉邦登基稱帝，開漢家祖業，有煌煌四百年之久。劉邦身後廟號為「高皇帝」，史書紀年稱高帝紀年。因他為漢家之祖，史家習稱為「漢高祖」，相沿至今未變。

＊　＊　＊

且說劉邦登基後，漢軍大隊並未立即啟程，又在氾水之北滯留了數日。劉邦將陳平、樊噲、叔孫通喚來行轅大帳，吩咐道：「眾議難辭，朕只得做了這皇帝，然朕卻不欲做秦始皇，只威風一世，二世便亡。這幾日，諸君就不要歇了，在我這裡食宿，也沾些皇帝的福氣，將那安邦立朝的大事議一議。」

樊噲連忙擺手道：「我是粗人，如何懂得治天下？」

劉邦笑笑，道：「樊噲兄，假惺惺做甚麼？就不必推讓了。這天下的事，從此便是你我的家事。明日起，便拜你為左丞相，助蕭何那老兒，為我打理家事。」

樊噲頓感惶悚，正要推辭，卻被劉邦止住：「家國之事大於天，你休得廢話！諸君既都在此，便替朕想一想：漢家初興，如何能像個樣子？這幾日議事，諸君要吃些苦了。餓了，便與朕同案而食；困了，便與朕抵足而眠。諸君也不必拘禮，甚麼皇帝不皇帝？保住社稷才要緊。」

君臣議了半日，定下了數項事宜，便由陳平起草詔書，布告天下。

此詔，擇其要者大略為：其一，秦二世亡後，漢軍文牒中紀年，皆以「楚漢」為年號，此後天下通行漢家年號，將「楚漢五年」改為「漢五年」。其二，立社稷於洛陽，追封祖父以上三代先考。其三，封呂氏為皇后。其四，封王太子劉盈為皇太子等。

劉邦看罷草詔，連連點頭，吩咐涓人拿去謄寫好，而後羽書快馬，飛遞郡縣並各諸侯國。

待涓人走後，劉邦又道：「議定這幾則，不過是名分上的事，花花哨哨而已。依朕之意，定天下，有兩件事才是根本，不可緩行。一則，凡秦楚苛刻之刑，悉為廢除。我漢家，專尊黃老之術，無為而治，令天下之民好生休息。二則，七年來隨我征戰之老卒，不能隨便解甲了事，務求榮歸，各得田地爵位，使地方官民皆敬仰。這兩件事，都關乎國祚，諸君勿嫌煩勞，即便幾夜不睡，也要想好。」

如是，君臣又議了兩日，諸事才告篤定。陳平當場逐條記下，留待定都之後漸次頒行。

劉邦這才鬆了口氣，笑道：「如此，可保百年無事了。」

樊噲道：「天下亂了這些年，草野之中，難免還有倡亂之人。」

劉邦便道：「仁政便是良藥，你只管安心。草頭小民，謀的只是生計，得了好處，如何還會有反心？」遂又喚來隨何，吩咐道：「傳令下去吧，全軍今日即拔營，往洛陽去。」

數日後，大軍進抵洛陽城下。劉邦笑指城門，對陳平道：「昔日出洛陽，天下未定，項王猛如虎；今日返洛陽，天下已定，只待朕居四海之中而治了。」陳平道：「定都此地甚好，有河山拱戴，形勝甲於天下。」

劉邦哈哈大笑：「如此河山，虛位以待，我不來坐誰坐？」便急令夏侯嬰驅車進城。

這洛陽，原是河南王申陽都城。申陽早便投漢，楚漢相爭中，楚軍又未得挨近此城一步，故百姓皆心向漢家。劉邦入城後，父老爭相跪拜，喜迎王師。

劉邦在車上連連回揖，面有得意之色，轉頭問陳平道：「朕欲長都於此，愛卿以為如何？」

「洛邑乃數百年古都，自然是好！河圖洛書，即出於此；湯武定九鼎，周公制禮樂，皆在此地。我漢家上承周祀，不可不定都於此。」

劉邦笑道：「哈哈，陳將軍這一言，便是九鼎了吧？」

駐蹕洛陽後，劉邦將周天子故宮暫辟為南宮，住了進去。隨即遣王恬啟赴櫟陽，迎太公、呂后、太子盈、次兄劉喜、四弟劉交、外婦曹氏子劉肥等眷屬入洛，另將蕭何等關中臣屬也一併接回。

待王恬啟走後，劉邦目睹滿朝文武之盛，只覺得尚有遺缺。一日忽悟到：原是張良至今未歸。

自前月張良出使趙國，為張耳弔喪，竟是逾月未見消息。劉邦心生疑惑，忙命驛使赴邯鄲探詢。不料趙王張敖回話稱：張良來邯鄲僅數日，即行離去，據聞已赴修武，入雲臺山尋仙訪逸去了。

劉邦得報大驚，怫然起身道：「早便知張良心儀隱士，此去雲臺山，莫不是要隱遁山林？漢家立朝才數日，便遁去一大臣，這還了得嗎？」當下便遣使飛馳邯鄲，知會張敖，就算掘地三尺，也要將那張良尋回。

此後不久，時已至春三月梢，劉邦在洛陽南宮得報：王恬啟已從櫟陽返回，接來了劉氏眷屬及蕭何等留守諸臣。

這日，眷屬車馬進了洛陽城，直赴南宮。劉邦早已是一身袞衣冕旒，率眾臣迎候於宮門了。

見劉太公與續弦李氏步下車來，劉邦忙迎上前，伏地叩拜。太公便慌忙向劉邦擺手：「吾兒快請起，我一介布衣，如何受得皇帝跪拜？」

劉邦聞言起身，亦甚惶惑，回首見叔孫通在側，便問：「皇帝固不應拜平民，然為人之子，焉能不拜乃翁？」

叔孫通拱手答道：「偶爾從權，亦無不可。」

劉邦便笑：「儒生到底有心機，說話如此圓通！漢家初興，諸事多用權宜之計。阿翁，你便先受我拜，禮法不禮法的，容後再說。不然，我一家，連飯都不知應如何吃了。」

與諸眷屬逐一見過，劉邦便拉住蕭何之手道：「蕭何兄，漢家有今日，全賴足下留守之力。楚漢相爭之際，朕數度離軍逃遁，若不是關中為朕補缺，朕早已是項王刀下鬼了。」

蕭何慌忙答道：「不敢。陛下親冒鋒鏑，率軍征討，臣未有尺寸之功，僅在關中陪太子讀書，如太子家令[24]而已。」

「哪裡話！你我兄弟，何必恭謹如此？說甚麼太子家令，莫非是嫌丞相還太小？且不說增兵運糧之功，只看你蕭氏一門，子弟從軍者不知凡幾，功莫大焉，當朝何人能及？朕心中是有數的。」

隨後，劉邦又引太公等眷屬與諸臣見過，置酒高會不提。

自定都洛陽之後，從春至夏，劉邦忙得不亦樂乎。新朝方興，國事自是順遂，然皇帝家事卻埋有隱憂。

自項羽在廣武山放歸劉太公一行，呂后便徙至櫟陽居住，與劉邦聚少離多。在櫟陽，呂后常造訪蕭何，問東問西，早將那劉邦與諸後宮的底細探聽清楚。

聞知劉邦獨寵戚夫人，且鍾愛戚氏之子如意，呂后心頭便大感不安。當下與妹妹呂嬃、妹夫樊噲暗通了消息，務要保住後宮至尊，以防太子劉盈失位。

呂嬃、樊噲自然明白此事輕重，都一口應承。樊噲雙目圓睜，對呂嬃道：「莫說姐夫尚在，即是姐夫不在了，何人想動太子盈，先吃我一殺豬刀再說！」

---

[24] 家令，秦時所置太子屬官，沿襲至漢魏。

此次遷來洛陽，呂后本以為實至名歸，終可「母儀天下」了，卻不料劉邦無事只是到戚夫人居處，言笑晏晏，並不大理會所謂「正宮」。呂后怒氣就更盛，與親隨舍人審食其走得更近，諸般機要，無不與他相商。

這日，呂后恰撞見劉邦又要往戚夫人處去，便怒氣沖沖道：「昔日在芒碭山，何人與你送衣物吃食？今日坐了天下，眼中便沒了老娘麼？」

劉邦尷尬道：「這是哪裡話？朕不過鍾愛如意而已。」

呂后便冷笑：「怕不是鍾愛小兒，我是看到了你骨髓裡去！老娘今日，便將話講明：你有戚姬，我亦有審食其！」

劉邦不由氣急，渾身發抖，叱道：「荒唐，太荒唐！妳這說的甚麼話？殿堂之上，豈是往日在茅廬中？」

呂后反唇相譏道：「哦？你也知身分不同了，如何卻不改往日無賴相？」說罷，怒視劉邦一眼，便拂袖而去。

撇下劉邦站在階前，呆立了半晌，興味早已索然。於是怏怏返回前殿，召來御史大夫周昌，問道：「皇后舍人審食其，沛縣故人也，平素可有劣跡？」

那周昌性本耿直，聞言漲紅了臉答道：「這……臣不能奏。」

「怎的？直說無妨。要你做御史，不單是看在你兄周苛殉國，也是看你忠直，休要吞吞吐吐。」

周昌咕咚一聲跪地，叩頭道：「恕臣之罪，冒死稟上：群臣中有風傳，審食其與皇后私通，已有多年。」

劉邦便一拍案：「果然！你可曾拿到實證？」

周昌患有口吃，一急之下，話幾乎說不成句：「風、風流事，如何拿得到證據？好在風聞傳亦不廣，因事涉皇、皇后，故無人敢多言。」

「那豎子貌似敷粉，舉步婀娜，哪裡像個好人？你聽我諭令，拖他去西市斬了！」

「斬決，須有罪名，且此係廷尉之責。」

「那就教廷尉揑罪，打他成招。」

「臣、臣以為，審食其不可殺。」

「何故？莫非你不怕我，卻懼怕皇后？」

「陛下若、若殺審食其，則天下將盡知他為何而死，此事反倒張揚出去了，將那猜疑坐實。故臣主張，應封審食其為侯，以塞天下之口，人將不疑有他。況乎審食其與皇后如何，陛下並不在意。陛下有戚、戚氏，便是天賜，無須再與小人計較。」

劉邦仰頭想了想，恨道：「理雖如此，然豎子可恨！罷了，就封侯吧，便宜了他。你去查書，看叫個甚麼侯妥當。」

周昌沉吟片刻，道：「可號為『辟陽侯』。」

「辟陽侯？如何講？」

「辟，即是除掉。」

「嗯？除掉？辟……陽……哈哈，就如此，就如此！朕早便想閹了他。」

次日，果然有詔書下，封呂后舍人審食其為侯。詔下之日，看在呂后面子上，舉朝皆賀。呂后亦甚得意，以為劉邦此舉為示弱，竟在後宮大開筵席，為審食其作賀。

此後，劉邦懊惱了多日，總是放不下此事。這日，忽聞劉賈、靳歙班師，擒了共尉回來，請旨在殿前獻俘，這才一掃愁悶，遽然起身，吩咐侍者更衣，要去看看那共尉是何等模樣。

隨何在旁，忙提醒道：「可召諸王來。」

劉邦一笑，便命典客速去召諸王。不消多時，諸王便在殿前集齊，一字坐下。劉邦頭戴受降典儀之皮弁，滿冠瓊玉，傲然坐於中央，朝隨何揮了揮手。隨何便傳令下去，命獻俘上來。

在階旁肅立的郎衛，立時一陣呼喝，長戟斜出，齊齊指向宮門。

少頃，劉賈、靳歙兩位得勝將軍，簪纓如火，甲胄鮮明，大步跨了進來。身後，便是那赤膊被縛的共尉。

劉賈、靳歙稟報征討事畢，退至兩旁。殿前郎衛便一聲猛喝，將共尉推了上來。那共尉雖是蓬頭跣足，見了劉邦，卻昂首而立，並無討饒之意。

劉邦見他年少，不禁起了惻隱之心，緩緩道：「我道共尉是何等人物，原來是個弱冠小子！如何？違天命而就縛，更有何話可說？」

共尉瞥了劉邦一眼，挺了挺脖頸，只是不語。

劉邦微微一笑：「豎子倒還有骨氣！這五花大綁的，倒也不必了。來人，鬆了綁，教他說話。」

階旁郎衛應聲而上，將共尉鬆了綁。劉邦便問道：「項王逆天行事，為諸侯所共討，何以你父子卻背大義而行？看你年少聰慧，似不應這般蠢！」

共尉這才直視劉邦道：「漢王要聽我說嗎？」

「但言無妨。」

「素聞漢王仁義，今擒我來，必是視我為邪僻。小子敢問大王：昔楚漢相爭，先父可曾發兵助楚？不曾！此乃無仁義乎？我小國寡民，可曾有一兵一卒襲擾貴國？不曾！此又乃無仁義乎？共尉固然不才，然謹守父業，安邦治民有年。卻不料，身在江陵，卻給人擒到了這裡來。區區江陵，何妨你漢家大業？我共尉又有何罪，必致我民死國滅？敢問漢王，你如此行事，仁在何處？義又在何方？」

劉邦勃然大怒，拂袖而起，喝道：「豎子狂妄！天下皆服，唯你一人不服，朕便要你死個明白！聽著，你那老父共敖，本為懷王柱國，舉義甚早，蒙國恩亦重，本應忠君事國才是。卻受項王陰遣，弒懷王於江南。逆臣賊子，世上有過於此乎？」

那共尉一怔，滿臉漲紅，沉默半晌，忽一指座中英布道：「義帝之死，千古謎疑，九江王英布也難逃干係！如何他卻成了你座上賓？」

英布聞此言，臉色便一白，幾乎癱倒。劉邦卻也不惱，只望了一眼英布，便戟指共尉道：「天下十八諸侯，先前多為楚之羽翼；然楚漢交鋒，是非分明。投漢者，便是改過，天下也無人再究。項王歿後，楚之袞袞諸公，盡已來投，獨你這小兒，卻為何要至死不悟？」

「小子無知，只知世受楚恩，當盡忠以報，豈能效蛇蠍反噬？」

「妄言！真乃有其逆父，便有其逆子。項王殺降焚城，恃強凌弱，荼毒萬民已甚，所為禽獸不如。你父曾助紂為虐，你今又不從大勢。天下便是有了你父子這般亂賊，方才不寧。小兒全不知蒼生疾苦，作孽至此，尚可活乎？」

「項王殉難，我自然是賊，身敗又有何憾？我雖年少，卻知倫理，謹守父業而不更易，不似那拋妻棄父、寡恩負義的田舍翁！」

「大膽！」諸王聞言色變，都一齊呼喊起來。英布更是跳起來吼道：「陛下，還不烹了這小賊！」

劉邦卻神色如常，環視諸王片刻，緩緩道：「狼狽同穴，這也是無奈何的事。小子非要隨那項王去，便成全了他吧。烹就不必了，朕不能效那項王暴虐。」而後，忽然一聲大喝，「來人，將這豎子推出斬首，以彼之頭，祭我大纛！」

眾郎衛聞令，一擁而上，緊緊捉牢了共尉。

卻見那共尉猛一發力，甩脫了眾卒，笑道：「斬首？風吹冠耳！孤王還能逃了不成？惜乎此生，未能陪項王殉於烏江，卻只見小人高居廟堂。我共尉正告諸君：與小人同堂，只怕是命不及草木一秋。我今日此言，有蒼天可證！」說罷，便一轉身，朝宮門外大步走去了。

諸王看得心驚，都紛紛搖頭不止。

劉邦見諸王神色惶惶，心下亦甚不安，便強笑道：「此賊既除，天下便再無滯礙，吾輩亦可安生了。眼下時已入夏，諸君近日便可歸國。漢家新政，將有數道詔令頒行，各位聽命就是。我劉季無能，全憑諸君襄助，萬望珍重，切莫生事。」

諸王聽出此話的分量，且驚且喜，都紛紛起身謝恩，各自散去。

且說劉邦斬了共尉之後，心頭猶自恨恨，只覺得自己貴為天下之主，當著諸王之面，卻為一個豎子所折辱，臉上總是無光。正懨懨躺臥之際，忽聞隨何來報，說是張良已從趙國歸來，正在殿外候見。

劉邦聞之大悅，一個魚躍起身，險些將案几碰翻，急吩咐道：「速傳進殿，朕等他正急！」

隨何領命出來，引了張良進殿，正要邁上階陛，劉邦便自殿上迎出，高叫道：「子房，子房！」

張良見了，慌忙便要施大禮，劉邦急趨上前道：「子房兄，如何延至今日方歸？朕還以為你在雲臺山隱遁了。」

張良略整了整衣冠，伏地叩拜如儀，口稱：「臣張良拜見皇帝。陛下稱帝，乃千古盛事，臣遠途未歸，不曾親奉盛舉，還望陛下恕罪。」

劉邦笑著將他扶起道：「稱帝乃群臣所強推，豈是我本心，子房兄何必恭謹若此？你回來得正好，定都之後，政事紛亂如麻，正要與你商議。」

「慚愧！臣出使趙國，憶起博浪沙刺秦之事，便去當年匿身處看了看，故此延宕。途中忽聞季兄稱帝，不勝欣喜，便匆匆返回了。」

「哈哈，我卻是嚇得不輕！你若再有半月不歸，便要張榜通緝了。」

劉邦將張良拉入偏殿內，隔案坐下，取出草詔數卷，交予張良過目，道：「此乃蕭何與陳平、叔孫通等人商議而成。漢家新得天下，如此施政，請子房兄看看有何缺漏。」

張良逐一看過，頻頻頷首道：「所議甚妥，綱目皆備，不愧是一等重臣所擬。其首要者，乃是軍士解甲歸田事，各部老卒既安，天下便可安。」

「如此，便可再無顧忌了？」

「有。」

「哦？又是何事呢？」

「八王。」

聞張良此言，劉邦便似遭了雷擊一般，木然半晌，方嘆口氣道：「正是！這……將如何是好？」

張良微微一笑，道：「陛下請不必過慮。可還記得老子曰：『以正治國，以奇用兵，以無事取天下。』陛下如今居天下之正，靜觀其變就是了。」

劉邦頷首道：「倒也是。我只是疑心韓信，猜他遲早將圖謀不軌。」

「臣以為，其餘諸王或可謀不軌，韓信則斷乎不能！」

「你如何能看到他肚皮裡去？」

「臣與韓信，所思相同，只望來日能優遊卒歲。」

「哦？韓信竟也有此志？罷罷！待國事稍定，我與你兩人一起優遊。」

與張良商討了半日，劉邦心中便有了底，心情也隨之振作，當下便喚來叔孫通，命他將施政詔書潤色好，交中涓謄抄，不日即下發各處。

＊　＊　＊

且說這年入春後，韓信便已將家眷自臨淄接來，於洛陽館驛住下，原齊王宮及相府諸屬吏也相繼遷來，均轉為楚王僚屬。一時間，館驛下榻處便熱鬧起來。

自劉邦允諸王歸國後，韓信便登門拜別了蕭何、張良、英布等一干故舊，略敘舊誼。彼此說了些浮泛話，都片語不提韓信眼下的尷尬。只有張良在揖別時，執手不捨，說了一句：「改日得閒，必邀兄赴下邳重遊，與你共醉。」

原齊軍中的部將，歸了漢軍本營之後，韓信獨獨留了一個高邑，任相府長史，引為心腹。這日謁者進門，遞上一道皇帝新發的詔令，韓信便喚高邑也一起來看。

兩人閱罷，原是皇帝下的罷兵詔書，詔曰：除留禁軍五萬及郡國兵十萬之外，其餘天下軍士，盡都解甲歸田。另有趙地萬餘騎士，仍留駐原地，以防匈奴。中樞之軍務，由衛尉[25]酈商、新晉中尉[26]丙猜分掌宮內外禁軍，太尉盧綰掌郡國兵，分而治之，互不統屬。各封國之兵，各有數萬至數十萬不等，唯從太尉之命，無虎符諸王亦不得調動。

看到此，韓信便笑：「又是蕭何那老吏之計！如此，諸王養這區區之兵，又有何用？」

兩人再看，詔令又曰：漢軍所有軍吏，無論有無戰功，均賜予爵位。因戰功獲高爵者，歸鄉之後，縣吏須照爵位分給田宅。如歸鄉者有所請求，諸吏不得怠慢，否則重責不饒。

---

[25]　衛尉，秦漢時九卿之一，為統率衛士守衛宮禁之官。

[26]　中尉，秦漢時武職，掌京師的治安警衛。

韓信看罷，頷首道：「倒也好。如此，數十萬農家子，也不枉從軍一回了。」高邑也甚是欣喜：「農家子尚如此，功高如大王者，當享萬世榮華矣。」

韓信忽想起在漢中時，於途中遇見的那壯漢，記得壯漢曾言：「若是能尋到仙山，自可逍遙一生。」今日憶起此語來，竟像是振聾發聵一般，於是便對高邑道：「明日赴楚地就國，必是整日無事，孤王也要效法張良，只往那山高雲深處尋訪。想那陳縣之東、淮水之北，楚地廣有千里，總可以尋到一處仙山長居。」

高邑便道：「大王若有此興致，微臣願跟隨。征伐五年，眼見屍積如山，直覺生也無趣，若能親見仙山，何其幸也。只恐這世上，不曾有尺土可謂之仙山。」

此話說得韓信一怔，半晌才道：「若存此心，或許就有。來日，孤王將歸鄉就國，先風光一回再說。」

不數日，韓信偕家眷與楚相府一干人等，浩蕩出城，往下邳就國。出城之日，車駕儀衛森嚴，鹵簿異常華麗，郎衛所乘騎馬匹多為一色。洛陽百姓見了，都覺驚詫，以為是皇帝東巡，紛紛於路邊跪拜，口呼萬歲。

韓信先是不安，眼望父老婦孺恭謹避讓，便又覺釋然，對驂乘高邑道：「做個諸侯王，總還是強於富家翁。」

高邑一笑：「以大王之功，足可當得起這尊榮。」韓信聞言更是得意，卻不料高邑又道，「然終不及范蠡，可泛舟五湖。」

韓信聞聽「范蠡」二字，臉色便一暗，不以為然道：「如何不及？至下邳，孤王亦可泛舟泗水。」言畢，傲然一笑，便命御者加鞭，不再與高邑多言。

大隊迤邐東行，一路有郡縣迎送，威風一時無兩。至下邳，先借了館驛居住，暫作行宮。楚相府亦開府建牙，遣使者四出，將楚王就國的詔令傳至境內四方。

待一切安頓好，韓信便率了高邑等隨從，車騎相接，直赴淮陰。到得故里，便來至淮水邊訪問，見那當年漂母，今日仍在水邊漂洗棉絮。

韓信連忙跳下馬來，走近漂母，深深一躬：「敢問漂母，可還認得我嗎？」

那漂母抬頭，卻見一華袞公子立在眼前，不禁慌亂，搖頭道：「老身眼花，不知貴公子是誰。」

韓信便道：「我乃韓信。今日來，要謝你當年一飯之恩。」

漂母這才恍然想起：「韓公子發達了？怪不得鵲鳥叫了半日！公子真是好福氣，恕老身方才不敬。」說罷起身，急甩一雙溼手，便要叩拜。

韓信連忙扶住：「不敢當。不是妳當年贈飯，我或為餓殍矣！請漂母受我一拜。」說罷，不由分說，便跪地一拜。

那漂母慌得不行，急道：「昔日糟糠野菜，虧待了公子；如今你是官家，不怨恨便是好了，如何能顛倒上下？」

韓信便回首喚從人，捧出千金，置於漂母前，笑道：「韓某今日為報恩，特以千金相贈，還望收下，以遂我多年心願。」

「使不得，使不得！收了此財，老身怎得安生？為歹人瞄上，怕是活不過五日了。」

「哪裡！漂母請勿驚，我這便去喚里正，務要告諭四鄰勿擾，令你安享清閒。不知你家中還有何人？」

「夫早亡，兒女亦死於亂離，家中唯老身一人寡居，只活一日算一日罷了。」

韓信聞言，嘆息良久。此時鄉鄰聞訊，都紛紛前來看奇景，韓信便喚出里正，叮囑再三，拜託他照料漂母，不許有人驚擾。

里正聞知是楚王私訪，驚喜交並，連話也說不囫圇了，只搗蒜般叩首應承。眾鄉鄰看得眼直，都奔相走告：「漂母受贈千金，從此酒肉吃不完了！」

漂母見推辭不過，只得收下饋贈，嘆道：「漂洗半生，不及一飯所值！世上如你這樣的貴公子，何其少也，莫不是讀書教你發了財？」

韓信便哈哈大笑道：「老人家，在下讀書多年，只落得討人家一餐飯吃。待我棄書不讀時，便有了今日。」

漂母聽了，唏噓不止，只連聲道：「這便好，這便好！」

韓信又說了些安慰的話，方才登車而去。眾村童跟在車騎後追趕，一迭連聲地喊著：「千金！千金！」

別了漂母，韓信來至故里，拜祭了亡母之墓。當年葬母，幾傾盡家財，才在鄰家墓園購得一片好地。看中此地，是因周邊平闊，可置萬家。韓信少年時氣盛，立志窮死也要葬母於此，料想來日定會發達，便要將此地築成一邑，徙置萬戶來守墓。

今日看當年所起墳墓，地勢雖高敞，然簡陋異常。韓信便知會縣衙長吏，將父母之墓合葬，植樹封土，務求壯觀。又將左近民田一概徵收，留待將來建邑。

這一番返鄉，鄉鄰皆奔走喧傳：「當年浮浪子韓信，今已發跡，貴為楚王了！」眾鄰家皆跑來相認，攜子弟伏地遙拜，指韓信為楷模，全忘了當年曾以韓信為子弟戒。韓信只撫慰了幾句，便不再理會，悵望舊居良久，在心裡慨嘆世態之炎涼。

待到返程時，韓信又喚來高邑，命他速遣兵卒，分頭去尋兩個人，待尋到了，徑直帶往下邳。

車駕回到下邳後，才隔了一日，兵卒便先後將那兩人帶回。韓信聞報，微微一笑，命將那貌似惡痞的一個，先帶上堂來。

此人不是別人，正是當年淮陰的惡少年，曾令韓信受過胯下之辱。如今十餘年過去，人已漸入中年，仍在淮陰市集上賣肉，拖家帶口，謀生不易，早沒了當年的霸氣。昨夜忽有里正帶了七八個兵，闖入家中，不由分說拉人便走，只說是要往下邳。

那肉販摸不著頭腦，一路拿言語試探，方知是楚王要見他，心中便直呼奇哉怪也。此時進得館驛內，只聞一聲呼喝，便被人推至堂前，見一位尊者端坐於上，頭戴冕旒，臉上無怒無喜。

肉販止不住心慌，伏地便拜，口稱：「無知小民，拜見大王。」

韓信於座上略一欠身，問道：「你睜眼看看，我是何人？」

那肉販抬頭端詳片刻，忽地看出，這人竟是昔年佩劍浪蕩的韓信！當下血衝頭頂，口中「啊」了兩聲，結結巴巴道：「莫非是，韓⋯⋯公子！」

「尚記得我那柄佩劍否？」

那肉販慌忙叩頭：「大王，大王饒命！小的少年時魯莽，多有冒犯。如今我上有八十老母，下有子女繞膝，早已不敢頑劣，只是本分謀生。若饒得我一命，願變狗變馬，伺候大王，即是認大王作阿翁亦無不可。」說罷，便往那磚石地上搗蒜般地叩頭。

聽得叩頭聲「咚咚」地響，諸郎衛都忍俊不禁，韓信也不由哈哈大笑，揮袖道：「罷了罷了！你那頭顱不痛，孤王倒看得頭痛了。」

「大王，鄉下人鄙陋，頭顱值得甚麼錢？我磕爛了這頭，亦不能贖萬死之罪。」

「請起請起！公昔年雖辱我，然孤王豈能懷抱小丈夫之心？挾私憤以圖報復，由恩怨而生喜怒，那我成甚麼人了？公可安心，不必驚擾，今召公來，非為計較往事，乃是欲錄用你為吏，免得你生計太辛苦。」

那肉販不禁瞠目：「……錄用？」

韓信笑道：「正是。兵戈多年，世道不靖，孤王欲安居，下邳城內卻多有盜賊，不得安生。你自少時膽量就不小，且在城中做中尉吧，總領巡城捕盜。當年我仗劍尚不敢惹你，今日盜賊，見你必也是望風而逃。」

肉販聞言，頓覺有些恍惚：「小人……可以在城中任中尉？」

「不錯！毋庸惶惑，回家去稟告老母吧。隔日，便可去楚相府領甲冑，從此做個將軍。」

肉販嘴巴張得老大，半晌才回過神來，連連叩頭道：「韓公子……大王，小人萬代不敢忘恩。」

待肉販退下，高邑憤然道：「如此頑孽，何不一刀殺了？」

韓信卻道：「此乃壯士也！當初辱我之時，我豈是不敢以死相拚？然死之無名，故而隱忍，方有今日。我賜他官做，便是念及於此。」

高邑與眾近侍聞言，方領會韓信之意，不禁大為敬服。見眾人再無異議，韓信便命左右，帶另一個上來。

此人乃是下鄉南昌亭長，韓信早年曾追隨其左右，寄食於其家。朝夕兩飯，皆瞄著日影，步入亭長家門，好歹可混個肚飽。那亭長家中穀粟亦不多，日久，亭長渾家深以為苦，起了厭惡心，某日見韓信又來，便在灶間狠狠地刮鍋底。那韓信是何等乖覺之人，聽到這刮鍋聲，便知亭長夫婦已厭他白食，不欲他登門，便長嘆一聲，掉頭走了。

事過多年，此辱埋於心中，久不能釋。今日喚來這亭長，便是要好生教訓一番。

那亭長早已知韓信做了楚王，一路上只是忐忑，唯恐命不久矣。此時一上堂來，便渾身篩糠道：「小臣見過大王！南昌亭一別，竟是八九年不見。大王今日盛名滿天下，小臣也覺面上有光。當日只怪我那渾家不曉事，有所慢待，實是萬難寬恕，望大王念在舊交，勿以為意，恕我渾家無知。」

韓信笑了一聲：「孤王微賤時，曾寄食於公。若無公，孤王恐將淪為乞丐矣！今賞你百錢，算作報償。公豈有罪耶？乃是有恩於我。然世間事，常分兩端，公亦是個小人也。為德不竟，居然管不住個渾家！今賜給你百錢，聊補當年所欠，莫嫌少吧。」

那亭長聞言，不禁滿面羞愧，見韓信無意治罪，忙叩頭道：「小臣回去，便將我那渾家捆了痛打！」說罷，手顫顫地接過百錢，連聲謝恩退下。

多年恩怨，今朝得償，韓信只覺心滿意足。這日，將高邑喚進密室，摒退左右，吩咐道：「諸事皆了，然你尚不能安歇，今有要事相托，須多費些工夫。」

高邑拱手道：「大王請吩咐。衣錦還鄉日，人生能有幾何？或起造楚王宮，或尋訪往日恩仇，微臣聽命就是。」

「那些細小事，就不必提了。我等亂世從戎，捨卻身家性命，才博得這半世功名，務要守住，半分都疏忽不得。今命你前往洛陽，主掌楚邸[27]，專辦朝覲事宜。並賜你千金，帶上幾個伶俐隨從去，為孤王打探朝中諸事，萬一有不利於我者，須盡速回報。」

「哦？天下初定，便有這等傾軋的事嗎？」

「你自去打探便好。恰如你前日所言：這世間，何曾有寸土可稱仙

[27] 邸，為諸侯國、各郡的「駐京辦事處」，分別為國邸、郡邸。國邸主要掌諸侯覲見事宜。

山？老子有言：『為之於未有，治之於未亂。』孤王是不得不防呀！有你在洛陽，我才放心。」

高邑大悟，慨然揖別道：「大王拔臣於卒伍，臣當萬死以報。這便率屬下遊士，潛居洛陽各市廛（ㄔㄢˊ），張大耳目，即是那隻言片語，亦不能漏過。」

韓信向高邑揖別，一面就嘆道：「論起兵戰，我輩已無對手；然於心戰，恐只是弱旅呀！」

# 雄圖夢碎，末路豪傑長嘆

夏五月間，洛陽城豔陽高照，蟬鳴滿枝。劉邦征戰七年，終可以無須冒暑熱而馳驅了，心情便大好。待諸王陸續歸國後，回想各王的恭謹之態，覺帝王之尊果然不虛。這日朝會既罷，便招呼文武諸臣留下，在南宮置酒高會。

庭中槐蔭下，涼風習習。有那新招來的宮中倡優，奏起板楯蠻之曲，跳起新編的巴渝舞，滿庭便是一派怡樂景象。

劉邦舉起酒杯，對眾臣賀道：「來來，天下從此無事，朕亦不學秦始皇那般多事。既如此，白晝恁長，又如何消磨？且與諸君同醉，做個富貴鄉中人吧。」

諸臣紛紛舉杯稱謝，齊呼道：「皇帝聖明！」

劉邦將杯中酒飲乾，笑道：「這『聖明』二字，萬勿輕用。我劉季乃泗水亭老吏也，數年之間，登此大位，實是運氣好而已。」

樊噲起身道：「天命所歸，豈是運氣好所致？往時陛下藏身芒碭山，呂皇后為陛下送吃食，那茫茫槐林，何人能尋到蹤跡？偏就陛下頭頂有祥雲繚繞，直衝天際，皇后獨入林中，一找便找見，此不是聖人之氣，又是何物？」

劉邦放聲笑道：「婦人之言，你也信得？這些好聽的話，哄那鄉人尚可，你我可不要信以為真。」

眾臣亦笑，樊噲喃喃不知所對。陳平在一旁拜道：「陛下仁厚美名，天下何人不知？臣當年千里來投，豈是聽了鄉人之言？就算是升斗小民，亦知陛下有天子氣。天下歸漢，不是天意所屬，又是何為？」

劉邦手指陳平，笑道：「你這張利嘴，有十個項王，也要被你說死了！好了，這些閒話休提。座中各位，均是我漢家舊臣，隨我征戰多年，今日也無須在我面前隱諱，且放膽說來：我所以得天下，因何也？項王之所以失天下，又因何也？」

此時座中便有兩人起身，劉邦定睛看去，原是高起、王陵兩員部將。高起道：「陛下素來輕慢人，項王則一向禮敬人；然陛下遣將攻城掠地，所得土地人口，盡賜予功臣，毫不吝嗇，此乃與天下同利也。」

劉邦打量高起片刻，頷首道：「不錯。武將尚有如此見識，難得！來日也可封侯。」

這位高起，後果然被封為「都武侯」，其他生平事蹟，均不見於史籍，可謂只憑一語便留名青史的範例。

高起話音剛落，王陵便附和道：「正是如此！那項羽妒賢嫉能，有功者害之，有賢德者疑之，連個老臣范增都容不得。部將戰勝，卻不賞人功；部將得地，也不與人利；其所為，與獨夫何異？他不失天下，豈不是沒有天理？」

眾人聽了，都隨聲附和，一片擾擾攘攘。

劉邦只是拈鬚微笑，待眾人息聲，方道：「公等只知其一，不知其二。說到那運籌帷幄之中，決勝千里之外，我不如子房。說到充盈國庫，撫慰百姓，供給糧餉，使糧道不絕，我不如蕭何；率百萬之眾，戰必勝，攻必取，我不如韓信。三位皆人傑，我能用之，此乃我所以取天下之故也。項羽有一范增而不能用，他焉能不為我所殺？」

眾臣聞之，都齊齊望向張良、蕭何，似剛剛認識一般。少頃，才又爭相讚道：「陛下聖明！」

劉邦仰頭大笑，轉向陳平問道：「陳平兄，此漢家三傑，你服也不服？」

陳平慌忙長跽拜道：「臣資質庸劣，徒有一張嘴而已，焉能不服？無三傑，漢家尚不知何日能有天下，臣唯有拜服。」

眾臣聞陳平如此說，也都紛紛挺起身，向張良、蕭何施禮，爭相稱頌。張良望望蕭何，見蕭何不驚不喜，只微微點頭，兩人便一齊起身，向諸臣答禮。

劉邦見狀大喜，便道：「話不講不明，如今諸君已然明瞭，漢家這天下是如何得來的！然人臣之資質，乃天賦，上天也不能多給你一分，唯有忠於君事，勤於國事，河山方可固若金湯。若想長享太平，日日可得痛快飲酒，諸君還須好自為之。」

夏侯嬰便霍然起身，高聲道：「陛下所言，與聖人相去亦不遠矣，我輩自當銘記。昔日漢家孱弱，竟有項莊敢在陛下席前舞劍，臣數年間不能忘，深以為恥！今日漢家獨大，項莊早做了野鬼，我輩何其快哉，且看微臣為陛下舞劍！」說罷便拔出佩劍，當庭舞了起來。一招一式，勢若疾風，眾臣見了，皆滿堂喝彩。

待夏侯嬰舞罷，劉邦也起身拔出劍來，對眾臣道：「天下既安，這柄漢王劍，便也無用了，今日就教少府拿去，鑄成犁鏵。待來年開春，朕將親掌牛犁，為天下勸農。我雖自幼尚武，然亦讀過幾卷書，知天下事萬法歸一，就是百姓吃飽了便好！」

眾臣聞言，皆高聲歡呼。劉邦興致更盛，便向旁側一招手，數名涓人立即捧上酒樽，逐席敬酒，君臣又是一番盡興。

散席後，劉邦送眾臣至宮門，腳步不免有些趔趄。樊噲見了，忙上前扶住，笑道：「今日都醉了。」

劉邦道：「苦了多年，且醉一回吧。」

樊噲便問：「姐夫，今後，果真可以日日大醉了？」

劉邦鼻中嗤了一聲：「坐天下，怎同你做屠戶一般，哪裡會輕易便得太平？我如此說，只為安眾人之心罷了。那八王之內，怕就有四王，欲取我而代之。這且不提，單是那齊楚餘孽，今已搜盡了嗎？那季布在何處？鍾離昧在何處？還有那個烹了酈夫子的田橫，又跑去了哪裡？你可知其詳？」

「臣不知。」

「哼！料你也不知。治天下，豈是登城那般容易？連崽崽兒都知道：『千丈之堤，以螻蟻之穴潰。』那些蟲蟻逮不到，我如何能睡得安穩？」

數日之後，齊地留守將軍曹參，果然送來了羽書急報，稱道：故齊王田橫，先前為灌嬰所敗，投至彭越帳下。項羽滅後，彭越歸漢，田橫恐被誅，便帶了門客遁入海中，盤踞於海島。日久聲勢漸大，竟聚起了五百義士，仍服齊國冠帶，拒不歸降。

劉邦看罷奏報，不禁憂心，對隨何道：「五百義士？比我當年入芒碭山，陣仗可是大多了！我若是秦二世，盡可以不理他；然費盡牛力到今日，我怎能做那秦二世？」

隨何苦笑道：「陛下，漢家豈可二世而亡……」劉邦打斷他道：「正是！快去請張良來。」

待張良聞召進宮，劉邦便將田橫之事告知，問道：「你看這個田橫，有何圖謀？」張良沉吟片刻，方答道：「田橫聚義士，踞海島，無非是想靜觀天下之變，意在恢復，其志可謂不小。然強弩之末，又能如何？陛下也不必著急。」「既如此，便教曹參徵發大軍，渡海去剿滅好了。」

「遣兵征討，自然是好，否則養虎遺患。然渤海滔滔，不比平地，大軍縱有數萬之眾，終究不是水鴨，怎能旬日間便諳水性，必難取勝。

不如遣能言善辯之士，攜陛下策書[28]前往招降，赦其罪，並允其恢復宗廟，兼以武力相要脅。那田氏自然知道利害，不愁他不降。」

「好，此計甚妥！子房兄生平智謀，便是以穩求勝，不似我心急。只可惜酈老夫子殉國了，目下，唯有命陸賈前往說降。」

隔日，招降田橫的策書頒下。那陸賈領了命，稍作籌措，便帶領隨從上了路。驅車顛簸十餘日，來至渤海邊，但見碧浪滔天，一望無際，不知何處有個能藏人的海島。於是下得車來，向海邊漁人打聽。漁人們聞聽探詢故齊王，皆面露戒備之色，各個搖頭說不知。如此一路問下去，見有一白髮老翁，正在路邊籬下乘涼。陸賈便命從人停車歇息，來至老翁對面坐下，與之閒談。

說起田橫盤踞海島事，老翁搖動蒲扇，微微一笑：「故齊王田橫，壯士也。漢家欲發兵收服，怎奈何海水滔滔？」

陸賈見老者似有心向田橫意，便換個話頭問道：「請問長者，漢家得天下以來，衣食如何？」

「自是比亂時好了許多。」

「嗯，治亂之道，長者所見必遠勝於我。我乃朝廷命官，今日來此，是為尋訪故齊王。漢家不欲再戰，也不忍驚擾百姓，故而有意勸降田橫，息干戈而彼此兩利。只不知那海島在何處。」

那老翁神色一凜，沉吟半晌，才問道：「客官所言，老夫我全不知。那故齊王在島上，聚了多少人？」

陸賈道：「聞說有五百義士。」

「五百？能藏五百人之島，必在即墨東南。那島，離岸不遠，方圓六七里，上有山，狀如象鼻。」

---

[28] 策書，漢朝命令中的一種。指皇帝頒發的文書。

「請問長者，那海島距此地有多遠？」

「南下二百里有餘。」

陸賈面露喜色，當即謝過老翁，登上車，命從人急驅車向南。來至即墨，持節見了縣令，講明原委。縣令不敢怠慢，立刻從民間徵得大船一艘，又差遣水手十數人相隨。陸賈躊躇滿志，擇吉日，率從人登上了船。

立於船頭，眼前碧海茫茫，浪湧至天盡頭處，全無所見，陸賈心中不由打鼓：此去不知田橫喜怒，可否生還，唯有天知了！然轉念又一想：我陸賈亦為海內名士，絕非碌碌鼠輩，那田橫既然重義，必不會殺名士而自毀清譽。陸賈想到此，便橫下心來，發了聲號令，命水手張帆啟航。

在海上晝行夜宿，漂泊三日，果然見天邊有一巍然巨島。駛抵近前，才見岸上早已戒備森嚴。船泊岸不久，便有一隊壯士，以幅巾裹頭，手執刀劍，上前厲聲喝問道：「來者何人？」

船上眾人見了，俱大駭，急忙執盾將陸賈護住。

陸賈微微一笑，對眾人喝道：「讓開！」便趨前兩步，獨立船頭，將手中旄節一揚：「吾乃大漢使節陸賈，千里踏浪，來尋你家大王，請勿疑！我漢家平定西楚，諸侯皆服，四方來朝，唯你家大王屈居海島，未沐天恩。漢王素重英雄，豈肯見普天之下有一人向隅不樂？特遣陸賈持節來請，但求可見大王一面。」

島上諸人聽了，並不鬆懈，有一人轉身即奔回，去稟報田橫。

候了片刻，田橫便由侍衛簇擁，自山上營寨中出來。陸賈看去，但見此人一身布衣，亦是幅巾裹頭，與田舍翁一般無二，然眉宇間的王霸之氣，分毫不輸於劉、項。

陸賈不敢輕慢，忙整衣施禮，神情恭謹道：「漢使陸賈，見過大王！臣聞高潔義士，自古不乏其人，前有伯夷、叔齊恥食周粟，後有介子推拒不事晉。今大王固有高義，然名聲可勝過前賢乎？若不能，為何又忍心將這一世英名，拋灑於荒島之上？今漢王受四方擁戴，登基稱帝，誠邀大王共用天下。今日舉目海內，山海林田，何處不屬漢家？大王當順乎大勢，共襄盛舉，何必自困海島，作一無名無位之流民？」

田橫手按佩劍，只不耐煩道：「田橫時運不濟，流寓海島，早將人世榮辱視如浮雲，漢使就不必巧言勸說了。我田橫，從來是頂天立地而生，未嘗屈膝。來日或歸為塵土，或化作魚鱉，不勞上使操心。人間事，成敗總是難料，今日在莒，明日復國也未可知，豈是你這善辯之士可悟得的？且回去覆命吧，勿再多言。」

「不然！大王豪氣干雲，臣豈有不知？然海上荒島，與世隔絕，居之日久，英名必與塵沙同銷。大王本無意於名，自是求仁而得仁，然五百義士，均有其父母妻子，來日又將做何處置？大王與諸義士，兄弟之誼也，不可草率處之，請大王三思而行。我漢王初登皇位，即親擬策書來邀，共用天下，亦是不忘兄弟情分矣。」陸賈說罷，便從袖中取出策書呈上。

陸賈這一番話，恰說中了田橫心事。他略一思忖，臉色便稍緩，命一壯士登船取過策書，展開來看，見果是漢王筆跡，只有寥寥數語：

田橫兄來，大者王、小者侯；不來，則發兵加誅。

田橫閱罷，不禁大笑：「這個劉季，倒也痛快！那麼⋯⋯請漢使屈尊上島，暫住幾日，待我與諸義士商量好再說。」

陸賈見田橫已有應允之意，心中釋然，便朝隨從一揮手。眾人會意，自艙內搬出了數十個竹籠，皆是活雞活豕，統統搬上了岸。

陸賈上了島，向田橫打了一躬：「薄禮不成敬意，望大王笑納。」

田橫看看那些雞豕，仰頭笑道：「早聞先生大名，果然擅長縱橫之術！伶牙俐齒，見機而作，即是木石也要被你說動。惜乎海隅相見，難免鄙陋，且在島上委屈幾日吧。」

當晚，田橫便召集親近壯士，商議應召入朝之事。眾人群情洶洶，皆不贊同，有善謀者力諫道：「不可！那漢帝起自閭里，素以反覆無信而聞名。大王久不賓服，他必懷恨在心，所謂相邀，圈套而已。大王今若棄島而去，入他彀中，豈非自投樊籠？」

眾人亦隨聲附和道：「此處天海無涯，那漢兵即是帶甲百萬，又能奈我何？不若高築壁壘，日夜提防，靜觀他朝野生變，再圖恢復。」

田橫搖頭道：「諸君忠義，孤王甚感激，然漢家今已得勢，海內無人敢與他爭鋒。劉邦帳下，猛將如林，更有韓信治兵，當世無人能及。若漢軍渡海而來，區區海島，或可撐一兩日便是僥倖。我死固不足惜，實不忍連累眾義士，也死在這荒島上。今漢王遣使邀我，也不算為辱；我意已決，這便隨漢使入朝，只保得五百人性命便好，其餘榮辱，皆不足慮也！」

眾人雖心有狐疑，見主公執意要入朝，也只得作罷。議畢，田橫即召來陸賈，直言道：「吾願隨閣下入朝，然終有一慮。」

陸賈拱手道：「大王但說無妨。」

「前時田廣為齊王，我為相，曾力主烹死酈食其。今蒙皇帝赦罪，自是無疑。然那酈食其之弟酈商，乃是漢家猛將，功高位尊，在朝為官，他焉能不心懷怨望？我若歸漢，如何能逃過酈商復仇？」

「此事易耳！待下官面稟皇帝，為君解憂。」

田橫便「刷」的一聲拔出劍來，誓言道：「閣下請先歸，若能獲漢帝親筆承諾，不殺不辱，我即折斷此劍，決然赴朝。」

陸賈見田橫不肯立即就降，知道再費唇舌亦是無益了，便登船返回。

一行人急於覆命，回程路上一路狂奔。馳驅半月有餘，一入洛陽，陸賈便奔至南宮見劉邦，當面稟明出使始末。

聽罷稟報，劉邦微微一笑：「他擔心仇家不饒，這有何難？來人，立召酈商將軍來！」

酈商自劉邦登基時起，即官拜衛尉，貴為九卿，專事宮禁守衛。聞皇帝召，未及換下戎裝，便疾步趨入，立於階下。

劉邦似隨意問道：「酈商老弟，朕一向待你如何？」

酈商不知這一問來由，忙惶恐答道：「陛下待我，遠勝於父母，臣萬死難報。」「哦？果真？」

「陛下若是要取臣之頭顱，臣亦甘之如飴。」

「哈哈，這是說大話了。朕問你，昔日伐齊，令兄緣何而歿？」

提及酈食其，酈商不由一震，旋即潸然泣下：「為漢家基業而歿，乃酈氏祖宗有幸。」

劉邦忙起身走下，執酈商之手道：「將軍知大義，這便好！若有一事利於漢家，將軍願聽我令否？」

酈商慨然道：「臣萬死不辭！」

「那麼，你聽著：今有故齊王田橫，願離海島來朝，你不得挾私怨、報私仇，以家事凌駕於國事之上。若有違，定當夷九族！」劉邦說罷，將面孔一板，扭身便回到榻上。

那酈商萬料不到因此事召他，一時氣塞。緩了半晌，才道：「家兄死國，我亦曾日夜思報仇，只想將那田橫碎屍萬段……」

劉邦頷首道：「這也不怪，人之常情嘛。」

「然若無陛下拔擢，家兄亦不過一門吏耳，豈得享國士之尊？故酈氏恩仇，全憑陛下措置；陛下若赦田橫，臣絕不敢違命。」

「此乃國事，將軍可不要食言。」

「酈某身為九卿，尊榮何來，豈有不知？既為衛尉，便是皇帝犬馬，若不從命，如何守得好這禁中？」

劉邦這才面露笑容：「如此，你且退下吧，朕自有犒賞。」

待酈商退下，劉邦當即援筆，疾書一道手詔，赦免田橫烹酈食其之罪，往事一概不究。寫罷，便交予陸賈，命他速送至海島。

陸賈奉命，又是一番舟車勞頓，過了海，親赴島上，將策書呈給田橫。

田橫讀罷，釋然一笑，便拉了陸賈衣袖走出大帳，來至轅門，下令召集五百壯士。

待壯士集齊，田橫便拔出劍來，將劍鍔插入石縫中，喀嚓一聲折斷，對眾人宣諭道：「漢帝下詔，赦我往昔烹酈食其之罪。我若再有反心，便如此劍！我罪既赦，諸君生死也就無虞了。我這便隨漢使入朝，諸君請暫留島上，待封賞後，同歸故土。」

五百壯士聞之，哪裡肯留下，頓時喧聲鼎沸，都舉劍挺矛，要與田橫同行，田橫笑笑，擺手道：「這如何使得？諸君皆是赳赳武夫，此等模樣，穿郡過縣，豈非太過招搖了？萬一招來物議，反有不測。不如靜候一二月，朝中自有封賞下來。」

這樣一說，徒眾才打消隨行之念，圍上前來，與田橫依依惜別。

田橫遂點了親隨門客二人，與陸賈同登大船。順風走了兩日，便在即墨東登岸，那岸上，早有縣令一班人與郵車等候。田橫與縣令寒暄畢，便及閒客登上郵車，隨陸賈車駕一路西行。

車行阡陌間，田橫見禾谷尚好，炊煙四起，便慨嘆道：「漢家一統，總還是強於諸侯相殺時。」路過村寨，卻見有百姓仍敝衣遮體，面有菜色，便又嘆氣，對門客道：「倘天下為我所有，當不至於如此。」

兩門客亦是觸景傷情，附和道：「大王夙夜不懈，澤被齊民，齊民無不感懷。當初楚漢相爭時，我齊地富庶遠過於此。漢若無韓信掌兵，齊地當仍為天下樂土。」

田橫聞言，心中便有無限苦楚，再望兩眼田疇，幾欲淚下。

待行至洛陽城外三十里，恰經過一座館驛，兩車便停下來打尖。田橫向那驛吏詢問，方知此驛名為「屍鄉驛」，神色便是一凜。

待飲罷馬匹，田橫來至前車旁，朝陸賈打了一躬：「今入朝覲見，當誠惶誠恐。然田橫自海島來，風餐露宿，衣冠不整，未免有所不敬，合當在此館舍梳洗沐浴，方可上朝。齊本為禮儀之邦，若不沐浴，豈有士風？田橫實不願為皇帝所笑。」

陸賈此次說動田橫來歸，一路上都在暗喜，自然不疑有他，便滿口應允：「閣下請在此處安心沐浴，待洗好後，再上路不遲。容下官先行一步，入都中稟告皇帝，也好為閣下備好館舍食宿。」

留下了田橫與兩門客，陸賈便與從人一行，登車絕塵而去。

看看陸賈走遠，田橫便對兩門客道：「如今將入漢都門，不便再佩劍，兩位請解下佩劍來，棄於此館吧。」

一門客遵命，當即將劍解下，棄於角落；另一門客解下劍鞘，神情卻似有不捨。田橫便將那劍接過，抽出來看了一眼，不由驚道：「此乃燭庸子之劍，為我齊之寶物，足可鎮國。可惜，可惜！」

那門客亦惋惜道：「亡國之臣，縱是好劍，留之亦無用了。」

田橫手撫劍鍔，不由便哽咽起來：「看此劍，足有九錙之重，鱗紋細密，如漣漪層層，不知用了多少心血來煅打？國之利器，卻要棄於泥淖了……」

見主公面色黯然，泣數行下，那門客便有些慌：「大王，此時怎是傷悲之時？」田橫一怔，遂持劍向東而望，對兩門客道：「你二位近前來，我有話要說。」

兩門客連忙趨前，叉手聽命。

田橫凝視二人片刻，方道：「田氏立齊，至今二百年有餘，終亡於我手中，實無顏面去見祖先。那漢帝與我，本為東西兩諸侯，無有高下之別。他劉季命好，忽一日便翻作皇帝，我卻身為亡虜，奉召千里來朝，上天待我何其薄矣！齊自田氏當國，傳至我，計有十四代君主，基業何其偉哉！然我生性愚鈍，在下不能重振國祚，卻要北面稱臣，不亦奇恥大辱乎？以往我烹酈食其，今又將與其弟共事，即便酈商礙於上命，不敢計較，我又有何顏面與他同朝而立？那劉季傳召我前來，無非是要驗明真假，不再疑我逃竄。今既已有赦令，島上五百壯士，可安然解甲，無性命之憂了；我田橫，便再無牽掛。這幾日來，離鄉愈遠，愈覺故國草木皆親，有萬般不捨。實不願在此下車，向漢家屈膝……」

那兩門客聽至此，皆淚流滿面，不能仰視。

田橫執劍在手，仰天嘆道：「我田橫，生來便是堂堂男兒，世食齊祿，又受推為齊君；齊亡而我苟活，斷無此理！到此『屍鄉驛』，怕就是我之歸宿了。與其諂笑求生，不若就此殉國，也好博個後世美名。」

兩門客大驚，連連叩頭至流血，死命勸阻。

田橫並不理會，只朝東拜了三拜，對門客道：「家國破滅，爾輩何苦作小兒女狀？國雖亡，魂魄猶在，必與山海同壽。罷罷罷！兩位義士，洛陽距此不遠，我這頭顱即便割下，也必不會腐壞，勞煩二位這便持了去見漢帝吧！」說罷，田橫將劍往頸上狠命一抹，霎時便血濺三尺，倒地氣絕。

兩門客驚得魂飛天外，忙躍起施救，哪裡還能喚得主公魂歸？只得抱住了田橫屍身，大哭不止。

且說那陸賈先行一步，向劉邦稟明：田橫已來至城外，正在沐浴。劉邦聞之甚喜，嘉勉道：「先生功高，居然勸得田橫來歸！不愧為天下第一利舌。向時那項王在鴻溝，若能聽你勸，又何苦身首異處？」

君臣兩個正在議論，卻有隨何倉皇奔上殿，奏道：「有田橫麾下兩門客，在宮門求見，報稱田橫已在館驛自盡，囑二人攜首級入朝！」

劉邦聽了，大驚失色，瞪了陸賈一眼：「書生辦事，如何這等不周？洗澡，洗澡，竟洗死了天下一等的英雄！」罵了半晌，忽然又想起，急忙吩咐傳見兩門客。

只見兩門客以白布幅巾裹頭，神情哀戚，至殿前跪下。其中一位，手捧白絹所裹田橫首級，交予隨何。

隨何將包裹小心打開，呈遞給劉邦、陸賈查看。那陸賈於一個時辰前，還正與田橫言笑，此時瞥見田橫首級，不由面色發白：「陛……陛下，果然是他！」

劉邦見那首級氣色如生，怒目猶張，不禁嘆息一聲：「朕雖不識田橫，但見這英氣不凡，天下又怎有第二人？」

陸賈卻猶自驚疑不定：「適才在館驛，還曾見他意態從容，向臣詢問漢家諸般規矩，如何頃刻之間，便是天人兩隔了？」

劉邦慨嘆道：「田氏一門，多暴虐之主，唯田橫尚可稱賢君。他不願來見我，乃是為守節。如此惜名節而棄榮華，當世能有幾人？實是偉丈夫，偉丈夫呀！」

「既如此，他何不在海島上便了斷？卻要隨臣奔波半月，又所為何來？」

「腐儒，看不透了吧？田橫應召至洛陽城郊，方才自盡，乃是為表明心跡，不欲逆漢家天威，此舉，是要為那五百門客求個生路。」

陸賈這才有所悟：「哦——，微臣迂極，竟然毫無所察。」

劉邦又對那兩位門客溫言道：「你二人忠心事主，實屬難得，便在軍中做個都尉吧。」說罷，又喚隨何道，「你去知會衛尉衙署，遣一千名禁軍士卒，往北邙山去，尋得一塊福地，將故齊王屍身收殮，以王禮安葬。兩位客人，可主持其事，諸人皆聽他二人調遣。」

隨何領命，起身便要將那首級包好，劉邦卻道：「且慢，朕再看上一眼。」說罷，起身離座，來至首級前，略看了兩眼，便忍不住落下淚來，對陸賈等人道：「齊有田橫，美名便可傳於後世。千年之後，何人還能計較今日孰勝孰敗？唯有此等君子之名，婦孺相傳，代代有人知。我輩用兵雖是贏家，然在名節上，卻是輸給了他。」

兩門客聞漢帝如此讚譽，更是涕泗橫流，連連叩頭。謝恩畢，兩人便由隨何引導退下了。

隔日，兩門客將田橫屍身裝殮好，由千名禁軍護送，迤邐渡過洛水，至北邙山下，擇地挖穴。

待墓穴完工，由隨何前來致祭，將田橫下葬，按諸侯之禮，築起一座高有仞餘之大墓，墓旁遍植柏樹，頗具氣象。封土之後，那兩位門客對隨何道：「故齊王待我等有如子姪，今實不忍驟然離別，請容我二人暫棲此地，守喪一旬後，再行歸營。」

隨何聽了，覺也有道理，於是便不勉強。只吩咐地方有司，須四時祭享，不得怠慢，便率隊返城了。

哪知隨何走後，兩門客並未歇息，連夜在墓壁上鑿了兩個洞穴。待到天明，兩人脫去漢家衣冠，換上白衣，向田橫墓拜道：「王既殉國，臣又豈敢偷生？願陪君上永在北邙，遙望故土。」拜罷，大哭了一場，便雙雙拔劍自刎，撲倒於穴中。

有附近農家發覺，忙奔告里正。那里正來看了，驚駭不已，當即報了縣丞。縣丞也來看了，亦是目瞪口呆，連忙馳報洛陽宮中。

劉邦在南宮聞報，不由得驚起：「齊地有如此奇士耶？」當下，便傳了陸賈來，將門客殉主之事告之，蹙額道，「田橫自刎，二客竟以身殉，主僕恩義世所罕見，然朕聞之，卻頗覺不安。想那海島之上，尚有五百義士未歸順，聞風豈不是又要作亂？此事，還須勞煩先生親往了結，再登海島，哄得他一眾黨徒來歸，另行安撫。」

陸賈聞命，不禁面露難色：「田橫自剄，明日洛陽城內將無人不曉。不出月餘，海內也將傳遍。臣可哄得五百人離島，然上岸之後，聞聽舊主已死，又如何肯甘休？」

「先生勿慮，朕遣酈商率勁卒一隊，護送你前往。」

「萬萬不可！酈將軍心懷家仇，遣他去，如何使得？」

劉邦一笑，搖頭道：「讀書人，怎就這般膽小？」略加思忖，又道，「你赴海島，便不必登岸了，隨從也無須多帶，在船上向彼輩宣諭就是，只說那田橫已自刎，朕已下旨以王禮厚葬。島上諸人，統統授予高爵，聽憑各回本鄉。朕將明詔下發，各縣鄉小吏，絕無敢刁難者也。」

「宣諭過後呢？」

「你只管返航就是。船不泊岸，還怕那五百人飛過來，將你分食了不成？」

「如此……僅憑這寥寥數語，那五百徒眾，果能偃旗息鼓乎？」

「此一節，你就無須掛慮了。五百人之動靜，悉聽其便。群氓無首，欲反又能如何？朕自會傳令沿海戒備。彼主公已死，又有招撫令下，徒眾躊躇數日，自會來歸。」

陸賈心中猶存疑慮，勉強領命，即日便上了路。待到得海邊，將隨從留在岸上，隨身只帶了一名書童上船，便命水手啟航。

這日，船行至海島近處，只聞一聲鳴金，島上山岩間，忽地擁出許多人來。原來，那五百義士早就望見船來，以為是田橫歸來，都歡喜異常。但張目細看，卻不見田橫蹤影，唯見陸賈偕一位書童立於船頭。

眾人正疑惑間，忽聞陸賈高聲宣諭，所言要領，正是劉邦於日前所囑。

島上五百人聽了，一時皆怔住。少頃，才都回過神來，明白主公已死了，登時呼天搶地。陸賈心中發慌，正要下令返航，不想有一壯士猛地躍起，一把扯去幅巾，仗劍披髮，引吭高歌起來。

其餘義士也都起身，面向西方，齊聲歌吟。其歌甚淒涼，辭曰：

薤上露，何易晞，

露稀明朝更復落。人死一去何時歸？

這便是流傳於後世的《薤露歌》[29]，古時嶗山一帶民間，凡有喪事，必以此曲為挽歌。

五百壯士反覆吟唱，歌聲與浪濤交混，其聲愈悲。陸賈與船上水手聽了，都不禁為之泣下。

如此唱了多時，那領唱者忽然目眥俱裂，大呼一聲：「君上，且慢

[29] 薤（ㄒㄧㄝ ˋ），百合科多年生草本植物，今稱「藠（ㄒㄧㄠ ˋ）頭」，其鱗莖與嫩葉可食。薤露，喻人生如薤葉上的露珠一般，短暫無常。

行，我輩也來了！」喊罷，便拔劍自刎。霎時，那五百壯士皆拔劍在手，紛紛自刎。陸賈欲大呼制止，然惶急中，竟然喊不出聲來，只在船上看得呆了。

不到片刻工夫，壯士盡皆屍橫於地，再無聲息，島上唯聞鷗鳥啼鳴。陸賈驚駭至極，率水手上島查看，見無一生者，不由唏噓，良久才登船離去。

待返回洛陽，入朝具奏，劉邦亦甚驚愕，竟癱倒於座：「天下尚義之士，何其多也！」又喘息了半晌，才起身，在殿上蹀躞良久，仰頭慨嘆道，「當年若無紀信替死，我劉季，便是今日田橫矣！」

陸賈見劉邦怏怏不樂，忙伏地請罪道：「臣駑鈍，三赴海島，竟未勸歸一人，罪不容恕。」

劉邦掉頭望望陸賈，忍不住一笑：「先生平身吧，你哪裡有罪？你允那田橫洗了個澡，便洗去了我心頭一大患，褒獎尚且不及，如何能怪罪你？朕這便吩咐蕭何，移文即墨縣，著縣令徵調民夫上島，將那五百人的屍骨收撿起，好生埋葬了，免得齊人心生怨望。」

半月之後，即墨縣收到丞相府來文，當即徵調數百民夫上島，將五百義士屍骸盡數收殮，於島西南之最高處，合成一塚安葬了。

此處義士塚，規模甚巨，高約丈餘，長寬各五丈，至今猶存。經兩千年櫛風沐雨，已與山巒融為一體，渾然不分。後人仰慕田橫高義，遂將此島命名為「田橫島」，義士塚亦得名「田橫頂」。田橫之名，果如劉邦所料，相傳千年而未滅，此亦為後話。

將田橫之事處置畢，劉邦心頭仍有不安，遂召來張良、陳平，密議道：「梟雄在野，遲早是個禍患。今田橫既除，去了我心腹一疾，然仍有兩人漏網，令我枕席難安。」

陳平會意，便道：「陛下是說楚逃將季布、鍾離昧？臣亦極感憂慮，然不曾察覺二人蹤跡。」

劉邦頷首稱是，又拿眼瞥了瞥張良。張良略一遲疑，答道：「臣亦不知。」

劉邦便恨恨道：「昔睢水之敗，朕與陳平兄逃亡，丟盔棄甲，數歷險境，受此二人窘辱已甚。若不是近侍拚死護衛，我劉季之頭，早已置於項王案上了！至今思之，猶切齒難忘。」

陳平嘆口氣道：「如今漢家天下，連山越海，幅員之闊不知凡幾，藏起兩個人來，萬難尋覓，唯有張榜緝拿了。」

「好啊！你這就擬出榜文，交廷尉府，找那畫師畫了像，傳布各郡縣。有能訪獲兩逃犯者，賜予千金；若藏匿不報者，罪及三族。非如此，休想網得住這兩條大魚！」張良卻還是面露猶疑，半晌才道：「榜文一出，郡縣自是不敢搪塞。且各地戶口漸已造冊，所有閒遊人等，均難藏匿，這倒是無須擔心了。臣之所慮，乃是郡縣張網雖密，各諸侯國中，卻是難以遵行。」

劉邦便道：「朕之心慮，也正在此。為防各王敷衍，可明令各封國相府，大力察訪；御史大夫周昌那裡，也須向諸侯身邊派去眼線。此網一張，不要說兩犯，即是蝦蟹，也要打撈出來！」

君臣議罷，陳平便飛快草擬了榜文，送去廷尉府。廷尉府又謄抄數千份，並附二人畫像下發，飛騎傳至各地。天下各關隘要道，一時皆掛出季布、鍾離昧畫像。各郡縣衙署，皆出動大批差役，明察暗訪，一時緝拿甚急。

且說此時的季布，正藏匿於濮陽（今屬河南省），地處洛陽以東六百里。這濮陽城中，有一豪族周涉臧，乃季布之世交。當初，在垓下被困之時，季布見大勢已去，與項伯、鍾離昧等灑淚告別，易裝遁逃，即潛入了周涉臧宅中。

季布本是楚人，為人豪氣任俠，極重然諾，在楚地甚有美名，民間皆讚「得黃金百斤，不如得季布一諾」。那濮陽一帶，百姓又多擁戴項羽，故季布逃至此地，應為萬無一失。

哪知朝廷緝捕令下，濮陽城內亦不得安寧了。這日，周涉臧出門訪友，見閭巷中有差役成隊，正挨戶察訪。上前一問，方知是朝廷懸賞千金，要捉拿季布、鍾離昧。周涉臧聞之，不由大驚，慌忙奔回家中。

見到季布，周涉臧便跪倒一拜，惶急道：「漢家出千金，搜求將軍甚急，眼看便要搜至臣家。一旦破門而入，將軍便無處可逃，臣亦將被誅三族，都是白白送死。將軍若能聽臣一言，臣便為將軍獻一計；將軍若不願聽，臣不如就此自剄！」

聽周涉臧如此說，季布便知事已甚急，當即扶起周涉臧，應道：「季某已是窮途之人，托庇於此，一切聽任足下安排。」

周涉臧得了這允諾，心頭一輕，急急說了聲「得罪」，便取來剃刀，將季布頭髮盡行剃落。又為他換上褐衣[30]，用鐵圈套住脖頸，裝扮成髡鉗刑犯[31]模樣，與宅中數十名家奴一道，裝入一輛喪車，一起運至魯城，去賣給老友朱家。

那朱家，乃是魯城一個有名的遊俠，與周涉臧素有厚交。此時見周涉臧突至門上，聲言是來賣奴，心中便知必有蹊蹺。於是哈哈一笑：「周兄，何必這般惶急？總要驗了貨再說。」便步出門來，將那數十人端詳了一遍。但見其中一人，雖髡鉗敝衣，神態舉止卻殊為不凡，便猜想此人或是季布。於是也不點破，命家老按數取出錢來，將這幾十人一併收下了。

---

[30] 褐（ㄏㄜˊ）衣，粗布衣，古時為貧賤庶人所服。

[31] 髡鉗為奴，係秦舊制，漢代沿襲之。

朱家之名，在魯地威震四方，官府對他亦頗有忌憚。將季布轉托於此，當可無事，周涉臧心中一塊大石落了地，遂再三拜謝而去。

再說那朱家雖貌似粗豪，做起事來，卻是異常細心。他將數十個家奴分派了，獨獨留下季布問話。季布不識朱家，故不敢冒失，只編了一套身世來應付，意態頗從容。

言談之間，朱家益發認定：此人必是季布無疑！遂起了憐憫之心，有意保全。當下對季布道：「朱某不才，唯有膽識而已，十數年來，收留天下豪士及亡命之徒，不可勝數。你只管在此棲身，我並不問你出處。何時住得煩了，你走了便是；若住得安逸，則萬事莫問。」

朱家叮囑罷，又喚來兒子吩咐道：「我新購得一奴，頗擅事務，今日起便教他去農田勞作，一切稼穡事務，全聽此奴安排，你只須與他同進飯食，勿怠慢就是。」

其子不明就裡，只得遵父命，恭恭敬敬將季布帶去田莊，好生安頓了。季布既知眼下暫無性命之虞，也大大鬆了口氣，遵朱家所囑，只每日櫛風沐雨勞作，並無多話。

那朱家素來樂為人解難，當此際，自是不能安睡了。入夜後，他摒退家人，啟開一壇春醪，自斟自飲，想了足足一夜，終於想好了解脫季布之計。

待天明之後，即吩咐家老，備好一輛上等的軺車；又叮囑兒子守好田莊，便帶上僕從，登車向洛陽馳去。

軺車一入都門，便直奔汝陰侯夏侯嬰府第而去，行至府門，朱家縱身跳下車來，向門前司閽拱了拱手，大聲道：「魯人朱家，前來叩訪汝陰侯。」

那司閽資歷頗深，遍識天下顯貴，今見朱家面生，不免就有些輕慢，瞥了那軺車一眼，懶懶問道：「可有名謁遞上？」

朱家不禁火起，叱道：「甚麼謁不謁的？有活人在此，還要那箋片做甚？」

司閽見朱家虯髯滿腮，豪氣逼人，心知此人乃厲害角色，遂不敢唐突，連忙進去通報了。

等候有頃，只見夏侯嬰衣冠整齊，滿面恭謹，迎出了門來。朱家見了一驚，口稱：「平民朱家，冒昧求見。」便欲伏地行大禮。夏侯嬰連忙上前一步，將他扶住：「切莫多禮！」兩人便相對揖了一揖。

施禮畢，夏侯嬰拉住朱家衣袖，略作端詳，喜道：「俠士，俠士！久聞你大名，卻未得謀面，今日何其幸哉！」

侯府那些司閽、侍衛等人，也都是見過世面的，知自家主公乃朝中重臣，功高位尊，無論何等公卿來訪，只在中庭迎候；今日見這位布衣來訪，主公竟然整衣迎出門，都不禁暗自咋舌。

朱家登堂落座，只說是慕名拜見，與夏侯嬰談古論今，指畫天下，片言不及季布事。夏侯嬰雖貴為公卿，卻不失為性情中人，一見之下，便與朱家相得甚歡。

那朱家本是直爽之人，臧否人物，指陳得失，全無一絲顧忌。夏侯嬰聽得入迷，對朱家越發敬重起來。兩人共話楚漢往事，談了一整日，夏侯嬰還嫌未能盡興，索性留朱家在府中，連日對酌談心。

數日後，兩人在庭中槐蔭下閒談，夏侯嬰忽道：「秦失其鹿，漢家終得之。試問，天下平定半年以來，百姓議論如何？」

朱家稍作思忖，便道：「息兵寬刑，自是大得人心；然近來不知為何事，卻有差役四出，入戶搜查，恍又回到秦時矣！」

夏侯嬰便笑：「大俠勿疑，此乃今上有旨，要捉拿季布、鍾離昧二人。」
「季布？此人名聲甚佳，乃壯士也。今犯何罪，官家搜求如此之急？」

「哈哈，季布為項羽親信，昔日征戰，追擊漢軍，曾數度窘辱今上；就連我這御者，也險些吃他砍殺。故今上甚有怨，必捕之而解恨。」

朱家聞言，便一拱手，直視夏侯嬰道：「以君之見，季布此人何如？」夏侯嬰心中一動，眼睛眨了兩下，答道：「賢者也。」

「既如此，請容僕直言：為人臣者，各為其主所用；季布為項羽所用，乃職分所在，盡忠而已。今項羽雖滅，然項氏之臣，豈可盡誅耶？僕以為：漢帝始得天下，怎能以一己之私怨，破門鑿壁，搜求一人？君上欲施仁政，為何要示天下以心胸不廣也！且以季布之賢，搜求如此之急，他必遠遁外邦，不北奔胡地，即南奔越國。人君當國，最忌驅離壯士以資敵國。伍子胥之所以怒鞭楚平王屍骨，恰是緣此之故也。」

一番話，說得夏侯嬰大為動容，向朱家深深一拜，道：「公所指教，實獲我心；然通緝令牒已下，奈何？」

朱家道：「人才得失，興衰繫之。君既為朝廷心腹，何不盡力向今上進言？」夏侯嬰沉吟片刻，嘆口氣道：「為人臣者，終有所顧忌。」

朱家遂移膝向前，咄咄道：「我雖莽夫，也知敬慕大儒。吾鄉孔子曾言：『見義不為，非勇也。』此為大丈夫立身之道，公不欲聽聖人言乎？」

夏侯嬰頓感大慚，知季布必匿於朱宅中，便奮袂而起，慨然道：「諾！」

朱家大喜，當即向夏侯嬰拜別：「君之氣度，令朱某敬服，幸喜所托不謬。在下不揣冒昧，兩手空空而來，卻是滿載而歸，足矣！」

離了侯府，朱家便驅車返回魯城，往田莊去探看。見季布仍是布衣斗笠，埋頭勞作，遂不置一詞，返回了家中，靜候音信。

再說那夏侯嬰，果然未曾食言，一心在尋覓進言時機。這日，劉邦忙畢公務，甚覺無聊，便召夏侯嬰進宮對酌。

兩人酒酣耳熱之際，夏侯嬰忽然低聲道：「季兄，我近日探得季布消息。」劉邦一驚，雙目立即炯炯：「哦？匿於哪個王身邊？」

「諸王新封，何人膽敢收留欽犯？季布乃由魯城一俠士收留。那俠士仗義，不欲我漢家追緝季布，近日尋訪至我門上，謂漢家新興，不應效楚平王逐伍子胥⋯⋯」

劉邦又是一驚，盯住夏侯嬰半晌，方道：「夏侯兄，你今來，是為季布做說客？」

「臣不敢。魯之大俠朱家，千里求見微臣，臣實是無詞可推脫。」

劉邦只是拈鬚不語，夏侯嬰看得心急，又諫道：「季布在楚地人望甚高，殺之，恐有違人心。」

劉邦抬手示意無須再說，嘆道：「唉！一代梟將，竟淪落至此，倒也可憐。夏侯兄，昔年在睢水，你救了我，又救了我一雙兒女。這個面子，須得賣與你。好吧，朕赦季布之罪，可命他速來洛陽覲見。前事皆不問，有甚麼話，教他當面來與我說。」

夏侯嬰心中暗喜，忙拱手謝恩。

劉邦又道：「早年你為韓信緩頰，使朕得一絕世之才，此事我未忘。今又為季布緩頰，可為漢家添一忠臣乎？莫非，你夏侯嬰識人之才，遠勝於我？」

「季兄玩笑了。若非你仁厚，何人敢為欽犯疏通？」

「嗯⋯⋯然亦有不妥：既赦了季布，那鍾離昧又將何如？」夏侯嬰狠狠心道：「既赦季布，下不為例。」

劉邦望住夏侯嬰，忽而笑道：「也罷。算他季布命好！夏侯兄，自沛縣起兵，我輩活到今日不易，今後休得再懷婦人之仁了。項王之鑑不遠，萬不可忘。」

聞此言，夏侯嬰知疏通已成，便信口應付了幾句，謝恩退下了。

時過兩旬，果然就有朝令頒下，稱：今上親赦季布，不再論罪。令季布無論匿於何處，亦須來洛陽朝見。

此令傳至民間，閭巷小民皆以為奇，哄傳一時。朱家也聽到了風聲，忙奔至城門處查看，但見那通緝榜文上，季布姓名及畫像果然已塗掉，不由欣喜。又前往郡衙中打探，知朝令確已頒下，便疾奔至家中田莊，一把掀去季布頭上斗笠，喚了一聲：「好你個季布！」

季布全無防備，臉色登時變得慘白，拋下掘土的鐵鍤（ㄔㄚˊ），嘆息一聲：「在下正是，請公速縛我至官衙。」

朱家便哈哈大笑：「公可無慮！今上已赦公罪，請隨我速往洛陽朝見。」

季布聞之，又驚又喜。朱家便挽了他衣袖告之：日前請托夏侯嬰代為疏通，方有今日。季布恍似在夢中，伏身於地，連連叩首，謝朱家救命之恩。

朱家忙將季布扶起，笑道：「將軍有盛名，楚人無不敬服，漢家君臣亦有憐惜之意。公請隨我返回寒舍，拆去頸上那鐵圈，沐浴一新，也好同我赴洛陽。」

季布不由熱淚滿眶，慨嘆道：「俠士再生之恩，教季某今世如何報償？」

朱家便正色道：「將軍勿出此言！吾鄉孔子曰：『君子成人之美』，我朱家救人急難，非為圖報。若再言報答，便是辱我了！」

隔日，季布換了裝束，便與朱家同車赴洛陽，先去拜見夏侯嬰。

在汝陰侯府中，季布見了夏侯嬰，喚了一聲「滕公」，便要跪拜。夏侯嬰連忙止住，殷切道：「季布兄，今日相見，乃你我前定之緣，都無須客氣了，速同我去朝見君上。」

朱家在旁見狀，亦甚歡喜，拱手道：「滕公，朱某多事，勞煩了閣下多日，當就此別過。」

夏侯嬰連連擺手，要留朱家再住上幾日。朱家堅辭不肯，向季布揖了一揖，道了保重，便出門登車而去。夏侯嬰阻攔不住，連忙隨其後送出門外，悵望良久。

這日恰逢朝會，夏侯嬰便引了季布入朝。待季布步上殿來，朝中沛縣諸舊臣中，多有識得季布的，頓時滿堂譁然。

季布趨近御座前，向劉邦叩首請罪道：「罪臣季布，有逆天威，藏匿至今方出首，甘受陛下懲處，而絕無怨言。」

劉邦忙道：「還說這些做甚？平身，平身！自垓下一戰，不見你蹤跡，你倒是如何活過來的？」

季布便將幅巾扯下，露出個光頭來，將數月來的顛沛情狀，逐一述說。劉邦與眾臣聽了，都不勝唏嘘。

樊噲按捺不住，忍不住道：「垓下那時，何不便降了，卻要吃恁多苦頭？」

季布嘆道：「垓下逃離，即已無顏對項王，豈能旦夕間便降漢？且季某斬殺漢兵甚多，恐罪不容誅耳。」

劉邦道：「豈止是折損我家兒郎？我劉季這條老命，也險些喪於你手！」

此話一出，殿上便是一片肅靜，眾臣面面相覷，不知劉邦將有何旨意。季布則伏於地，心中生死之念全無，只聽憑劉邦發落。

劉邦卻開顏一笑，離座將季布扶起：「好了！你既知罪，前來出首，朕又豈能計較前嫌？你在楚地，人望甚高，我偏不教你做伍子胥，免得我留下千秋罵名。你既來投，權且先做郎中吧，為我近身護衛。職分眼下雖低，然來日方長，前程未可限量。」

季布聞旨，不由涕泗橫流，急忙推辭道：「亡國之臣，不堪任事，蒙陛下免賜死，便是大恩，豈望得官乎？」

「季布，我漢家冠戴，如何便入不了你的眼？辭官不受，可是仍心懷楚德？」

「不敢！唉……」

「朕倒要問你，當日在睢水，何以追趕我甚急？」

「無他，彼時臣效力於項王，唯恐追敵不力。」

劉邦便大笑：「正是呀！朕唯憐你忠心，故而授職，你若再扭捏不肯，便是作假了。昔在楚，你職分所在，追殺我到半死，然與漢營諸人並無私怨，故可無慮有人報復，用心履職便是。」

季布復又流淚，沉吟半晌不語。

樊噲大急，上前拽一把季布衣襟：「活命了還哭甚！」

季布仰面一嘆，只得依了，謝恩而退。待季布下殿後，樊噲便問夏侯嬰：「這季布奔竄民間，如何便撞到了你府上？」

夏侯嬰這才將朱家請托的原委，向諸臣一一道明。眾人聽了，又是一番慨嘆，都交口讚季布能伸能屈，終獲解脫；又欽敬朱家能急人救難，實為當世無雙之豪俠。

那朱家之名，自此便傳遍天下，然他返回魯城後，卻立即改名換姓，移居他鄉，終身再未見季布一面，其慷慨俠氣，實非尋常。此乃後話了。

季布蒙赦，天下皆稱漢帝寬仁，此事頗令一人心動。這人不是別人，便是那季布的異父同母兄弟丁公。

原來，季布父早死，母再醮，與後夫生了丁公。故而，這丁公與季布之姓氏、籍貫皆不同，乃是薛城人，本名丁固，世人號為丁公。

丁公投項羽軍後，頗有戰功，後加為將軍。當年在睢水之戰中，私自放了落荒而逃的劉邦，算是對劉邦有恩。垓下潰敗後，丁公亦易服遁逃，藏身於民間。

這日他聽到街談巷議，知季布已投漢，得授郎中職，心中便大喜，只道是劉邦不再計較前嫌了。想那自家阿兄，於睢水畔追得劉邦雞飛狗走，今日尚能授官，若我前去謁見，當是顯貴無疑，或授個中尉也未可知。如此一想，便一改往日謹慎模樣，喜笑顏開，收拾好行裝趕往洛陽。

到得宮闕之前，丁公便大聲自報家門，要見君上。那殿前郎衛之中，有三五人原是舊卒，皆知丁公當初私放劉邦事，遂不敢怠慢，將丁公迎進殿門安頓好，即飛步入報。

此時，劉邦正在便殿，與夏侯嬰、樊噲二人議事，聞謁者通報，一時竟想不起是何人。夏侯嬰在側，忙提醒道：「陛下可還記得睢水西歸途中，曾有大隊楚兵阻路，後又縱我而去，其為將者，便是這丁公。」

劉邦這才記起，淡淡道：「原來是他！那麼⋯⋯這就傳見吧。」便起身來至前殿，升殿宣召。

謁者聞命，即於殿前高聲宣進。陛路上所列之郎衛，一遞一聲地傳呼出去，備極威嚴。劉邦笑笑，掉頭對夏侯嬰道：「朕所料何如？你曾言，下不為例，這不是又來了一個？」夏侯嬰聞言，心中就一沉，為丁公捏了一把汗。

那丁公被帶上殿，急趨兩步，伏地拜道：「臣丁公拜見陛下。多年不見，臣未曾有一日忘記漢王。」

劉邦只冷冷道：「聽你此言，莫非是怪我忘記了？」丁公慌忙道：「臣怎敢？今日來朝，便是乞恕罪。」

劉邦聞此言，忽地起身，勃然變色道：「來人，將這罪徒捆起來！」

郎中令王恬啟在側，立喝了一聲：「動手！」殿前郎衛便一擁而上，死死捉住了丁公。

丁公大驚，掙扎了兩下，高聲道：「陛下，莫非忘了睢水邊舊事？」

「哼！朕正與你相同，何曾有一日忘記？昔年之敗績，當是我死日，我之不死，自是要謝你。然你既為楚臣，卻為何私自縱敵？可嘆楚營，有你這等貳臣，背主而留退路，那項王焉能不亡？」

丁公這才明白，劉邦此刻，已毫無念舊之情，只想殺人立威。當下臉色便一白，急切道：「既如此，那項伯又何如？」

「早料到你會如此說！項伯之於項王，豈是主僕可比？且項伯縱我，並不在堂堂兩軍陣上。鴻門宴埋伏殺機，本為不義，項伯不願范增以詭計殺我，為天下所恥笑，故而縱我，又豈是你臨陣縱敵可比？」

丁公便仰天嘆道：「既是縱敵，又何來異同？我丁某之冤，堪比睢水滔滔！」樊噲看不過，不禁叱道：「蠢人，當此時，還要嘴硬！」

不待丁公再開口，郎衛們便拿來繩索，將他牢牢捆住。劉邦笑道：「朕登基伊始，便有人殿上喊冤，真乃奇哉怪也！在此，便與你說個分明吧：我不赦你，欲以你為漢家臣子戒。殺的是貳心之臣，以免效尤。」

丁公聞言，怒吼一聲，以頭觸郎衛，挺身起立道：「我丁某一念之仁，致有今日。若當初不饒陛下，這殿前被捆的，還不知是誰。陛下既然顛倒恩怨，我亦無話可說，死便死矣，只當為天下投漢者戒！」

劉邦冷笑道：「今日知悔，不亦遲乎？主既亡，僕亦遲早隨之，焉能有僥倖？所謂留後路者，實為自作聰明。來人！將此人推去營中，傳諭三軍：丁公為臣不忠，故今日受死。使項王失天下者，此人也。務令諸兵衛都來觀看，示眾畢，即斬首！」

丁公將脖頸一挺，輕蔑笑道：「殺丁某，如殺雞耳，何必逞天威？只不知自我以後，何人還敢真心向漢？」

眾郎衛七手八腳，以繩索將丁公嘴巴勒住，便向殿外推去。丁公雖詈罵不得，然一路掙扎，猶自嘶吼不止。

夏侯嬰、樊噲見了，都面露不忍之色，欲開口求情。

劉邦知二人心思，將袖一揮，決然道：「為臣者，豈可懷二心？今戮一人，可使千萬人懼。此即為大義，非暴虐也。朕今為天子，已非昔日一方之漢王矣，故私恩不可以蔽公仇。如此，方可使天下知是非。」

夏侯嬰、樊噲只得忍住不言，唯在心頭唏噓不已。

劉邦看看二人，又叮囑道：「那鍾離昧逃遁，至今仍不見蹤影。此人勇冠三軍，智謀不在范增之下，若潛伏山林，亦效法篝火狐鳴，豈非漢家之大患？你等位列公卿，一門尊榮，全賴於漢家安否，故此，還須多多留意才是。」

夏侯嬰聞言，嘴巴動了兩動，然終未開口。

樊噲卻笑道：「鍾離昧？他哪裡學得了狐鳴？」劉邦望住夏侯嬰，疑惑道：「卿欲何言？」

夏侯嬰道：「鍾離昧究竟何往，臣曾問過季布。季布道：垓下潰敗之夜，鍾離昧曾言，欲往韓信帳下藏匿。」

「韓信？」劉邦眼睛豁然睜大，恨恨道，「如何卻不見韓信舉發？」

「或是懼怕陛下降罪。」

「怪不得，緝拿兩犯榜文一下，立即逼出了季布，然鍾離昧卻仍無音信，或正是在韓信那裡。也罷！朕即遣酈商，率禁軍一隊前往索拿。」

夏侯嬰一驚，忙諫道：「恐不妥！今無證據，便發兵索拿鍾離昧，恐使韓信生異心，或將動搖天下。」

劉邦略略一想，頷首道：「也是。朕便教陳平擬書一封，問問那韓信，若鍾離昧在彼處，則令解送來洛陽便是。」

樊噲搖頭道：「若韓信不肯解來呢？」

劉邦微微一笑：「解不解來，只在遲早間。若鍾離昧在楚，我既問過，韓信必不敢縱容他，也就不至弄出禍患來。」

樊噲恍然大悟，敬服道：「季兄，我算明白了，這天下，唯有你一人捏弄得了。」

且說鍾離昧此時，果然就在韓信處。季布所言，分毫不差。當初垓下潰散，鍾離昧扮作商賈，連兵卒都未敢帶一個，即踉蹌奔出。欲回家鄉又恐被人認出，只得往淮陰一帶奔竄，以打探韓信消息。韓信改封楚王後，淮陰百姓奔相走告，鍾離昧聞之，便知時機已到。

早先在楚營，鍾離昧雖與韓信身分懸殊，然同為淮南人，見識又頗相近，故而相交甚厚。韓信彼時欲投漢，鍾離昧惺惺相惜，私授通關文牒，助其順利逃離。

有此淵源，鍾離昧便認定，韓信必不會忘舊，末路時可以往投。待韓信至下邳就國，鍾離昧便來到下邳，登門求見。

此時下邳楚王新宮剛剛在建，韓信又圈占了大片民田，以遷葬父母，諸事皆煩瑣。韓信欲拋下這些俗務，自去尋仙訪逸，又因高邑不在身邊，無人說話，便也無興致。正自無聊間，忽有謁者來報，說有淮南故人求見。

韓信拋下手中書卷，心中便是一閃：「淮南故人？莫非是鍾離昧來投？」遂起身到中庭來迎，只見一商賈裝束男子，健步而入，不是鍾離昧又是誰？

兩人四目一對，了然會心，都未作聲，只互相施了禮。韓信一把抓住鍾離昧的手，低聲道：「如何今日才來？且往內室坐，好生敘敘。」

兩人步入密室，韓信便摒退左右，笑道：「兄再有兩月不來，我便疑你已經死了。」

鍾離昧嘆口氣道：「唉！不說也罷。」

韓信便勸道：「依弟之見，鐘離兄不必沮喪。人之榮辱，皆由天定。我今日顯貴如此，昔日浪跡淮上時，也是萬不敢想的。兄既來之，則萬事勿慮，只將敝舍視作自家一般。」

「若漢王懷恨，明令通緝，將如之奈何？」

「此地是楚地，朝中所下文牒，全當是篾片好了！兄棲身敝舍，我可保風雨不進。韓某未必短壽，我在這世上活一天，鐘離兄便可自在一天。」

一席話，說得鍾離昧落淚，當下便要伏地叩謝。

韓信連忙阻住：「兄千萬不必！受人以恩，焉能不報？你若不來此，倒顯得我欠了你許多似的。」

兩人敘畢，韓信便喚來內史，安頓好鍾離昧的宿處，又給他換了光鮮衣衫。自此之後，閒時飲宴，兩人便常在一處。

韓信本是馳驅慣了的，一時閒居，頗為不耐。於是私募了五千壯士，披甲執戟，充做侍衛，偕同鍾離昧，只往風景幽絕處去，恣意巡遊。

那車駕鹵簿所過之處，人馬雜遝，矛戟如林，猶如盜寇入侵。地方上多被驚擾，各邑衙署苦於迎送，都怨恨不已。

鍾離昧心有不安，便勸道：「韓兄盛名遠播，世間多有嫉恨者，似不應如此張揚。」

韓信笑道：「管他！無我韓信，天下尚不知姓誰。鼠輩小吏，苟且謀生而已，安敢侮慢功臣？」

待通緝兩犯榜文下來，韓信看到，只輕蔑一笑，任由楚相府分送各地，循例張掛而已。

稍後季布出首，又有陳平代劉邦擬信至，韓信拆開信讀罷，臉色便不大好。鍾離眛在旁看見，頗有不安：「可是問起我來？」

韓信將信朝案下一丟，嗤之以鼻道：「不用理會！他能收留季布，我便能收留鐘離兄。你我頭頂上，唯有楚地之日月。我自飲酒巡遊，飼馬玩鷹，帝利於我何有哉？」

如此過了數月，旁人不知鍾離眛匿於韓信處，周昌所遣暗探卻有所耳聞，遂以密信傳至朝中。劉邦得知，更加疑心，又親筆去信詢問。然韓信回函，只說正在全力緝捕，尚無蹤跡。

劉邦不能斷定真偽，問計於左右，諸臣亦勸可暫不追究。如是，劉邦嘆口氣，也只得將事情擱置下來。

夏六月之後，洛陽城正是炎陽如火，市井百業亦日漸繁盛。自漢家一統之後，君臣忙亂至此，方有了些頭緒。城內各公卿趁著閒暇，相互宴請，納涼消夏，都在安享太平時日。

這日，劉邦帶了盧綰、陳平、夏侯嬰、王恬啟等重臣，登東門而望，見城內煙靄祥和，四民安堵，不由心滿意足，喜道：「周室定都於此，享國八百餘年，子孫傳位三十代，何其壯哉！今漢家承周祚，也必有千年之運。」

陳平躬身附和道：「豈止千年，萬年亦是可期的。」

劉邦便笑：「文臣之順耳話，真是張口便來！萬年朕不敢想，然以此城之固，雄踞中國，足以威臨四夷。便是那諸侯來朝，路程亦相等，無分親疏遠近，實是上天所賜之福地也。」

陳平又道：「即以兵家而論，洛陽亦是百戰不墮之地。擁此城，西接秦嶺，東臨嵩嶽，北依王屋，又據大河之險，何人敢犯？」

夏侯嬰卻道：「國祚長短，恐僅繫於德政。不然，何來春秋之亂、戰國之爭？」劉邦不由回頭怒視，叱道：「就只你一人會說話！」

稍後，君臣下得城來，見城門仍有張榜，正通緝鍾離昧。劉邦便指著榜文道：「潰堤者，螻蟻也。夏侯兄為我憂天下，不若早為我擒得此人。洛陽雖非咸陽，然安危同理，焉知這世上再無人如陳勝吳廣，欲假作狐鳴？」

聞此言，王恬啟、盧綰兩人不禁肅然。王恬啟應道：「陛下所慮，事關至大，臣這便命各門加緊盤查。」

盧綰也奏道：「各郡縣奉命緝捕，從不敢稍懈。且各諸侯國處，皆有御史臺所遣遊士暗訪，鍾離昧必無所遁形。」

劉邦略略頷首，又囑道：「羅網既張，便勿鬆弛，尤須留意楚王韓信才是。」

隔了數日，洛陽東門外忽來一人。只見他褐衣草履，風塵僕僕，肩上斜挎一行囊。至城門下，將那通緝榜文看了一遍，大笑道：「逃犯鍾離昧，何足道哉！吾今有一好計，欲面謁皇帝，惜乎無人引薦。」

城卒聞之，頗感詫異，旋即報與城門校尉。校尉得報，出來盤問了一番，方知來由。原來，此人名叫婁敬，籍屬齊人，被徵為隴西戍卒，今路過洛陽，欲向皇帝建言。校尉驗看了他腰牌，知身分無偽，便道：「無人引薦，怎可見天子？」

婁敬便道：「吾鄉有一人姓虞，傳聞已做了漢將軍。」

「虞步昌將軍？是你家鄉人？容我遣人去通報。」因虞姓本就生僻，又恰與虞美人同宗，故漢兵皆知本軍中有一位虞將軍。

那虞步昌聞之，即騎馬來至東門，見婁敬果是鄉親，便願為引薦。當下，將婁敬引至宮闕前，通報求見。

不多時，有謁者出宮門來，問明原委，又驗看了兩人腰牌，掉頭便去稟報。

此刻劉邦正閒臥便殿，閉目養神，忽聞有虞步昌薦一戍卒求見，不禁好奇，當下便允婁敬進謁。

謁者出了宮門，謝過虞步昌，正要將婁敬引進，郎中令王恬啟聞訊趕來，見婁敬衣衫敝舊，便皺了皺眉。王恬啟之職，主掌的就是宮禁門戶，所有宮禁出入事宜，皆由他總攬其事。

王恬啟當下便對婁敬道：「且慢！你這裝束，如何見君？無乃太過失禮乎？」

婁敬便反駁道：「宮闕之人，竟也以衣冠取人！臣所服者，乃戍卒之常服也，通行萬里，法不禁止。到了這裡，如何便見不得人？」

那虞步昌忙勸婁敬：「宮禁之前，萬勿爭執。下官衣袍尚新鮮，可易與你。」

那婁敬堅執不肯，只道：「昔有秦二世『指鹿為馬』，為萬世所笑；今漢家號為仁政，竟活現『買櫝還珠』蠢舉乎？今日臣衣帛，衣帛見；衣褐，衣褐見；只是絕不易衣！」

王恬啟在中涓待慣了，未見有敢如此倔強的，一時氣極，手指著婁敬說不出話來。

正在此時，隨何從門內聞聲出來，問道：「何事吵嚷？」

王恬啟見是隨何來了，面色方稍緩，向隨何道明了原委。隨何拿眼瞄了瞄婁敬，見婁敬雖貌甚卑微，卻隱隱有奇骨，便附耳對王恬啟道：

「陛下等得急，宜速宣進殿，小節可不論。」

王恬啟便揮了揮袖：「既如此，人交予你了！」說罷轉身便走。隨何也顧不得與虞步昌多言，匆匆拽了婁敬，趨入正殿。

婁敬上得殿來，行過了君臣之禮，便靜待皇帝問話。他雖是脫略之人，但初見朝中威儀，仍是不由得拘謹。

劉邦平素見士卒，向來是一見如故。此刻見婁敬衣衫襤褸，便不由得發笑，問了他姓名、籍貫，又溫言道：「戍卒辛苦，朕早便知，然衣衫何至於舊敝如此？想必在旅途上吃了大苦頭。」

婁敬聞此言，頓感親切，便不再惶然，答道：「小臣自秦末至今，備嘗困苦，能活到今日已是萬幸。些許路途勞頓，算不得甚麼。」

劉邦見婁敬衣衫雖敝，面相卻甚清奇，知其絕非常人，便道：「好個小卒，如此會說話。自齊地來此，好飯也沒吃過一餐吧。朕這便賜食，你吃飽了再說。」

「謝陛下。小臣風餐露宿，腳底板還帶著黃土，莫要髒了天子處所。」

「哈哈，朕起自草野，不在乎這個。」

此時，便有近侍上前，將婁敬引入偏殿，傳菜上來，令婁敬飽餐了一頓。飯畢，又將婁敬引至劉邦榻前。

劉邦正倚在榻上，只略一欠身，笑道：「婁敬，見你如見軍中兒郎，朕便不拘禮了，你且坐下。」

婁敬謝過，便恭恭敬敬長跽而坐。「那麼，今來見朕，有何可言之事？」

「小臣冒昧叩問，陛下定都洛陽，是要效那周室隆盛嗎？」

「當然。」

「然小臣以為，陛下得天下，與周室得天下，兩者大不同也。」

聽到此，劉邦不由一震，坐直了起來，仔細端詳婁敬道：「哦？你但說無妨。」

婁敬便又道：「周始於後稷受封，仁德累積數百年，至武王伐紂，方得天下。至成王即位，周公輔佑，始經營洛邑。蓋因洛邑居天下之中，往來四方皆便，是謂占盡地利。」

「不錯。周室既在此興，漢家為何不可效之？」

「此處雖好，卻無險可守，因而有德易於興，無德易於亡。想那周德隆盛時，諸侯四夷，無不賓服；而後世衰微，諸侯不來朝，周室卻不能制。此不可謂德薄，乃是山川形勢太弱也。今陛下起自豐沛，據蜀漢而定三秦，與項羽戰於洛陽間，大戰七十，小戰四十，致使全國之民肝腦塗地，父子暴骨原野，不計其數，啜泣之聲未絕，受傷者未癒，漢家之德，豈能追慕周室？小臣以為，陛下以洛陽為都，欲承周室之隆盛，必誤！」

劉邦聽到此，不禁汗出淋漓，忙招手道：「你且坐近前來，儘管放言。」

婁敬膝行前移了些許，又道：「陛下自西而興兵，必未忘那秦地。詳察那關中形勢，負山帶河，四面關塞，險固堪比金城，若猝然生變，百萬之眾立時可集。臣聞匹夫與人格鬥，尚知扼其喉、拊其背、制其險要；而陛下定都，為天下根本，何不擇險地而居？」

劉邦拈鬚頷首道：「公之深意，朕已知大略。正如公之所言，漢家不類周室，有百年之厚德，這天下之變，或眨眼可至，還遠不到蒙頭大睡時。」

「正是。故小臣為陛下計，似不宜定都洛陽。此地無險，來日朝廷若勢弱，又何以制天下？不若遷都關中，萬一山東有變，憑山河之險，亦可進退自如。」

「這個嘛，朕倒要討教了：為何秦據關中，卻二世而亡？」

「臣只知，昏聵如秦二世者，則神仙也救不得了！」

劉邦頓感大悟，喜道：「誠然，誠然！只不過那咸陽，曾為亡國之都，甚不吉利。」婁敬便一笑：「天下已不號為秦，咸陽亦可不稱咸陽。」

劉邦不禁大笑，以掌擊婁敬肩頭：「公，智者也。如何這許多年，只充作戍卒？朕要為你賜爵！請公暫退，至館舍小憩，待朕與諸臣好好商議。」

待婁敬退下，劉邦思之，心中仍不免猶豫，於是命隨何宣召眾臣來議。

不多時，群臣絡繹而至，齊集前殿，劉邦便以婁敬所言告之，令各陳己見。

眾臣皆為山東人氏，安居洛陽，幾同於衣錦還鄉，無不志得意滿。忽聞君上有意遷都，私心裡均不願意，當下就一片譁然。

劉邦見此，頗感納悶：「遷都有何不宜？」諸臣所答，皆不外「洛陽東有成皋，西有崤函，其山河之固已足恃」之類，也有人力陳「秦都關中，二世即亡，彼處有何可依恃」云云，言語頗激切。

爭論半日，大臣中竟無一個贊同遷都者。劉邦見蕭何未發一語，想到他必屬意關中，便以目視之。蕭何略作沉吟，應道：「兩地利弊兼有，臣不能斷高下，唯從眾議耳。」

劉邦大感沮喪，翻了翻眼睛，便命眾臣散朝。回首悄聲囑隨何，速往成信侯府，召張良來密議。

張良自漢家定都後，即料到外敵誅滅，內爭必起。為明哲保身計，只藉口抱病，閉門謝客，在家中辟穀養生。其間，曾數次上疏請辭，欲往蜀中從赤松子遊。劉邦只是不允，囑他可居家休養，有事仍須入朝。

隨何領旨，立即驅車至張府，叩門再三，卻遲遲無人應。在門前候立多時，才有張申屠出來開門，隨何急告之：「君上宣召，請成信侯入朝議事。」

張申屠一笑：「尊駕來得不巧，成信侯辟谷方三日，不許打攪。如此，教小臣怎敢入稟？」

隨何頓足道：「君上之命，急如星火。你家主公即是隨了赤松子去，也須喚回，況乎在家辟穀？」

張申屠無奈，只得將隨何引至中庭等候，返身入室稟報。過了多時，張良才姍姍而來，對隨何道：「足下久候！只不知陛下有何事相召？」

隨何答道：「陛下欲遷都咸陽，眾議不決，故請先生入禁中密商。」

張良聞之，臉色便一變：「哦？既如此，我便不備車了，請與足下同車，速入宮。」隨何便駕車急返宮闕，張良來至便殿，見劉邦正負手徘徊不止，忙上前揖禮。

劉邦回首見張良至，便面露欣喜，將婁敬建言及群臣反對之議，具述一遍，請張良權衡。

張良沉思片刻，方道：「當日定都洛陽，臣正在趙國，隱隱有所不安，然不及細想。今日看來，洛陽雖有高牆，近畿卻無險可守，四面受敵，非用武之地，遠不如關中，左有崤山，右有函谷，背倚隴蜀沃野，三面皆據險，一面可制諸侯。若天下安定，可由河渭二水漕運糧穀入都；若諸侯有變，則可順流而下，重演滅楚舊事。此正所謂『金城千里，天府之國』也！婁敬之言甚是，請陛下勿疑。」

劉邦精神便一振，喜道：「子房兄以為可，那便是可。」

「事不宜遲。諸臣在洛，枝蔓已漸密，若有延擱，必越發難以遷徙。」

「正是！遷都令日暮前即發下。旬日之內，宮中及百官皆西遷咸陽，克期啟程，不得有半日延誤。如此，斷了群臣貪戀繁華之念，方有我不拔之基。」

「然那咸陽廢都，如何建造得起來？且咸陽舊稱，為秦之都號，天下人皆厭惡……」

「哈哈，子房兄想得周全。婁敬亦有言，天下既已屬漢，咸陽亦可不稱咸陽。」張良一怔，即拊掌讚道：「此議甚好，甚好！那婁敬，應有所賞。」

「那當然。勸朕建都關中者，婁敬也，難得忠心至此。婁，劉也，有何區別？今日朕就賜他姓劉吧，認個本家算了！朕這便喚蕭何來，商議新都營造之事。」

待蕭何趕到，議起遷都事，亦極表贊成。劉邦便道：「那咸陽，經項王焚毀，破敗如鬼城，如何建得起來？」

蕭何應道：「臣於咸陽山川形勢，爛熟於心。修復咸陽，以當今之國力，神仙也做不成，唯有在咸陽近旁起造新都。」

「另起新都？豈非更費物力？」

「不然。渭水之南，故秦有一離宮，為始皇帝之興樂宮。因一水之隔，昔年未曾遭項王焚毀，稍加修繕，即可暫為漢宮。新都可以在興樂宮附近，覓地而建。」

「丞相果然是留意了。此等善地，渭水之南可有嗎？」

「陛下，昔日駐軍霸上時，臣確有留意。以臣觀之，今咸陽舊宮以南，原阿房宮以北，有一鄉，毗鄰興樂宮，名曰長安聚[32]。此地高敞，乃龍首山之北麓，端的是一塊善地。新都建於此，便可號為『長安』，豈

[32] 聚，秦漢之邑落名，小於鄉。又謂一萬二千五百戶為「鄉聚」。

不是漢家之福氣？」

劉邦大喜道：「丞相，原以為你在櫟陽久待，循規蹈矩，不復有往日銳氣了，原來仍機敏如昔！如此，甚合吾意。洛陽無險可守，諸臣又貪戀繁華，不如早早遷都。」

「興樂宮規制宏敞，雖未經兵燹，然亦有墮壞，今可改名長樂宮，加以修繕。遷都之後，宮室、百官可暫棲櫟陽，待長樂宮告竣後再遷。此後，再於秦章臺舊地，興建一座新宮，以為漢家萬世之基。」

「你這老兒，名堂倒多，便如此吧。督建之事，責你去辦。遷都事大，不可再延宕。那百官也無須抱怨了，有櫟陽可暫居便好。」

待君臣議過，於當日申時，朝中便將遷都令頒下：即日起遷都關中，百官先赴櫟陽，不得違期，否則奪職問罪。新都承秦制，續周法，於咸陽之南重建，責蕭何先赴關中修造長樂宮，以三月為限，克期必成。

至次日寅時，朝中又有詔下，以建言遷都之功，拜婁敬為郎中，號為奉春君，賜姓劉。此舉開史之先例，婁敬，遂成為史上首位獲皇帝賜姓者。

百官聞遷都之事，皆奔相走告，倍覺訝異，私下裡多有怨言。然僅隔一日，卻又有賀表紛紛上呈，稱遷都可以「鞏立皇圖，成萬世一系之統」，或稱新都乃「奠基天府，坐享金城」云云，不吝讚美之辭。

隨何見賀表眾口一詞，便揀了幾件辭藻甚工的，送往便殿，呈與劉邦。劉邦草草看過，便知百官不敢有抵牾，遂將賀表一推，仰頭笑道：「看這賀表，朕即是殺隻老母雞，也可稱功德無量了。既如此，明日便可啟程，遷往新都。」

# 北疆烽火，燕王肇禍天下

高帝五年（前202年）七月，暑熱正酣。關中櫟陽城裡，九卿各衙署分派好屋舍，正在忙亂間。百官往來於途，汗流如注，只恐事有遺漏。

劉邦在櫟陽宮中，見群臣忙碌，反倒平靜下來，想著天下從此可無事了，心中便暗喜。卻不料，從趙王張敖處，忽有使者飛騎而來，呈上一份急報。劉邦正在用飯，心想張敖豎子能有什麼急事，便懶得拆開。又吃了兩口，心中忽然一動：「莫不是趙地有邊警，匈奴來犯？」想著，便急急拆開來看。

只見張敖書信，只寥寥數字，卻是字字驚人：「燕王臧荼反。」

劉邦驚得一仰，險些將食案上的盤盞打翻。再去看那附件，原是燕相國溫疥寫來的密函，稱：海內風傳齊王田橫自戕之事，傳至燕地，燕王左右甚恐，皆欲反，群起慫恿燕王起事。初，燕王未允，後見秋熟將至，軍糧將無虞，便允眾人於八月起兵。自此，薊城（今北京市）每日熙來攘往，不逞之徒紛紛蟻附，公然倡反。

看到此，劉邦脫口而出：「小兒也想吞天乎？」於是飯也不吃了，離座而起，急呼，「速傳陳平來！」

待陳平進宮，劉邦便將密報遞與他看。陳平看過，亦是迷惑：「陛下並未疑燕王，他為何要反？」

劉邦瞇眼想想，自語道：「莫非也想爭個皇帝做做？」

陳平遂於屋中踱步良久，才道：「弒主之人，必反覆無常，不可以常理衡之。昔年武臣為趙王，封部將韓廣為燕王，臧荼不過是韓廣屬下一將軍耳，只因曾隨項王救趙，又入關中，得項王器重，日漸坐大。此人命好，卻是容不得舊主，將主公韓廣逐走，稱霸燕地，終得封了燕王。可憐韓廣只封得個遼東王，旋又為臧荼所殺。今日之變，正合臧荼本性，不過舊戲重演而已。」

劉邦仍不解：「臧荼一少年將軍，僥倖得諸侯王做，仍不知足；可見天下之大，蠢人何其多也！倒是那溫疥，同是少年將軍，年前南來廣武山一回，便知漢家之恩，今日有此密報。」

「陛下，溫疥去年率燕兵南下助我，臣觀他相貌舉止，十分忠厚。用他為燕相，實為陛下識人。」

「那是！馭下之道，不過幾句溫言軟語而已。去年秋八月，溫疥帶兵南來，朕見他忠厚本分，便有意籠絡，於廣武山老營，曾傳見過數次。」

提及廣武山，陳平便猛一拍額頭：「陛下，臣知臧荼為何要反了！」「嗯？」劉邦止住踱步，回頭以目視之。

「陛下去年在廣武山澗，與項王隔澗相對，歷數項王十大罪，將他罵成了啞巴。軍中將士，無不拍掌稱快，將這十罪狀倒背如流。」

「那又如何？」

「其中第七罪，陛下是如何說的？」

「哦？……朕倒是記不得了。」

「微臣帳下衛卒都能記誦，是謂『項王帳下諸將，封王皆在善地，而徙逐舊主，令臣子爭相叛逆，罪之七也』。想那項王在戲水分封後，新王放逐舊主的，多矣；然將舊主逐離而弒之的，唯臧荼一人。此言傳至燕地，那臧荼應做何想？」

劉邦便也一拍額頭：「原來如此！」

「那臧荼雖已歸漢，然也知陛下厭惡弒主之臣，心下必不安。今見田橫暴死，焉有不生疑心之理？燕地雄踞於北，背倚遼東，遠勝陛下當日之芒碭山，故而此豎子敢反。」

劉邦便大笑：「陳平兄高見。臧荼，狐兔耳，自尋死路罷了。倒是你陳平若有反意，或有幾分勝算，只可惜你韜略滿腹，卻僅存敢盜嫂之心而已。」

陳平臉一紅，慌忙道：「沒有沒有！陛下不可玩笑。諸侯謀逆，此例不可開。一王作亂，天下又將分崩，請速遣曹參、灌嬰諸將，前往討平。」

「唉，談何容易！曹參在齊，不可輕動。其餘諸將，何人可統兵討敵？舉目海內，唯楚王韓信而已，然韓信擅留鍾離昧一事，尚未查明，如何還敢用他掌兵？」

「如此……臣亦是無計了。」

「愛卿急的甚？朕不是在此嗎？」陳平驚道：「陛下莫非要親征？」

劉邦整一整衣冠，徐徐道：「正是。昔日韓信謂我：將兵不過十萬而已。明日，朕即點近畿內外五萬兵，赴那薊城走一趟。你且去擬討逆詔書吧。只可惜，朕那柄神劍，早化作了犁鏵。看來，掌天下之柄還須握上劍柄呀！我還是信了那些腐儒的話，太仁慈了些。」

陳平卻還是猶疑：「話雖如此，然陛下為萬乘之尊，恐還是不宜輕動。」

「陳平兄，項王已成枯骨，如何你還是這般喪膽模樣？朕也不用你隨駕，你只在這關中，等我擒回臧荼吧。」

越日，討逆詔令一下，劉邦即命盧綰、王恬啟挑選內外銳卒五萬。如此半月之後，人馬披甲，萬事齊備，劉邦便留了太子監國，命陳平與樊噲輔之，自率夏侯嬰、灌嬰、酈商等一干武將出征。

自滅楚半年來，劉邦未嘗挽弓矢，今重登戎車，頓覺豪情復起，每日只督大軍疾行，不覺勞苦。經洛陽至邯鄲，又收了陳豨、張蒼從代地帶來的人馬，聲勢大壯，直撲燕地。

卻說那臧荼雖有反意，卻只顧放言洩憤，並未有南下擊漢的布置。如此一月過去，其長子、燕太子臧衍見不是事，慌忙勸諫：「欲反，須得籌措糧草兵器。如此日日鼓噪，事機已泄，還反得成嗎？」

臧荼只是不聽：「小兒懂甚麼？乃翁早年從陳勝王，你尚年幼，焉知事在人為？今日鼓噪，便是惑亂他漢家人心。漢王近來欺人太甚，不出三月，那英布、彭越，連同韓信等人，必隨大勢反之。」

臧衍見阿翁固執，知事不可為，嘆息數聲，只得自去準備後路了。

這日，忽聞劉邦親征，自洛陽發大軍犯境，天下卻並未騷動，臧荼便有些心慌，權衡利害，竟想捨卻這燕王不做，親往劉邦駕前剖白，以求寬恕。左右大急，苦諫道：「漢王前已滅魏王豹，後又逼死田橫；今舉大軍前來，大王欲僥倖脫罪乎？」

臧荼雖是魯莽武夫，然亦察知劉邦今番前來，必是存滅燕之心，便想到與其作籠中困獸，還不如以傾國之力一戰，或能引動天下回應。遂下詔至各部，招兵買馬，索性亮出了反幟。他在燕地經營多年，各城邑均養有死士，聞命即向薊城聚攏。

然此前的鼓噪，徒費時日，早已失了先機，倉促間籌措軍械糧草不繼，那漢軍便已跨趙境而來，攻城破邑，勢如破竹。

臧荼見沒了退路，只得集起薊城丁壯迎戰。他檢點手下人馬，堪堪有五六萬之眾，似可一搏。於是換了戎裝，來至演兵場，見遍野藍旗之下，人頭湧動，矛戈如林，亦頗有聲勢。於是登車大呼道：「漢王劉季，反覆小人也，負我燕人助漢之恩，妄稱天子，興兵犯境。當此際，燕地軍民進亦是死，退亦是死，不若捨了命，與他搏個你輸我贏。」

眾軍便應道：「願從大王之命。」

臧荼見士氣可用，不禁淚湧，又道：「我本燕人，偶逢秦末大亂，方得此位。某雖不才，然主燕九年以來，厚待父老，自秦亡至楚漢互爭，燕地皆無兵燹之苦。今天下已定，卻有漢兵前來荼毒燕民，是可忍也，孰不可忍也！」

眾軍皆呼道：「不可忍！」

臧荼便將佩劍掣出，對眾軍道：「自古燕人多奇士，勝有樂毅，敗有荊軻，豈為外人所欺？臧某跟從陳勝王舉義，起自卒長，得燕民愛戴，稱王道孤至今，豈能忍見燕地淪喪？今欲與諸君同死，不使薊城遭兵火之災。吾燕人，絕非貪生怕死輩，即是怒對始皇帝亦不懼，況乎那沛縣亭長？目下秋高馬肥，正好用兵，劉季願將頭顱交予燕人，吾何由拒之？且以這刀劍說話好了！」

這番話，說得眾燕兵血脈僨張，舉戟狂呼，皆誓言殺賊。臧荼見軍威已壯，反意更盛，再無半分猶疑。誓師畢，便率部眾浩蕩出城，一路南下。

行至故燕國的下都易城（今河北省雄縣），忽遇斥候奔回急報，稱漢軍前鋒已距此不遠。臧荼便下令止軍，踞關而守，只待漢軍前來。

原來，在易城之西，有一險隘，乃「太行八陘」之蒲陰陘，穿紫荊山而過，後世稱紫荊關的便是。此城所倚之地勢，山巒起伏，險峻無比。漢軍若想北上取薊城，必從此處過。扼守易城，便是燕軍此時的要務。

這日，臧荼率左右，登上易城黃金臺[33]舊跡。見故臺雖經八十載風雨，仍巍峨如故，虎視天南，便謂左右道：「有此臺在，孤王即有立足

[33] 黃金臺，也稱招賢臺，戰國燕昭王所築，故址位於河北省定興縣高里鄉北章村。燕昭王即位後有志於新政，拜智者郭隗為師，築臺禮遇，以招攬天下賢士。魏名將樂毅、齊陰陽家鄒衍、趙說客劇辛等先後來投。

處。昔劉季芒碭為寇時，我便是堂堂燕將；今劉季翻作天子，反倒要逼我為寇了！」

燕太子臧衍在側，苦笑道：「今昔異時，豈可同論？阿翁欲效劉季斬蛇乎？」

此時，有那善諛之臣便道：「大王，彼之芒碭山，土丘而已，豈如我紫荊雄關，可當萬夫？」

臧荼遂大笑：「然也。他劉季小覷燕人。想那荊軻擊筑[34]悲歌之地，便在此隘之南，古之遺風，迄今不絕。昔荊軻一人，尚敢刺秦，況乎燕人萬眾同心？」

眾人聞此豪言，都攘臂喊好，恨不能立即就下城去砍殺一番。

時入秋九月，城上值守燕軍便望見遠遠有塵頭大起。大隊漢軍源源而至，距城十餘里，便止軍不前，安下了營寨。

臧荼聞報，急忙登城查看。見漢軍並不多，且不來圍城，安營之處，乃是易下一塊少見的平坦之地，便笑道：「那劉季與項王戰，屢戰不勝，有何統軍之才？今日來犯，也只敢遠遠下寨。彼兵遠來，路上必勞頓不堪，明日我軍即傾城而出，一舉滅之。」

那燕相溫疥在側，卻有另一番打算，此時便請命道：「臣溫疥與大王生死與共，明日願率一部，留守關上，為大王後援。若我軍勝，則臣率部追擊；若我軍萬一不利，則開關接應，可保萬無一失。」

臧荼不疑有他，大喜道：「相國謀事老成，有你在關上，孤王後顧無憂矣。殺敗他一陣，挫他威風，便可守住蒲陰陘三月不破，屆時天下必亂。」

---

[34] 筑，中國最早的擊弦樂器，形似箏，有十三弦。起源自戰國，宋代以後失傳。演奏時，以左手按弦之一端，右手執竹尺擊弦，古時僅見於典籍記載。至 1993 年，於長沙河西的西漢王后漁陽墓中，方有實物出土。

溫疥心中暗笑，只裝作慷慨應命，自去提點兵馬了。

次日晨，只聞一陣驚天鼓響，城門大開，有燕兵蜂擁而出，皆攘臂喧呼，震耳欲聾。一路吶喊奔湧，疾行至易下平坦處，列好了陣。這數萬燕軍，看似氣壯，然皆是匆促集齊，故軍械多不全，其中還雜有民間丁壯，只拿著木棍糞叉之類，亂哄哄的勉強成陣。

此時，臧荼乘戎輅車馳至陣前，一面藍色大纛高懸於頂，迎風獵獵。眾燕軍望見，一片歡呼，將那長戟擊盾，如山呼海嘯，只待漢軍出來，好盡情砍殺。

再看那邊廂，漢軍大營柵門緊閉，全無聲息，似無人看守一般。

臧荼耐不住，手撐車軾，大喝了一聲：「劉季何在，還不前來送死？」

話音剛落，只聞漢營內一陣鼓聲驟響，轉眼間柵門大開，無數漢兵如潮水般湧出，分為戰車、弩手、步騎三隊，各個旗甲鮮明，氣壯如虎，一路聲聲低吼，疾行如風，開始布陣。此來之漢軍，皆為洛陽近畿精兵，訓練有素，頃刻間便各自站好了位，與燕軍在十數丈之外對圓了陣。

兩軍此時，便如兩巨獸，咫尺相對，喘息之氣可拂面。晨風清寒之中，隱隱似能嗅到血腥氣！

那燕地軍民，在秦亡時並未經大戰。唯有年長者，尚能記憶王翦在易水大破燕軍的情景。見眼前漢軍亦是黑旗黑甲，活脫如秦軍再生一般，燕陣中便起了一陣騷動。年幼者初次上陣，已被這氣勢嚇住；年長者則憶起當年，也甚是惶悚。燕軍陣中，便如風中之草，一派搖曳不定。

臧荼到底是經過戰陣的，並不畏懼，對眾軍大呼道：「漢軍人少，何懼之有？」燕軍眾卒聞之，精神才稍振，復又穩住了陣腳。

此時，漢營中又是一通震耳鼓響，似風雲遽變，驟雨將至。鼓聲中，眾郎衛簇擁著一輛黃蓋戎輅車，疾馳而出。看那黃蓋下，正是當今皇帝劉邦。只見劉邦挺立於車上，身披精甲，頭戴皮弁，額頂一簇團花耀目，身旁簇擁一片黃鉞，宛若天神下凡。漢軍見之，更是膽壯，全軍連呼三聲「萬歲」，如驚濤乍起，直拍雲霄。那燕軍諸將士，則從未見過天子威儀，今日見到，無不驚異；有那看得眼花的，竟然驚嘆起來。

待那黃蓋車在陣前停住，劉邦便厲聲喝道：「臧荼小兒，這便是你的謁見禮嗎？」

見劉邦擺足了天子架勢，臧荼心內更是不忿，應道：「正是臧荼迎候！我道是何人？原是劉季親臨戰陣。天子不在洛陽，卻戎裝而來，臧某無乃在夢中乎？」

「小兒，封你為燕王，卻如何要反？」

「甚麼話？我這燕王，係當年從項王入關而得，與你何干？我倒要問你，今興兵來犯，究竟為何？」

「不為他事，朕只為教訓小兒而來。漢家滅楚，為天下民心所向，功成各有分封。我這皇帝，也不是憑武功搶得，乃是諸王推舉，你臧荼也是聯名勸進的一個，曾幾何時，便想賴帳嗎？封疆守土，應是諸侯本分，何獨獨你臧荼不服？」

臧荼便也不再理論，掣劍在手道：「我臧荼服，然此物不服！即是此物服，吾燕人亦不服！」

劉邦便冷笑：「誑話！燕人多福，秦末僅稍有兵燹。如何天下已定，倒要陪著你來打仗了？」

臧荼回駁道：「劉季，這話要拿來問你。你做了皇帝，頭一件事，便是來伐我燕人，無乃秦始皇再世乎？吾燕國，乃武王苗裔，立國九百年，破齊抗秦，從無屈膝俯首之舉，今番與你漢家再較量一回，又算得了甚麼？來來，不說甚麼皇帝諸侯了，你便是沛公，我便是燕將，今日以劍戟分個高下，可乎？」

劉邦朝前望了一眼，見千山葉黃，峰巒竟如銅鑄，頓生出許多感慨來，緩緩道：「燕王，貴鄉如此河山，何其壯偉，你心尚有不足哉？念及你曾助我滅楚，容你再思忖片時。今日天下，瘡痍未癒，民皆厭聞戰聲，何人還肯為你這狂徒賣命？若你有悔意，不妨陣前便降了，朕可保你榮華依舊。」

臧荼輕蔑一笑，譏嘲道：「事已至此，巧言有何益？那魏王豹可再生乎？田橫可再生乎？諸侯不死盡，你劉季豈肯甘休？臧某雖愚，早也已看透：世事更替，不過是死了個始皇帝，又來個劉皇帝。」

劉邦叱道：「民思靜時，你偏要動；不智若此，安敢論天下事？你今不出城便罷，出得城來，便是回不去了。」說罷，便朝夏侯嬰揮了揮手。

夏侯嬰在側為驂乘，早已等候多時，此刻便掣出一面紅旗來，朝四邊山上晃了幾晃。

說時遲那時快，四面山中猛然殺聲四起，酈商、陳豨、張蒼等將，各率萬餘伏兵，從山上奔湧而下。黃葉遍布的山路上，霎時就如長河決堤，百股黑流，奔竄而出，其勢鋪天蓋地，任他前面有幾多鹿砦、矛戟，都將席捲而去。

臧荼還道劉邦僅有萬餘人，此時見滿山遍野皆是黑甲兵，不由得怔住。燕軍中，有人欲掉頭應付伏兵，亦有人想朝前衝去，陣形立陷混亂。眾燕軍從未見過這等陣勢，前軍竟有人掉頭便逃。

臧荼正待喝止，忽見身後城門大開，擁出了一彪人馬來。定睛細看，原是溫疥率相府親隨，從城中衝出來，直撲向戎輅車，一面疾呼道：「相國溫疥已降漢，燕人何苦送死！」

劉邦見了，哈哈大笑，遂大呼道：「燕軍兒郎，擒得燕王來降，可封千戶侯！」

眾燕軍皆愕然不知所措。對面漢軍陣中，為首的陳豨勇猛無倫，率馬軍突入燕陣中，揮起長劍，奮力砍殺。燕軍陣中，頓時慘呼四起，血濺如注。但見陳豨縱馬過處，一路血流；殘臂斷肢，八面橫飛；馬蹄之下，人頭滾滾。數萬漢馬軍也揮劍跟進，劈刺砍殺，如虎驅羊。陣上一股沖天的血腥氣，撲鼻而來，幾令人窒息。可憐那燕軍士卒，稍一遲緩，頸上頭顱，便如瓜剖果裂。漢馬軍衝到何處，何處便是一條橫屍之路。數萬燕軍，原也是陣列齊整，眨眼便如穀垛豆架般，紛紛撲地。有那機靈的，轉身要逃，卻被漢馬軍一路踏過，唯聞哀哭震天。

陳豨雙目灼灼，瞄住臧荼車駕，躍馬近前，一劍砍倒了燕王大纛。圍住臧荼的相府叛兵，不由發一聲歡呼，一擁而上，用刀劍逼住了車上的臧荼。

臧荼益發憤怒，拔劍護住前胸，回首怒問溫疥道：「相國為何叛我？」溫疥以劍直指臧荼道：「天下已定，不願枉死耳！」

後陣燕軍見大纛被漢軍砍倒，叛卒又將燕王團團圍住，知大事不好，都紛紛向後退去。陳豨部下漢軍見了，發一聲喊，都挺戟殺來。燕軍更是惶恐，都知死期將至，為保命，勉強壯膽廝殺了片時，終因群龍無首，大勢崩解，眾軍發一聲驚呼，便四面潰散，似羊群漫野逃開。有那逃得慢的，立時就身首異處。

漢軍殺得興起，呼喝聲震天動地，見人便砍，不留活口，直殺得原野上血流如溪，一直往遠處山谷追去。

燕太子臧衍見勢不妙，取出早就備好的百姓衣服，胡亂換上，潛入亂軍中逃命去了。

臧荼見勢不可挽，棄了劍，仰天嘆道：「未敗於賊，先敗於己，天意乎？」

陳豨見此，發一聲喊，登車擒住臧荼，命隨從將他五花大綁。溫疥遂也登上車，向潰散燕軍大呼道：「降者生，不降者死！」

燕兵聞聲，都紛紛伏地請降。不過片時，五萬燕軍便半數降了，餘者皆四下裡逃散。

陳豨將臧荼押至劉邦車駕前。劉邦便戟指臧荼道：「豎子，我這皇帝，本事如何？」

臧荼怒目而視道：「若無溫疥叛賊，你難越易城一步。」

「逆賊，死到臨頭，還不知錯？」

「死便死耳！陣上堂堂而死，豈不強於田横自盡？」

「那好！朕偏就不教你死，關你一輩子，休想再見天日了。」

「不見便不見。古有易水之俠士，今即有不降之燕人。」

「好個臧荼，要做荊軻麼？朕便成全你，賜你一築，伴你朝夕向隅。來人，將此虜解赴洛陽，永世關押。」

幾個隨侍郎衛諾了一聲，上前捉牢臧荼，將他押往後營去了。劉邦又喚陳豨近前，端詳一番，讚道：「好個少年將軍！今破臧荼有功，改日，封你為侯。」

擒了臧荼之後，漢軍氣未稍懈，用戰袍拭淨劍刃血痕，又追敵至易城之下，見城門洞開，城頭旗幟盡落，全無一個兵卒看守。

原來，那守城的兵卒，早為溫疥所賄買，聞陣前燕軍已敗，便將那城頭藍旗盡行拔下，一齊都散了。

劉邦見此，知事已定，便拿過夏侯嬰手中長戟，執戟立於車上，號令眾軍進城。

過城門時，劉邦仰頭望望南門樓櫓，忽而命御者停車，對夏侯嬰笑道：「昔年我阿娘外家王翦將軍滅燕，便是從此城北上，直取薊城。老將之赫赫威名，曾令六國喪膽。朕承蒙臧荼抬舉，亦從此城入燕，不知後世之名，能否勝過王翦？」

夏侯嬰也望了一眼城樓，淡淡說了一句：「臣以為，陛下之名，後世當與秦始皇相齊。」

「嗯？」劉邦一怔，回首怒視夏侯嬰一眼，即高聲催促御者：「進城進城！」

進了易城後，劉邦登黃金臺遠眺，更是感慨：「壯哉河山，豈能落於他人之手？須得有個心腹與我把守才好。」

當晚，劉邦便秉燭草詔，詢問其餘七王及朝中重臣：「燕王已廢，燕地暫無主，以諸君之意，何人功高可封燕王？」草罷，即交付驛吏飛送各處。

夏侯嬰有所不解，發問道：「那臧荼，養他到死做甚麼？不如一刀斬了！」

劉邦道：「這你便不知了。擒之，是為震懾諸王；不殺，是免得逼反他人。此等莽夫，殺他又有何益？」

夏侯嬰這才領悟，連連拱手道：「季兄，你是越發成神成仙了。」

經易下一戰，燕地失了首領，各邑聞敗報，無不震恐。千里疆域，凡有城邑處，都紛紛開門迎降。不過旬日，漢軍便輕取薊城，平定了燕境。說來難以置信，此戰，竟是劉邦平生上陣之首勝。

待臧荼解至洛陽後，劉邦果踐前言，未將其梟首，僅是拘禁於別院，直至老死。那燕太子臧衍脫逃後，單騎北竄，連家也不顧了，自去投了匈奴。

然臧氏後裔，並未就此湮滅，又在漢家衍生出了許多故事來。臧荼之孫女，名喚「臧兒」，燕亡後，流落民間，先後嫁與王、田兩家，共生有三男兩女，與劉邦後裔糾纏不清，這幾次臧家後輩多為大貴之人。此為後話了。

劉邦在薊城住了才三五日，忽覺心神不寧，知此地僻遠，不宜久留，便留下酈商、灌嬰掃尾，自率大軍匆匆返洛陽休整。途中，接斥候報稱：代地有山賊數千，趁防務虛空，揭竿作亂，與臧荼相呼應。

劉邦聞報，對夏侯嬰道：「螻蛄之患，就無須你我操勞了。那樊噲自做了左丞相，寸功未立，此事便交與他去辦吧。」言畢即擬詔，命樊噲率兵一萬，自關中前去平定代地。

待劉邦回軍洛陽，各王復函也接踵而至，皆建言燕王人選事。以楚王韓信為首，各王連同大臣計有十位皆言：「太尉盧綰功勞最多，請立為燕王。」

劉邦一時不能定奪，便召陳平進見，與之商議道：「臧荼既敗，諸王皆曰盧綰功高，可為燕王。然盧綰有何功，朕怎未曾看見？」

陳平道：「諸王之議，全在揣摩上意。盧綰與陛下為總角之交，總要靠得住些。」

「這倒也是。此行征薊城，見秦長城尚未墮，隨山勢起伏，盤若蛟龍。登烽火墩遠眺，幾可望見漠北。一夫當此，胡人萬騎不可過。若不遣盧綰鎮守，用旁人朕也著實放心不下，便准了諸王之請吧。」

當下，劉邦便召見盧綰，溫言相囑，命少府將繳回的燕王印綬，改授予盧綰。

那盧綰聞命，心中亦喜亦憂。喜的是一步躋身於諸侯之列，榮耀滿天下；憂的是從此遠離中樞，戍守邊荒，朝中的威勢再也享不到了。

劉邦看出盧綰心思，殷殷勸道：「兄長，你我乃豐邑陋巷小兒，若不逢時，必以賣餅鬻粥了卻一生。今兄以軍功而晉身諸侯，光耀子孫，當喜上眉梢才是。」

盧綰臉一紅，忙掩飾道：「陛下過譽了。臣有何功，可蒙此殊榮？諸王薦臣，不過是討陛下歡心罷了。臣知邊地險要，昔年始皇帝何其雄霸，也須遣嫡長子駐守。盧某自幼便遠遜於季兄，才略疏陋，恐不能勝任。」

「盧兄，歷練了這許多年，死人都見過了幾萬吧？這般謙遜，便是假了！你守燕地，朕方能放心。要地，必親故守之，朕敢將那韓信放在燕地嗎？」

盧綰聞此言，立時掂出了分量，不禁熱淚滿面，忙揖禮領命。

劉邦北征歸來，才得鬆一口氣，正要回軍，不料又有事變迭出。原來，返回洛陽後，劉邦想那諸王暫不敢反，便欲召天下通侯[35]皆至洛陽，當面訓誡，以示天威。不料，詔令下發方一旬，便有急報入洛，稱楚降將封侯者利幾，在潁川郡的郡城陽翟不聽詔命，舉兵反了。

這利幾是何人？前文曾表過，他原是項王所屬陳縣的縣公。昔日項王自廣武山退兵，在陽夏一帶與追蹤而至的漢軍對峙，利幾曾發陳縣壯丁數萬，增援楚軍。後楚軍不敵，大部撤走，僅留鍾離眛與利幾固守陳縣，以為斷後。

陳縣旋即被漢大軍攻破，鍾離眛脫逃，利幾卻降了漢。劉邦為動搖楚營軍心，特加優待，封利幾為潁川侯，賜千戶食邑。時才數月，那利

[35] 通侯，亦稱「列侯」，為最高一等的爵位名。秦及漢初原名「徹侯」，後因避漢武帝劉徹名諱，改作「通侯」。

幾忽聞皇帝擒臧荼還都後，立召天下通侯，便疑心劉邦欲捕殺異己，於是索性反了。

潁川郡在洛陽之東，郡城在陽翟，洛陽與陽翟相距不過百餘里。利幾據陽翟謀反，無異於腹心之患。劉邦閱畢奏報，笑了一聲：「又一個反的！皆是王侯不做，願去蹲監的。」

陳平此時建言道：「可命韓王信徵發壯丁，編練成軍，就地弭平利幾之亂。」

劉邦搖手道：「萬不可！諸侯掌兵，終是大患，還是朕親為好了。」於是下令，發近畿精兵兩萬，再次披掛親征。

那利幾在楚營，不過為一縣公，降漢後方得封侯，聲望不高，徒眾亦寡，加之潁川一帶，向為故韓之地，百姓歷來心向漢家，故叛眾勢弱。待劉邦親率大軍殺至，叛眾立作鳥獸散，利幾亦趁亂易裝潛逃，不知所終。

劉邦得勝，西還洛陽後，不禁有所疑惑，對陳平道：「遷都關中，無乃失策乎？朕在關中，席不暇暖，關東各處便連連生事。吾孤家寡人，囿於關中，豈非成了秦二世？」

陳平本不願遷都，聞劉邦猶疑，便道：「遷都之得失，回軍櫟陽後，可容再議。」

劉邦平叛歸來，時已入十月，連過年都是在途次之中，不勝勞苦。回軍之時，一入關中，便覺滿目荒涼。入櫟陽城後，便急發詔令，命天下各處解甲老兵，凡無地無業者，盡可遷往關中，先在新都服役造宮殿，待竣工後，官府皆授予田畝，助其安家。詔令又曰：昔日從沛公軍入關之士卒，願留關中務農者，免租稅十二年；願歸鄉者，亦可免租稅六年。

如此措置，皆因昔日楚漢相爭，關中輸送丁壯甚多，大半戰死，眼下人丁稀薄，田園荒蕪。今新定都關中，便是萬世基業，務求人口繁盛，方有個模樣。

此時各郡縣與諸侯國內，解甲老兵多有爵位低者，無田無產，遊蕩無著。聞此令，不啻旱天聞雷，皆欣喜若狂，結隊赴官府報名入關。

劉邦兩次親征，於行軍途中，曾見縣邑殘破，多不成樣；如遇寇起，則無從防禦。於是當月又下詔，令天下縣邑各起城牆，務要堅固。

待諸事忙畢，劉邦方有空閒，得與戚夫人親近。眼看那小兒如意一天天長大，越發聰明伶俐，劉邦喜在心頭，只慶幸上天賜福。偶有朝政得閒，便往西宮戚夫人居所，拉了如意近身。一老一少額頭相抵，劉邦教如意說繞口令：「我便是我，我便是鵝……」言笑晏晏，樂而忘倦。

劉邦如此偏私，只冷落了皇后呂雉。那呂后自從楚營歸來，已有年餘，對朝中諸事皆已了然於心，將此景看在眼裡，只恐親生子劉盈有閃失，便對諸老臣多有籠絡。平素無事，便對劉盈百般督促，唯恐其讀書不勤，魯鈍無才，將來接不了天下。

呂后身邊，有舍人審食其與之謀，又籠絡了妹夫樊噲，其勢漸強，索性與劉邦分庭抗禮，見了劉邦，全沒個好臉色。

劉邦心中有氣，然念及芒碭落草之時，呂后曾冒死相助，在舊部中威望甚高，不好翻臉，只得充大度，裝作看不見。

這日，博士叔孫通在櫟陽東宮，督促太子讀書，恰好有一段書，劉盈三讀而不能記誦。呂后在一旁見了，又氣又急，欲取竹篾來笞打，忽又想道：此處是朝堂之上，不似在豐邑故里可以隨意，一時氣湧上來，竟流了滿臉的淚。

審食其在旁見了，心中不忍，便道：「孺子可教，需待時日。皇后亦不必煩惱，不若微服出宮去，且寬一寬心。」

呂后抹乾眼淚，哽咽道：「太子實是無知，死到臨頭，還不知用功！」

「十歲豎子，不宜迫之太甚。」

「唉！也罷，你便陪我出去，走走也好。」

兩人便離了太子居處，換了常服，也不帶隨從，自角門潛出了宮去，在城內閒逛。

這櫟陽城，乃秦之舊都，規模巨集巨，方方正正，縱橫街衢各有十餘條。漢家取關中後，即定都於此，於今已逾五載。經蕭何治理，兵燹殘跡已全然不見，但見市中車馬輻輳，熙來攘往。

此城之奇特處，乃是城中有多處冶鐵場，場中晝夜出鐵水，有眾多匠人打造兵器、農具，一派繁忙。走近前去，可見一場內有數爐，皆高丈餘，火光熊熊，熱氣灼人。爐前那班工匠，皆是丁壯，冬日裡竟也是赤膊勞作，堪為奇觀。

呂后生性喜看熱鬧，便湊近前去，痴望了半晌，方才回首道：「漢家得關中，乃是天助。本宮在沛縣，何曾見過這等景象？」

審食其卻道：「區區關中，河山一隅耳。偌大天下，皇后將來恐是應接不暇。」

「此話怎講？」

「君上萬年之後，必是如此。」

呂后會心，便一笑：「甚麼萬年？那酒鬼若再活十年，我氣也要氣死了。」

審食其一驚，連忙諫道：「《太公兵法》云：『大智不智，大謀不謀。』皇后還須隱忍。」

「說得是，我忍就是了。那妖姬，迷得住陛下，卻是迷不住沛縣舊臣，遲早要教他做豬狗。我倒不心急，只恨太子不爭氣。」

「假以時日，太子當自明。」

「噫！審郎，天生你，就為哄我來的吧？」

「皇后玩笑了。」

「你噤聲！出得門來，莫叫甚麼皇后不皇后，便叫我外婦就好了！」審食其臉色便一白：「臣哪裡敢？」

呂后回望南宮，嘆道：「老娘忝列正宮，倒不及那死了的外婦！那庶子劉肥，老鬼倒時常去看看，太子這裡，他卻是來也不來的。」

「太子這裡，有皇后在，無須陛下費心。」

「唔？」呂后仰頭想了想，容色這才稍緩，「倒也是。免得劉盈學樣兒，如老鬼那般粗魯。」

兩人在冶鐵爐邊觀望一回，掉頭又往街市上去。才離了火爐，便覺北風凜冽，衣不勝寒。

審食其忙替呂后掩衣，道：「皇后該披白狐裘出來。」呂后搖頭道：「田舍村婦，披那個做甚麼？」

說話間，不覺便來至西市，忽見前面有一酒肆，門庭寬敞，酒客往來頗多，兩人便急忙入內避寒。

這間酒肆，生意極佳，壚上所置酒罈，重疊如小山。甫一入門，便有容貌姣好之婦，迎上前來道了「平安」，將呂后、審食其延入雅座，一面賠笑道：「今日天寒，酒客甚多，須得與旁人共座。」

呂后看看，座中窗明几淨，有氍毹[36]之氈鋪地，甚是雅致，便頷首

[36] 氍（ㄑㄩˊ）毹（ㄕㄨ），織有花紋圖案的毛毯，產於西域，可用作地毯、壁毯、床毯、簾幕等。

道：「也不妨的。」

兩人落座，見同座乃一端然老者，壽雖高，鬚髮卻皆黑。審食其便拱手道歉：「長者，在下多有打擾。」

那老者瞄了二人一眼，意態從容道：「不礙。老夫獨坐，也是寂寞得很。」

審食其便囑酒保，上些精緻酒饌來，欲邀老者共飲。老者擺擺手婉謝，亦不多言，獨自飲了一會兒，忽而道：「天寒地凍，你夫婦倒有興致。」

那審食其一怔，便是滿臉通紅，呂后卻是只掩了嘴吃吃地笑。那老者見了，忽然領悟，連忙恭謹一拜：「恕老夫眼拙，多有冒犯。如此相諧，夫婦反倒是不能！」言畢，便朗聲大笑。

待酒菜上來，三人便且飲且談，閒聊了一回。那老者於市井百態，皆洞察於心，聊起關中近九年之變遷，不由得便嘆：「秦人作惡，亦復多災。幸得漢王治關中，倒是比山東之民少受了些苦。」

呂后與審食其深居櫟陽宮，不諳本地民情，便東問西問，問得老者好生奇怪：「你二人，莫非自南山而來，又似久居宮中之人，如何百事不知？」

呂后便一笑，掩飾道：「中等之家，瑣事多不問。看長者如此悠閒，必是本地豪門？」

老者道：「兵燹連年，活命尚屬不易，何來豪門？爾等也知，自天子以下，所乘駟馬之車，欲配毛色齊一之馬，亦是不能；而將相公卿，或有乘牛車者，寒酸已極。至於百姓之家，更無足觀，四民皆無藏糧，朝不保夕，還算稀奇嗎？」

一番話，說得呂、審二人相視嘆息。少頃，審食其忍不住問：「似長者這般，必不致如此疲敝？」

「哪裡話？在下身無長技，僅粗通文墨，為他人代寫家書，混些潤筆之資罷了，亦是勉強。近日多有解甲之卒，來關中落戶，家書往來頗多，老夫方得有一口酒飲。」

話說到此，呂后心中忽而一動，脫口問道：「長者適才言及，多虧漢王治秦，那泗……泗水老吏，在秦地似頗有聲望？」

老者便挺直身，正色道：「漢王乃天降之才，治秦五年，井井有條。正因他出身老吏，知民間疾苦，故而懂得恤民。天下之民有此明君，恰如涸魚得江海之水，不是幸事又是甚麼？」

呂后略顯尷尬，勉強一笑，又道：「漢王自是賢明，然其壽已漸高。他萬年之後，又將如何？」

老者便仰頭大笑：「這位女士，當我是算命先生了！皇帝萬年之後，諸事由天定，何人可知？然萬法不離其宗，便是治民須有仁心，民方歸服。孟子曰：『樂民之樂者，民亦樂其樂；憂民之憂者，民亦憂其憂。』即是此意。」

「王者治天下，便如此之易嗎？」

「當然，孟子之言，還有後半句：『樂以天下，憂以天下，然而不王者，未之有者。』今之君上得天下，不是借此，又是所賴為何？劉皇帝這人，文不如周公，武不如始皇，為何能五年即滅楚，將那霸王逼到烏江邊去死？不是民與之共憂樂，踴躍相助，滅楚豈非大夢乎？」

「劉皇帝……」呂后便掩嘴竊笑，對審食其道，「這位老者，堪比丞相之才了。」

正在此時，有兩三夥酒客從座前走過，見了老者，都作揖致禮，隨口招呼道：「國舅！」

呂后聞聲，不禁大驚，雙目直直盯住老者。

那老者便大笑：「甚麼國舅？我那小女，多年前曾被選入秦宮，做了宮人，不過炊婦侍婢者流。鄰里玩笑，戲稱老夫『國舅』而已。」

「哦？秦亡以後，貴千金可曾放歸？」

「霸王入關，一把火燒了阿房宮，宮人非死即逃，哪裡還有音訊？」

呂后望了望老者，唏噓了一回，便又道：「聞長者言，心竅皆開。然妾身乃閭里小民，只習黃老之術，素不以儒家為然。」

那老者眼神倏然一閃，盯了呂后半晌，才說道：「觀女士之相，非尋常人也，恕老夫妄言。儒家貴民，法家貴君，黃老之術則貴己，其說各異，然萬法歸宗，天道唯一。那老子之言『貴以身為天下，若可寄天下；愛以身為天下，若可托天下』，不亦是同理嗎？」

審食其若有所悟，插言道：「以長者之論，王者必以天下為家。今君上封疆於劉氏子弟，豈不是正循此道？」

「非也。人心不古，今世已非古之殷周；以天下為家，便要視民如子，而非一門王侯瓜分天下。分封子弟，雖是近日無憂，然至聖君萬年之後，亂將不旋踵矣！」

呂后聞言，幾乎要驚起，忙問道：「何以言之？」

「那故秦速亡，非為郡縣，乃是殘民太甚；那霸王覆滅，非為怯戰，乃是分封有私。唯封疆罷廢，事決於上，天下郡縣皆為民，方為萬世之道。」

其時離秦政之禍不久，舉世皆厭一統，都覺分封甚便。呂后與審食其乍聞此論，只是搖頭，不能信服。

那老者見此，便將面前杯盞一推，笑道：「今日得貴客陪坐，飲得盡興。如我等草民，朝食既畢，便愁夕食，卻有閒心指畫天下，甚是可笑！也罷，老夫這便告辭了。」

呂后忙起身挽留：「長者何急？尚未請教尊姓大名，貴府何處。」

「敝姓曹，草野之民，便無須留名了。平生最敬劉皇帝，唯願百代後子孫出息，能為劉氏之輔佐。」

呂后見挽留不住，只得道個萬福，笑著恭送道：「長者慢行。子孫若出息，今世亦可遂願。」

那老者渾身一激，瞥了眼呂后，略略一拜道：「女士之相，貴不可言，或為千古未有之女傑，古之婦好[37]亦不能及。」說罷將袖一拂，擲下酒錢，便翩然而去。

撇下呂、審兩人，面面相覷。審食其慨嘆道：「老者所言，或有幾分道理。」

呂后便哂笑道：「不要管他。市井老叟，大言欺世而已。皇帝可姓劉，便也可姓呂！」

審食其聞言大驚，旋又搖頭嘆曰：「事或如此，也只得捨命陪妳了。」

且說臧荼被擒之後，天下各地皆晏然。漢家君臣，無不額手稱慶。然平靜尚不足一月，至十二月初，又有大事突生。朝中在楚地所暗伏遊士，忽然呈上變告信[38]，稱楚王韓信每月十五日，必巡遊一次，所到之處，驚擾縣邑。其扈從甲士竟有三五千之眾，車馬喧闐，公然陳兵耀武，反意已露。

劉邦得此密信，大驚，心內本不信有其事，但又願意信其有，於是問計於左右諸臣，該如何是好。

周勃等諸將聞之，先是驚愕，隨即義憤形於色，皆攘臂呼道：「某願前往征討，必擒楚王以還！」

[37] 婦好，商王武丁之妻，中國歷史上首位女性軍事統帥，亦為傑出的女政治家。曾率軍征討，為武丁開疆拓土。

[38] 變告，謂告發謀反等非常之事。

劉邦遂以目視蕭何。那蕭何當年曾舉薦韓信，此時只恐擔了干係，便也道：「臣以為當征討為是。」

劉邦瞄了一眼諸人，搖搖頭，一語未發，將密奏籠於袖中，命眾臣散了，自己進了內室。隨後，即遣謁者出宮，速去請陳平來。

陳平應召而至，甫一落座，劉邦便拿出密信與他看。陳平看罷，將眉頭皺起，一時默然。

劉邦急問道：「如何？楚王不日將興兵叩關，計將安出？」

陳平哪裡肯信韓信會反，欲加辯駁，又恐劉邦氣惱，半晌才道：「此非小事，似……可緩圖。」

劉邦叱道：「韓信若反，頃刻間便可席捲關東，還緩圖個甚？難道你也為他所買通？」

陳平惶悚伏拜道：「臣實不敢！但問，韓信可知有人密奏？」

「不知。」

「韓信反狀，可坐實乎？」

「有密奏在此，朕寧信其有。」

「既如此，敢問陛下之兵，可能及楚王之兵？」

「不及。」

「陛下之將，可有能勝韓信者？」

「無有。」

陳平便起身復坐，道：「兵又不及，將又不及，起兵討楚王，勝算能有幾何？」劉邦離座而起，怒道：「莫非，唯有坐以待斃乎？」

「可召韓信入關，當面詢之。」

「腐儒！此時召韓信來，只恐他不反亦要反了。」

陳平便俯首道：「臣非神人，且容臣細思片刻。」言畢，閉目半晌，方睜開眼道，「古時天子巡狩，出入聳動天下，必大會諸侯。陛下可詐言身體違和，欲出遊雲夢，遍召諸王，會集於陳縣，相偕共遊之。諸王聞召，敢不從命？那雲夢大澤，為故楚之地，浩瀚不知邊際，正在今楚境之西。韓信聞召，必來謁見，彼時只須一二武士，即可拿下，焉用興兵動武？」

「朕至雲夢？豈不是到了楚王巢穴，只怕我沒拿住韓信，倒要教韓信擒了我去！」

「陛下，古天子巡狩，必統兵隨行，以壯聲勢；陛下亦可效之，率大隊禁軍隨行。那韓信若有異動，可就近擊之。」

劉邦聽得明白，立時轉怒為喜，大笑道：「豎子陳平，虧你想得出！這偽遊雲夢之計，何其毒也！識你以來，你之謀，無不為陰謀。將來你只需小心，不要有把柄落於我手上。」

當下，劉邦便命陳平起草詔令，稱天下無事，唯聖躬略有小恙，欲南遊雲夢，稍作休憩，兼以觀民風。為此之故，召天下諸侯會集於陳縣，同赴雲夢，以共襄盛舉。草畢，即遣使四出，分送予諸王。

各諸侯接旨，皆不敢怠慢，匆匆籌備上路不提。單說韓信見了朝中來使，瞥一眼那使者所戴之高山冠，心中忽起不祥之感，脫口便問：「使者所為何來？」

那使者道：「君上命我飛傳詔令，並未言明是何事，待啟封宣讀便知。然下臣日前在櫟陽，曾風聞君上將遊雲夢。」

「甚麼？」韓信心中一驚，慌忙離座，伏地接旨。

待使者展開詔令宣讀，果然是南遊雲夢事。韓信謝恩畢，接過詔令，心下便犯了躊躇。此前，劉邦曾兩奪兵權，屢次使詐，今又稱南遊雲夢，召我前往，莫不是又布下了羅網？那劉邦素恨秦始皇巡遊天下，靡費民力；如何自家方才坐穩，便要興師動眾出巡，實令人生疑！想那雲夢大澤，距他國皆路途迢迢，唯與楚境相接，今御駕來此，莫非又是意在圖我？

韓信想到此，便欲發兵反叛，索性趁劉邦遊雲夢，出奇兵襲之。即便無果，亦可致天下大亂，或有亂中取勝之望。然轉念又一想，自己無罪，何必鋌而走險？只是，若老老實實前往謁見，又恐被擒。顛來倒去，一時倒沒了主意。

正躊躇間，恰逢高邑自櫟陽返回，韓信便急問皇帝南遊事。高邑稟道：「臣雖有耳聞，然亦不知其詳。」見韓信憂懼，便又勸道，「臣前在洛陽，今在櫟陽，全未聞朝中有不利於大王事。今大王並無過失，君上豈能無端猜忌？唯大王收留鍾離昧，實為違命，不若將那鍾離昧斬首，持其首級謁見，君上必喜。如此，大王又何患之有？」

韓信倒抽一口冷氣，驚道：「這等不義之事，如何做得？」

高邑便急道：「臣隨大王征戰，從未見大王臨事遲疑，今日又是為何？」「唉！鐘離將軍乃我數十年故舊，何忍殺之？」

「臣以為不然。兵家曰『計利以聽，乃為之勢』，正是說中要害。謀事謀人，唯取利而已。那鍾離昧，楚之逃臣也；殺之，亦不傷大義，然可解大王之危。此中的輕重緩急，大王可明斷。」

韓信沉吟良久，嘆了一聲：「吾終不能殺鐘離！或可變通，勸他自裁以免禍。」

「那也好，末將這便去請。」

那鍾離昧居於楚王宮別院，正在庭中侍弄花草，忽聞韓信有請，急忙放下水瓢，換上錦袍，裝束整齊，疾步趨入韓信居所。

甫近屋門外，便見郎衛皆執戟肅立，戒備森嚴。鍾離昧不知是何故，心中便一沉，疑惑而入。進得屋內，只見韓信神色恍惚，正以手支額，伏於案几，似有萬般愁思。

鍾離昧心中忐忑，施禮畢，便坐下問道：「閣下召臣來，必有要事？」

韓信未接話頭，只懶懶問道：「將軍投我，屈居敝舍，不覺已半年有餘矣，不知可還安好？」

鍾離昧拱手道：「多謝閣下。天下攘攘，臣卻能安居若此，唯賴楚王存上古之風。」

韓信便嘆一口氣，怏怏道：「將軍昔日之大恩，弟已捨命報之。自夏入秋，朝中便頻有傳聞，言將軍匿於弟舍，漢帝亦有函詢，然弟一力回護，概不理會。」

「閣下救命之恩，鍾離昧願萬死以報。」

「兄有此意便好！我亦不欲瞞兄：今朝中有使者來，稱漢帝將遊雲夢，率禁軍至楚境。君上此來，必是風聲已然走漏，要索將軍之首，並加罪於弟。」

那鍾離昧聞言，不覺雙目炯炯，直視韓通道：「閣下欲如何處之？」

韓信苦笑道：「事已至此，弟無計可施矣。」

「楚王此時不反，更待何時？」

「我所統之卒，僅三五千衛士耳，如何敵得過朝廷之兵？」

鍾離昧這才知韓信心思，不禁大失所望，起身憤然道：「公欲執我獻媚於漢王乎？實為至愚！漢王之所以不敢擊楚，是因臣在，唯恐臣與公聯結，天下將無人可敵。若臣今日死，則公亦隨手而亡矣。」

韓信低下頭，以衣袖將案頭拂了拂，只是不語。

見此狀，鍾離昧悲憤填膺，戟指韓通道：「我以為公乃尚義之人，然看今日，公欲賣友求生，全不念昔年之誼，實非賢德長者也！罷罷罷，悔不該當初誤投此處，奔波徒勞，全沒個了局……」言未畢，便拔出劍來。

韓信抬眼，略略瞟了一眼，便扭頭望向窗上垂簾，還是不語。

鍾離眛長嘆一聲：「人之愚，不可活也，無非先後而已！」嘆罷，便憤而持劍，刎頸自盡。

俄頃之間，地上便是血濺三尺，如殘花飄落。鍾離眛那七尺之軀，轟然倒下，撞倒了室內瓶瓶罐罐。門外眾郎衛聞聲搶進，一時都呆住，無所措手足。

韓信縱是唯願鍾離眛死，此刻也不免心顫，臉色白了一白，揮手命左右將屍首抬下，小心取了首級，置於函匣中。

左右將首級函呈上，交韓信驗看，但見鍾離眛雙目仍含怒，不肯合上。韓信忽覺渾身發冷，連忙以手撫那雙目，將其合上，心乃稍安。越日，便只帶了少許親隨，攜鍾離眛首級前往陳縣，迎候劉邦。

不數日，劉邦車駕抵達陳縣，其儀衛迤邐，難望其尾，唯見旗幟之盛，遮天蔽日。此時其餘諸侯尚在途中，唯韓信先至，親率隨從出郊外三十里，於道旁恭迎。

其時，大隊鹵簿緩緩而過，黃鉞、御杖耀人眼目。但見那雲龍傘蓋下，劉邦身著龍鳳袞服，頭戴七寸高之「劉氏冠」，端坐於戎輅車中，威嚴異常。

輅車來至韓信面前，穩穩停住。韓信連忙整好衣冠，行君臣之禮。

待禮畢，韓信回首使個眼色。高邑會意，便躬身上前，呈上了鍾離眛首級。

劉邦一眼瞥過，心中有數，卻明知故問：「此乃何人？」韓通道：「楚逃將鍾離昧，日前潛入楚，終為臣所拿獲。」

劉邦拈鬚笑笑，命人接過那函匣收好，忽就厲聲喝道：「楚王韓信欲反，與我拿下！」

身邊眾郎衛聞聲，一擁而上，七手八腳，便要捆綁韓信。韓信猝不及防，一面掙扎，一面大呼冤枉。高邑等親隨亦甚驚惶，然未及拔劍，便被郎衛執戟逼住，動彈不得。

一番掙扎過後，韓信衣袍撕裂，蓬頭跣足，終被眾郎衛死死捆住。

劉邦憑軾望望，冷笑道：「你何冤之有？那鍾離昧別處不逃，如何便逃至你處？你受一國之封，如何要收容叛臣？幾番詢問，你只是裝聾作啞，我不來遊雲夢，你怕是還不交出他來，豈非欺吾太甚乎？」

頃刻間，堂堂楚王，便翻為囚徒，韓信心中悲涼，知禍不可免。以往凡劉邦來相見，可曾有過好事？今日之厄，亦是定數。於是仰天嘆道：「果如人言，『狡兔盡，走狗烹；高鳥盡，良弓藏；敵國破，謀臣亡』。天下已定，我固當烹矣！」

劉邦斜睨一眼，喝道：「還不知罪？有人告你欲反。」

「反跡何在？」

「你陳兵出入，驚擾縣邑，又藏匿楚逃將，不是想反，又是甚麼？」

「此皆臣之罪，然並未反。」

劉邦哈哈一笑：「若你反得成，朕還能安坐於此嗎？」

韓信怒道：「不想果然有今日！」便仰首望天，任由劉邦處置。

劉邦遂下令，收繳楚王印，將韓信械繫，戴了三十斤的大枷，載於後車聽候發落。高邑等楚王親隨，亦遭拘押。

待處置畢，恰有衡山王吳芮至，劉邦見吳芮年紀一把，風塵僕僕，心有不忍，便道：「今後朝賀，路遠就不必來了吧。」

吳芮恭敬答道：「君臣之禮，不可廢也。陛下作雲夢之遊，臣怎能不到？」劉邦便嘆息：「諸侯若皆如你，天下何至於亂？」

「不敢，臣唯有一請，還望陛下恩准。」「但說無妨。」

「衡山舊都鄱陽，城邑破舊，不利子孫居住。臣擬建長沙城，以為新都。」

「這有何不可？為子孫謀福，正是我輩之志，修好了都城，也好防賊。只不知……你目下還有兵多少？」

「二十萬餘。」

「哦？江南竟有如此多兵？」

吳芮登時頭上冒汗，伏地連連道：「這便裁汰，這便裁汰！」

劉邦便笑：「平身平身！你嚇甚麼？衡山之兵，不就是我的兵？只是你那衡山王，到底還是項羽所封，待你新都建好，朕將改封，也為堂堂漢家之王。」

吳芮心喜，連忙稱謝。

此後，劉邦即遣人知會途中諸侯，托詞韓信謀反，不擬再遊雲夢了，命諸侯折返本國，又留下劉賈代管楚地，便折返西行，直入洛陽。

御駕來至洛陽南宮，劉邦便覺心怡。想那關中遙遠，一旦遇事，須馳騁於長途，實在勞苦，不如仍定都於洛陽，倒還省力。

這日，劉邦想起近來謀反事多，便不自安。想那九年來，隨軍士卒無論貴賤，皆有功勞，應好生安撫才是。於是，次日便有詔下，布告四方，曰：

> 天下既安，豪傑有功者已封侯，然漢家新立，有功未能盡賞，且容徐圖。思士卒身居軍中九年，未習法令，解甲之後或有犯法者，大至死刑，吾甚憐之，今大赦天下，既往不咎。

此詔一下，朝野皆頌漢帝大恩。隨行文武諸臣，亦紛紛進賀。

此時，有大夫田肯，素為飽學之士，亦前來面賀，建言道：「聖詔所言甚善。臣賀陛下，既得韓信，又治關中。臣以為，秦乃形勝之地，帶河阻山，懸隔千里而治天下，如擁百萬執戟之兵。秦得此河山，可以二當百，趁其地利之便，向下出兵伐諸侯，如高屋建瓴也。另有齊地，亦不可輕忽。齊地廣闊，東有琅琊、即墨之豐饒，南有泰山之險固，西有黃河之塹，北有渤海之利，地方兩千里，亦如擁執戟之兵百萬。齊得地利，可以二敵十。如此，無異於東西兩秦矣。依臣之見，若非陛下劉姓子弟，不可封為齊王。」

劉邦聞罷，未即作答，半晌才莞爾一笑：「儒生之言，多義矣，好不艱深！然卿言甚善，朕已知大概。」

諸臣在側，皆不明田肯之意，只知今後齊地，恐將不得封異姓為王了。

田肯賀罷，正要退下，劉邦忙道：「且慢且慢！卿之言，皆為良言也，朕須細細品匝。不似那陳平詭計，朕一聽就懂。故此，朕賞你金五百斤，好好受用。儒生固窮，然亦須有體面，不要窮得太過了。」

劉邦退朝後，將那田肯之言，反覆琢磨，方悟出其意有三：一是言遷都關中，乃不二之選，切勿再變更；二是今後封王，應優先親弟子；三是此番說辭，顯是委婉替韓信說情。

前兩事，當無疑義。遷都大計，不能再變了；齊地封王，亦不可拱手讓與他人。然田肯所言「東西兩秦」，控天下之要衝，乃是暗喻，兩地皆為韓信所攻取。

此時，劉邦心亦有所悔：漢家之興，韓信功居其首，今反狀未明，若即加罪，不免失信於天下。

想到此，劉邦喟然嘆曰：「得此智者說情，豎子也是有福了！」於是立喚隨何來聽旨。

待隨何進門拜畢，劉邦便問：「方才田肯之言，你聽清了？」

隨何俯首道：「臣已聽清。」

「所謂者何？」

「所謂者三：賀陛下擒韓信，言關中地勢之要，謂齊地不可有異姓王。」「朕問你：韓信被擒，有何可賀？」

「這個……畢竟除一大患。」

劉邦便望住隨何，冷冷道：「昔年定三秦、伐田齊，皆賴韓信之力。韓信於漢家，可謂有不世之功。今韓信獲罪，你也以為可賀？」

隨何這才有所悟，慌忙改口道：「臣魯鈍，未曾做此想。田肯『兩秦』之論，原是為韓信說情，臣之意……也是如此。」說罷，便伏地叩頭不止。

劉邦揮揮手道：「好了好了，你平身吧。好端端的，如何就變蠢了？這便去傳我諭旨吧：『赦韓信，降為淮陰侯，留於朝中。』教他來謝恩就是。」

此時韓信身陷囹圄，肩扛木枷，唯旦夕等死而已。忽而得了赦免令，竟是欲哭無淚，只得隨謁者出來，卸去械具，換了衣袍，入宮去謝恩。

韓信見了劉邦，大禮而拜。劉邦也不作勢，似無事一般，微微一笑：「謀反之事或為讒言，不提也罷；然收留楚逃將，終是違旨，不可脫罪。今降你為侯，切莫心生怨望，便留在朝中吧，出入皆報予我知，免得再生事。」

韓信心中長嘆一聲，臉上卻無怒無喜，謝恩道：「臣韓信，自恃功高，也是舞刀弄槍慣了，不守法度，行事唐突。謝陛下開恩，留下了頭顱，今後當臨淵履冰，不逾矩半步。」

劉邦便笑：「言重了！為臣者，知錯便好。天下無事，莫再想著打打殺殺了，你一肚子用兵的詭計，去寫一部兵書，傳之萬世，豈不更好？」

韓信俯首應諾，待謝恩畢，便出宮尋了高邑，自去洛陽城中安頓了。

風波過後，韓信知劉邦此番處置，乃是猜忌賢能，自己此後在漢家，再難有大作為了，便不敢再驕矜，只是寡言慎行。

上了幾次朝，韓信更加鬱悶，羞與周勃、灌嬰之流同列，索性稱病不朝，自閉於宅邸中，每日怨恨，心常怏怏。劉邦看在眼裡，也不去理會他。

待韓信事畢，劉邦稍得了空閒，這才想起：封功臣之事，不能再拖延了。

昔時項王覆滅，劉邦便囑陳平徵詢丞相之意，為群臣論功，以備封侯。然群臣爭功，蕭何、曹參各有一黨，紛爭不休，陳平哪裡定奪得下？與劉邦密議了幾次，終是怕傷了自家人和氣，以至年餘未決，延擱至今。

當此際，天下無事，群臣雖不言，劉邦也知眾人多有怨望，於是急召陳平入宮，細與商議。兩人斟酌再三，擬出了名單來，皆為爵位最高的列侯。

這名單，僅有二十餘人，論功皆無異議；其餘諸臣因爭功，仍難以權衡高下。陳平敲了敲腦門，大呼頭痛。

劉邦亦是不耐，略想了想，便拍案道：「便是這二十幾人了！其餘不封，又能如何？」

陳平想了想，便附和道：「如此也好。」

「那周苛、酈食其先前殉國，朕不能忘。周苛之弟周昌、酈食其之弟酈商，雖已位列九卿，也應封侯。」

「這是自然。臣以為，陛下若慮及人言，可先封十人，聽一聽朝議，再封餘者。」

「可矣！」劉邦長籲一口氣，直起身道：「終算了卻一事。陳平兄，你與曹參同為我心腹，皆有大功，朕便封你二人為戶牖侯。戶牖，家也，食邑就在故里，世世不絕。如何？」

「謝陛下大恩。食邑戶牖，乃何其榮耀！然此非臣之功也。」

「這話如何說？我用先生計謀，克敵制勝，不是有功又是甚麼？」

「若非魏無知舉薦，臣安得進身？」

劉邦這才明白，大笑道：「先生可謂不忘本矣！好好，朕這便重賞魏無知，不教你欠了這人情。」

議罷，陳平便退下。劉邦又請來張良，延入內室，與之密語道：「子房兄，不日即將封列侯。兄名列功臣之首。」

張良忙推辭道：「不敢，臣未曾有征戰之功。」

劉邦道：「哪裡話！運籌帷幄之中，決勝千里之外，子房兄之功也，不封侯可乎？別人封在何處，皆由我定；唯兄之食邑，則由兄自擇。天下之邑，豐沃不過齊地，兄可在齊地選三萬戶。」

張良急擺手道：「萬萬不可！漢家得天下，文武各有功勞，臣抱病在身，向未擔任半分職事，焉能貪功？」

「這是哪裡話？鴻門宴上，若無子房兄，吾命休矣！僅此一端，兄之功勞，便可居首位。」

「既如此……初時反秦，臣率少年數百人，欲往下邳投軍，與陛下相識於留縣，此乃天意所致。故而，請准臣在留縣選萬戶，方覺心安。」

「子房兄，何必如此小心？我還能將你看作韓信嗎？」

「臣謀事，唯不敢任性耳。」

劉邦望望張良，笑道：「也罷。就封你為留侯，食邑萬戶。」

張良一拜道：「謝陛下！男兒生封萬戶侯，當世能有幾人？微臣知足矣。」劉邦大笑：「甚麼微臣？友人，故舊！這天下，就是你我諸友的。」

此後不多日，即冬十二月甲申，終於有詔命下：封曹參、陳平、夏侯嬰、靳歙、王吸、傅寬、陳嬰等十人為列侯。

詔令下，滿朝且喜且疑。喜的是，好事多磨，總算盼來了論功封侯；疑的是，首批封侯，如何有應封的功臣卻未封？

呂后聞聽封侯事，也找上門來，劈頭便問：「劉氏天下，呂氏不該有一半嗎？且不說那芒碭落草時，妾身送飯有功，就只說你在彭城兵敗，若非吾兄呂澤接應，只怕是你骨頭早不知拋到了何處。」

劉邦眨了眨眼，急拍額頭道：「滿朝爭功，鬧個不休，舅兄論功之事，險些忘了！」

「忘了？你是眼中從無呂氏吧？若有呂氏，請將我兩兄補上，與十人同列。」

「這哪裡使得！如此後補，必令天下人笑落牙齒。待明日，另行加封便是。呂澤、呂釋之，皆封列侯，與功臣同等。」

果然，至高帝六年（前201年）正月初一，又有詔下：特予外戚恩澤，封皇后長兄呂澤、次兄呂釋之為列侯。

劉邦命涓人四處打探，聞聽封了十人之後，朝議更加洶洶，知是不能再拖延了，該封的都要封。至正月丙午日起，又陸續封張良、項伯（易名劉纏）、蕭何、周勃、樊噲、酈商、孔聚、陳賀、陳豨等人為列侯。除二呂之外，前後計有二十六人，皆封給食邑，世代罔替，罪可免死，是為漢家的「鐵券功臣」。

這其中，最為顯赫者四人，文武各有「雙雄」，即曹參封一萬零六百戶，張良一萬戶，周勃八千一百戶，蕭何八千戶。此四人，皆為漢家棟梁，顯赫無比，天下為之矚目。只可憐韓信功高招禍，罷廢了王位，此次只隨這四人之後，委委屈屈封了個淮陰侯。

此時，距項羽覆滅恰是一年，眾臣翹首盼論功行賞，已如嗷嗷待哺。得封列侯者，九年之鋒鏑血火，即化作鐘鳴鼎食之尊，自是榮耀無比；然未得封侯者，頓感沮喪，只不知君上還有何等籌畫。諸人想道：自投漢以來，頭顱暫寄於頸上，戰無休日，也是在血泊中蹚過來的，論封侯，卻是片羽未得，不由心生惱恨。欲發怨言，又恐遭臧荼、利幾之禍，只得緘口觀望。一時間人心浮動，各有腹誹。

劉邦卻全然不知，想那二十六人封過，有大功者便全無遺漏，對得起天地良心了。餘者渺渺，封或不封，彼輩都須端漢家飯碗；怨或不怨，又有何妨？

詔命封列侯之日，劉邦與二十六人剖符為證，信誓旦旦。一番忙碌下來，著實累得不輕，稍事歇息，便又想起了田肯之議。遂取來輿圖，反覆揣摩，心中便由衷暗讚田肯。

劉邦看罷地圖，欲再召陳平、張良來議，忽又覺不妥，只袖手於室中踱步。來回走了幾遍，便猛然止步，自語道：「田肯之語，乃是天啟呀！天下者，西有秦，東有齊，正如首尾。首尾相顧，天下即屬劉也。」

於是，想好了諸子弟應如何分派，寫下密折，立刻召隨何來，口述詔旨曰：

齊，古即建國也。今為郡縣，應復為諸侯。將軍劉賈屢有大功，與其餘宗室有賢德者，可王齊、荊。

隨何援筆記下，正要退下，劉邦又道：「明發此詔，意在令諸王舉薦，然劉氏子弟如何封王，尚有諸般細事，諸王並不明瞭。還須你赴潁川，面囑韓王信，令他領銜上奏。」

隨何疑惑道：「何必多事？不如明發上諭，封諸子弟為王就是。」

劉邦便笑：「那教天下人看了，自家恩賞自家人，豈非大失臉面？」說罷拿出密折來，交予隨何，「將此折速交韓王信，無須多言，他自去領會。」

三日之後，那韓王信收到密折，閱畢，豈能不心知肚明，便按照密折所列事項，牽頭草擬了奏本，遣使者飛馬知會各王。

果然，至春正月丙午，便有韓王信等諸王聯名上奏，請將韓信原封楚地，以淮水為界，東為荊，西為楚，分作兩國，以東陽、鄣郡、吳縣等淮東五十二縣，封劉賈為荊王；以碭縣、薛城、彭城等地三十六縣，封劉邦幼弟劉交為楚王。

隔了兩日，諸王又有奏疏舉薦，請以雲中、雁門、代郡等地五十三縣，封劉邦次兄劉喜[39]為代王；以膠東、膠西、臨淄、博陽、城陽等地七十三縣，封劉邦庶長子劉肥為齊王。如此一來，子弟中親緣較近的，共封了四王。

其中庶長子劉肥，乃是劉邦早前在豐邑，與外婦曹氏所生。雖為長子，卻是庶出，其母又早故，故身分不及呂后所生嫡長子劉盈。劉邦憐惜劉肥，有意將他封在富庶之齊地，比別家又多得了許多縣邑。

劉邦將諸王奏疏展開來看，逐一核對郡縣，見與密折所列者並無不同，便撫案讚道：「好！坐天下，親子弟，諸王頗曉事也。其所奏，今日索性都准了吧。那劉肥治齊，恐一人難勝任，可令曹參為齊相國，從旁輔之。」

[39] 劉喜，《漢書》亦作「劉仲」，應為異名。「仲」意為「行二」，後世有人認為是劉喜之字。

隨何聞言，忙將奏疏接過，便要草擬詔書。待提起筆來，忽而想起問道：「子弟封王，亦須論功。劉賈將軍功最大，自是無疑，其餘宗室也都有些軍功，然陛下次兄劉喜，在家經商，歸漢以來，未曾披甲冑，陣前寸功未得，當如何論之？」

劉邦瞥了一眼隨何，哂道：「腐儒！姓劉，便是有功。你就寫『兵初起，侍太公，守於豐邑』，豈非大功乎？」

「哦……然也，然也。」隨何忙自責道，「微臣愚鈍，所思實不及。」

少頃，隨何便將封王詔書草畢，呈與劉邦。劉邦草草看過，喜道：「不錯，這便發下吧。」

隨何卻惶惑起來，遲疑道：「諸子弟所封，皆漢家郡縣之地，計有十郡百縣，有如剜股上之肉。如此剜下去，怎麼得了？」

劉邦望望隨何，搖頭道：「你還是不及田肯啊！異姓王遍地，四面虎視，我如坐冶爐群中，日日似火烤。倘不封子弟為王，一旦亂起，我必成秦二世，坐困孤城而自斃。」

「陛下多慮了。臣以為，異姓諸王，或可漸次削奪。」

「諸王皆有功，共得天下，無罪豈能奪之？」

「這個不難。梟雄得國，必不安分，日久亦必有罪。」

「哦！」劉邦一拍膝蓋，心中頓悟，立時目光灼灼，急以手勢止之，「公無復多言，朕知矣。」

隨何退下後，劉邦再看韓王信領銜的奏疏，又起了心事，於偏殿坐思半日，覺韓王信之封地在潁川一帶，終是不妥。

想那楚漢相爭以來，關中便是漢之根本。往日漢軍攻楚，多陳兵於韓地，故而關中與中原始終貫通；如今定都關中，朝廷與齊楚諸國，中間就隔了一個韓地，頗有阻梗。三河一帶向來是兵強馬壯之地，那韓王信，又是故韓宗室，在當地聲望頗著，根系錯雜，一旦有了異心，則半壁河山立陷危殆。

如此一想，劉邦便驚出一身冷汗來，忙喚近侍拿了輿圖來看。看了片刻，心中便有了主意，立即遣使馳赴陽翟，召韓王信來，只說有事面詢。

韓王信在陽翟聞召，急忙驅車趕來洛陽，入南宮謁見。劉邦一見，即含笑與之執手，將他延入內室。

兩人分主賓坐下後，劉邦和顏悅色道：「八王之中，唯公隨我最久。你我之誼，勝過兄弟。今欲與公剖符為信，永為手足。漢家萬年，公亦世代享封國，如何？」韓王信受寵若驚，忙躬身謝恩：「不敢。臣功淺德薄，何敢當之？」

「公不必如此客氣。既為兄弟，今日便有要事相托。」

「陛下請吩咐。臣久為漢臣，只恨出力甚少。」

劉邦隨手拽過輿圖來，指點那太原郡一帶：「你看，今日天下混一，唯有北方匈奴為中原之患。昔年始皇帝尚不敢大意，遣長子扶蘇、猛將蒙恬鎮守北邊。朕昨日思之，漢家方興，必得有力之人守邊不可。公隨我征戰，忠心可鑑，實為不二之選。朕之意，你可徙至晉陽（今山西省太原市），朕將那太原郡三十一城封予你，以晉陽為都城，永為漢家北邊之藩籬。」

韓王信臉色便一變：「那韓之舊地……」

「這個嘛，請勿慮。可復為潁川郡，仍歸朝廷，你意下如何？」

韓王信無端被徙至北地，心中老大不願意，只是此話說不出口，便勉強道：「為王前驅，當勉力為之。」拜謝罷，滿臉不豫之色，一時難掩。

劉邦只裝作沒看見，急喚隨何入內，吩咐道：「朕與韓王，欲剖符為信，永結伯仲之誼。你去將玉符拿來。」

隨何取來玉符呈上，劉邦便與韓王信各執一半，相對跪下。劉邦手捧玉符，面色莊重，對天誓道：

使河如帶，泰山若厲，國以永寧，爰及苗裔。

此誓詞之意，乃是云：假使大河枯竭如衣帶，泰山崩削如礪石，封國也無變更，可子孫萬代享有。那韓王信複誦一遍，心中卻暗暗叫苦，萬般無奈，只得隨劉邦擺布。

誓畢，劉邦滿面笑意，吩咐隨何道：「韓王明日將徙都晉陽，你速去備好筵席，朕要為韓王餞行。」

筵席上，劉邦說東道西，言笑晏晏，全不涉正事。宴罷，韓王信回到館驛，才緩過神來，知劉邦心存戒備，不由懊喪。返回陽翟後，只是終日嘆息，又延宕了半月，才啟程北行。

行至半途，心中忽覺不忿，想道：「賣命多年，奔走如狗馬，呼之即來，揮之即去。如何一朝見疑，便翻為戍卒？」於是暗暗存了背漢之意。甫至晉陽，即寫信給劉邦，巧言道：「晉陽距北邊，路途尚遠，若匈奴襲擾，救之不及。為此，臣請徙都馬邑（今山西省朔州市），就近防之。」

劉邦接信，頗覺不解：「馬邑？如何願赴那苦地為王？」想了一想，以為韓王信乃是真心守邊，便隨他去了。次日，便有詔下，允韓王信改徙馬邑。

詔書下時，無聲無息，就漢家北疆而言，卻似巨石投入深潭，激起漣漪層層。從此邊地多事，叛亂迭出，直至惹來匈奴內犯，致百年不得安生。然於此時此際，誰又能料想得到呢？

# 雞犬歸鄉，新豐再現歡聲

時入春三月，一番封王封侯事畢，劉邦這才安歇下來，但心頭還是惴惴，怕有人再生事。果然，沒過幾日，便有酈商、灌嬰、靳歙、傅寬等一干武將，一齊赴闕求見。

這日後晌，劉邦正與戚夫人閒談，忽聽到宮門外喧嘩，吃了一驚，便想去取劍，尋遍室內卻不見，於是撇下戚夫人母子，跣足奔至前殿。恰遇隨何匆匆來報，方知原委，才大大鬆了口氣，命近侍速取袞服來換上，將門外諸將宣進。

眾人進了大殿，一齊跪下，連呼「不公」，個個都似有天大的冤屈。劉邦見來者全是新晉的列侯，冠服簇新，便沉下臉來喝問：「吵嚷甚麼？封了列侯，還不知足，竟是要吞天嗎？」

那酈商本就氣盛，此時更是一臉怒氣，挺身道：「臣等赴闕鳴不平，是為蕭丞相欺人太甚！」

劉邦訝異道：「蕭何？那老兒，又如何惹到了諸位？」

「蕭丞相封侯，竟有八千戶食邑，險些便是萬戶侯，此何以服眾？」

「原來如此！你等有何不服？說來朕聽聽。」

「臣等披堅執銳，多者百餘戰，少者數十戰，攻城掠地，大小各有功。今蕭何未有汗馬之勞，僅掌文墨，坐而論道，從不曾親臨一戰，卻蒙垂顧，功居臣等之上，何也？」

「嘿嘿……」劉邦一笑，環視諸將，緩緩問道，「爾等皆有此怨嗎？」諸將齊聲應道：「正是。」

劉邦便招了招手道：「來來！各位平身，坐攏來。朕於今日，恰好神閒氣靜，便為諸君辯上一番。」

諸將便不再嚷，都膝行前移。唯灌嬰憤憤不平道：「好言好語，可抵得食邑嗎？」劉邦也不理會，拈鬚片刻，忽然目光一閃，發問道：「諸君可知狩獵乎？」

諸將便笑，參差答道：「知之。武人焉能不知獵？」

劉邦環視諸人，正色道：「那好！朕無文，只擅講粗話，今日便說說這狩獵。諸君必也知：追殺野獸者，狗也；而尋野獸之蹤、指點獸在何處者，人也。今諸君因善跑而得獸，不過功狗耳。至於蕭何，尋獸蹤、指獸處，乃是功人也。且諸君多是獨個跟從我，至多偕兩三子弟；蕭何則有宗族數十人皆隨於我。故而丞相之功，朕不可忘！」

這一席話，甚是洪亮，聲震屋瓦。謁者鄂千秋在殿側當值，嚇了一跳，手中笏板險些掉落。連那殿前郎衛亦覺驚異，各個大氣不敢出。諸將自然能掂出此話分量，便也不敢再言。

劉邦這才面色稍緩，又道：「看看爾等新貴，大冠沖天，言語洶洶，可還記得廣武山相持之時，何其愁苦？若非蕭丞相在關中，為我輸糧增兵，你我諸人，恐早已暴屍荒野。漢家之勝，非唯劍戟下所得；乃是蕭何守住關中，得秦民之心，我輩才有所恃，好歹未成喪家野狗。若忘了此一節，我輩於今後，又何以守住這天下？」

諸將相互望望，似仍不能釋疑，只是參差應道：「微臣明白。」

劉邦便道：「若再有不明者，便不配受列侯之賞了。」

諸將雖心內並未全服，也只能口稱諾諾。

見眾人再無異議，劉邦便釋顏一笑，道：「列侯雖已封，然尚未排位次。諸君既來，以為誰人可排首位？在此不妨說說。」

諸將聞言，稍一商議，便紛紛道：「自是平陽侯曹參，當屬第一。」劉邦便問：「是何道理呢？」

灌嬰朗聲答道：「臣與曹參同征伐，東出齊趙，朝夕相與，知曹參全身被創七十餘處，瘢痕累累，教人不忍直視。他在軍中為驍將，攻城掠地，身先士卒，功最多，當居第一。」

「這個嘛……」劉邦聞言便沉吟起來，未予作答。心想方才論功，已嚴詞駁斥眾將，此時論及排位，便不忍再駁諸將了；然在心內，還是欲推蕭何為第一。

大殿之上，一時便啞然。諸將只是望住劉邦，不知他如此陰陽莫測，究竟有何名堂。

此時在側的謁者鄂千秋，已知劉邦心思，便跨前一步，稟道：「臣有進言。」

這鄂千秋，在漢家也非等閒人物，因軍功早就封為關內侯[40]，隨劉邦日久，諳熟君上心思。今日當值，見劉邦猶豫，知劉邦既不願推曹參為第一，又不忍為難眾臣，便開口進言，要為君上解圍。

劉邦見鄂千秋出列，頗感詫異，忙允道：「公可暢言。」

鄂千秋亦是個辯才，開口便滔滔不絕：「臣以為，群臣所議皆誤！曹參雖有野戰、略地之功，然均為一日之功，不可誇大。想那舊時，君上與楚相持五年，失軍亡眾、隻身脫逃之敗，曾有數次；然有蕭何在關中，常遣兵員赴山東，予以補足。君上並無詔令相召，即有新兵數萬之眾，補足軍前之所缺，如是數次，功難道不大嗎？漢家與楚，在滎陽相持數年，軍中無糧，蕭何自關中漕運轉輸，補給不乏。此功，不是大功又是甚麼？陛下雖數次亡失山東之地，然蕭何卻保全關中以待陛下，這

---

[40] 關內侯，爵位名。秦漢時置，位於列侯之次。有其號，無國邑，但封有食邑若干戶，多賜給有軍功者。

不是萬世之功嗎？我漢家，即便無曹參之輩數百人，又有何所缺？漢家獲全功，豈是這數百人所致？臣實為不解：豈能以一日之功，凌駕於萬世大功之上！臣以為：若論功，蕭何當屬第一，曹參次之。」

劉邦不意鄂千秋如此善辯，拊掌笑道：「好好！」便起身離座，踱至鄂千秋面前，上下打量了一番，感慨道，「可嘆呀！寶藏在手，便不是寶。你終日隨侍在側，我卻視你為無物；今日方識得，身邊便有國器在。」

鄂千秋連忙揖道：「臣不敢當。適才放言，於諸功臣多有得罪。」

劉邦便一拂袖：「哪裡話！公若不言，諸人還在懵懂。」說罷，又返身坐下，對諸將道。「鄂公若不言，朕亦是不悟：蕭何之功，竟有如此之高。好了！朕這便下詔令：列侯之功，蕭何乃第一，賜予『劍履上殿，入朝不趨』[41]，以示恩遇。蕭氏父母兄弟，攏共有十餘人，皆封予食邑。蕭丞相今有食邑八千戶，再加封兩千戶，成全他一個萬戶侯！」

諸將聞此命，心中五味雜陳，卻都作聲不得。

殿上眾臣神色如何，劉邦全當不見，只掉頭問鄂千秋道：「你這關內侯，食邑多少？」

鄂千秋答道：「回陛下，臣食邑兩千戶。」

「哦——，吾聞『薦賢者應受上賞』。有你今日這番話，朕便加你為安平侯，也做他個列侯，教你光宗耀祖。」

鄂千秋忙躬身謝恩：「臣食漢祿，已是莫大恩典；因片言受賞，實於心不安。」

「這些客氣話，就無須再說了。朝中多些敢言者，朕方得不昏。」

[41] 古人席地而坐，入室須脫鞋；公卿大臣皆佩劍，上殿則不得佩劍。劍履上殿，即是允許穿鞋佩劍上殿。另，古時臣子見君主須「趨」，即快步走。入朝不趨，是指上朝可無須快步走。這兩項，乃是君主對臣子的極大優遇。

眾臣仍是默然，唯夏侯嬰不冷不熱道：「蕭何功高，臣等也無話可說。然八千戶食邑，已是上賞，為何又加兩千戶？」

劉邦望望夏侯嬰，笑道：「這個嘛……你也是沛縣故人，可還記得，昔年我率役夫赴咸陽，服秦宮傜役，諸友各贈我三百錢，獨蕭何贈我五百錢，足足多出兩百錢來。今日多封他兩千戶，便是我償他那兩百錢吧。」

眾人聞言皆笑，夏侯嬰也忍俊不禁，道：「如此說，季兄欠我之帳，又何止兩百錢！」

見劉邦寵信蕭何，不可搖撼，眾人也無意再爭，便一起告退。

送走這群列侯新貴，劉邦正待歇息，忽又有謁者來報：「留侯張良，前來謝恩。」

一聽張良之名，劉邦便覺心清氣爽，連忙宣入。張良上得殿來，便要拜謝，劉邦連連擺手：「子房兄，封個列侯，謝甚麼恩？」

張良道：「臣近日多病，封列侯詔下，未及上朝謝恩。今日稍覺復甦，特來與陛下剖符為盟。」

劉邦便執了張良之手，道：「你我二人，已是剖心之交，還剖甚麼符？你既來，便同我去偏殿閒談，連日來，封侯事鬧得人好氣悶。」兩人便並排往偏殿走去。

這洛陽南宮，南臨洛水，本是古之周公所建；終周一朝，皆為王宮。秦定天下之後，在洛陽一帶置三川郡，封十萬戶給丞相呂不韋。呂不韋便在南宮大興土木，增建樓臺，以作飲宴賓客之用。

至秦末變亂，南宮所幸未遭兵燹，安然無恙。劉邦見之甚愛，年初定都洛陽之時，在南宮沒有住夠，此次借偽遊雲夢之機，又在南宮勾留了數月，樂而忘返。

南宮臺基甚高，宛如城牆，丹陛竟有百級之多，仰望之，似可登雲摩天。臺上之瓊樓殿閣，幾近仙境。正殿與偏殿之間，有雙層架空的複道相接，踏上複道眺望，遠野平川，歷歷在目。

兩人行至複道上，憑欄而望，見夕陽銜山，萬樹蒼茫，草色如氤氳，不由就讚嘆起來。

劉邦拍欄道：「如此河山，不知是多少條命換得，我輩豈容在自家手中潰滅？」

張良便道：「陛下登基以來，既未衣錦還鄉，亦未沉湎於酒色，便是對得起這河山了。」

「哦？如此說來，我在這南宮也流連不得了？」

「這個……臣不敢忘田肯之言。」

「哈哈，好吧！為人主，志不可喪，還是要回關中去，且寬限我幾日。」

此時遠眺宮門前，可見洛水沙地之上，有將士三三兩兩席地而坐，聚議紛紛。劉邦便對張良道：「我居南宮，見諸將往往在此相對私語，不知是何故？」

張良手搭遮陽，望了片刻，回首道：「陛下起自布衣，與部屬共取天下，今陛下貴為天子，所封者皆為故舊愛將，所誅者皆為平生怨仇；那軍吏數百上千，卻寸土尚未封。彼輩焉能不計算：若照此封食邑，則傾盡天下之土亦不足，故而萬難再封侯，顯見是富貴無望。再者，彼輩見臧荼、利幾之禍，也怕因細故而被誅，故相聚謀反耳。」

劉邦大驚，望住張良道：「可當真？子房兄，此是危言吧！」少頃，又嘆口氣道，「……諸將之心，我知矣！然如何安撫得住？」

張良道：「有陛下素所厭惡之部屬，可擇群臣共知最甚者一人，先行封賞，以示恩典。如此，群議洶洶，自然便了。」

劉邦略一思忖，不由擊掌嘆道：「你是說雍齒？好計好計！此人倒險些給忘了。」

且說那舊部雍齒，與劉邦淵源甚深，原為沛縣大族，累代豪雄。秦二世二年（西元前 208 年），劉邦於沛縣起兵，被父老推為沛公，雍齒亦率徒眾跟從。然其性本桀驁，不服調遣，曾數度窘辱劉邦。

沛公軍當年在沛縣舉旗，有泗水郡守效忠秦廷，發兵來攻。劉邦率部迎擊，留雍齒守故里豐邑。不料，時有魏人周巿[42]為陳勝部將，擁立宗室魏咎為魏王，占了魏地三十餘城，前來勸降雍齒。周巿許之以封侯，且言不降則必屠城。那雍齒本就不甘做劉邦臣屬，當即便降了魏。

雍齒叛後，豐邑眾子弟亦隨之叛，守城拒劉邦，致使劉邦有家難歸，顏面掃地。劉邦回攻豐邑不下，大病一場，只得北上留縣求援兵，於途中偶遇張良，這才與張良結下平生厚誼。

後在下邳，劉邦從項梁處借得援兵五百，回軍攻豐邑。雍齒力不能敵，逃奔魏國去了。

然世事翻覆，秦將章邯率兵平亂，將魏咎攻滅。雍齒無所歸依，猶豫再三，到底還是歸了漢，在軍中主管糧財。雍齒歸漢之後，好歹有些戰功，故劉邦也未計較前嫌。

經張良一說，劉邦心中便有了主意，隔日即在南宮置酒，大宴群臣。那隨駕入洛之諸將，功爵無論大小，一概請到。

數百人陸續入座，見筵宴之盛，甚於往日，便互相探聽，卻無人知道是何故，只疑是為廢黜楚王韓信而慶功，於是都拿眼角去瞄韓信。韓信默然於座中，亦甚感不安，想那劉邦詭計多端，莫非此筵便是個「鴻門宴」？

[42] 巿（ㄈㄨˊ），此處為人名，與市縣的「市」字不同，中間為一豎，貫通上下。巿，古之祭服，也作「韍」。

劉邦看看人已到齊，便環視眾臣，開言道：「今日置酒，不為別事，只為一人……雍齒可來否？」

那雍齒正在座中，聞聽劉邦點名，以為是要算舊帳，臉色便一白，戰戰兢兢起身道：「臣在。臣戴罪已久。」

劉邦便大笑：「雍齒兄，何罪之有？乃是你有功，而朕未曾賞！」

「臣之小功，實不抵大過。」

「哪裡？諸君有所不知：昔日在沛，雍齒兄乃一方豪雄。想我劉季，在沛縣亦可稱跋扈，自蕭何以下縣吏，無不被我折辱；唯在雍齒面前，卻抖不起半分威風來。秦末，我在沛縣舉義，雍齒兄投軍最早。中間跑掉一回，算不得大錯。後又歸漢，悉心料理糧財，助蕭丞相之力甚多。日前封列侯，因陳平匆忙，擬詔時竟將他遺漏。今日置酒，便是要遍告群臣，朕將封雍齒為列侯，以感舊恩。至於封在何處，食邑多少，請蕭何、陳平火急議定，來日便降詔，曉諭天下。」

此言一出，滿座皆驚，群臣紛紛交頭接耳。那雍齒立於座前，臉色由白轉紅，恍如夢寐，半晌才驚醒過來，伏地叩首不止。

劉邦忙離座上前，將雍齒扶起：「好了好了！故人何必如此？與人共事，難免有恩怨，豈可經年累月掛懷？天下者，乃諸君共取之，非我一人而得之，亦非我一人可獨享。漢家初興，諸事太多太煩，封侯之事，急切間尚不完備，諸君亦不可心急。即便僅有寸功，亦可等到封賞。爾等在沛，還不是與我一般，布衣匹夫，然九年間便可翻作列侯，上下百代，唯在漢家可得。要謝，就謝那秦二世好了。」

群臣聞此言，皆哄堂大笑。

雍齒淚流不止，謝恩道：「臣雍齒，沛縣一莽夫耳！早年痴狂，竟膽敢犯顏不從。謝陛下不計前嫌，又賜列侯，幾疑是在夢中。若有再世，臣當變牛做馬，服侍陛下。」

「哈哈，切莫作此言。若有再世，我或為你執鞭，也未可知。」

此時，周勃忍不住流淚道：「看漢家今日，公卿滿堂，哪個不是人頭滾滾才換得？常念起紀信兄諸人，心中總是不忍。」

劉邦聞之，亦面露悲戚之色，嘆道：「紀信之忠，千年所無，朕亦不敢忘。惜乎紀信無後，特封其長姪紀通為襄平侯、次姪紀亨為襄城侯，皆為我親隨。日前我與丞相商議，擬將紀信故里從閬中分出，另立一縣，賜號『安漢』（今四川省西充縣），以享萬世美名。紀信衣冠，今已厚葬於城固縣（今屬陝西省漢中市），亦是哀榮備至。」

樊噲卻嚷道：「人已死，墓塚再好，又有何用？」

劉邦便回首叱道：「天下只你一個聰明！紀信若不死，你我可活乎？」遂又對群臣道，「昨日得蕭丞相書信，已在故秦上林苑，立起紀信祠一座，其坐像服天子衣冠。今後每年春二月，皆以天子之禮祭之。」

群臣聞言，無不驚愕，相對慨嘆不已。

劉邦又道：「周苛於滎陽死國，忠直可泣鬼神，其子弟不可不封。弟周昌，繼其兄為御史大夫[43]，封汾陰侯；子周成，封高景侯。至於奚涓將軍，昔為我豐邑舍人，由郎中而將軍，年少有為。惜乎睢水之敗，為我護駕而死。他年少無後，亦不得封侯，幸而其母疵氏尚在，不日便封為魯侯。」

群臣又是一片驚呼。陳平便道：「此為『母代侯』，古未有之。」

劉邦便一笑：「古未有之，今可以有。男或女，貴或賤，皆天命也，無分高下。昔之屠販、漂母，今為王侯，即自我漢家始，難道不好嗎？」

---

[43] 御史大夫，官名。掌監察百官、代皇帝受百官奏事、管理圖冊典籍、起草詔命文書等。西漢時，御史大夫與丞相、太尉合稱「三公」，相當於副丞相。

群臣聞之大悅，紛紛起立歡呼。

樊噲便叫道：「項伯何在？舞劍！舞劍！」

項伯聞聲而起，拔出佩劍道：「幸而今日不是上朝，劍在身上，臣這便舞起。」說罷便離了座，在殿上舞了起來。

劉邦大笑道：「好劍！好舞！昔日若沒有項伯，哪有今朝這酒喝？」眾臣感奮，亦紛紛拔劍擊案，以歌和之，一時聲如鼎沸。

當晚，君臣杯觥交錯，盡歡方散。眾人宴罷，出了南宮之門，都擊掌而喜道：「連雍齒都能封侯，我輩再無禍矣！」

韓信恰與陳平走在一路，便問道：「陳護軍，雍齒不斬，便算是恩典了，今日竟能封侯，今上大智也！此計，莫非自你出？」

陳平也正迷惑，忙辯白道：「弟之微末小計，非詭即詐，豈能有此等高妙？想來，應是留侯所謀。」

韓信便搖頭嘆道：「擁沛公者，不如反沛公者也！」

陳平一怔，心內大驚，嘴上卻戲謔道：「淮陰侯悔不當初？」

韓信嘆道：「唉，悔亦無用。我乃直木，雍齒乃彎木；陛下之斧，豈能砍那彎木？」陳平望望韓信，不知從何說起，只能暗暗嘆息。

時至春三月中，果然有詔下，封雍齒為什邡侯，食邑二千五百戶。自此，雍齒子孫在漢家累代侯門，襲爵八十九年方止。

劉邦納張良之計，悟到了安撫臣屬之道。自那之後，朝中便封侯不止，未出三月間，便又封侯九人。此後，便無月不封侯，終其一生，共封侯一百四十四位。

且說當日宴罷，劉邦回想群臣種種神態，忽地想起，韓信於座中，似頗有失意之色，恐須好言安撫才是。於是，次日一早，便命隨何去請韓信來。

韓信閒居寓邸中，忽聞召見，不知是禍是福，匆忙趕來，神色不免惶惶。劉邦就笑：「召你並無他事，多日不見，閒談而已，且入內室坐下。」

在內室甫一落座，便嗅到有一股異香。韓信左右看看，原是屋角置放了釉陶香爐，便道：「陛下好興致。」

劉邦欣欣然道：「香氣如何？此物甚稀奇，乃是蜀地獻來，係西方象雄國[44]所產。偶或點燃嗅嗅，便覺神氣清爽。近聞你抱病居家，莫不也是神氣滯礙？」

「非也，臣乃是心慌。」

「心慌甚麼？無兵可用，只須潛心研習兵法，自然就不慌了。」

「臣於破楚之時，每每十餘日不得飽食，倒也無事。而今閒居，體反而愈弱，若逢多事之時，或可無藥而病除。」

「哈哈，果然是心病！多事之時，家國不幸，還是今日承平為好。邀你來，不為別事，乃因封侯一事，群議紛起，想聽你細說諸將之優劣高下。」

劉邦遂將那諸將爭功事，向韓信略述一遍。韓信聽罷，開口便道：「鄂千秋所言極是。甚麼曹參之輩數百人？此等匹夫，天下車載斗量。」

「諸將固然平平，然⋯⋯樊噲或堪大用。」

「不過將兵三萬。」

「那灌嬰如何？」

「將兵五萬而已。」

「曹參又如何？」

「或可十萬。」

---

[44] 象雄國，古代橫跨中亞地區及青藏高原的一個大國。

「你看我今日，可將兵幾何？」

「將兵異於治天下，臣仍不改前之所言：陛下將兵，不過十萬而已。」

「如你，可將兵幾許？」

「如臣，多多益善耳。」

劉邦不禁大笑：「多多益善？如何又為我所擒？」

韓信臉一紅，不由辯道：「陛下不能將兵，然善將將；臣為陛下所擒，便是此故。且陛下之勝出，乃是天授，非人力也。」

劉邦拈鬚笑道：「此言甚好，『不能將兵，然善將將』！正是如此。然則……諸將為我出力甚多，終還是不能虧待。」少頃，望住韓信又道，「楚漢爭戰，我數年不與公見面。待天下既定，只覺公之銳氣有所減，甚麼『天授』、『非人力』，這些奉承話，你學來做甚麼？」

「非為恭維，臣唯敬陛下耳。」

劉邦便嘆了一聲：「唉！無怪眾臣妒你。眼高於頂，終難立足於群僚。除張良、蕭何以外，諸將那裡，還是要走動走動才好。」

韓信聽得動容，連忙應道：「陛下說得是，容臣改過。」

君臣兩人，又恍似回到漢中時，談起舊事，都唏噓不已。直至朝食時分，劉邦留韓信用過膳，兩人方依依惜別。

韓信於此後，對劉邦所囑也有所留意；然高蹈之氣，一時難改，仍是不願與眾臣交往。

這日，他乘車在市中閒逛，偶過樊噲寓邸前，心中一動，便教御者停車。下得車來，在門前望望，便對門上閽人道：「你去通報，就說韓信登門拜訪。」

樊噲聞聽韓信來訪，大喜過望，急忙趨出門外，施大禮相迎，口稱：「大王居然肯光臨敝舍，臣何其幸也！」

韓信還禮畢，笑道：「甚麼大王？籠中之鳥耳。無事閒到骨頭痛，今日來貴府坐坐。」

樊噲受寵若驚，忙將韓信迎入上座，敘起舊來。韓信本也無心，只由著樊噲扯三扯四，講了些漢中拜將時的逸事。

其間有僕役進來，端上兩碗湯汁，其味溫潤，色如琥珀。樊噲拱手笑道：「大王，你來嘗嘗。」

韓信飲之，但覺有股清淡異香，便問：「此是何物？」

「此乃巴蜀之物，以樹葉焙成，名日『茶』。臣昔年所率板楯蠻，每日必飲，臣曾試飲之，一飲便成了癮。此物有奇效，可以提神。飲之，閒談至半夜也不倦。」

「我在漢中，亦有所耳聞，原來是這等滋味。」

「敝舍中尚有許多茶葉，願贈大王。」

韓信一擺手，語甚不屑：「不必了。吾雖降爵，但甚安泰，還不至淪為板楯蠻之流！」

樊噲尷尬一笑：「也是也是！大王入都之後，能吃能睡，面色似也不黃了。」

坐了多時，韓信看樊噲並無長進，依舊粗魯，便覺不耐。想這堂堂漢家，竟用此等人物為丞相，不亦悲夫？如此想來，談興頓消，起身便告辭。

樊噲挽留不住，連連惋惜道：「大王蒞臨，臣生平之榮耀也，何不共嘗春醪，對飲一番再走？然敝舍亦無好酒，只怕是難合大王之意。」

韓信便道：「樊左相，好意我已心領。謝你講了許多舊事，實是至情。人都是舊時的好，只是，河焉能倒流？鳥焉能倒飛？倘使有一日，我這頭顱落下，神仙亦不能令我復生了！」

那樊噲聽不明白，只得乾笑：「大王，你書讀得多，賽過微臣平生所食之鹽。樊某乃莽夫一個，須有人指點，唯願大王常來。」說罷，便跟在韓信身後趨出，恭立於門外相送。

韓信望了望寓邸大門，笑道：「偶一為之，尚可。常來，豈非欲謀反乎？」樊噲一怔，忍不住冒出一句來：「我那姐夫，不識好歹人，大王請勿多心。」

韓信頓然無語，揮了揮袖，便頭也不回，登車而去。車行至半路，見販夫走卒絡繹於途，相貌皆猥瑣，不由便冷笑一聲：「未料此生，竟然與樊噲之流為伍！」

又過了數日，韓信正在寓邸閒看兵書，忽有閽人來報：「郡守陳豨求見。」

聞聽故人登門，韓信神情便是一振，整了整衣冠，急迎出中庭來。見陳豨英氣依舊，不由大喜，忙上前執手問道：「定陶一別，幾近半年，常輒轉思之，別來可無恙乎？早聞你做了鉅鹿郡守，近日又封了陽夏侯，知你可堪大用。今日看你滿臉喜氣，恐又將高升？」

陳豨道：「得大王賞識，陳某方有今日……」韓信便將手一擺：「就稱將軍吧。」

「哦，自與將軍別，臣亦是無日不繫念。日前聞聽雲夢之變，我日夜憂心，幸喜陛下尚不至絕情，將軍得以免禍。今陛下召我回，加我為代相，監督邊備，不日即將赴任，特來告辭。」

「是到劉喜封國去？」

「正是。」

「哼！那田舍翁，百無一用，執戟怕也要拿顛倒了！看來，北地邊備，唯賴你一人了。」

「臣唯盡職而已。」

韓信仰頭想想，欲言又止，只拽住陳豨之手，在庭院中踱步。如此繞了數匝，忽而就止步，仰天嘆道：「天下至苦者，乃無人可與之言也，你是可與之言者乎？我胸中有許多話，要說與你聽。」

陳豨便斂容道：「唯將軍之命是從！」

韓信望住陳豨，雙目如鷹隼，急切道：「公此去代地守邊，非同尋常，正如當年我領兵赴趙。公之所居，為天下精兵麇集之處，公又為陛下所寵信。身居權要，看似風光，然有何可喜？若有人進讒言，誣公舉兵欲叛，陛下必不信；若再進言，陛下必疑之；三進言，陛下必怒而御駕征討。公所恃之寵信，便似暮氣歸也。旦夕之間，或有大禍臨頭，內外相逼之下，只怕是無所歸處！」

一席話，說得陳豨額上冒汗：「依將軍所言，臧荼之禍，我也將逃不掉了？」

「正是。那臧荼，無智無謀一武夫也，陛下也要滅之而後快，況乎公乃天下名將，擁兵北地，豈不正是當今之蒙恬嗎？」

陳豨大驚失色道：「如此說，今上就是秦二世，陳某必死無疑了！」

韓信鬆開陳豨之手，又獨自踱了幾步，猛然回轉身道：「我為公之內應，天下可圖也。」

陳豨渾身一顫，當即跪下，拜道：「將軍所言，陳某謹受教。」言畢，起身便告辭。韓信詫異道：「如何這便走了？且共飲一回，再走不遲。」

陳豨道：「臣雖魯鈍，然亦知事之緩急。天下可徐圖，邊事卻須急圖；否則，頭顱必不保！到那時，欲受將軍一飯，可得乎？」說罷一揖，撩衣便走。

韓信急忙追上兩步，送陳豨至寓邸門外，又囑道：「兵法曰：『合於利而動，不合於利而止。』今日事，莫與人知。」

陳豨翻身上馬，抖了抖韁繩，拋下一句話來：「將軍，你且看吧。」便絕塵而去。

且說劉邦率諸臣在洛陽，應對天下事，不覺便忙過了一冬。春來桃李競放時，方離開洛陽，返回關中。

至櫟陽宮住下，劉邦想那天下已定，朝野都不可再有戾氣，應各有太平良俗。於是，率先尊禮法，五日拜見一回太公，風雨不誤。

劉太公素知此子頑劣，今日竟彬彬有禮，以九五之尊而行孝道，只覺是在做夢。於是只得敷衍：你要如何拜，我便如何回，權當兒戲。

如此拜見了三數回，這日，又望見劉邦車駕遠遠而來。此時，有隨身家令[45]烏承祿，忽在身後低聲道：「臣聞天無二日，士無二王。君上雖為子，然卻是人主；太公雖為父，卻是人臣，焉有人主拜人臣之理？如此，漢家還有甚麼威重之名？」

太公聞言，甚覺不安，略一想，便從門後拿起一把掃帚來，灑掃庭院。見劉邦步入，便忙不迭地持帚退後，畢恭畢敬。

劉邦見太公竟又伏地，欲行稽首大禮，不由大驚，急忙上前扶住：「阿翁，這是耍甚麼把戲？老歸老，尚不至昏頭了吧？」

太公便道：「皇帝，人主也。不跪拜可乎？豈能以我而亂天下禮法？」

劉邦便拽著太公衣袖，匆匆入內，邊走邊道：「阿翁，你今日若與我說賣餅，我定當受教；說甚麼天下禮法，你又從何處知曉？你這便如實告之，此乃何人建言？」

太公立時惶恐，結結巴巴道：「乃家……家令烏承祿所言。」劉邦仰

---

[45] 漢代皇家屬官，主管家事，諸侯國亦設此職。後世則僅有太子家令。

頭大笑：「果不其然！來來，我看看是哪個？」

烏承祿在側聞聽，魂飛魄散，慌忙伏地請罪道：「小人便是。適才妄言，萬望陛下寬恕。」

「起來起來！你哪裡有罪？公所言甚是，早在定陶，我與叔孫博士便有此議。禮法之事，容我請教博士再說。今日，你進了個好言，朕賜你黃金五百斤，今後做不做這家令，都隨你了。」

烏承祿喜出望外，連忙叩首謝恩。

當日劉邦問安返回，便立召叔孫通入宮，提起拜見太公事，詢之有何良策。

叔孫通熟知《周禮》、《儀禮》，於此早就想好，脫口便道：「漢家既已定天下，便要循個禮法，否則何以統百官？何以諧萬民？尤不可諸事從權，無所敬畏，致使官不知禁，民不知禮，漸漸便沒了天下的樣子。」

「言之有理。博士請指點，朕可有何不合禮法之處？」

「有！陛下在豐邑，本名為『季』；分封之後，易名為『邦』，『季』便應作字。舊部因避你名諱，可稱你作劉季，陛下則萬不可自稱劉季了。」

「哦？這一節，朕倒是疏忽了，受教受教。我劉……邦，也有個堂堂正正的字了。做皇帝，實在不易，小戶人家做得，朕反而做不得了。請博士教我：朕欲拜謁阿翁，如何能拜得名正言順？」

「別無他途，『必也正名乎』。想那秦始皇登基之後，曾追尊其父莊襄王，號為太上皇。臣以為此號甚好，堂而皇之，陛下不如效仿之，也尊太公為太上皇。如此，君臣父子有序，陛下再向太公問安，於禮便不相悖了。」

劉邦仰頭想想，不由大笑：「養個儒生，倒也有用，就如此吧。只是……便宜了我那鄉下阿翁。那莊襄王，是在黃泉下受的追尊；我這阿翁，卻是活著得了個太上皇做！」

後至本年夏五月，果然就有詔下，稱：

人之至親，莫親於父子，故父有天下傳歸於子，子有天下尊歸於父，此人道之極也。此前天下大亂，兵戈並起，萬民苦殃，朕親披堅執銳，自率士卒，犯危難，平暴亂，立諸侯，偃兵息民，天下大安，此皆太公之教訓也。諸王、列侯、將軍、群卿、大夫已尊朕為皇帝，而太公未有號，今應尊太公曰太上皇。

下詔之日，劉邦親捧詔書，登太公之門，叩拜之後，雙手呈上。劉太公問清緣由，只道：「我不看，你讀與我聽就好。」

劉邦便朗聲誦讀一遍。

劉太公閉目聽罷，又道：「你再讀一遍。」

劉邦再誦讀一遍，劉太公方睜開眼，接過詔書瞄了瞄，道：「我兒當了皇帝，文采也好了許多！阿翁聽明白了：皆因小兒做了皇帝，便不能有個白衣老父，故而賜了個名號，才配做你阿翁。只可憐你那已故的嫡母，沒福氣做那太上皇后！然則你說你的，我還是我。阿翁向以沽販養家，從未教訓你甚麼『披堅執銳』，倒是教訓過你不事生產，於家事無補。你得了這天下，我半分功勞也無，故不敢與你共用，唯願長得安閒，不再有下油鑊之厄。」

劉邦連連頷首：「阿翁畢竟明事理。」

「想我昔日在豐邑，鬥雞走狗，何等自在！自你做了沛公，便尊了我一個『太公』，今又要加封太上皇。日後，只怕說也說不得，笑也笑不得，讓我活活坐囚籠。」

「兒又何嘗不是？哪裡還敢呼朋喚友去賒酒？阿翁，做了這太上皇，便是天下一等的尊榮，任性不得了。」

太公將詔書置於一旁，拈鬚道：「如今我為太上皇，有事要問皇帝，可否？」劉邦恭謹答道：「無不可。」

「你長兄劉伯早亡，尚有長嫂、姪兒在。你日前封劉氏子弟四人為王，連族親劉賈都封到了，如何獨獨忘了你親姪劉信？」

「阿翁，兒非敢忘之也，只因其母太不厚道。」

「哦？你那長嫂如何得罪了你？」

「兒未發跡時，因小事被官府追緝，躲避之中，時與諸友赴長嫂家就食。那長嫂，厭惡我白食，某日見我與諸友至，便假作羹飯已盡，刮鍋鏗鏗作響！諸友聽到，以為無飯，便都掉頭散去。我之顏面，掃地以盡！待諸友走後，我再返身去看，原來鍋中尚有羹飯。這長嫂，竟視小叔為乞丐，豈不可恨？」

劉太公聽得哈哈大笑：「有這等事，如何我未曾聞？」

「當年不捨一飯，今日卻欲封侯乎？人心世態，怎的就貪婪若此？早年劉季，今已據有天下，何處不是我食邑？不再差老嫂一鍋羹飯了。」

劉太公便拱手道：「我兒，舊日之事，何必再提起？你肯賞親老子的臉，送我這個太上皇做，何不也賞你姪兒一個臉面？」

劉邦負手望天，想了一想，方回身道：「也罷！便封劉信一個縣侯吧。至於名號，待我問過陳平再議。」

越日，朝中便有詔下，封劉信為羹頡侯，封地在舒縣與龍舒縣兩地[46]。此號中的「頡」字，後世有大儒訓其讀為「戛（ㄐㄧㄚˊ）」。戛，敲擊也，故而這「羹頡侯」就是「刮鍋侯」之意。

---

[46] 舒縣、龍舒縣，原為西周之舒國，秦時屬九江郡。漢王四年（前 203）起置兩縣，即今安徽省舒城縣。

此詔書頒下，劉太公見是羹頡侯，不解其意，問了烏承祿方知奧妙，便哭笑不得：「豎子，家醜不可外揚乎？」只得喚了劉信來，溫言勸道，「你這叔父，顛三倒四！勿與他計較，且偕母去就國，好生做你的『戛戛侯』。」

此後，劉邦仍是五日一拜太公，未嘗稍懈。因怕太公拘束，便也不事張揚，只如平常人家行父子禮一般。如是數次，見太公還是怏怏不樂，不由奇怪，便問道：「阿翁尚有心事乎？」

劉太公只嘆息道：「徒然為天下第一父，反不如往日鄉居了。」

「何出此言？」

「如此深宮，門禁森嚴，何如在豐邑逍遙？宮中不過是個名堂好，整日坐臥起居，不出三十步，不是囚籠又是甚麼？你有沛縣舊友，隨時可晤，雖不能在泗水亭飲酒，卻能在這宮裡飲酒。乃翁也欲尋舊友飲酒，可得乎？」

「原來如此！然此事不可。阿翁貴為太上皇，欲歸鄉里，恐只能在夢中耳。」

「莫非，乃翁要囚死在此？」

「也未必！阿翁既如此思鄉，容兒另謀計策，或可變通。」

拜罷太公歸來，劉邦便喚了幾個涓人來，命去民間尋一能工巧匠來。不數日，便覓得一巧匠，名喚吳寬。

劉邦將吳寬宣進宮，面授機宜，如此這般。那吳寬心思機巧，當即會意，領了出差文牘，便單騎急赴豐邑。

到得豐邑，找到三老、嗇夫，出示了中涓發給的文牘。鄉官們見了，不敢怠慢，帶領吳寬走門串巷，將那豐邑百戶人家描繪成圖。其田園屋舍，雞塒狗竇，皆纖毫畢現，無一遺漏。

忙碌了一月餘，吳寬攜圖歸來。劉邦看過，見無一不是舊時景象，不由心花怒放，便命吳寬在故秦的驪邑地方，平地造起一座「豐邑」來。

櫟陽縣衙接到詔旨，忙調集民夫，日夜趕工。不數月，便在始皇陵北二十里處，造起了惟妙惟肖的一座新「豐邑」。

完工之後，劉邦遣人赴豐邑，將那鄉鄰千餘人，連同雞犬、箱籠、被蓋等盡皆遷往新邑。

各家父老、婦孺長途跋涉，到得新邑一看，不由大驚：那竹籬茅舍，田園樹木，竟與自家的一模一樣。雞犬認戶，人識其家，各自都歡歡喜喜進了門。當晚，家家便炊煙四起，過起了日子來。頑童們當街嬉鬧，竟沒有一個迷路的。

卻說櫟陽宮內，這日一大早，劉邦身著常服，帶了夏侯嬰，來請太公外出一遊。太公只是懶懶道：「又是邀我去那上林苑！荒山野水，有何可看？」

劉邦竊笑道：「今日遊行，必令阿翁眼界一新。」

太公拗不過，只得喚了烏承祿一道，登車隨行。出了宮門，望見田園寥廓，草木葳蕤，不覺就是一陣愴楚，險些落下淚來。

劉邦也不言語，只催著夏侯嬰驅車疾行，趕了一天路，至日暮時分，來到新邑。劉太公憑軾一望，頓覺恍惚：「季兒，如何一日便到了豐邑？」

下得車來，只見街巷與豐邑一般無二，尋路而進，竟然找到了中陽裡老宅！太公見門扉洞開，便急急搶入，環視那灶間柴房，無不熟悉；案几箱櫃，盡為舊物。當下便呆住了，幾欲暈厥，烏承祿在旁連忙扶住。

此時，門外忽有嘈雜聲起，太公回頭望去，只見四鄰父老蜂擁而入，爭相執手問候。

太公不禁老淚縱橫，都一一寒暄過，方問劉邦道：「今朝是在夢中乎？」

劉邦這才微微一笑，道：「聞阿翁在宮中時有愁悶，兒心中不忍，便於驪山之下擇地，起造故邑一座，又將那豐邑鄉鄰遷來。人生在世，最愜意者，莫如景物如昨，阿翁可在此久住了。」

太公聞言，抓住眾鄉鄰之手不放，禁不住號啕大哭。眾人亦是悲喜交集，連忙勸慰，又邀太公一行到鄰家飲酒。

劉邦陪老父至隔壁院中坐下，向鄰家翁媼拱手道：「太公居此，便是無憂，要多多拜託父老了。」

諸鄉鄰爭相道：「放心放心！皇帝阿翁做我鄰居，我等焉能不敬？」

劉邦又道：「方才路過鴻門舊地，想起當初情形，身上尚有冷汗。蒙上蒼垂顧，致項王覆亡，我劉季得了天下，否則鄉鄰也必受拖累。今無以回報，唯願各位多福。待太子長成，我將天下託付於他，也來此處棲息，做個太上皇。」

劉太公瞥一眼劉邦，故意板起臉道：「休想！你欲償此願，也須待我入土之後。」眾鄉鄰聞太公戲言，皆大笑不止。

當夜痛飲盡歡，劉邦與夏侯嬰便告辭，去了館驛，留烏承祿陪太公在「家」中宿夜。次日，宮中又有車駕至，將李氏及一應物件送至，太公夫婦便在新邑長居，呼朋嘗酒，朝夕言笑，過起了好日子。

後劉太公駕崩，劉邦便將驪邑改名為「新豐」[47]，以為紀念，亦為後世留下了一個「雞犬識新豐」的成語。

入夏之後，關中盛暑，平野可見白氣蒸騰；人在屋中，動輒汗流浹

[47] 新豐，即今西安市臨潼區新豐街道。今轄區內有項王營、鴻門宴遺址等景點。

背。劉邦覺內外無事，慮及百官辛苦，便也放鬆了朝政。朝會並無定時，儀禮也盡量從簡，只每隔三五日便在宮內一宴，安撫眾臣。

然眾功臣驟成新貴，只道是賣命八年，竟換來這萬世勳祿，何其幸也，便都驕縱不可一世。入宮赴宴，全無規矩。飲宴時論及往事，皆大言自誇，彼此爭功，鬧得滿堂喧聲鼎沸。更在那酒酣耳熱時，拔劍起舞，擊柱狂呼，直如鄉間莽夫。

劉邦看著厭惡，欲加斥責，又礙於漢家已罷秦法，不便管束過苛，也只能蹙額而已。

博士叔孫通在旁看得清楚，知進言時機已到，便於次日入宮求見。劉邦聞報，心中一動，急召老夫子入內。

見叔孫通進來，劉邦便笑：「稷嗣君，封了你這名號，已有年餘。此號為張良所擬，朕倒一直不明，其奧妙何在？」

叔孫通答道：「回陛下，稷乃齊都臨淄城之西門。早年田氏代齊後，齊威王曾於稷門外設置學宮，號為稷下學宮，曾聚賢士千人，坐而論道。」

「哦？來頭不小，不知有幾位是天下聞名的？」

「大有人在。稷下諸賢中，有孟子、淳于髡、鄒子、慎子、申子、接子、涓子、尹文子、魯連子、騶子、荀子……」

「好了好了，先生不要點名了，這子那子，朕哪裡記得住？我只問你：這上千賢人，齊威王如何待之？」

「諸子只一心向學，既無官職，亦無言責，尤其有上賢七十六人，特授給上大夫之祿，然亦是無須治事。」

劉邦不禁睜大眼睛：「那就是白養著了？」

叔孫通頷首道：「正是，故而稷下學宮，可稱史上第一。當其時，臨淄城彙集百家，極一時之盛，助齊威王成就了平生霸業。」

劉邦這才大悟：「原來如此！這個張良，瞞了我這許多時日。原來『稷嗣君』之意，乃是寄予叔孫公厚望，只望你承稷下學風。然漢家錢糧甚少，白養恁多賢士，怕是吃力，暫且先白養你一人吧。今日你來求見，又有何事？」

「吾輩儒生，手不能縛雞，難與陛下攻伐進取，然可與陛下守成。現天下已定，便須重整朝儀，若朝儀不肅，朝中尊卑混雜，呼喝連天，那陛下還算甚麼天子？臣願前往魯地，徵集儒生來都中，與臣之弟子一道，為群臣開啟朝儀。」

「欲起朝儀？先生，稽首叩拜，殿上弄來弄去的，煩不煩呀？」

「臣聞五帝不同樂，三王不同禮，漢家方興，合於時世人情即可。那上古夏商周三代之禮亦是各不同，臣可以採上古之禮，與秦禮雜用，總教這漢家之禮，簡便好用就是。」

劉邦大喜道：「好一個叔孫公！朕看得明白，臣下善諛，自是常例，然無一個如你，處處能撓到朕的癢處。朕這便為你寫一道手諭，擇日赴魯，去網羅高人。只是這炎天暑日的，先生須多保重。」

叔孫通領命，次日便啟程赴魯地，到了臨淄住下，四下裡探訪，果然尋到了三十餘位儒生。

這日，叔孫通將三十餘人延至館驛，圍坐於槐樹下，講明了來意。那班儒生半世苦讀，多無上進之途，只與沽販腳夫等為伍，潦倒不堪。忽聞天子招賢，可入朝效力，無異於一步登天，都喜不自勝，慶幸多年的「錐刺股」未白費，今朝終獲報償。

為首一老者鬚髮皆白，顫顫立起，向叔孫通揖道：「公之大名，遍於齊魯。今富貴不忘布衣，不啻令我輩再生。臣老朽，幸未死於戰亂，得為新天子效力，榮莫大焉。」

眾儒生也紛紛拱手拜道：「叔孫先生，實乃漢家儒宗。」

叔孫通含笑受之，正欲答謝，忽見座中有兩人拂袖而起。其中一位年少者高聲道：「公之好意，我二人實不能領。適才有人稱，公為漢家儒宗，大謬矣！察公之既往，先事始皇，始皇崩，又事二世；二世危殆，又降項梁；項梁薨，又事項羽，至彭城一戰，方轉投漢家。若是儒宗，豈能百變若此？」

另一年長者亦道：「公所事者，屈指算，恐已有十家主公了；所投門下，哪一處不是以面諛而得寵貴？方今之日，天下初定，死者未葬，傷者未癒，你便要起禮樂。那古之禮樂，緣何而起？乃是積百年之德，而後可興。觀今日天下，民瘼遍地，君子豈可佯作不見？公所熱衷之禮樂事，我不忍為也。」

兩人話音高亢，驚起樹上鴉雀亂飛。座中諸儒聽了，皆遽然變色。那叔孫通臉色，亦是由白轉紅，拱手道：「二位之言，在下謹受教。叔孫不幸，生逢秦末，身世有如轉蓬，頻換主上，恐非吾一人之過也。況且見賢思齊，乃儒家之德，叔孫謹守之，輾轉投漢，不知有何過錯？」

那年少者便冷笑：「公貪戀富貴，不能效伯夷、叔齊，所起之禮樂，怕也是反覆小人之禮樂。」

年長者更厲聲道：「公之所為，不合古制，我不能隨行。公請自去，勿來汙我！」言畢，拉了那年少者，便昂然出門而去。

叔孫通倒也不惱，望二人背影，搖搖頭笑道：「爾輩真鄙儒也，不知時變。」

座中諸儒見叔孫通尷尬，都紛紛道：「公莫氣惱！知時變，通古今，當世之儒無有如公者。」

叔孫通連忙擺手道：「諸君休要謬讚了。適才兩人曾言，我本無長技，唯擅面諛耳。諸君若再誇讚，豈非抬舉佞幸之徒了？」

座中遂有一人高聲道：「遇明主，即便面諛，亦無不可。」

叔孫通聞言，朗聲大笑：「此理……只可意會，不可言說，不可言說呀！諸君且去收拾行裝吧。」

待叔孫通與所徵三十餘人，跋涉千里至櫟陽後，與其弟子百餘人會合，一時名聲大震。諸生將那周禮秦儀反覆掂量，擇其要者，開列明白，製成一套朝儀。叔孫通看了，又用心揣摩劉邦好惡，略加刪削，這才敲定。

待初秋稍涼，一行百餘人便赴櫟陽城外南郊，選了一方場地，遍插竹竿，繫以棉線，以為進退標記。又去農家索來許多茅草，紮成草人，各個高矮不等，權作臣吏尊卑之位。這一番操演，史書上有載，名為「綿蕞習儀」。

眾儒生操演於豔陽下，進退行止，忙個不停，引得四周農夫都來看稀奇。那叔孫通早先在秦庭，是見過世面的，此時便扮作中涓，發號施令，引導眾人贊拜。操演了旬日，漸漸有了模樣。十日後，叔孫通命眾儒生演習，自上朝至罷朝，如是三回，分毫不差，當下就大喜，返身去向劉邦覆命了。

劉邦聞稟，大感欣悅，道：「想那秦始皇坑儒時，也不過有儒生四百六十名。始皇自作孽，不知愛惜讀書人，活該國滅。我漢家定鼎，尚未及兩年，招攬儒生便已過百。待天下復甦，養儒生千名充門面，亦無不可。」

叔孫通便道：「天下安寧，儒生方有可為，遠不止充門面而已。」

「先生辛苦了！然儒生可惡處，朕也知一二，你須好生管教。有了飯吃，有了好面皮，便應知足，彼此間不得雞啄狗鬥。那麼，今朝儀既定，還須我做些甚麼？」

「回稟陛下，請選文吏數十人，交予臣下，同赴郊外演練，務求熟記於心，以便傳授群臣。待文吏練習熟了，再請百官前來觀看。」

「此事易耳，就命隨何去辦吧。」

隔日，九卿各衙署果然調來文吏數十人，連同衛尉麾下郎衛一隊，隨著叔孫通來至郊外，與諸生一道操演。不料，所調文武吏員，皆起自草莽，插禾割稻尚可，演習這斯文之禮，頗覺吃力。叔孫通喊得喉嚨嘶啞，操演了足有月餘，方稍稍合於儀注。

叔孫通看了，雖心有不滿，然好歹有了個模樣，聊勝於無。便上朝覆命，請劉邦親往檢視。

這日天氣好，劉邦便偕了陳平、隨何兩人，親赴南郊查看。來至曠野，涓人張開傘蓋，劉邦獨坐於茵席之上，陳平、隨何侍立於後。抬眼看去，見那文吏數十人，早已在場中列隊等候。

叔孫通便上前，啟奏道：「陛下恕罪，容小臣暫且扮作皇帝，眾文吏扮作群臣，演習一回，陛下可試觀之。」

劉邦望望陳平、隨何，忍不住大笑，便對叔孫通道：「好好！漢家儀禮，將要傳於萬世，起首便不能敷衍。今日，先生你就做個皇帝；我在這裡，看誰敢不聽命？」

叔孫通得了諭令，便振起喉嚨，發號施令。那一眾文吏，隨口令進退伏拜。依次而行，端然有大雅之風。劉邦直盯盯地看了半晌，忽然拊掌叫道：「此易耳，吾也能為之。」

說罷便起身，對叔孫通道了一聲：「可矣！先生有功。」便率眾人告辭。回到宮中，即喚來九卿、諸將、各衙要員，面諭了一番。命眾臣盡去南郊觀看，熟習儀禮，待十月歲首起，上朝時，務必依禮而行，不得犯禁。

樊噲不耐這番囉唆，氣鼓鼓道：「半生打殺，今朝卻要學做倡優！」

劉邦聞之，勃然變色：「天下已無事，還念念於打殺；你要打殺的，莫非就是我了？」

樊噲聞劉邦出此言，不禁愕然，臉便忽地漲紅。

隨何見不是事，連忙高聲道：「各位重臣，請移步南郊。叔孫先生為起儀禮，日夜操勞，殊為不易。演練才不過一月，竟晒得如羅刹[48]人了。」

眾臣哈哈一笑，也不等劉邦發話，便散了朝，都往南郊去觀禮了。劉邦見此，唯有一笑了之。

[48] 先秦兩漢時，相傳海上有「羅刹國」，係食人的「羅刹鬼」聚居之處。

# 風雪危局，漢家郎困平城

高帝六年秋九月，嘉禾豐盈，遍野金黃。這一年關中又是大熟，漢家上下，皆充盈著一股喜氣。在櫟陽宮，劉邦常與戚夫人相守，憑欄遠眺，共賞金秋。

這日在回廊上，劉邦看得心怡，嘆道：「往昔為亭長，催督役夫，押解刑徒，見百姓哭爺喊娘，老弱無助，只覺自己是做了惡鬼，不如立時就去死！怎能想到今日，萬民安康，各得休息。」

戚夫人道：「小民之事，陛下倒不必多慮了。莫說當今已寬刑減賦，即便不寬減，只要無征戰、無苛政，小民便喜稱萬歲了。」

劉邦笑問：「那麼我問你，向日你在戚家寨中，所憂為何，所慮為何？」

「所憂為酷吏進寨，催徵賦役，鬧得雞飛狗跳。所慮嘛……乃是萬一嫁不到好夫君，定然要受氣。」

「哈哈，好夫君……你看朕今日如何？」

「只須善待我兒如意，便是好。」

劉邦聞此言，臉色便猛然一暗，拉起戚夫人之手，緩緩道：「此事，亦是朕心頭之大事。天不來索命，我還有幾年可活，容當從長計議。」

正閒談至此，忽見隨何倉皇奔入，手持軍報一卷，稟稱：「匈奴國單于冒（ㄇㄛˋ）頓（ㄉㄨˊ），發胡騎二十萬，將我馬邑團團圍住。」

「啊？」劉邦急甩開戚夫人之手，接過軍報來看，原是韓王信親筆告急。看罷便問：「馬邑今日如何？」

隨何稟道：「急遞軍使報稱，自他一馬出城，胡騎便漫山遍野而來，圍住馬邑。驪山烽燧有傳警，狼煙滾滾，終日未熄，顯是馬邑已音信不通了。」

「這如何是好？匈奴之患，我憂心多年，今日終於撞上！前朝秦時，蒙恬曾逐匈奴至漠北；然秦末變亂，匈奴又趁機收復，且直逼燕、代。今漢家草創，何人可當蒙恬乎？」

「小臣以為韓信可當。」

劉邦嘆口氣，將文書棄於廊上，道：「敢用蒙恬為將者，唯有始皇。我若以韓信為蒙恬，只怕連個秦二世也做不成！」

隨何慌忙諫道：「事急矣，雖不能用淮陰侯，然可問計。」劉邦眨眨眼，一拍欄杆道：「也罷！你去喚他來。」

日暮時分，韓信應召入櫟陽宮。劉邦在偏殿迎入，摒退左右，與韓信隔案對坐。燈下，韓信臉色略顯蒼白，劉邦寒暄道：「多日不見，將軍病恙似不見好？」

韓信拱手道：「謝陛下垂問！昔在戰陣，百病皆無，承平之日反倒是不行了，臣恐是沒有清閒之福。」

「你將養多日，眼見得面色已不黃了，總還是好。今召你來，是為冒頓單于南犯事。胡人南犯，自古便有；然此次匈奴來，其勢洶洶，為周秦八百年間所未見，如何應對，我在此就教於將軍。」

韓信默然半晌，方道：「冒頓其人，確為八百年所未見之凶悍胡虜。吾聞之：因其父頭曼單于欲傳位於其弟，冒頓便率死士，以鳴鏑為號，萬箭射死老父，自封為單于，還將那老單于的後宮全收了，以父之嬪妃為妻。」

劉邦一驚：「啊？此子狠毒！」

「昔日匈奴，常在漠南。今冒頓自陰山南下，西逐月氏，南破樓煩、白羊；東滅宿敵東胡，今後所圖，必為中國。其兵鋒，已達燕、代。千年以來，邊患未有甚於此者。」

「可惡！我漢家方興，海內歸服，這胡虜偏要來襲擾。以將軍之意，理他還是不理他？」

「匈奴，大患也。以始皇之威，尚須築長城而守，故絕不可輕視之。」

「若將軍統兵，須多少能勝匈奴？」

「故趙名將李牧，曾統軍十六萬戍邊，大破匈奴十萬精騎，使之數十年不敢南望。臣若有十六萬兵馬，亦能勝之。」

劉邦便一拍膝：「甚好！那李牧破匈奴，有何良策？」

韓信便伸出三根手指：「一、撫士卒；二、勿輕戰；三、有良馬。李牧破胡騎，非為朝夕之功，乃涵養多時，一戰而下。此戰，所賴僅一萬三千馬軍、十萬弓弩手而已。」

劉邦大喜道：「得將軍指點，不啻尋獲兵書一部。將軍還請好生將息，破虜之策，朕自有布置。」

韓信見劉邦並無意起用自己，不禁失望，起身怏怏道別。臨行，又忍不住道：「冒頓凶悍，陛下萬勿輕敵。李牧當年破匈奴，亦多賴『用間』，廣遣耳目，方知胡騎動靜。」

劉邦執韓信之手，慨嘆道：「大哉李牧！我也曾聽人談起，惜乎此人，竟死於讒言。吾觀你之才，遠勝於李牧，也必招人妒恨。然無須懼怕，只須朕活一日，便不教將軍被讒。」

韓信怔了一怔，瞥一眼劉邦，道：「臣已是無毛之鳳，人又何妒？」說罷，也無多言，只揖謝而去。

次日晨，劉邦便急召夏侯嬰、周勃、樊噲、灌嬰、酈商等將，入朝議事。待諸將集齊，劉邦劈面便問：「馬邑可守乎？」

周勃當即對奏道：「韓王信自徙都以來，大興土木，北邊各邑均是高牆深塹。堅守數月，似不難。」

劉邦便放下心來，又問：「若急調燕、代、趙諸地兵馬，往援韓王信，可乎？」

灌嬰奏道：「趙地馬軍尚堪用，可命其速赴晉陽應援，與韓王信內外呼應，馬邑必不會失。」

「這便好！趙相陳豨，目下正監趙、代邊兵，責無旁貸，可急令他帶兵往援。朝中亦點起三秦郡縣兵，由灌嬰統軍，克期往援。」

灌嬰領命，即調齊關中兵五萬人馬，披掛出征。送行時，劉邦又囑灌嬰道：「天將寒，不宜用兵，此次赴晉陽，以襲擾匈奴為要。待三月春暖，匈奴糧盡，自會退兵。」

送走灌嬰，堪堪已近高帝七年歲首，眾諸侯王陸續入關，正等候朝見，劉邦便喚來叔孫通，問道：「元旦將至，新朝儀可否施行？」

叔孫通答道：「群臣已演練多次，進退有序，當可施行。」

劉邦大喜，隨即下令：元旦朝會按新儀注施行，群臣各有規矩，不得馬虎。

元旦這日，天色微明，文武百官便齊集於魏闕之下。文官頭戴建華冠，武將頭戴大冠，皆寬袍大服，雖布料顏色不一，然已比往常齊整多了。

在宮外候了半個時辰，便有謁者出來，引導諸臣魚貫而入宮門。文官各個手執笏板，耳簪白筆，為上朝時記事所用。武將識字不多，則一概免去記事之勞。

入庭中，只見車騎、步卒環列，執戟警戒，兩旁旗幟高張。諸臣覺今日氣象非同往常，都斂容屏息，立於階陛下等候。

少頃，殿內郎衛依次傳出一聲：「趨！」諸臣便排列成伍，躬身疾步而入。

殿外階陛兩側，有數百名郎中肅立，執戟夾道，威嚴異常。各功臣、列侯、將軍、軍吏上得殿來，立於西側，面朝東；文官丞相以下，則立於東側，面朝西。為使進退有序，掌禮賓的大行[49]官員，專設了九名儐相，於殿上傳呼。

待眾臣各入列班，劉邦這才乘坐輦車，自後殿房內而出，至殿上，南面就座。眾近侍執旗傳警，引導諸侯王以下至六百石之官吏，依次朝賀。

此等排場，諸侯王與百官均聞所未聞，莫不肅然。待諸臣行禮畢，中涓又端出酒盞，依爵位高下分發。諸臣手捧酒盞，依序為君上祝酒。酒過九巡，謁者一聲「罷酒」，朝拜才告畢。

祝酒之時，殿上眾近侍皆俯首於地，不敢仰視。叔孫通當庭宣布：諸臣若有不合禮儀者，即有御史上前，當場呵斥糾察，帶下殿去處置。眾人聞聽，哪還敢輕狂？

這一場朝會，上千文武依次祝酒，竟無一個敢喧嘩失禮者。待劉邦起身退下，隨何高呼一聲「散朝」，眾臣這才鬆了口氣。

散朝後，百官列隊等候出宮，個個都喘息抹汗，咂舌稱奇。此時，忽有一涓人奔至，疾呼：「博士叔孫通慢行，陛下傳見！」

叔孫通在佇列中聞聽，知是皇帝大悅，要論功行賞了，便返身直趨後殿。劉邦見了叔孫通，大笑道：「吾今日乃知皇帝之貴也！」

叔孫通道：「九五至尊，理當如此。無尊卑，則無以治天下。今時不

---

[49] 大行，此處是指禮賓官。

比在芒碭，可以論兄弟，把酒吃肉。」

「不錯！看那英布、彭越，從來桀驁，今日亦戰戰兢兢；至於吳芮、張敖者流，更是氣不敢出。諸侯王是甚麼骨頭，朕早也看透！你若以兄弟論之，他便要與你來爭了。」

「陛下英明。新儀注，就是要令天子揚威，臣子敬畏。」

「叔孫夫子，委屈了你多年，只得伴太子讀書。向日在魯城，吾聞城上魯人奏雅樂，便知儒家這一套，還是有用的。今為表彰，特加你為九卿，任太常 [50] 之職，賜黃金五百斤，好生去弄這一套吧。」

「謝陛下！老臣自彭城投漢營，為的就是今日。在此，另有斗膽一請：諸弟子隨臣久矣，與臣共為，頗為不易，願陛下也為彼輩加官。」

劉邦仰頭大笑：「老儒到底是不同啊！先前我還納罕：叔孫通有弟子百人，為何不見他來請官？原是只等著今日。好好！你那弟子，想必也不差，便統統加為郎中吧，免得你挨弟子罵。」

叔孫通拜謝出宮，回到府邸，諸弟子早已聞風而至，將老師團團圍住。待問明恩賞，各個都喜不自勝。叔孫通便道：「數年隱忍，只苦了孩兒們！今日終有報償，不但得官，陛下所賜黃金，也盡歸於你等，我分文不要。」

諸弟子大喜，拿秤來分了黃金，皆拱手讚道：「叔孫師真乃聖人也，知當世之要務。」

叔孫通拈鬚笑道：「哪裡？天下未定，擅實戰者強；天下既定，則擅虛文者強。豈是吾等高明，乃時勢不同也。」

諸弟子聞言，面面相覷，繼而又會心大笑。

不料，漢家君臣才安心過了元旦，便又有邊報告急。羽書稱：灌嬰、

[50] 太常，漢九卿之一。秦曾置「奉常」，掌宗廟禮儀；漢取「尊大」之意，改名為太常。

陳豨兩路大軍，赴援晉陽，行至半途，忽聞馬邑有變，只得勒兵不前。

馬邑之變，事出有因。那韓王信被困了幾日，每日登城瞭望，見匈奴勢大，穹廬漫山遍野，自忖力薄，恐不待援軍至，早成了胡人之囚虜。思來想去，別無他途，只得遣使入匈奴大營，暗中求和，請冒頓退兵。

冒頓得了韓王信書信，心中有數，便回信力勸韓王信歸降。韓王信猶豫不決，只是拖延，兩邊每日互通信使，討價還價。如此，城上城下便鬆弛了下來，全無戰意。馬邑城中，已無人不知韓王在與匈奴議和。

灌嬰得了斥候密報，不由大驚，想那韓王信若是叛降，匈奴便全無掣肘，其勢更不可當，自家所部五萬人馬，赴馬邑無異於為虎驅羊。於是遣人飛報朝廷，請示進退，又知會陳豨勒兵勿進。

劉邦得報，不禁拍案大怒：「韓王信也叛了？豈有天理！」起身數次，復又坐下，半日裡焦躁不安。當晚，遂修書一封，遣使飛遞馬邑，責問韓王通道：「馬邑城堅，援軍即至，公何以擅自求和？我與公曾剖符，誓言生死與共，公竟棄大義而通敵，不懼雷劈乎？」

韓王信接信閱罷，知事已不可挽，不由嘆了一聲，喚來丞相箕肆，商議了一回，亦無良策。

當晚，又想了半夜，覺劉邦來信之意，定是要追究。若是如此，昨之臧荼便是今之自己，絕無僥倖。想自家早年投沛公軍，幾經生死，助漢王得了天下，才享了幾日清福，便無端見疑，被發配至北疆。原想若待天下生變，可在北疆裂土自守，不料卻有匈奴重兵壓境，成了戰不能、降亦不能。

韓王信獨自在中庭徘徊，候至天明，終拔出劍來，斬斷了一株庭樹，將心一橫，即寫下降書，遣一名心腹縋下城去，送入冒頓大營。

冒頓看過降書，喜出望外，立遣一使者入城，與韓王信議定了迎降時辰。至約定之日，便點起十萬精騎，鼓角齊鳴，浩浩蕩蕩直赴馬邑城下。

當日，韓王信率屬下百官，免冠素服，出城門迎降。城內百姓，幾代未曾見過匈奴兵模樣，都擁上街來看熱鬧。

只見那塵頭起處，有大隊匈奴人馬，前後迤邐而來。風過處，雜色旌旗獵獵作響，間雜著胡笳低鳴。那旗幟最密處，是兩千名親隨護衛，將單于前後簇擁。

馬隊到得近處，忽聞一聲呼哨，一枝鳴鏑沖天而起，射向半空。護衛驟然朝兩翼分開，冒頓跨了一匹渾白胡馬，躍然而出。

兩旁百姓看了，便是一片讚嘆。但見那冒頓，頭戴尖頂「棲鷹冠」，身著猩紅長袍，披髮左衽，英氣勃勃。身後，乃是望不見尾的十萬匈奴騎士，皆身著短褐，冠上斜插白隼翎，各個手執彎刀，勇悍異常。

冒頓見韓王信伏於道邊，忙跳下馬來，雙手扶起，道：「我是單于，你亦是漢家王，不必恭敬如此。」

韓王通道：「漢帝多疑，猜忌功臣，多有無端被誅者。臣不忍受辱，故開門向單于輸誠，願永為臣屬，以避族誅之禍。」

兩邊說話，有譯官代轉，並無滯礙。冒頓聽罷，便大笑：「韓王與那劉邦離心，吾早有耳聞，否則怎敢來中夏巡遊？只是……韓王雖有此意，你屬下可是真心？」

韓丞相箕肆與韓王部將王喜、丘曼臣、王黃等數十人，原本亦伏於道旁，股栗汗流，聞冒頓此言，都激憤而起，爭道：「漢家無道，賞罰不明！我等若不降單于，遲早也是個死，故願隨韓王投北，絕無異心。」

冒頓便揮揮手，示意眾人起身，對韓王通道：「既投匈奴，便是一家。吾大軍自北面來，耐不得熱，冬日巡遊尚可，然豈能久住？破漢家，尚需你等出大力。我且引兵駐上谷郡（今河北省懷來縣），防燕趙之兵側擊；你等南攻晉陽，略定太原。太原一郡內，並無強兵，只看諸位身手如何了。」

韓王信不禁遲疑道：「本軍原為弱旅，恐難敵漢軍。」

冒頓便笑：「我千里而來，便是要會劉邦，若我軍橫掃太原，他還敢來嗎？你且放膽殺去，我在上谷為你應援。若劉邦敢出頭，我自有妙計。待晉陽城破，我便南下，料那關中也指日可下，劉氏天下也好換一換了。」

韓王信聞聽，不禁感泣，連忙伏地謝恩。諸降將亦手舞足蹈，齊呼萬歲。數日後，韓王信便整軍出城，翻越雁門山[51]，南下來攻晉陽。

那晉陽城，本屬韓王食邑，如今主公忽然降了，且領叛兵內犯，城內軍民便大起恐慌。一日數騎奔出城去，飛報朝廷。

劉邦得報之時，正在西宮逍遙，抱戚夫人於膝上，閒談小兒事。涓人送來軍報，劉邦一隻手接過，抖開來掃了一眼，不由大驚，險些摔下了戚夫人。

戚夫人臉色發白，忙問：「又有何事？」

「夫人，顧不得與妳說話了。」說罷，便放下戚夫人，趿起鞋履，往前殿疾奔，一面高聲吩咐，「速請陳平、樊噲來！」

當夜，劉邦與陳平、樊噲在燈下共話對策。劉邦道：「今冒頓傾國而來，韓王信又叛，若坐視，則賊勢愈盛，關中亦必不保，故而朕決意親征，發各郡之兵，與之一決。」

陳平不無擔憂，遲疑道：「那匈奴近來甚囂張，兵至河南[52]，滅東

[51] 雁門山，古稱勾注山，橫跨今陝西、山西兩地，屬恆山山脈。雁門關即由此山而得名。
[52] 此處的河南，即今之「河套」，指賀蘭山以東、呂梁山以西、陰山以南、長城以北之區域。

胡，逐月氏，鋒銳正盛，陛下不可小覷。」

劉邦輕蔑一笑：「正是不可小覷，才須起天下之兵。那胡騎雖眾，然有何可懼？當年拒胡者，秦將王離也；滅王離者，項王也；滅項王者，則又是何人耶？」

「那垓下之勝，非一日之功，況乎……」

「察陳平兄之意，垓下決勝，似唯賴韓信一人？」

「豈敢，微臣絕非此意。」

「哈哈，不錯！無韓信，便無垓下之勝，你忌諱個甚麼？然韓信今有疾患，不能出征，日前，他已將此次破胡之計，盡授予我。」

樊噲便急問：「是何妙計？」

劉邦一笑，徐徐道：「多遣斥候。」

樊噲便覺失望：「韓信做楚王不成，倒也罷了，怎的連好計也獻不出了？」

劉邦睨視樊噲一眼，道：「這就是好計！冒頓勞師遠征，必有虛空，我須日夜窺伺，方能尋機破敵。」

陳平便道：「然匈奴之虛實若何，恰恰不明。」

劉邦大笑道：「著啊！冒頓此時，亦不明我之虛實。他率大兵犯境，以為我漢家懼敵，不敢應戰，我偏要舉兵北上，出奇兵。他南犯塞內，意在劫掠，必不敢戀戰。」

陳平蹙額，仍有疑慮，道：「冬十月，天將大寒，恐不利於戰。」

劉邦道：「天時若此，豈能縱敵不顧？況我軍苦寒，匈奴亦不能免。昨日晉陽來人報稱：匈奴已止軍於馬邑，唯韓王信所部來攻晉陽。他一軍來攻，便無可懼。那太原郡久屬漢家，人心皆向漢。我大軍一到，他徒眾必無鬥志，可一擊而潰。匈奴見此，也必氣沮，自會退去。」

樊噲建言道：「與匈奴戰，須賴馬軍，我漢家尚有騎士萬人，留駐趙國，皆未解甲，此次可充作先鋒。」

「正是！有強弓良馬，還怕取不到冒頓頭顱嗎？昔趙之名將李牧，曾以十六萬人大破匈奴，朕比不得李牧，人馬須翻倍，方能壯膽。」

陳平不敢諍諫，只委婉道：「當年蒙恬，曾擁三十萬眾，方守得住長城。」

劉邦便笑：「陳平兄，吾不如蒙恬乎？罷了罷了！吾意已決，無須再多言。你這就草詔，天明即發，曉諭各郡國：今匈奴來犯，朕欲建蒙恬之功，令各地急徵兵馬，每郡五千，半月內赴河內郡集結，候命北上。」

各地得了詔令，知大敵將至，都不敢怠慢。一時間各城鄉道上，丁壯雲集，人馬喧闐。半月內，徵齊了二十二萬人馬，聚於河內郡。自大河北岸起，連營至修武城下，旌旗林立，鼓號齊鳴。雲臺山下之曠野，頃刻間便呈鼎沸之勢。

劉邦命太子劉盈監國，蕭何輔之，便自率眾臣及禁軍，沿崤函古道東出，馳至修武。

修武縣四面闊野，此時正一派人歡馬叫。劉邦登上戎輅車，將大營巡視一遍，不由躊躇滿志，對眾臣道：「燕王盧綰、代相陳豨共有北地兵十萬，與本軍會合，便是三十二萬人馬，足可與冒頓相抗。千年來胡人為患，侵擾中夏，周秦都奈何不得他。今漢家方興，正應挾滅楚之威，逐匈奴回漠北。」

樊噲附和道：「陛下說得是。天下百姓，在秦末已死過一回，今逢漢家初興，有如重生，對朝廷甚是感恩。聞有邊警，爭相來投軍，大軍集結，從未有今日之易也！」

陳平仍是猶豫，勸諫道：「冒頓之猾，世無其匹，陛下似不宜輕進。」

劉邦笑道：「書生論兵，總是膽怯。今赴晉陽，我為主，匈奴為客。堂堂漢家，反倒要怕那擄掠之寇嗎？」

樊噲睨視陳平一眼，請命道：「晉陽城之安危，至今不明；臣願率馬軍為先鋒，晝夜突進。」

劉邦大喜道：「好！兵法曰：『可勝者，攻也。』那韓王信所部，皆為我漢家兒郎，其心必不向匈奴。大軍一至，立可瓦解。朕令你與周勃做先鋒，率馬軍急赴晉陽，如遇敵，只管痛擊。我親率步卒各營，迭次北進，為你後援。」

樊噲、周勃得令，即點起馬軍，連夜疾馳而去。

這一隊人馬，向北突馳了四日，便見前面有難民絡繹而來，攔下探問，方知晉陽早已失守，韓王信叛軍正趁勢南下，一路攻城破邑，無有阻擋。

樊噲、周勃兩將聽了，不由火起，立即催兵大進，冒寒又疾行了兩日，翻越太岳，來至太行山下一處平闊之地。問明百姓，方知此處名曰銅鞮（今屬山西省沁縣），正要前行，恰與叛軍迎頭相遇。

且說那叛軍倉促起事，尚不及更換旗甲，只在頭上斜插白翎，便算是叛了漢家。韓王信部將王喜，一路為先鋒，氣焰大張。正督軍前行之際，忽聞有漢家馬軍攔路，不禁吃了一驚，連忙下令布陣。

這邊廂，樊噲、周勃看得明白，韓王所部約有十萬之眾，自太行山各隘口絡繹擁出，旗幟相接，聲勢頗壯。那韓王信則遠遠留在陣後，於山崖之下觀戰。

此時，一陣寒風掃過，滿山黃葉亂捲。騎將靳歙不由打了個寒顫，諫議道：「樊左相，敵軍勢大，不若候陛下大軍至，再行決戰。」

樊噲瞇起眼睛，眺望片刻，便哂道：「爾輩乃是殺過項王的，如何要懼這烏合之眾？那韓王軍雖眾，然列伍雜亂，兵器不齊，顯是倉促湊成。今可一鼓而下，省得煩心。」說罷，便望住周勃。

周勃頷首道：「左相看得明白，韓王徒眾，唯人多而已。」樊噲大笑：「如此，還有何懼？兒郎們，張弓！拔劍！」

當下，兩軍相隔十數丈，將陣對圓。樊噲便跳下戎車，拉了一匹馬來，翻身跨上，吩咐靳歙道：「你且代我擂鼓，看我如何衝陣。」說罷，便一馬躍出，大叫道，「來將通名，是何方奸佞？」

那王喜見了，命御者驅車出陣中，高聲應道：「韓王信帳下將軍王喜，前來迎候樊丞相。丞相出行，何須用兵？是視我太原郡無人嗎？」

樊噲大怒：「無恥小兒！華夏千百年，夷狄為患，本為常事，然舉國而降胡人者，唯你家主公一人。背主之徒，臉面何在？今陛下親征，統大軍三十二萬前來，就是要掃滅你輩狐兔，活擒冒頓！」

王喜冷笑道：「我主雖弱，終究是六國諸侯之後，名正言順。不似爾輩屠沽，專使雞鳴狗盜之技，僥倖得位，旋即反目，欲置我主公於死地。今匈奴單于執大義，為我伸張，我尚未往櫟陽問罪，漢兵反倒犯我境；世間事，有顛倒如此的嗎？」

樊噲便戟指王喜罵道：「冒頓弒父，以群母為妻，其行之醜，教人說不出口來。爾等卻覥顏以父禮事之，愚頑更在豬狗之下！我問你：引胡虜犯境，辱沒祖宗，便是你那主公的大義嗎？人若癲狂，說理也無用，今若不砍下你頭顱來，你便不知『人』字怎樣寫！」說罷，拔劍在手，回首大呼道：「兒郎們，漢家有此叛逆，實為奇恥。今日討賊，不殺則罷，殺便殺他個乾淨！」

那漢家馬軍疾馳多日，都憋足了勁，要與叛賊廝殺。聞樊噲發令，立時分三路殺出，鼓聲動地，萬箭齊發。

再看韓王軍中，雖以老卒為主力，然亦裹挾了不少民間丁壯。丁壯們初上戰陣，不知所措，見中箭者紛紛翻倒，早慌了手腳，只顧蹲下身，頭頂盾牌躲避。待一陣箭雨過後，漢馬軍已殺到，刀劍交並，直將那王喜前軍衝得七零八落。

王喜見勢不妙，喝令中軍：「區區漢馬軍，並無重甲，何足懼哉？待他馬軍抵近，以長戟迎之！」

眾韓軍這才穩住陣腳，挺起矛戟，密集如林，死死抵住漢馬軍衝擊。

兩軍廝纏多時，互有死傷。那王喜亦是一員老將，只教士卒結陣拒敵，絕不分兵去與漢軍廝殺。漢馬軍十數次衝陣，卻不能得手，漸漸便力疲了。樊噲大急，解去甲衣，赤膊衝在前面，大呼道：「拔去白翎，便是漢家郎，一概免死！」

漢馬軍見此，聲勢復振，都跟在樊噲身後，齊聲大呼：「拔去白翎免死！」

眾韓軍聞呼聲遍地，頓覺惶恐。少頃，便有人拔去白翎；更有老卒不願戰，索性棄了戟，伏地乞降。如此，受裹挾而來的丁壯更是惶恐，拔腿便逃。前面動搖，後面漸也頂不住了，全軍立呈潰散之勢。

王喜怒罵連聲，然亦喝止不住，便急命御者掉頭回撤，豈料馬頭剛剛轉過，忽有一箭飛來，正射中他背心，其勢凌厲，力透七層犀甲。王喜大叫一聲，跌下了車，當場身亡。眾韓軍見折了主將，一片驚呼，都四散逃去了。

韓王信在陣後見了，也是心慌，知南下已是無望。此時，部將丘曼臣、王黃自陣前敗回，急催韓王信北逃。丞相箕肆亦拉來了兩匹馬，勸道：「事急矣，大王可投冒頓！」

韓王信望了望遍地亂兵，滿心絕望，仰面泣道：「堂堂漢家諸侯，竟投匈奴，先人祖宗將不容矣！」

丞相箕肆勸道：「先人祖宗於地下，無所見；然漢軍刀劍箭矢，卻認不得你韓王。若再遲疑，我君臣將陷於陣中。」

韓王信呆望了大纛片刻，長嘆一聲，才脫掉袍服，棄了車駕，跨馬朝那深山竄去了。

漢馬軍大勝之後，劉邦亦率步軍趕到，就地紮營歇息，眾臣皆來中軍大帳致賀。劉邦精神大振，手指太行山，對眾臣道：「韓王信膽小，此一逃，必是遁入匈奴營中去了，彼之巢穴馬邑，已在我股掌中。今大軍宜疾進晉陽，剿滅叛眾，據城禦敵，略定北邊。」

眾臣齊聲稱善，劉邦便命步騎合兵一處，直撲晉陽。途中，忽又想起韓信之言，便派出數路斥候，打探匈奴虛實。

再說那韓王信，果如劉邦所料，過馬邑亦不敢停留，只帶了幾個親信，投冒頓大營去了。

他的部將丘曼臣、王黃兩人，跑得沒有這般快，逃至馬邑之南的廣武邑（今屬山西省代縣），便不知韓王何往，只得收拾了殘兵敗將，暫且紮營。

兩將思前想後，心有不甘，欲伺機反攻。然苦於找不到主公，自家名號又不響，便覓了個故趙宗室後裔，名喚趙利，奉其為「趙王」，扯起旗來反漢。一面又派出親信，往上谷向冒頓求援。

冒頓得報大喜，本想借兵與韓王信，令他返身殺回，又恐韓王信萬一敗亡，便失了一個好籌碼；於是留韓王信在帳中，只遣了左右賢王兩人，率胡騎萬名西援叛眾。

待兩下合兵一處，王黃等殘部聲勢復振。知晉陽尚未失，便與匈奴軍商議，欲南下晉陽以拒漢。豈料此時，漢大軍已連破六城，先一步開抵晉陽城下。

一月以來，晉陽百姓懼於叛眾勢大，皆不敢言。今見王師來攻，闔城頓時皆歡，都偷偷備下酒，只等城破之日慶賀。城外，那三十二萬漢軍步騎相接，源源而至，於城下紮好營壘，只等擇日攻城。

不數日，那叛軍與匈奴軍自廣武邑南下，也來至晉陽城外。眾叛軍多係受裹挾而來，見漢軍連營竟有十數里，鼓角喧闐，旌旗蔽日，不由都覺膽寒。

左右賢王眺望半晌，見漢軍壁壘高矗，不易攻打，亦是大感躊躇，便命丘曼臣、王黃上前喊話勸降。兩叛將無奈，只得壯起膽子，騎馬奔至漢營前。

左右以藤盾將二人護住，那丘曼臣便喊道：「漢王劉邦何在？你孤家寡人做了天子，便容不得舊部存活，其心何毒也！今冒頓單于舉大義，助我興兵問罪，如何不見你露頭出來？」

劉邦在壁壘上看了多時，見只是兩個裨將出頭，便冷笑一聲，挺起身來叱道：「鼠竊狗偷輩，也想舉大事乎？我劉邦即便千錯萬錯，然亦不忘祖宗。爾輩鼠兔，生於中夏，頭上插了一枝白翎，便可改換祖宗嗎？也罷也罷！你不認我這天子，我便教你識得我手段。」說罷，將袖一揮，壁壘上立時冒出幾千個弓弩手來，張弓搭箭，萬矢齊發。

那丘曼臣、王黃慌忙蹲下，左右急舉盾牌遮擋，眨眼間盾上便成一個刺蝟。兩人趁放箭間隙，狼狽奔回。第二輪箭雨轉眼又至，匈奴騎士與叛軍多有人中箭，紛紛倒地。

眾叛軍正慌亂間，忽見東面塵頭大起，有灌嬰、靳歙、傅寬、酈商等一干驍將，引漢家馬軍殺至，勢如狂潮。叛軍望去，見漢軍中軍大纛下，正是絳侯周勃！

那漢家騎士各個善射，弓弩之力遠勝於匈奴兵，未等馳近，便是一陣如蝗箭雨射來。匈奴兵甲胄不齊，輾轉於箭雨之中，死傷累累。左右賢王見不是事，急令所部不得畏死，冒矢迎擊。

片刻後，兩軍騎士迎頭相遇，殺作一團，滿耳只聞殺聲震天，刀劍鏗鏘。從城上望去，遍野是馬匹交錯，旗幟雜亂，連守城叛軍也看得呆了。

戰了多時，漢軍挾得勝之威，愈戰愈勇；城內百姓只盼漢家得勝，不顧叛軍禁止，都走上街衢，敲擊鍋鑊以助漢威，響聲震天動地。

匈奴馬軍聞聲心慌，漸感力不能支。正在此時，劉邦一聲令下，壁壘內忽又擂起一通鼓來，只見營門大開，數萬步軍自營內擁出，旗甲耀目，長戟如林。匈奴軍大驚，皆無心再戰，欲回上谷，卻見東歸之路已被截斷，只得向西逃去了。

匈奴兵既敗，城內百姓便一擁而上，奪了守城兵的刀劍，將四門打開，迎漢軍而入。

周勃與諸將窮追了一程，見匈奴已逃遠，便下令回軍。返回途中，正遇見劉邦率陳平、樊噲、盧綰等人，自晉陽城內乘車而出。周勃忙上前稟報：「敵已西遁，陛下可回城。」

劉邦道：「千里而來，只為嚇跑這班蟊賊嗎？傳令三軍，隨朕之後，無分晝夜追敵，務求斬盡殺絕。不如此，無以震懾叛眾。」說罷，便招呼左右侍衛，揚起大纛，只管向西疾進。

眾將見劉邦率先追敵，都不敢怠慢，撥轉馬頭，也隨著向西追去。一時間，三十二萬步騎，盡皆拔營西行。

才追了半日，便逢天大寒，鵝毛大雪紛紛揚揚。陳平此時為劉邦驂乘，手凍得握不住戟桿。劉邦回首瞥見，便持劍割袍，「嚓」的一聲，撕下了一縷緞面來，扔給陳平：「拿去做個『籠手』！」

陳平將手背裹住，憂心忡忡道：「雪猛天寒，為行軍之大忌。那匈奴兵，人人皆有羊皮，不懼風寒。而我軍冬衣，僅為麻絮，教士卒如何消受？」

劉邦頭也不回道：「看你貌美如婦，怎的連心腸也如婦人？此時追敵，敵也甚苦，不出旬日，便可除去大患，中尉何必糾結？」

時至冬十一月末梢，天氣愈加寒冷，士卒盔甲皆結滿白霜。周勃飛馬從前軍奔回，急急稟道：「士卒多有凍墮手指者，情形慘苦，可否稍停取暖？」

劉邦擺手道：「不成！此時若縱敵遠遁，後患無窮。可令士卒撕衣襟裹手，人馬勿得停留。」

周勃忍了忍，未再言語，只將這道軍令傳下。眾軍甚是無奈，唯有冒寒疾進。接連兩日，追至離石（今屬山西省呂梁市），果然見前面有敵軍奔逃。

那匈奴兵與叛軍，連日西竄，飢寒交加，見漢大軍追至，無不驚慌，只顧向前逃命，迷蒙雪霧中，處處可聞人喊馬嘶。漢馬軍疾馳突進，循聲追去，殺入了大隊逃敵中。

左右賢王率部抵擋，然抵不住漢軍凌厲，死傷枕藉。那丘曼臣、王黃、偽王趙利在側翼，見勢不妙，慌忙率部奔逃，不知去向。左右賢王見大勢已去，只得棄了軍卒，拚死殺出，向北逃去了。匈奴殘部沒了首領，立時潰不成軍。

漢軍大勝，又馬不停蹄向北急追，劉邦喚了陳平、樊噲、周勃，四人跨上坐騎，甩開步軍，只隨馬軍疾進。如此長驅五百里，直至長城之外，追入樓煩[53]境內，一路搜殺，匈奴兵的斷刀殘旗，拋了一地。更有那隨軍的老弱婦孺，被棄於荒野，求生無門。

漢軍沿襲秦制，以斬首計功，故全軍正在搜殺匈奴老弱，斬下首級，那匈奴眷屬隊中，便爆出一片哀叫聲。

劉邦聞聽，嘆了一聲，對樊噲、周勃道：「秦制雖好，然太過狠毒！」隨即下令，此役不以斬首計功，放過那些老少，交後軍收容，解至太原郡安置。

越日，忽有斥候來報：左右賢王已逃至樓煩西北，聚攏殘兵，似欲反撲。劉邦聞報，急令周勃率軍往擊，追蹤至硰石（今屬山西省寧武縣），大破之。又北追五百里，至武泉（今屬內蒙古自治區托克托縣）之北，復又大破之。

漢軍連勝，氣勢大振。這日，劉邦馳上郊外大野，勒住馬，眺望茫茫雪原，不禁大笑：「這是何地？雲中郡也！大丈夫，生當如蒙恬，逐匈奴至天盡處。」

陳平在旁苦笑道：「今日我知蒙恬滋味了。」

「如何？氣壯否？」

「固是壯哉，然昨夜臣巡營，見士卒凍墮手指者，已十之二三矣……」

劉邦聞聽，臉頰微微一顫，知軍力疲極，那左右賢王又不見蹤跡，這才下令回軍，返晉陽暫歇。

在晉陽歇了數日，劉邦便命樊噲、周勃，向民間徵集禦寒衣物。城內百姓感恩，都紛紛捐輸，將那羊皮、麻絮、毛氈等物送至軍營。兵卒

[53] 樓煩，係北狄部落之一支，春秋時期成國；另一說，則指樓煩為周天子所封諸侯。其地在今山西省西北之寧武、保德、岢嵐一帶。

們添了許多禦寒物，士氣漸高，不似先前那般怨望了。

日前遣往胡地的斥候，此時亦陸續來報，稱冒頓發誓要雪恥，已率眾離上谷郡，進至雁門山北之代谷（今桑乾河谷），按兵未動。那韓王信投在匈奴營中，日日與冒頓謀劃，欲進襲漢地。

連日裡，又有斥候紛紛報稱：此番胡騎南來，足有三十萬眾，游弋於長城內外，數度驚擾邊地，軍民不堪其苦。

劉邦聞報大怒，決意北進，與冒頓一決高下，便甩去裘衣，對眾臣道：「吾韜略不及蒙恬，然雄心未必不及，今揮師北上，誓教匈奴不敢南下牧馬。」遂接連派出十名使者，以索還韓王信為由，前往匈奴營中交涉。劉邦密囑使者：見了單于，無須力爭，只探明匈奴虛實便可。

那冒頓見漢使絡繹於途，異乎尋常，知是劉邦詭計，便下令：軍中壯士與肥牛悍馬，均匿於山谷中，營中只留老弱人馬，佯作困頓。

漢家先後有十名使者來訪，對索還韓王之事僅是敷衍，兩眼卻只往四下裡瞟，看匈奴營中景象。待漢使離去，匈奴闔營都在竊笑，只待劉邦上鉤。

使者回報劉邦，皆言匈奴可擊，無須顧忌。先後十名使者，竟無一異議，劉邦且喜且疑。喜的是，匈奴果然疲憊，正是千載難逢之機；疑的是，此情若果是真，那匈奴何來往日赫赫威名？

數日裡斟酌不下，劉邦便又遣劉敬出使匈奴，囑其務必留意。這劉敬，便是曾力諫定都關中的齊人婁敬，現已賜姓劉，官居郎中，常在劉邦近旁。

那冒頓也知劉敬來歷，聞此人來，不敢疏忽，嚴令精壯之卒不得暴露。劉敬入了匈奴營，也不掩飾，於營中往復探看，心中便有了數。返回途中，正遇漢大軍源源而來。原來劉邦終是按捺不住，唯恐錯失良機，已下令北上。

劉敬急入見，稟道：「陛下萬不可擊匈奴！愚以為，兩國相鬥，必張揚己之所長，唯恐不強，以期震懾敵膽。然今臣往匈奴營去，唯見疲瘦老弱，不成體統，必是故意曝短處，暗中卻藏奇兵。請陛下詳察，不宜輕動。」

此時，漢軍已有二十餘萬出了晉陽，正翻過雁門山，進逼馬邑。大軍糧草輜重綿延於途，甚是壯觀。

劉邦立誓滅胡，號令既出，勢已箭在弦上，此刻聞劉敬之言，不禁大怒：「齊虜！你以口舌得官，本屬僥倖；今大軍出動，乃敢妄言摧我軍心乎？」於是下令，將劉敬戴枷下獄，囚繫於廣武邑，等候發落。大軍不得有片刻停留，務要奪取馬邑。

那馬邑城中，尚有韓王信殘餘，此時聞風，都一哄而散，逃往代郡去了。鄰近的霍人縣，聞漢大軍至，也開門請降。

劉邦率群臣入馬邑，登長城北望，但見那萬里蒼茫，直抵天際，不由大喜道：「昔日蒙恬，築長城便在此處。今登城頭，猶憶壯夫！此去邊外五百里，便是大漠，冒頓實已途窮矣！」

陳平諫言道：「胡人之祚，已有千年，滅此頑敵恐非朝夕之事。不如待來春日暖，再擇機進剿。」

「你懂甚麼？今番雪地滅胡，絕非大夢。那匈奴雖猾，然性亦多疑，今大軍應疾進至平城（今山西省大同市），出其不意，截斷他後路。他全不能料我軍迅疾，驚懼之下，必不戰自潰。」

見眾臣面有難色，劉邦便又道：「雪地遠襲，步卒確是不易，可由周勃、盧綰統步卒，在馬軍之後逐次而行。朝中文武隨我，與馬軍先發。十日內，務必奔入平城，以斷匈奴退路。」

盧綰望望眾人，嘆一口氣，應道：「陛下既忘生死，臣等豈敢畏敵？然平城之途，地近塞外，須派出斥候，好生打探。待查無埋伏，再發兵不遲。」

劉邦便嗤笑：「匈奴新敗於樓煩，元氣已大傷，何須如此小心？兵貴神速，瞻前顧後還談何用兵？」

眾臣無語，只得各自回營整裝。周勃知前途莫測，便嚴令諸騎士，每人須帶兩個箭壺，裝滿五十支箭，不得短少。

次日，漢軍冒雪北行，馬軍當先，步軍在後，長驅七百里，晝夜兼程。

這一路，唯見雪滿太行，絕少人跡。眾臣都覺此行凶險，皆一路沉默，只顧催馬疾行。

劉邦見眾臣畏敵，便對陳平道：「婦人之怯，如何上得戰陣？我軍新勝，兵精糧足，旬日間馳至平城，必驚破冒頓之膽。」

陳平不答，只依憑車軾，手搭遮陽不住左顧右盼。

劉邦回首瞥見，嗤笑道：「天寒若此，連飛鳥也藏匿不見，你看個甚？」

陳平不理會，仍凝神觀望。此時夏侯嬰為御者，便插了一句：「陳平兄未忘昔年。一日睢水，終生噩夢也。」

劉邦頓感不悅，叱道：「陳年爛穀子嘛，還說那些做甚？幾日奔襲，可見匈奴一兵一卒？」

陳平這才道：「陛下，《太公兵法》有誘敵之計，乃是『先見弱於敵』，臣只恐冒頓深諳此道。」

劉邦便仰頭大笑：「冒頓若也懂《太公兵法》，河當西流，日頭也將西出矣！」陳平臉一紅，便不再作聲。

行至第十日黃昏，眾軍漸感力疲時，前鋒忽然一陣歡呼，原是平城已在望，眾臣這才鬆了口氣。

大隊入城，好好歇了兩日，眾臣心方稍安。劉邦登城，遠望陰山一帶，渺渺茫茫，心中大起感慨，急欲出戰。見步軍僅到了兩萬，大部尚未抵達，便又覺焦躁，決意親率馬軍一萬、步軍兩萬東出，先擊匈奴。

這日晨，大霧彌天，數里內不辨人馬。三萬漢軍披掛整齊，便絡繹出東門，劉邦親率眾文武居於中軍。

出城六七里，迎面紅日東升，霧漸漸散去。劉邦大喜，在馬背哼著謠曲，催軍疾進。不料，出東門五六里，才行至白登山[54]下，前軍忽起騷動。眾臣也覺出異常，側耳細聽，隱隱可聞吹角之聲四起。

劉邦驀然一驚，但見中郎將徐厲馳至，急稟道：「匈奴大兵至，人馬甚眾，不知多少！」

劉邦大驚失色，忙甩下白狐裘，躍起張望。夏侯嬰也連忙停車，足登車轅之上遠望。

劉邦急問道：「敵勢如何？」

夏侯嬰大驚道：「謔矣！遠望十里不見盡頭，唯見胡騎遍野，足有數十萬眾！」

「數十萬？莫不是自地下冒出？」

「陛下，賊來神速，必是已覬覦我軍多日。今之匈奴，與往日楚軍不同；若是楚軍，早便接戰了，我輩此刻恐已授首矣！匈奴此來，似不欲速戰，只遠遠將我圍住。」

劉邦急下令道：「全隊速返平城。」

夏侯嬰回望一眼，臉色便一白：「歸路已斷矣！」

劉邦左右望望，果然煙塵四起，不禁頓足道：「吾中了賊計！我軍在

---

[54] 白登山，即今山西省大同市東北之馬鋪山，亦名采涼山。

平野，焉能抵住數十萬胡騎？」躊躇片刻，忽然一眼看到白登山，便又大呼道，「全軍爬上白登山，安營築壘，以待後軍。」

那漢軍騎士，皆為「郎中騎」出身，久歷戰陣，忠勇自不必提。突臨大敵，各個都不慌，只彎弓搭箭，護著劉邦與群臣，爬上了白登山。

登上山來，望得遠了，君臣這才大吃一驚：那匈奴兵，堪堪有四十萬眾！茫茫雪野上，唯見一片褐衣雜旗。六七里之外，平城遙遙在望，然插翅亦難飛回了！

至午，匈奴兵已列陣完畢，只見原本雜亂之旗，竟然依照青、白、黃、黑四色，分東、西、南、北排列，聲勢既壯，行列亦井然。

「冒頓果然神勇，今番完了！」劉邦倒吸一口冷氣，跌坐於雪地上。隨何、周緤、徐厲諸人連忙上前，將劉邦扶起。

隨何勸慰道：「陛下勿慮！馬軍騎士有萬人，人人皆是神射手，所帶箭矢亦充足。一時半刻，匈奴近不得身，只須靜候周勃步軍來援。」

劉邦稍作喘息，擺擺手道：「我無事，你等速去督促士卒，張弓控弦以待，不得有片刻疏忽。」

此時，陳平、樊噲、夏侯嬰、酈商等文武重臣皆聚攏來。劉邦看看諸臣，淚水就湧了出來：「吾輕敵，連累了諸君！」

陳平道：「匈奴不來攻，必是懼我。陛下請稍寬心，等援軍前來就是。」

劉邦長嘆一聲：「唉！熟讀《太公兵法》，卻被那匈奴豎子給騙了！若我被殺，則漢家一世而亡，今後萬年，恐也再無此例。」

樊噲大急，勸道：「姐夫不可作此想！漢家重臣，盡數在此，又有善射騎士萬名，智勇皆為天下之首，頂個十天半月，又有何難？」

劉邦只是沮喪，道：「這白登山，山不甚高，山勢又平緩，守一日尚可，如何能守得十天半月？」

灌嬰便建言道：「白登山雖不高，然平地突起，中有溝壑，四圍宛若城牆，正為我射手的好屏障。胡騎不諳陣法，上陣僅一人一騎，蜂擁而上。此時不來攻，顯是懼我漢家射手。陛下可傳令各部：胡騎敢有近前者，一律射殺，以震懾敵膽。」

劉邦擺擺手道：「軍中之事，交樊噲、灌嬰處置，你二人自去斟酌。朕頭痛欲裂，只想歇息，諸君都散開吧。」

周緤、徐厲忙將一捆飼馬穀草解開，揀了一處松柏叢中，將草鋪好，扶劉邦箕踞其上。劉邦坐下，仍覺寒風凜冽，渾身瑟縮，忙又蓋上白狐裘禦寒。

待劉邦坐好，二人便拔劍在手，跪於地上護衛。劉邦望望二人，苦笑道：「你二人隨我上陣，卻屢見我敗陣。吾枉為天下之主，如此不堪，真是白活了！」

周緤道：「陛下不可出此言。昔在漢中，臣為陛下驂乘，彼時漢家何其弱小？後隨陛下東渡河，漸取天下，豈能言屢戰屢敗？今日雖小挫，然萬名郎中騎，皆漢家死士，足可守此待援，陛下請勿煩惱。」

劉邦點點頭，不再作聲，只睜大眼睛，呆望著天上白日。

再說那山下，冒頓令眾騎圍住漢軍，並不來攻打，確是心存戒懼。當日見漢軍退上白登山，冒頓狂喜，將那棲鷹冠拋向空中，便要下令進擊。他身邊左右賢王自樓煩逃回，深知漢馬軍弓弩之強，皆力言不可。

冒頓不以為然道：「我軍勢眾，冒矢而上，無非是死個千把人，有何不可？」

那左賢王道：「看那漢軍，計有兩三萬人，其中輕騎人數便近萬，皆身負滿壺箭矢。接戰之際，箭矢如雨，弓弩之強遠勝於我。前日在樓煩，我騎士衝陣時，多為箭矢所傷。今漢軍在山上，據地勢之利。我若強攻，死傷必多，不如久困為上。」

「哈哈，他箭矢再多，也總有用盡時。」

「大王，漢馬軍恐有萬人，若每人身負五十支箭，便是五十萬支，不可小覷呀！」

冒頓便一怔：「五十萬支箭？……韓王，你意下如何？」

韓王信在側，忙諫言道：「左賢王之言有理。那漢馬軍，即是大破楚軍之『郎中騎』，長於強弓，精於騎術，不宜與之相抗，可圍之。以漢軍常例，軍卒所攜糧秣，不出五日便告罄，而後必潰散。」

「嗯……那丘曼臣、王黃所部，今在何處？」

「日前已有使者來，稱該部自樓煩逃回，人馬未受大損，約期三日內即來平城，會攻漢軍。」

「如此也罷。先困住漢軍，且候丘曼臣、王黃前來。該部自有強弓硬弩，可與漢軍相抗。」

匈奴各部得了軍令，只在白登山四周鼓噪，大隊胡騎往來馳騁，卻不來搦戰。漢馬軍疑心匈奴有詐，皆拉滿弦，目不交睫，不敢有絲毫懈怠。

至黃昏時，只見匈奴隊中，有一少年「百長」[55]，飛馬馳近，徒手於馬背上騰挪翻飛，叫囂尋釁。

灌嬰望見，便喚來一名樓煩騎士，密囑了兩句。那樓煩兵得令，拉開強弓，瞄準良久，只是遲遲不放箭。待那百長炫耀夠了，正欲得意揚揚歸隊，只聽弓弦「砰」的一聲響，一支雕羽箭呼嘯飛出，正中那百長之冠，將他掀下馬去。

---

[55] 百長，匈奴軍職，即百騎長。

那坐騎受了驚，揚蹄長嘶一聲，狂奔而去。百長自地上爬起，羞愧難當，顧不得拾起尖頂冠，慌忙一瘸一拐奔回大隊。

眾匈奴兵不由大驚，紛紛退後，望見那百長的狼狽相，復又哄堂大笑。自此，胡騎只在數里之外徘徊，無人再敢靠近。

至夜，匈奴兵堆起狼糞、枯柴，點燃篝火取暖。遠遠望去，但見千堆萬盞，恍如星河。眾胡騎自單于以下，各個圍坐在篝火旁，炙烤獵來的羊狐鼠兔。

那山上漢兵，嗅到香味飄來，都在心內叫苦。山上無水，所攜米糧亦不多，漢兵只得渴飲雪水，飢餐乾糧，勉強果腹。

劉邦與諸臣也是一樣，餓了整日，竟渾然不覺。至夜，山下並無動靜，夏侯嬰才忽覺飢渴，急命近侍拾來些枯柴，以刁斗煮了雪水，端給劉邦。劉邦接過來，淒然一笑：「落魄皇帝，與貧家有何兩樣？」

眾臣連忙勸慰，劉邦才勉強進了些冷食。草草食畢，又立於山巔，望見闊野裡篝火閃閃，不由嘆道：「狼煙四起，何以求生？我劉邦身後所留，恐只是一個羞名罷了！」

此時徐厲在側，便勸道：「陛下不必煩惱，絳侯、燕王所率步軍，一兩日內必至。」

劉邦只是苦笑：「大雪滿地，行路遲緩，我怕是等不及來援，凍也要凍死在此了。」

徐厲想了想，又道：「此圍之嚴密，臣自投軍起便未見過，恐只有陳平將軍可解。」

劉邦轉頭望望徐厲，忽一拍掌：「著啊！速去請他來。」

片刻之後，陳平應召而至，劉邦便道：「漢家之危，唯你可解。往昔如此，今日更是如此。你且好好思量，不必理會軍中之事。」

陳平應道：「昔年李牧、蒙恬守邊時，匈奴之兵，才得二十萬眾，今日竟有四十萬眾！足見冒頓此酋，乃千年未遇之悍虜也。即便李牧、蒙恬在世，應付起來，恐也是吃力，請容臣細加思量。」

劉邦便叱道：「若有李牧、蒙恬，何須用你？堂堂正正之陣，我劉邦是打不得了，只有賴你出個詭計。朕之意，你須聽好：只教那冒頓放我一條生路，世間何等奇恥，我都能忍得下，你自去想吧。」

「臣即使有妙計，也非一兩日內便收功效。兒郎們晝夜警戒，只怕是吃不消。」「你只管謀劃，我自會吩咐諸將，令軍士輪流值守。」

其後接連兩日，匈奴兵仍是只圍不攻，在四面鼓噪。山上漢軍不敢懈怠，晝夜輪換，張弓以待。若僅止於此，倒還罷了，只苦了那些士卒，還須忍飢耐寒。漸漸有人撐持不住，倒地便不起了。

眾軍盼援兵盼得心焦，援兵卻連影子也不見一個。諸將唯恐軍心動搖，只得晝夜巡查，以好言慰之。

劉邦整日在穀草上躺臥，萬事不理，至第三日黃昏，才脫口自語道：「陳平若今夜仍計無所出，吾命休矣！」

此時徐厲砍來大把松枝，扔在篝火堆中，安慰劉邦道：「陛下往昔僅數騎，便可自鴻門宴脫逃，今日天下屬漢，豈能輕言戰敗？那陳平將軍，定有好計。」

劉邦笑道：「徐厲，今番若被你言中，朕便加你為封國相，無須再為我執戟了。」

果然，當夜陳平便來求見，稱計謀已成。劉邦大喜，一躍而起，拽了陳平衣袖，在篝火邊坐下，急問道：「公有何計？」

陳平卻不語，只環顧左右近侍。劉邦會意，即命周緤、徐厲等一眾近侍迴避。待眾人退下，陳平才道：「此計，只涉婦人。」

劉邦未解其意，不禁瞠目：「婦人？軍中何來婦人？」

「匈奴營中卻有婦人。那單于正室夫人，號為閼氏（ㄧㄢ ㄓ），略同於漢之皇后。此婦，非同小可！想那冒頓正得意，即是許給他漢天下，他也必不肯退兵。然有一人可使他退兵，這便是閼氏。文章便可在這閼氏身上做。」

「那冒頓蠻橫，如何肯聽婦人之言？」

「陛下不肯聽皇后之言乎？」

「這個……咳咳，且言正事！須如何打點閼氏才好？公貌美，欲潛入敵營進幸乎？」

陳平便苦笑：「陛下還有心思玩笑？臣自有妙計。」說罷，便附耳向劉邦低語了幾句。

劉邦聽罷，拊掌叫好：「陳平兄，我看，此計可成。此番若能脫險，吾必為你晉爵。」

第四日白晝，劉邦下令諸將：將所掠韓王信之珠寶珍玩，盡數繳上，不得私藏。另又覓得一擅繪之小吏，描摹了數幅美女圖，精工細筆，眉黛如生。待諸事準備妥停，便喚來隨何，密囑他率數名樓煩士卒，變裝易服，潛入匈奴營中，依陳平之計，去勸說閼氏。

隨何聞命，大起懼色，連連擺手道：「如此使命，臣如何當得？若被單於查獲，吾命不足惜，陛下大事必壞矣！」

劉邦便正色道：「漢家運祚，繫於公一人，公能忍見天下分崩乎？若冒頓明日來攻，必是屍橫遍野，公又豈能獨活？」

隨何想想，也是無奈，只得領命而退。當夜，便喚來數名樓煩兵，換了匈奴服飾，悄悄潛近匈奴大營。

一行人匍匐於雪地，借篝火之光，覓得一樓煩人千長[56]。見那千長一人在烤火，眾人便起身走過去。

那千長倉促間看不真切，驚問道：「是何人？」

此時，一名樓煩兵跨步上前，指了指身後，叩頭便拜：「此乃大漢使者，有要事面謁閼氏，事關兩家安危。看在同族面上，煩請千長通報。」

那樓煩千長聞聽鄉音，又驚又喜：「哪一個是漢使？」隨何一揖道：「在下隨何，今為漢使，在此見過千長。」

千長打量隨何，見果然是顯貴模樣，便道：「今日恰是下官當值，使臣遇到我，也是天意。且隨我來吧。」

諸人隨他走近一座金頂穹廬，見有數名都尉，執刀於門前護衛。那千長回首，對隨何低語道：「我家閼氏娘娘，向來獨居一廬，掌軍中糧財事，容我先去通報。」

少頃，千長出來，對隨何道：「娘娘願見漢使，請漢使獨入。」

隨行樓煩兵便卸下財寶，足有兩大布袋，匈奴眾都尉上前來接過，一起搬了進去。隨何整了整衣冠，也緩步而入。

進得穹廬，放眼看去，只見那閼氏年紀並不老，身披雲肩[57]，面有黥紋，別是一番風姿。

隨何大氣不敢出，行過大禮，便自報姓名。

閼氏一笑：「原來是隨何！久有耳聞，只知你巧舌如簧，無人能拒之。今日來此，所圖又為何？」

「我朝皇帝，巡遊平城，不意驚動了單于大駕。今日我漢帝慚悔，特

[56] 千長，匈奴軍職，即千騎長。

[57] 雲肩，古代女性衣飾，是指披於肩頭的織錦飾物，發源於北方游牧民族。因其有雲紋圖案，故有此稱。

地遣臣來，攜珠寶若干以獻，望閼氏娘娘開恩，勸說單于大王退兵。」

閼氏見布袋內金光燦爛，眼睛不禁就一亮，然轉瞬便面露不屑：「隨何，你身為漢家重臣，天下怕是已走遍，然何以這般蠢？老身日理萬金之財，這區區財寶，便可買通我不成？我只問你：若我軍攻下白登山，這財寶又將歸於何人？」

隨何一時氣塞，頓了頓才道：「漢軍出行倉促，稀世之寶不及攜帶，此僅為謁見之薄禮。漢家地廣物豐，尚有絕品，堪稱驚世，暫且先繪圖以獻之。待兩家罷兵，將源源不斷送入王庭。」

「又是巧言！漢家之寶，無非巧技雕琢之物，於匈奴又有何用？」

隨何也不答話，只從袖中掣出幾幅絹帛來，雙手呈上。

那閼氏接過，抖開一看，見是蛾眉女子畫像，面色便大變：「此乃何意？」

隨何恭謹道：「漢家美女，妖冶曼妙者無計其數，可歲貢數十百人，為王庭增色。」

閼氏便大怒：「你是說老身姿色不足嗎？」

「臣不敢。漢家匈奴本為兄弟，漢帝之贈，亦是美意。」

閼氏又仔細去看那些圖，凝視良久，忍不住讚了一聲：「漢家女子，確是絕美。這些畫像，老身收了，無事也好照著描畫顏面。」

「如此女子，想那單于大王也是喜愛的。」

「放肆！」閼氏呵斥一聲，稍後又嘆道，「漢家能臣，何其多也！這是哪個為漢王出的計策？單于若得了這般女子，老身怕是要被貶去牧羊了！」

隨何連忙道：「漢家君臣，無不景仰閼氏娘娘，兩家修好，唯賴娘娘代為一言。」

那閼氏低頭想了片刻，便抬頭道：「你是聰明人，漢王遣你來謁見，果不辱使命。漢家君臣之意，我已知悉，你且回去覆命吧。所有乞請，我自然知道該怎樣說。」

隨何知事已成，按住心內狂喜，臉上還是一派愁苦：「受困四日，我君臣飲食不濟，已苦極。」

「唉！那也急不得吧，須在這幾日方能弄妥。如圍兵有缺，爾等儘管走脫。」

隨何遂不再言，謝過閼氏，步出穹廬來。見那千長仍在外面等候，便從懷中摸出一把金釧銀簪來，偷偷塞過去，一面連聲道謝。

千長笑道：「北地風俗，女主外交，上使算是找對了人。」說罷，便將一行送出大營，彼此相揖道別。

隨何回到山上，將面謁閼氏經過，向劉邦略述一遍。劉邦便問：「那閼氏見到財寶，是何神色？」

「面有喜色，而語甚不屑。」

「見到美人圖呢？」

「立時色變。」

「好！」劉邦大喜，從穀草上一躍而起，「你大功告成，下去歇著吧。」隨即喚來樊噲、灌嬰，囑道：「每過一時辰，均向四面派出斥候，仔細查看。如圍有缺，全軍盡出。你二人，三日內不得闔眼！」

樊噲遲疑道：「不割出半壁河山來，那冒頓如何能放我軍歸去？」

「多話！你遵命便是。」

二人走後，陳平急急來見，劉邦一把抓住他衣袖，問道：「隨何已返回，稱胡地風俗，女主外交，可是有此事？」

「不錯。北地女子強悍，在外為夫奔走，不足為奇。」

劉邦大喜道：「陳平兄，你計謀已成。閼氏收下了財寶，應允勸說冒頓撤圍。你快去收拾裝束，好好歇息，等匈奴退了，也好快馬奔出。」

陳平也大喜，仰天嘆道：「天佑漢家！若再有三日不撤圍，白登即成我墳塚矣。」

當夜，劉邦酣睡一夜。早起，見大雪茫茫，呆望了一會兒山下，便蜷於草堆上看《太公兵法》，邊看，邊搖頭嘆息。

連日大雪，又過了三日，堪堪已被圍七日。日暮時分，灌嬰來報：「軍士難耐酷寒，凍斃餓斃者甚多。今援軍渺茫無期，再有兩日，全軍即告糧盡，不如今夜便拚死殺出。」

劉邦渾身一震，低頭想想，便喚來隨何，囑道：「天明時，再往閼氏帳中，哀辭懇求。日後歲貢，也是可以商量的。」

至半夜，大雪止住，天氣更寒。漢軍斥候輪番而出，均為匈奴兵阻住。熬到天將明，大霧四起，隨何連忙奔往匈奴大營。西行數里，卻未見匈奴一兵一卒，驚異之下，急忙回馬來報。

劉邦得報，將手上兵書一拋，立即吩咐道：「遣斥候四出，務必好生窺探。」不過片刻，眾斥候便馳回稟報：東北南三方仍有重兵，僅西面一角解圍。

劉邦立時精神陡漲，搶過一匹馬跨上，下令道：「匈奴解圍了西面，全軍即發，速撤回平城。所有鹵簿、車輛等無用之物，盡皆棄之，疾馳潰圍而出。」

此令一出，白登山上一片歡悅。眾軍紛紛棄了多餘負累，輕裝上馬。

灌嬰卻道：「陛下，萬萬不可！我軍疾馳，若為匈奴所察，必趁勢掩殺。那胡騎皆為短刀，弓弩甚少，我軍可張強弓、搭雙箭，面向外警戒，徐徐而出。」

夏侯嬰也道：「諸軍不可喧嘩，若有人奔逃，必斬之！」

劉邦頷首道：「二位所言甚是，便照此辦理吧。」片刻之後，三萬步騎便悄無聲息，各個持滿弓，分數列緩緩而下。

下得山來。劉邦回頭一望，見山上松柏間，仍有軍卒持弓，渾身覆雪，一動不動，不禁詫異道：「何故還有兒郎未撤？」

夏侯嬰也望了一眼，回道：「皆凍僵矣。」

劉邦大驚，瞠目半晌未作聲。少頃，有兩行熱淚湧出，嘆息道：「無此忠勇之士，我必為被俘皇帝。」說罷，便揮鞭打馬而去。

且說那冒頓，為何要解圍一角？自然是閼氏如約進了言。

隨何深夜謁見後，翌日晨，閼氏便對冒頓道：「我大軍南下數月，敗多勝少，折損近萬人。今日即便縛住劉邦，得了漢地，亦不能久住；與之爭，又有何益？古來交兵，兩主不相為難。白登困住了他，大王臉面已足，不如退去。且我聞漢降卒說，漢王屢敗不死，似有神，請大王察之。」

閼氏之言頗懇切，冒頓聽了，卻是覺得好笑：「有神？他有甚麼神？」繼之，又沉吟不語。想起先前與丘曼臣、王黃約好，合兵攻平城，而今竟全無消息，不由便疑惑起來。

原來，那丘曼臣、王黃所部遲遲不至，是因天寒雪大，迷了路，輾轉不知何往。冒頓數次命韓王信探聽消息，亦無頭緒。

這一枝節細故，引得冒頓大起疑心，當下便認定，那丘曼臣、王黃兩人，多半是暗通了漢軍，要斷匈奴後路，於是越發不安。如此挨了三日，到圍困第七日，忽有斥候來報：漢步軍三十萬，已由周勃、盧綰領軍，往平城浩蕩而來。

冒頓當下大驚，召來左右賢王、谷蠡王、諸大將及大都尉等臣屬，氣急道：「那漢家步軍，甲厚戟長，擅於戰陣，我匈奴騎士少弓弩，哪裡是他對手？漢軍若與丘曼臣、王黃前後夾擊，則我無歸路矣！」

那左右賢王心知是冒頓多疑，欲諫言，卻因此前多有敗績，屢遭申斥，故而也不敢多言。

夜來，冒頓揮退左右，坐在篝火旁，細思前日閼氏所言「漢王有神」，覺甚有道理，於是喚來西面統兵之萬長，教他率軍稍稍退去，解圍一角，放漢軍撤走。

白登山上漢軍，就在冒頓略一猶豫之際，趁大霧突圍而出。那平城軍民見皇帝安然歸來，闔城歡呼，敲鑼打鼓不止。

次日晨起，周勃所率三十萬步軍也源源而至，旗幟蔽天，金鼓大作。大隊未及歇息，便列隊鳴鼓，準備往擊匈奴大營。

匈奴斥候探知，忙奔回大營稟報。冒頓聽了，連忙奔出穹廬，果然望見西邊有煙塵騰起。仰頭一望，忽見天上雲色詭異，勢若龍蟠，不由脫口道：「這是甚麼？」

左賢王抬頭看看，臉色忽地就一白：「大王，天上之雲，不是一個『天』字嗎？」

冒頓聞聽，瞇眼去看，也頓感大驚。默然半晌，知時機已失，嘆道：「漢王果然有神！」遂下令全軍大部撤回漠南，唯留一萬騎士，交韓王信統領，專事襲擾漢地邊境。

當日近午，劉邦率眾文武登上城頭，遠望雪塵漫天，知匈奴兵已解圍退走，便都長籲一口氣。劉邦凝望良久，百感交集，忽見天上雲色有異，細一辨認，忽大驚失色：「此雲，豈非一個『人』字？」

眾人跟著望去，也看出了端倪，不由驚嘆連連。陳平道：「上天之意，不可褻慢。」

劉邦思忖半晌，嘆氣道：「此為上天儆我：人所不欲，便不能勉強。恥哉！恥哉！活該我兵敗。今日知道了，恤民為上，霸業為次，不能再弄顛倒了。」

此時，周勃上前請命，要率隊追擊。劉邦下令道：「絳侯周勃，騎都尉靳歙，率本部大張旗幟，鼓噪前行，追擊二十里即止。遇敵則擊，不遇敵則歸，均不得窮追。」

樊噲憤急道：「七日之恥未雪，如何不窮追？」

劉邦瞥了他一眼，忽問道：「你頭顱今在何處？」樊噲愕然，摸摸脖頸道：「在吾項上。」

劉邦便冷笑道：「若無陳平，你也只配做無頭將軍！」

說罷，不再理會樊噲，對眾人道，「趁冒頓膽怯，我軍盡速撤回晉陽，不得遲疑，違令者斬！」

盧綰便問：「陛下擬據守晉陽？」

「晉陽亦不能久留，月內即罷兵回朝。漢家今日，尚不能與匈奴相抗，即是百年之後，亦不能。滅胡之計，且留待後人吧。」

諸臣聞言，神色多沮喪，便各自散去。劉邦獨獨喚住了陳平：「公請留步。」

陳平止住步，向劉邦一揖：「陛下，適才布置，並無不妥。」

劉邦挨近陳平，低聲道：「公所獻之計，功蓋天地；然其計之鄙，實有傷國體，僅你、我、隨何三人知而已，萬萬不可洩露！」

陳平神色一凜，忙應道：「臣已知。臣寧死不洩露。」

至日暮，周勃、靳歙率軍大破韓王信所部匈奴兵，得勝而歸，擄得許多馬匹、軍械。冒頓受了驚嚇，率全軍遠遁而去。漢家邊塞危局，立告舒解。

劉邦大喜，見了周勃，搶步上前去，執手道：「絳侯功高，威名遠揚北疆，當加為太尉，總攬天下軍事。靳歙亦有大功，加為車騎將軍，統領天下車騎之兵。」

二人未料於滅楚之後，尚能以軍功加官，都喜不自禁，謝恩再三。

時已至冬十二月末，劉邦在平城坐臥不安，一日也不想多住，便告罷兵。詔下之日，漢軍大隊拔營而起，各歸來處。馬軍九千人仍由靳歙帶回，長駐趙地東垣（今河北省正定縣）。

此時韓王信尚有殘部，在雲中、雁門一帶游弋。劉邦恐其勢大，便命樊噲率軍一部，留在代地平亂。劉邦次兄劉喜，年前便封了代王，然至今未就國，此次便命他赴代縣就國，與樊噲一同用兵。

劉邦率大軍出平城後，行不遠，便望見白登山，其山形似覆盆，又酷似陵墓。劉邦禁不住傷情，喚了隨何來，命他傳令平城縣衙，徵調民夫，掩埋好凍斃將士屍身。待又走出數里遠，劉邦仍回望再三，嘆息道：「白登之恥，萬年也洗不掉了！」

陳平在側道：「陛下全身而退，當欣喜才是。」

劉邦沉默有頃，淒然道：「厚賄婦人而得保命，王者之恥，有過於此乎？」

過廣武邑時，劉邦想起劉敬之事，急命收捕往日曾往匈奴探營的十名使者，盡皆斬首。又將劉敬放出，召至駕前。

見劉敬蓬頭跣足而至，劉邦連忙起身一揖，面有慚色，溫言慰諭道：「吾不用公之言，以至受困平城，羞對天下。今已將此前言匈奴可擊之使者，統統斬首，以謝公。」

劉敬大驚，嘴張了兩張，才道：「陛下不殺我，幸莫大焉！然十名使者，罪亦不當死。微臣一人，如何擔得起這多條命？」

「嘿嘿，彼輩不死，便是要我死！今日我還能與你說話，才是幸莫大焉。公之忠直，朝中難有其二，今日便封你為建信侯，食邑二千戶。是為關內侯，僅遜於功臣列侯，此爵當可與公之功勞相當。」

劉敬慌忙頓首謝道：「臣為昔之齊虜，寸功未建，今日竟得封侯，豈非夢寐？臣披肝瀝膽，亦無以報答。」

劉邦便笑：「齊虜？哈哈，公不肯忘記前嫌乎？來來，請入座，朕還有事要討教。」

君臣於是隔案而坐，劉邦問計道：「冒頓兵強，控弦三十萬，數苦我北邊。吾雖親征，力終不敵，公於此有何妙計？」

劉敬於此早有熟慮，當下便道：「天下初定，士卒多年征伐，皆疲於戰，故未可以武力服胡人也。那冒頓為暴虐之主，殺父代立，又娶群母，專以強力立威，故又不能以仁義說服之……」

劉邦便發急道：「文亦不能，武亦不能，莫非只能坐視，任他在我頭上著糞？」

「有計。然計為長遠，乃在他子孫身上做文章，令他子孫為我漢家之臣。」

「你有話爽快些說，何計能用得這般長遠？」

「恐陛下不能為矣。」

「若可行，又何為不能？你儘管說。」

劉敬這才正襟斂容，叩首道：「陛下可將長公主[58]送入匈奴，為冒頓妻，並厚贈嫁妝。那虜酋見此厚禮，心慕漢家繁華，必以長公主為正宮閼氏，生子又必為太子，日後可繼任單于。如此，冒頓在，為漢家子婿；

[58] 西漢時，皇帝的女兒或姐妹通稱「長公主」，由皇帝冊封，地位高於所有的嬪妃。此處的「長公主」，即指魯元公主。

冒頓死，則陛下外孫為單于，胡漢血脈相混，便成一家。遍觀史書，豈有外孫敢與外祖分庭抗禮的？有此祖孫名分，則匈奴可不戰而成漢家之臣也。」

劉邦聞之，撫膝大笑：「這豈不是和親之計，果能有此功效乎？」略一思忖，便又道，「計是好計，然須捨出魯元公主……也罷！女兒不入匈奴，阿翁便入匈奴，就令長公主去吧。趙王張敖那裡，我去打理。」

「陛下今日便可致書冒頓。」

劉邦卻面有難色，道：「天下事，我做得主；嫁女之事，我卻做不得主。須回櫟陽後，與皇后商議。或者以宮女代之，詐稱公主，亦無不可。胡人見漢女相貌，都是一樣的，他曉得甚麼真偽？」

劉敬便又一拜，諫言道：「婦人愛女兒，乃是常情；然國事大於天，不嫁長公主，則胡地豺狼不去。兩相權之，孰輕孰重？」

劉邦白了劉敬一眼，反問道：「你無女兒乎？你無渾家乎？將長公主嫁與趙王，我已是一百個不放心了；如今又要教長公主休了夫，改嫁入狼穴，豈能這般輕巧？」

「若陛下不捨長公主，而令宮女代之，詐稱公主，匈奴日久必知，反生怨恨，此舉便毫無用處。」

劉邦忽覺心煩，便道：「公之言甚是，你且退下，容我細思。」

此後數日，大軍一路南行，為防匈奴躡蹤而來，不敢有所停留。直至翻過雲中郡之山口，晉陽城遙遙在望，劉邦這才長出一口氣，開顏而笑。三軍見已撤回塞內，再無性命之憂，皆搖旗揮戟，欣然開口大笑。此地後世名為「忻口」[59]，這「忻」字與「欣」通假，故當地有傳說，此即為紀念漢卒歸來大笑而得名。

---

[59] 忻口，在今山西省忻州市以北五十里之忻口村，為晉北向南通往太原市之要衝。

高帝七年（西元前200年）正月，大軍過晉陽小住，劉邦心仍鬱悶。這日，靳歙前來辭別，欲領馬軍返回趙地。

劉邦感念馬軍此次拚死用命，十分不捨，又想起劉敬所獻之計，便道：「罷罷！我索性也與你同行，往趙國一遊，去見見那不爭氣的女婿。」

當年二月，劉邦命周勃率禁軍大部還都，自己僅率萬餘人，與馬軍同行。至東垣，馬軍留駐，劉邦才與靳歙依依作別，自往邯鄲去了。

這日，大隊行至曲逆縣，入城稍歇。劉邦登城而望，見城內屋宇高敞，櫛比相連，端的是天下罕見之氣象，不由讚道：「壯哉此縣！我行遍天下，未見有如此宏敞之城，唯洛陽方可與之媲美。如此好縣，卻為何叫了個『曲逆』？」

夏侯嬰一向掌車駕之事，於地理、路途無所不通，此時便道：「此地原係中山國，有一道濡水過境，因水道回環，故又稱曲逆水，縣城便以此水得名。」

「哈哈，也好！」劉邦觀之良久，忽命御史近前，問道，「曲逆今有戶口幾何？」御史對曰：「故秦時，有三萬餘戶，近年兵亂屢起，今尚有五千餘戶。」

劉邦便喚過陳平來，溫言道：「陳平兄，白登之圍可解，唯賴你奇計，功高已不可再封。今日見此縣甚好，我便以此縣五千戶為你食邑，改封曲逆侯，以酬兄之大功。原戶牖侯之食邑，本就不足道，便免除了吧。」

陳平一怔，眼眨了兩眨，忙拜謝道：「謝陛下深恩！得了這『曲逆』封號，臣更是如履薄冰，終身不敢狂悖。」

劉邦聞言，不由一怔：「哦？這個……」繼之便放聲大笑。

隔日，鹵簿車駕抵達邯鄲。趙王張敖聞報，早早率了文武百官，郊迎於道旁。

那張敖，乃豪雄張耳之子，秦末隨父舉義甚早，受陳勝王封為「成都君」，曾率萬人從項王，共赴鉅鹿救趙，堪稱是少年將軍。然此人脾性，卻是十分溫厚，對劉邦極表恭謹。當日將劉邦迎入王宮，即設宴接風。

當日席上之陳設，極盡奢靡，有西域氍毹鋪地，酒器各顯琳琅，趙相國以下諸臣皆作陪。張敖視劉邦如父，執禮甚恭，每一佳餚至，必袒臂親自奉上。

劉邦數月以來日夜爭戰，皆在苦寒之地，嘗夠了殘羹冷飯。此次入了趙王宮，甚覺愜意，想想翁婿間也不必多禮，便箕踞於上座，開懷大飲。

見張敖躬身低眉，數次上菜，劉邦便一把抓住他肩膀：「小子，如何這般殷勤？此事教下人去做。你來，坐於我身旁，有要事與你商議。」

張敖不知有何事，戰戰兢兢坐下。劉邦便湊近他耳語，將那劉敬所獻和親之計，和盤托出。張敖聞聽，臉色便一變。原來那張敖與魯元公主，感情甚篤，忽聞外父欲拆散小夫妻、嫁女於匈奴，直如五雷轟頂。

劉邦瞥了瞥張敖，略一躊躇，又道：「白登之圍，老夫險些喪命。然何以制胡？恐是百代也無良策，幸有謀臣出此計，小婿意下如何？」

張敖埋首半晌，終還是忍了下來，施禮道：「國事為大。阿翁之意，便是小婿之意，不敢有所違逆。」

豈知劉邦於和親之計，也在依違之間，不能定奪，心內實不願魯元公主遠嫁。因此，暗盼張敖能大怒抗命，也好對劉敬有個交代，便不納此計。不料，張敖卻只唯唯從命，那魯元豈不真要嫁入胡地了？

劉邦大感失望，不禁火起，罵道：「吾兄張耳，何其豪雄！跋扈於燕趙，無人敢敵。怎的小子你與乃父渾不相似，竟是無一絲骨氣？逆來順受，如同姬妾，何敢稱張耳之子、劉邦之婿？」

張敖不知劉邦火氣從何而來，唯有叩首謝罪道：「小婿無能，難副其實；然執干戈、披甲冑，為阿翁守邊，尚堪一用。僅此而已。」

劉邦只顧惱怒不休：「廢才！只是個廢才！多說何益？」

諸陪客中，官位最高者乃是相國貫高、內史[60]趙午兩人，原皆為張耳門客。兩人性素耿直，年紀已逾花甲，聞劉邦詈罵，不禁面露怒色，對視了一眼，便雙雙起身向劉邦敬酒。

劉邦見兩老臣神色，也覺自家失態，這才收起腿，正襟而坐，道：「日前征胡不利，朕數月不能安寢，故有失言。趙家君臣大度，還要多包涵些。」

座中諸臣見此，亦紛紛舉起酒杯，強作違心之笑，將尷尬掩飾了過去。

宴罷，群臣出宮，貫高與趙午走在一處。趙午目睹適才張敖受窘，怒氣難平，對貫高道：「吾王孱王也。」

貫高心亦恨恨，切齒道：「國之不幸，莫甚於此！公請隨我至敝舍議事。」趙午心領神會，便打發隨從先回去，自己上了貫高的車。

這邊廂劉邦醉意正濃，只能留宿宮中，張敖便將後宮一姬妾獻出，為劉邦侍寢。這位姬妾，史稱趙美人，天生麗質，花容月貌；那一顰一笑，只合天上才有。劉邦如何能把持得住，當下笑顏逐開，全忘了方才的氣惱，擁著美人，踉蹌進了寢宮。

再說趙午隨貫高來至相府，兩人進了密室，閉門稍作商議，便出

[60] 漢初諸侯國所置內史，相當於朝中御史大夫，負責監察百官，掌圖冊典籍、詔命文書等。

來，在相府門客中選了十名武士，貫高平素待門客甚厚，此十人皆為貼身死士。此時，他只吩咐了一句：「去換了便裝，攜短兵，隨我進宮。」

十武士齊聲應諾，便都去換了黑衣勁裝，各揣了匕首，騎馬隨在貫高、趙午車後，往趙王宮而行。

到得宮門，貫高手持龍首符節，高聲呼道：「相國貫高來此，有王命傳召！」

貫高為百官之首，威震朝野，趙人婦孺皆知。那宮城侍衛豈有不識的？見是他來，急忙將宮門打開，執禮放行，一面便去飛報張敖。

此時張敖已然入睡，聞近侍急報，吃了一驚，忙起身來至偏殿。剛換好袞服，見貫高、趙午率武士擁入，張敖便臉色大變，倉皇站起道：「諸君何為？」

貫高率諸人一起跪下，朗聲道：「天下豪傑並起，能者先立。今大王事漢帝甚恭，而漢帝無禮，臣請為大王殺之！」

張敖聽清了此言，睡意頓時全消，以手指著貫高，不知該如何訓斥，竟一時氣結。眾近侍慌忙上前，為他拊膺舒緩。

過了片刻，張敖才緩過氣來，心生急怒，咬破了手指，對天誓道：「上天可鑑，我怎敢有此心？君何以出此言？我先人亡國，賴漢帝之助，得以復國，惠及子孫如我，秋毫皆出於漢帝之力也。此等狂言妄語，諸君不得再出口！」

貫高還要辯解，張敖便急得幾欲淚下：「相國要逼死小子嗎？」

貫高、趙午見張敖執意不肯，只得深揖謝罪，退出宮去了。回到相府，兩人又與諸武士商議了許久。

貫高嘆息道：「此事我是做得莽撞了！吾王為有德君子，不肯做那背德之事。而我輩唯好義，不甘受辱。今漢帝辱吾王，故我輩欲殺之，然豈能以此舉汙了吾王？殺漢帝之謀，切勿與吾王知，成則功歸吾王，敗則我輩獨當就是。」

諸人都攘臂應道：「大丈夫行世，義無再辱，願從相國之命！」

貫高便道：「今晚已驚擾吾王，不宜再入宮。我等且伏於宮外，天明之後，伺漢帝出宮，拚得性命，一劍將他斃命！」

眾人聞之，皆曰善。貫高便命從人逮了雞狗來，殺了取血，十餘人設香案，歃血為盟。如此忙了一番，天已將明。貫高說聲「好了」，便挑起一盞相府燈籠，率眾人擁出門來，往趙王宮疾奔。

行至街上，偶遇巡夜兵卒，見是貫高帶人夜行，都急忙讓路，不敢多問。

如此一路無阻，不料，行至城南武靈叢臺下，忽見前面有一壯男，拄一鐵杖，當街而立。

眾武士疑是事洩，紛紛從懷中拔出匕首來，要上前拚命。貫高卻擺手道：「且慢！」遂舉燈高照，見那壯男蓬髮虯髯，身負藤篋，腰間還挎有一酒囊，顯是遊士無疑。

趙午遂高聲呵斥：「犯禁夜行，是何歹人？」

貫高卻拽住趙午道：「不得褻慢高士。」說著，便向那人一揖，「敢問高士，來自何方？」

那人向前走了幾步，眾人才看出，原是一個跛足人。正在詫異間，只見那人將鐵杖夾於腋下，還了一禮，答道：「在下為巴國津琨人氏，早年雲遊，曾投軍從項王，於鉅鹿之戰傷了一足，現下為遊醫，草草謀生。」

趙國臣民恨秦人入骨，多感念項羽當年鉅鹿救趙，聞跛足人曾為楚卒，便頓生敬意，不再戒備，都收起了兵刃。

趙午卻是不信，仍厲聲問道：「遊醫亦應知律法，夤夜私行，所為者何？」跛足人以鐵杖指了指眾人，道：「與諸君一般無二，為濟蒼生耳。」

貫高聞言一震，旋即問道：「遊士，可知我輩為何人？」

那跛足人便指一指叢臺道：「此乃何地？叢臺也。昔趙武靈王在此，率趙家兒郎，胡服騎射，遺風今尚在。爾等短衣夜行，身懷利刃，迅疾如狸鼪，豈不是當今俠士嗎？」

貫高聞此語暗含譏誚，便知此人絕非常人，便朗然道：「說我是俠，我便是俠。道之所在，雖千萬人吾往矣，先生請勿阻我問道。」

跛足人仰面一笑：「雞鳴狗盜之技，焉用問道？昔趙家之豪雄，累代不窮。如廉頗、藺相如、李牧、趙奢等，皆偉丈夫，惜乎流風不再！且看今日諸君，躡足潛行者何為？欲濺血三尺於帷幄而已。想這朗朗世間，近年幸得干戈止息，百姓不必再如我斷手殘足，可嘆諸君只知懷利刃、行詭計，豪氣俱無，何敢奢言道乎？」

貫高為壯士氣勢所懾，竟一時啞然。趙午不由大怒，喝令眾人：「犯夜禁者，非盜即奸，快與我拿下！」

那跛足人卻淡然一笑：「秦法嚴苛，尚不禁醫。且小人夜診，並未步出閭里，何以犯禁？倒是諸君所謀，怕是天明即做不得了，請自去奔忙，恕在下不陪。」說罷，便略施一揖，轉身步入了一條小巷。

貫高急呼道：「不知先生高姓大名？」

那跛足人止住步，回首一指燈籠道：「人之一生，譬如此燈，風來倏忽即滅，其亮或不亮，後世何人能知？足下必欲留名於後世，或可如願，然非我之志也。」言畢，即隱身於街巷暗處，再不見蹤影。

趙午望住貫高，急道：「此人必是朝中耳目，何不拿下？」

貫高搖頭道：「朝中焉能有此等人物？且放他去吧。看來，今番謀大事，未逢吉時，出門便有異人阻道。今日便作罷，我等暫回，諸君若有心，請勿躁，可留待來日。」

趙午見貫高改了主意，頓足嘆了一聲，遂不再多言。眾人便都藏好利刃，隨貫高回府了。

翌日晨，劉邦醒來，意仍遲遲，睜眼見身邊有玉體橫陳，幾疑是在夢中，絲毫未覺夜來曾險遭殺身之禍。

趙美人見皇帝垂愛，越發嬌懶，便生出了百種嫵媚來。劉邦凝視美人酥胸良久，讚了句：「好個白登山！」

趙美人不解其意，忙問緣由，劉邦也不答，自顧道：「上蒼解人意，到底未使我成囚俘。雖被困七日，然亦得趙姬，不負此行也。」

趙美人仍是聽不懂，只顧摟住劉邦繾綣。少頃，有近侍叩門，在帷帳外告之：張敖已備下朝食，等候良久。劉邦便起身，令趙美人伺候穿衣，去進朝食。

張敖一如昨日，挽袖親自上食。朝食既畢，劉邦對張敖道：「離關中日久，諸事都無頭緒，吾將歸去了。」

知劉邦將行，張敖鬆了一口氣，連忙虛言挽留。劉邦只擺了擺手，笑道：「賢婿尚知禮，送我趙美人解憂；國中諸事，似也頗有條理。看來趙地安危，我也不必多慮了，走了走了！」即攜趙美人匆匆出宮，赴行轅召集眾臣，點起兵馬啟程，要往洛陽去。這邊廂張敖也連忙集齊百官，赴南門相送。

劉邦擁趙美人倚坐車上，見張敖伏於道旁，汗出如雨，不由起了憐憫心，溫言道：「孺子誠可教也！你為我守趙地，左有陳豨、右有盧綰，皆一時之雄，可以壯膽。且好好與父執輩同守北疆，勿有所疏漏。」

張敖叩首應道：「阿翁所囑，小子不敢大意。」

劉邦揮揮手，夏侯嬰便一甩長鞭，啟動車駕，大隊鹵簿隨之簇擁而去。張敖望塵而拜，許久不敢抬頭。那貫高、趙午在後，草草拜罷，猶自憤恨，怒視車駕良久。

於此一切，劉邦皆毫無所察。行至洛陽，又住進南宮，與美人逍遙，如新婚宴爾。這位趙美人，後為劉邦誕下第七子劉長，另有了一番故事，亦為後話了。

在洛陽住了沒幾日，忽有謁者來報：「代王劉喜，自代郡奔回！」

劉邦心中納罕，忙宣進詢問，方知匈奴兵與偽王趙利等又掠代地，侵擾上谷、代郡、雲中、雁門諸郡，聲勢浩大。不數日，又聞趙利已僭稱「代王」，設丞相、將軍等職，儼然自成一國。

時值樊噲已回關中，代相陳豨雖勇，然四面有警，疲於應付，一時回援代郡不及。那劉喜不曾上過戰陣，突遇叛眾漫山遍野，三魂都驚出竅來，也無心守代郡了，棄國而逃，隻身奔回了洛陽。

劉邦見了劉喜，不由大怒：「仲兄啊，你好歹是個王，臨敵而逃，成何體統？你那沽酒賣餅的命，有何金貴，逃得如此之快？竟連封國都不要了！」當下便欲治罪，然一想到太公，便又嘆了口氣，命劉喜暫去館驛歇息。

隔日，劉邦便有詔令下：廢劉喜王號，降為合陽侯，留置洛陽縣，另封少子如意為代王。因如意年尚幼，暫不就國，諸事仍由陳豨代管。同日，又命周勃、酈商發大軍前往代地征討。當年冬十一月，漢軍便相繼攻下代郡、雁門，大破賊眾，俘偽丞相程縱以下十餘賊首，偽王趙利遁逃，代地方告平定。

至春二月中，劉邦方依依不捨，離了洛陽。甫一入關，便直奔新都長安，見那長樂宮已有了模樣，不由大喜，當晚便住了進去。

然在巍巍宮闕中睡了一夜，白登山之圍仍似噩夢，縈回於心。次日晨，劉邦驚起，躊躇再三，只得回到櫟陽，硬起頭皮，與呂后商議，欲遣魯元公主赴匈奴和親。

呂后聞之大驚：「魯元？不是已嫁給張敖了嗎？」

「法不禁民女再嫁，宗室再婚更無禁忌。當今之計，國事為大，魯元可再嫁，我已向張敖有所交代。」

「甚麼？你三十萬兵出塞，反為匈奴所困，羞也不羞？吃了敗仗，卻要我女兒去和親，休想！妾身僅有太子一男、魯元一女，為何要將魯元遺棄於匈奴？」

「昏話！和親乃為社稷，怎的就成了遺棄？」

呂后也不再理論，當下大哭：「吾女若嫁給冒頓，老身也一同嫁去。」

劉邦大怒：「亂說！成何體統？」見呂后久久啼泣，全無頭緒，一怒便拂袖而去。

此後數日，呂后茶飯不進，只在後宮日夜哭泣。劉邦見不是事，便召劉敬告之：「遣長公主和親之事，朕不能為。可在城內尋一民女，封為長公主，嫁與冒頓了事。」

劉敬便一驚：「臣不明，長公主如何便不能嫁匈奴？」

「皇后不允。」

「皇后？陛下也懼渾家乎？」

劉邦望望劉敬，忽而一笑，反問道：「你有多大年紀？」劉敬不解，答道：「臣已年近不惑。」

「哼，我看你離不惑尚遠。」

「臣駑鈍，願陛下詳示。」

「公有所不知：皇帝家事，實與平民無二。表雖不同，裡卻相似。」

劉敬這才醒悟，嘆了口氣道：「如是，北疆百年之內，勢必不寧。皇后不捨女兒，寧捨河山乎？」

劉邦亦是心有戚戚，道：「漢家不強，奈何？所謂『長公主』，便在宮女中選一個吧。此事，還須公前往匈奴，巧為掩飾，定下和約便好。」

待時至春暖，劉敬便奉了詔命，頭戴高山冠，手持旌節，護送假冒「長公主」往匈奴和親。

那匈奴耳目甚多，豈有不知「長公主」為假的？多虧劉敬善辯，再三陳說利害。冒頓見漢帝已屈尊，真假便也不計較了，兩家仇讎，就此勾銷，結下了和好之約。

冒頓接了和親策書，向南方拜了兩拜，算是拜了外父劉邦。又教人奏起胡樂，將「長公主」安頓於穹廬。劉敬趁機向冒頓進言，力言胡漢不可反目。冒頓笑道：「那是自然。今後我若捉了外父，只怕是不好處置了！」

那漠南地僻，早春仍是一片雪意。劉敬於返國途中，一路看來，見匈奴部落中，小兒亦能騎羊，引弓射鳥鼠，稍長則騎馬射狐兔，各個都極彪悍。所有男丁，人人備有弓矢短刀，精擅騎術，隨時可上馬征戰，便知曉匈奴已成近身大患。

回朝見了劉邦，劉敬便急奏道：「臣觀河南白羊、樓煩之地，匈奴儼然為王，四處有胡騎縱橫，其勢倡狂，離長安近者僅七百里，一日一夜可至關中。關中在秦末遭戰亂，至今空虛，地廣而民少；依臣之見，可徙人口入關，以充實之。」

劉邦沉吟半晌，才道：「公之言，高見也；然從何處可得民？」

「臣以為，秦末大亂，諸侯初起時，勢雖洶洶，然無非齊之田氏，楚之昭、屈、景等大姓，可以成事。今陛下雖以關中為都，卻是人少財薄，北近胡寇，東則有六國遺族，餘威尚在，一旦有變，陛下如何能高枕無憂？臣以為，可徙齊、楚、燕、趙、韓、魏之後裔，以及各國名家豪族，居於關中。若無事，可以防備胡寇；若諸侯有變，陛下則可率此輩東征，好處甚多。」

「哦？此計甚妙，所慮甚周。先生莫非曾習《鬼谷子》乎？」

「此為『強本弱末』之術，臣之愚見而已。往昔，臣不過一戍卒耳，焉能習諸子之說？」

劉邦大喜，讚道：「公有大才！吾得一劉敬，如秦孝公得商鞅也。此事就交予你辦，擇日赴齊楚，遍查戶口，將那齊之田氏，楚之昭、屈、景等諸姓，遷來十萬口，充實關中。如此，豪雄皆伏於闕下，天下再無敢蠢動之人了。」

劉敬道：「誠然！關中既實，不獨胡人畏懼，陛下也可不再跑洛陽了。」劉邦一怔，望望劉敬，忍不住哈哈大笑。

## 貫高義舉，慷慨報效君王

高帝七年春二月末，蕭何向劉邦奏稱：經數月修葺，將原秦宮稍事增添，今已建成長樂宮。劉邦大喜，即命櫟陽宮室及丞相以下百官，盡徙至長安。

蕭何交了差，但並未得閒，又在長樂宮西面之龍首原，憑藉故秦章臺，再建一座未央宮，務求與秦故宮規模相當。

自此，從春至夏，劉邦在長樂宮住了數月，雖覺綺麗不及洛陽南宮，然氣象遠過之，便覺稱意，對那未央宮建得如何，也不大在意了。每日得閒，便在長樂宮中遊覽，將長信殿、長秋殿、永壽殿、永寧殿四大殿，及椒房殿、臨華殿、長亭殿、溫室殿、鐘室、月室、鴻臺等處，看了又看，摸了又摸。

夏日炎天，劉邦特意召蕭何入宮，登上鴻臺納涼。劉邦殷切道：「丞相辛苦了！長樂宮如此壯麗，昔日沛縣起兵時，何曾想到？年初在平城，朕唯恐命將不保，想到太子孱弱，我若撒手，偌大一個天下，丟給誰去打理？彼時，唯想到丞相，心方稍安。」

蕭何連忙謝道：「臣之所能，小技耳。陛下得天下，唯在戰，而臣無半分戰功，實有負重托。」

「唉，話也不是那樣說嘛。天下者，人心也。自入關之日起，丞相便甚得人心。七八年來，我在外征伐，關中人心，唯賴你籠絡，今已成不拔之勢。前日白登山之圍，我自感無望，然想到關中，便生出百般膽氣來，你說怪也不怪？丞相日常所務，多為瑣事，我不曾過問，不知近來可有何繁難？」

蕭何便將近日政務一一道來：「民間所用錢，多為『秦半兩』錢，秦亡後，不再鑄造，民間之錢遂不敷使用，私鑄之風大盛。有那奸猾之徒，竟然將圓錢剪邊，七八枚錢所剪下之邊，即可私鑄一枚新錢。如今市上，剪邊錢與私鑄錢流通，法不能禁。」

「哦？」劉邦便笑道，「宵小能有此等心機，倒是不可小瞧！還有甚麼？」

「數年間，六國之民紛紛徙來關中，尤以豪族人口眾多，然卻無田可耕。那前朝宮室及官宦，卻有大片苑囿荒蕪，無人耕種；不如將廢苑分給流民，好生耕種，令棄籍流民回歸本業。」

劉邦拈鬚想了想，方緩緩道：「丞相所言，皆田畝、錢糧之事，吾不能立斷。所謂無錢可用、無田可耕，漢家吏民多智，自有疏解之道，也無須惶恐。曾記否：昔年關中大飢，朕不忍，允飢民就食巴蜀。然飢民至巴蜀，穀價再賤，亦無錢買米，我是如何說的？」

「陛下降詔，允飢民賣子，所得錢，用以解困。」

「著啊！官府若照舊例，以掠賣人口禁之，飢民豈非將全數餓斃？」

「臣受教了：凡事不宜先言禁。寬以待之，事或濟矣。各郡國近來亦有鑄錢，本擬禁之，看來亦可不禁。」

「哈哈！以此推之，當可不禁。十餘年來，朕四方征戰，所慮皆為干戈事。餘生之年，只想要剪除豪強，為子孫廓清天下。錢糧細務，還請丞相自度。」

見劉邦不耐煩議論細務，蕭何便起身告辭。劉邦送蕭何至覆盎門，回望宮內巍峨十四殿，笑道：「丞相建了宮闕，叔孫通定了朝儀，這才像個天下的樣子嘛。」

蕭何回到府中，細思方才劉邦召見，語中多有不明之意，似暗含猜忌，心下便覺鬱悶。至掌燈之後，仍獨坐於書房，嗒然失神。

此時，長史蕭逢時呈上一盤瓜，蕭何便信手取過一片。食之，味甚甘甜，不由便問：「此為何瓜？」

蕭逢時一笑，答道：「此乃東陵瓜，長安城內無人不曉。」

蕭何笑道：「這麼說，倒是我一人不知了。此瓜鮮美，是何人所種？」「便是咱相府中的東陵侯呀！」

「東陵侯？原來是召平老先生。只知他閒來無事，在城東種瓜，原來就是這好瓜！你這便去，速請他來一晤。」

原來，這位召平，曾是故秦之東陵侯；秦亡，遂成布衣。因家貧，躬耕於長安城東，聲名甚著。當年沛公軍入關，蕭何在咸陽聞其名，便招為賓客。平素只知他寡言，不露頭角，焉知他種瓜種出了如此大的名氣。

蕭逢時遵命，返身去尋，眾人卻道召平久已不在府內。蕭逢時便又出城去尋，見東陵侯果然在瓜田守夜。待蕭逢時說明來意，卻只得了召平一句答覆：「此瓜正逢時，正如人亦逢時，無暇他顧。」

蕭逢時不知所對，只尷尬道了聲：「先生真乃知時長者！」便拜禮而別，回府中覆命。蕭何聞罷，哈哈大笑：「此等逸民，勉強不得，明日我自去見他。」

次日夕食畢，蕭何便換上布衣，帶了蕭逢時，徒步往城東而去。出城不遠，即見東陵侯瓜田，果然是商販雲集，爭相買瓜。

那召平年事已高，白髮滿頭，著一身葛衣，正在田間忙碌，見蕭何微服到訪，大驚，忙拋下雜務，來到田頭，向蕭何一揖：「何事驚動了丞相？這等地方，實有辱尊駕。」

蕭何揀了個乾淨地方，與召平相對而坐，笑道：「食東陵瓜，方知身邊有奇人。雖知瓜美，卻不曾見過召公之瓜田，故欲一睹為快！」

「丞相說笑了。臣家貧，不得已耳。」

「哈哈，此言就不誠了！公為我賓客，未聞用度拮据，莫非尚嫌不足，恨食無魚、出無車嗎？」

「丞相善察，我豈是求財之輩？小臣不才，然在前朝曾經顯赫，必招人怨，而今無所依恃，或有人存心報復，若不抱樸守身，必遭大禍。」

蕭何渾身一震，沉吟有所思，稍緩才道：「難道，公種瓜，僅為示人以弱而已？」

召平便一指遍地金燦燦的甜瓜，道：「丞相看此瓜，大者先摘，小者留存。人世間榮辱之道，也是一樣的。」

蕭何有所悟，立起身來，感慨道：「我居百僚之首，不免有竊喜之心。聞先生言，方知藏拙善抱之智也。」

召平望望蕭何，疑惑道：「丞相忽來我這裡，可有事嗎？」

蕭何遂躬身一揖：「在下前來看瓜，本為消遣；不意數語間，竟得先生指教，不勝感激。」言畢，便索要了幾枚瓜，教蕭逢時捧著，告辭回府了。

走出數里之遠，蕭何不禁又回望，見召平皓首立於夕陽中，霞滿白衣，宛若仙人，不由對蕭逢時嘆道：「我雖顯貴，暮年歸鄉時，若能淡泊如此，便是幸事。」

蕭逢時想了想，回道：「漢家非秦，丞相晚年……尚不至於此。」

蕭何搖搖頭，不再言語，只低頭默默踱回府邸。自此後，於朝中諸事，更是百倍小心。

且說劉邦自平城歸來，受驚嚇不小，以為撞著了楣運，後必禍事連連。然世間之事，偏就否極泰來，本年裡，中外竟再也無事，一派安泰。自春起，宮室即遷至長安，入住長樂宮。唯劉太公戀舊，仍留櫟陽宮不走，間或在驪邑小住。

此時後宮趙美人已有孕，若是生子，則皇嗣將有七子。劉邦想想，甚感滿足，迄今膝下已有六子，即曹氏所生劉肥，呂后所生劉盈，戚夫人所生劉如意，薄夫人所生劉恆，其下還有劉恢、劉友[61]兩幼子，每問安，可謂濟濟一堂。漢家河山，交於眾多子嗣把守，焉能有失？

內外漸安，劉邦便益發隨意。那戚夫人徙來長樂宮後，住在長信殿內，劉邦便時往長信殿走動，與小兒如意嬉戲，覺其樂無窮。由此一層，與那呂后便更顯疏遠，竟至數月也不見一面。

這日午時，有御史大夫周昌，為監察貪瀆之事，入宮急奏。聞宦者告之：「陛下在長信殿，已歇息。」

周昌知劉邦又去了戚夫人處，因事急，便徑往東邊長信殿謁見。至殿外，聞內有男女嬉戲之聲，不免怔了一怔，以為是戚夫人與如意遊戲，也未在意，撩起帷幕便入。不料，正撞見劉邦攬戚夫人於膝上，卿卿我我，做交頸狀。周昌大驚，掉頭便跑。

「周昌，御史！你跑個甚？」劉邦喚不住，便放開戚夫人，跣足去追。

待追上周昌，劉邦一把揪住周昌後領，按倒在地，騎在周昌脖頸上，問道：「來見我，為何忽然便跑，如見了鬼一般？跑個甚？見到酒池肉林了嗎？」

周昌挺項道：「不忍見如……如此君主！」

「哦？依你之見，朕似何等君主？」

「陛下就是桀紂之主！」

劉邦聞言哈哈大笑，放開周昌，道：「說得好！且受我揖禮。」揖罷

[61] 劉恢、劉友之母，應為劉邦後宮的其他姬妾，具體為誰，史籍不載。

又囑道，「你既未見到酒池肉林，便勿與外人亂說了，我自當收斂。」

周昌資歷深厚，耿直敢言，即是對蕭何、曹參等重臣亦甚鄙之。劉邦平素不畏物議，唯懼周昌直諫；經這次闖宮，對周昌就更有所忌憚。

過了炎夏，劉邦忽而靜極思動，攜了戚夫人與愛子如意，徑往洛陽南宮，一住就是半年，只求與呂后愈遠愈好。

如此換了新歲，即為高帝八年（西元前 199 年）冬十月，忽有邊報馳送入洛，稱韓王信所部餘寇，襲擾代、趙，聲勢甚大，聚徒眾數萬，前鋒竟到了東垣城下。代、趙各郡縣，城池殘破，人民逃亡，地方不能自保，北疆幾呈動搖之勢。車騎將軍靳歙鎮守東垣，自忖兵力單薄，擔心有失，晝夜有羽書飛馳告急。

劉邦得報，不由得惱恨：「天下安，食得飽，卻偏有狂徒倡亂！如此天下，怎敢交予劉盈？看來，我活一日，便要廝殺一日。」

陳平見劉邦欲再親征，便勸道：「代趙固有邊警，然有樊噲、陳豨坐鎮，不可謂將不強；陛下只須添兵北上，賊勢即平，何必披甲親往？」

劉邦卻道：「你是給白登山嚇破了膽！那韓王信雖不足慮，然冒頓可慮！非韓信、英布、彭越，不能制之。然此三人，有兵便是禍患，又教我如何敢用？」

陳平見劉邦不聽，心下愈急，強諫道：「白登山僥倖脫險，事不可再，望陛下三思。」

劉邦便望住陳平，哂笑道：「白登山又如何？你莫嚇我！我捨了臉皮，與冒頓和親，莫不成是空費力？我與他才成翁婿，他怎好意思領兵南犯？今代、趙之亂，不過王黃、趙利之流南竄。倘僅由樊噲平定，那天下梟雄，何人還懼我劉邦？此番親征，無非大軍遊行一番，利多害少，卻可揚名，你便無須多言了。」

如此，劉邦便點起五萬人馬，大張旗幟，冒雪北行。至東垣，與靳歙馬軍會合，號稱十萬雄兵，聲震北疆。

那王黃、趙利等部，不過是趁亂取利的餘寇，哪裡還敢堂堂正正一戰。見漢大軍至，果然從各郡縣望風而逃。太尉周勃率部一番追殺，斬獲頗多，賊眾向時所掠牲畜，遍地棄之。不出一月，北地便告廓清。

劉邦每日看捷報，甚是得意，笑對陳平道：「如何？我不親征，人不懼我，漢家又何以立威？」

陳平囁嚅道：「臣唯知冒頓不來，萬事皆安。今漢家有個假冒長公主，便可抵得三十萬軍了。」

劉邦哭笑不得，指著陳平罵道：「愚夫，敢笑我嫁女使詐！天下之大，只你一人知用詭計嗎？」

當月，劉邦率軍班師，路過趙地，因得勝而歸，便也不急，只悠哉而行。於途中，劉邦對陳平道：「我臨戰，雖敗多勝少，然終究有勝，此戰便是。今後王黃、趙利者流，當聞我名而喪膽。」

陳平乖覺，再不出言相忤，只道：「漢家河山，已如磐石之固，猛獸亦奈何不得，況螻蟻乎？」

劉邦聞言，不知是褒是貶，便笑道：「你又是大言！此次蕩寇，如無周勃，中尉恐又將與我逃命矣！」兩人對視一眼，都仰頭大笑。

再說那貫高在邯鄲，聞說漢軍班師，知時機已到，旋與趙午商議，召那府中十名武士來，慨然道：「漢帝跋扈，吾王孱弱，此乃趙之恥也，非血濺三尺不能雪洗。今聞漢軍得勝南歸，戒備必疏，可以行刺，諸君建功之日已至。想吾輩一生，除此更有何求？今諸君為國除害，必為世人所仰。」

眾武士齊聲應道：「願從丞相之命，為國赴死！」

貫高即命道：「諸君請易裝北上，躡蹤漢軍，尋機謀刺。」

十武士領命，遂換了便裝，晝夜兼程，疾馳二百餘里至柏人縣（今河北省邢臺市柏鄉），終探明了漢帝行蹤，知其當晚必宿柏人縣內，便潛入館驛，伏於茅廁夾壁中。伺半夜漢帝起來小溲，即亂劍殺之。

此計甚密，可謂萬無一失。眾武士也顧不得氣味難聞，隱身於廁中，只待天黑夜半，出來一個便殺一個，要教劉邦死在這臭茅坑裡。

且說漢軍大隊行至柏人，看看天黑，果然便要宿營。眾軍於城外紮營，劉邦則率諸臣投宿城內館驛。入城之際，劉邦舉目四顧，見縣令率父老迎於門外，便隨口問左右：「此縣為何名？」

夏侯嬰在側答道：「柏人。」

「柏人？」劉邦早疑趙家君臣或有不軌，聞此縣名，不由心中一跳——覺「柏」字音近「迫」，甚不祥，遂下令道，「柏人者，迫於人也！今夜不得宿此，加緊趕路，至信都（今河北省邢臺市西南）安歇。」

見夏侯嬰還在遲疑，劉邦便向他背後一擊：「還張望甚麼？寧走枉路，不做枉事。」

夏侯嬰一凜，猛然醒悟，當下揮鞭驅馬，便向城外駛去。

眾軍卒見此，只得又張起旗幟，隨劉邦車駕向南疾行，至信都方歇。就此，劉邦竟在無意之中，又躲過一場殺身之禍。

那十武士在茅廁中藏了一夜，並不見有貴客入住。待天明時，悄悄出來打聽，方知漢軍已繞城而去，都跌足不已，只得怏怏返歸邯鄲。

聞知行刺未果，趙午恨恨不已，拊膺惋惜道：「若成，正如兵法所言，是以十攻其一也，漢帝豈能逃脫？悔不該前次半途收手，饒過了他！」

貫高也是無可奈何，只道：「漢帝有天命，尚不及亡。然諸君豪壯，可追古風，皆為當世之荊軻、聶政[62]。且緘口，只當從未有過此事，伺機再動。」

眾武士慨然允諾，皆願日後再效命。

劉邦僥倖躲過一險，卻渾然不覺，只道北地已固若金湯，便命靳歙亦不必留駐東垣了，率全隊馬軍隨駕回朝。

大軍一路上行止不定，一月後，方返抵長安。正要好好歇息一番，忽有蕭何上朝奏道：「未央宮興作，已有一年，今初具規模，請陛下移駕查看。若有不足，可及時添造。」

劉邦不覺驚喜：「新宮一年便建好了？丞相辦事，果然神速。」說罷，便同蕭何出西闕，往未央宮來看。

往日，劉邦只知有民夫無數，在長樂宮西側負土壘石，卻無暇多顧。後移駕洛陽，更是不知新宮成了何等模樣。這日進得未央宮，來至前殿，不覺就一怔——只見那前殿巍峨，屋脊高聳，望之幾令人暈眩。

宮內有東闕、北闕、武庫、太倉等處樓宇，皆宏麗之至。前殿之外，各起居殿閣，則有宣室、麒麟、清涼、金華、承明、高門、白虎、玉堂、椒房等數十處，皆是斗拱如龍，飛簷似翼，地面遍塗丹砂，精緻遠勝過長樂宮。

在前殿階陛上，劉邦踱蹀往復，張望了幾回，但見殿宇勾連，複道相接，似有樓廈無數，便問：「新宮占地幾何？有屋宇多少？」

蕭何答道：「周回二十八里，有殿閣四十，門戶近百；尚不及長樂宮占地之大。」劉邦便哼了一聲：「不小了！若再大些兒，我豈不成了秦始皇？」

「即是做秦始皇，又有何不可？臣以為：始皇乃一統之君，陛下亦一

[62] 聶政（？—西元前 397 年），戰國時俠客，韓國軹（今河南省濟源市東南）人，為春秋戰國四大刺客之一。原為市井屠戶，為報大夫嚴仲子知遇之恩，刺殺韓相俠累。

統之君，興國之宮室，總該求個規模闊大。」

劉邦未再作聲，又走了數步，忽見前面有一閣道，淩空而起，如長虹懸於半空，直通長樂宮，當下就吃了一驚：「丞相，何必如此誇張？你是要抬舉我做天上神仙了！」

蕭何一揖道：「比之阿房宮三百里，未央宮僅附驥尾，不可謂奢華。」

劉邦便止住步，勃然大怒：「天下洶洶，苦戰數歲，成敗尚未可知。你我君臣行事，應示民以儉，令萬民知天子憫其疾苦。歷來為上者怎樣，在下者就怎樣，若天下都奢靡起來，有幾多資財可堪揮霍？命你修治宮室，唯遮風擋雨而已，何以這般鋪張？欲窮盡天下之力，為我一人獨享乎？」

見劉邦發怒，蕭何也不驚惶，只緩緩道：「正是天下尚未定，故漢家須大治宮室，示民以威。天子以四海為家，宮室若不壯麗，又何以立威、何以統馭四方？且今日規模稍大，後世便無需再添造了，亦不失為節儉之道。」

劉邦仰頭想想，才轉怒為喜，嘴上卻道：「丞相到底是老吏出身，能言善辯，無論怎樣，都是你對。罷罷，宮室既興作，總不能拆了，來日權作西宮吧。然我卻不能住 —— 只恐住了要做秦二世！可徙太上皇居於此。太公因我顛沛多年，險些受烹，送他住進這人間瑤池，也算我盡了孝道。」

「正是。陛下如日月，萬民仰止，天下便都樂於行孝。」

「唉！人變作日月，不分晝夜有人窺望，也未見得就好！想那始皇、項王，哪個不曾似日月？又能如何，還不是落得萬民咒之？這其中道理，我也想了數年，覺韓非子有一言，深得我心，即『事在四方，要在中央；聖人執要，四方來效』。那法家馭民，如驅豬狗，吾向來不喜，然韓非子此言，卻為治世之竅門。始皇得之，而項王失之，這才有我劉邦登位之日。」

「陛下，秦法萬不可效！」

「那是自然。秦法苛細，驅民如豬狗，民即變作遍地盜賊，朝廷縱有千軍萬馬，又豈能制住舉國滔滔？故我輩在上者，待百姓還是寬厚些好。然秦制卻與秦法不同，實為萬世維繫之道。你看，中樞執要，四方來效，河山豈不皆似在漁網中？以一繩即可牽繫之。可嘆那項王，懶於用心，不承秦制，偏要將天下瓜分，倒是如何了？

五年即滅！故而我漢家，須廢秦法而承秦制，要好好坐穩這龍首。」

聞此一番話，蕭何才知：劉邦雖連年征伐，於治天下卻也頗有用心，所謀甚大，與往昔霸上駐軍時，已不可同日而語了。於是連連揖禮，滿心折服道：「陛下所思，臣尚不及思；然一磚一石，壘砌天下，乃臣之本分。」

至此，劉邦才漸露笑意：「好了，這便勞煩丞相，於這未央宮四周，再添築城垣，為天下之京邑，號為『長安』，昭告天下，再不遷都了。」

這日以後，劉邦果然未住進未央宮，仍在長樂宮理政及起居，久之，臣下也習稱未央宮為「西宮」了。

此後數月無事，星移斗轉，不覺又換了新歲。至高帝九年（西元前198年），劉邦出行洛陽之際，趙相貫高謀刺皇帝一事，忽然遭人舉發。

原來當初謀刺未果，與謀者十數人後來每每相聚，提起此事，都扼腕嘆息。那貫高在趙地，糾劾不法之事，一向甚嚴，不免就有怨家。朝中同僚中，有一怨家，對貫高懷恨在心，偶爾探得謀刺內情，便欲置貫高於死地，疾奔長安，至長樂宮闕樓，擂響了「敢諫鼓」，上奏變告。

劉邦接此人密奏，大驚，忽想起去年在柏人縣，竟是僥倖脫險，當初所疑絲毫不差，不覺冷汗就冒了一身。當下冷笑一聲：「豎子，忍了你許久！」便喚了衛尉酈商來，命他持策書、符節，率禁軍一隊馳往邯鄲，將那張敖、貫高一併逮住，押往長安刑訊。

受此一嚇，劉邦也無心再在洛陽流連，翌日便啟程還都了。

且說酈商領命，率五百禁軍赴邯鄲，闖入趙王宮，見了張敖，以策書、符節示之。

張敖見酈商入宮的架勢，便知有大禍將至，待策書宣讀畢，當即汗流如注，辯白道：「陛下疑我乎？何其冤哉！那貫高行事，素來獨斷，我亦不知情。」

酈商早前與張耳也算熟稔，見張敖惶恐，嘆了口氣道：「大王清白與否，可向漢帝面稟，臣僅奉詔而已。請大王召丞相來問話！」

不多時，貫高聞召而來，眾禁軍便一擁而上，將他掀翻在地，鎖拿住。酈商展開策書，又宣讀一遍，貫高這才知事泄，卻面不改色，昂然道：「此事確有，係貫某一人所為，無關吾王！」

酈商道：「上命捕你二人，下官不敢違。相國如有話說，可往朝中去說，恕在下失禮了。」便令眾卒褫去二人冠服，各押上一輛檻車，遞解長安。另有一隊軍卒，亦逮了張敖之母、諸兄弟及後宮美人，解至河內郡羈押。

大隊人馬行至南門，趙國諸臣聞之，都紛紛趕來，趙午及相府門客也在內。酈商見眾人聚於途，群情洶洶，便恐生出枝節來，連忙向眾人出示策書，宣諭道：「趙王張敖、趙相貫高，謀刺天子，事泄，今朝廷捕之，餘者皆不問。」

趙家諸臣聞詔，訝異萬分，慌了片刻，便都伏地慟哭。

趙午知大勢已去，遂起身，悲鳴一聲：「王將死，臣獨活何為？」便欲拔劍自刎。眾門客見了，也紛紛拔出劍來要自盡。

張敖在檻車中望見，只是落淚。那貫高雖披髮戴枷，威儀仍不減平日，厲聲喝道：「誰令公等如此？此謀只與我一人相干，吾王不曾與謀。今朝廷捕我去，萬事只我一人當了，吾王無端受累，乃是千古奇冤。公等若皆死，何人還能辯白吾王不反？」

眾門客都怔住，只得收起劍來，聚到檻車旁，欲隨趙王、貫高前往長安。

酈商見不是事，忙將手中策書一舉，喝止道：「有詔命：趙家群臣賓客，均不得隨趙王行。若隨行，誅三族無赦！」

趙國諸臣見朝命嚴厲，只能嘆息落淚。趙午在檻車旁，伸手進去，執貫高之手泣道：「與公一別，重逢無日。公慨然就義，我等又豈能偷生？唯靜候公之音訊，雖千里相隔，也要同日而死！」

貫高道：「大丈夫，何必作小兒女之泣？老臣即是死，亦是死國，留名於世，若太行巍然，萬年不滅，又何其偉哉！人活一世，如此夫復何求？諸君倒要多保重了，但求吾王無虞，便是幸事。」

酈商看不下去，一聲斷喝：「罷了！」眾禁軍便上前，舞動長戟，驅離眾人。

貫高緊握趙午之手，急囑道：「老臣罪當誅，累吾王受辱，國中一時無宰執。公身居要樞，應當起大事，勿負王命。若有事不能決，可報魯元公主。」酈商大怒：「再多言，便是通謀！」

趙家諸臣只得向後退去，兩檻車載著張敖、貫高離了南門。禁軍各持短兵在手，前後相隨，一陣塵頭遠去。諸臣眺望車隊良久，當下哀聲一片。

是夜，貫高門客孟舒、孟廣、田叔、朱建等十餘人，聚在相府商議。孟舒道：「相國待我等恩重如山，值此方生方死之際，吾不能棄相國而不顧，便是死，也要隨吾王赴長安。」

眾門客道：「我等也願往！」

孟舒道：「不如皆扮作家奴，隨王而行。」

眾人皆稱善，於是紛紛剃去頭髮，戴了束頸鐵圈，假作家奴模樣，星夜騎馬追去。

翌日，眾門客追上押解檻車。酈商見了，頗怪之，問是何人。眾門客答道：「吾為趙王家奴，昨日不及隨行，專此趕來。」

酈商見是一群髠鉗之徒，也未起疑，便命眾門客跟在車駕之後，歇宿之時可以伺候趙王。

如此，一行人跋涉於途，緩緩向長安而行。眾門客強忍悲痛，每日為張敖、貫高備好飯食，盡力伺候。張敖雖叫不出門客名字，然盡都面熟，也知是相府死士相隨，只是不敢聲張。那檻車遮擋嚴密，貫高每日閉目而坐，不發一語。只在進食時，與眾門客以目示意，全無一絲懼色。

待二人押解至長安，劉邦也不見，只吩咐交予新任廷尉[63]宣義，對簿問罪。

那宣義新任九卿高位，急於立功，然見了張敖，卻頗感躊躇——想那趙王之號尚未褫奪，又是皇帝女婿，金玉之身，如何能下獄拷掠？於是將張敖別置一室，每日奉上美饌，只是不得與外人交通。一面便提了貫高來，對簿開審。

宣義早揣摩好劉邦意旨，只要逼問出張敖為主謀來，便可交差，於

[63] 廷尉，掌刑獄。秦始置，為九卿之一。

是劈面便問：「足下為封國相，乃一方尊長，榮耀萬分，朝廷有何負於你，竟要謀逆？」貫高揚聲道：「朝廷固不欺我，然欺吾王耳！」

宣義喝道：「問你的便是這個！趙王欲圖不軌，是如何指使你謀刺的？足下可早些招來，免得受辱。」

那貫高在趙國，也時常親問刑獄，哪裡在乎這場面，翻來覆去只一句對答：「柏人謀刺，確有其事，皆為吾及屬臣所為，吾王實不知。」

宣義便冷笑：「謀刺天子，豈是你一個相國敢為？如無趙王陰使，敢問足下有幾顆頭顱？」

貫高仰頭笑道：「貫某雖官居區區二千石[64]，然從先王張耳，舉義之資歷，亦不輸於漢王。今漢王得諸侯之力滅楚，以一隅而得天下，便來折辱吾王，天理又何在？吾王雖弱，亦是堂堂諸侯，漢王令吾王折節，我便要漢王折頸！君子報仇，何須受人指使？」

宣義大怒，一拍驚堂木，吩咐獄令道：「來人，榜笞伺候！不吐真情，只管每日拷掠。」

獄令遵命，將貫高押至刑堂，撲倒在地，以竹條猛擊其臀背。貫高咬牙，一語不發。如此，每日一刑訊，榜笞不足，又以鐵錐刺股，致腿上血流如注。

貫高只是堅不吐口，那獄令嗤笑道：「任是何等高官，來至此處，也是豬狗！廷尉只要足下牽連趙王，足下照做便是。即便是誣言，不也可以解脫了？」

貫高不由大忿，詈罵道：「人與豬狗，所異只在信義。守信之士，即臨鼎鑊之烹，又何所懼哉？如你這等人，恐只配做豬狗！」

---

[64] 二千石，漢官秩名。漢郡守、國相之官俸，皆為二千石（粟），故彼時習稱地方行政長官為「二千石」。石，今讀ㄉㄢˋ，舊讀ㄕˊ，古代容量單位，十斗為一石；亦為重量單位，百二十斤為一石。

獄令暴怒，呼獄卒上手，復又加刑，貫高忍痛，數度暈死。獄令便以冷水潑醒，拷掠再三。貫高呼痛之聲，滿堂獄卒皆不忍聞。過了不幾日，便身無完膚，竟是無可再用刑之處了。

獄令無計可施，只得報予宣義。宣義來看了，也是無法，便下令停刑，待貫高創傷稍愈，再來拷問。

這日，貫高臥於竹榻，正在忍痛，忽聞窗外隱隱有呼聲：「相國！相國！」忙勉強撐起，蹣跚至窗口查看，見一莽漢正倚於窗下。定睛望去，竟是那夜叢臺下路遇之鐵拐壯士。

只聽那人低聲道：「在下已買通獄卒，佯作收潲水，只為見相國一面。」貫高大驚：「你怎知我在此處？」

「相國高義，長安士民無不口傳，皆為相國抱不平，在下亦多有耳聞，方知相國羈押於此。只不知相國何日能脫罪？」

「此來別無所求，唯一死耳，談何脫罪？」

「相國抱定死節之心，但求青史留名，在下甚敬服。然張敖不過一諸侯耳，死生天定，相國奈何以命報之？」

貫高大忿，疾言道：「君子死義，不問貴賤。壯士休得多言，請速離去！」

那壯士長嘆一聲，從懷中摸出幾粒紫黑野果來，迅疾遞上：「請相國收好。在下知相國義無再生，只悔當初未曾力阻。詔獄酷刑，非人所能受也，不忍見相國蹈此水火。此野果，乃滇國之箭毒木[65]所結，我於日前覓得，贈予相國，若何時打熬不住，服下數粒，便可升仙。千年之下，忠義之士念及相國，亦當有人流涕。在下泯然一匹夫，實無力相救，就如目睹山崩而束手無策，痛在肺腑矣……」說到此，竟哽咽難言。

[65] 箭毒木，桑科熱帶樹木，本名「見血封喉」。其果實有毒素，樹液含劇毒，生長於雲南省西雙版納和海南省一帶的雨林。

貫高接過野果，遲疑片刻，當即揣好，道：「壯士之心，老夫雖魂魄化作鬼神，亦不敢忘，請速離去！」

那壯士見貫高收下箭毒木果實，方才淒然一揖，一步三回首，蹣跚離去。

且說張敖、貫高為朝廷捕走後，魯元公主聞趙午進宮報訊，也顧不得那許多了，喚了數名從人，改服易裝，飛馬潛入長安，直奔長樂宮椒房殿，向呂后哭訴。

呂后聞變，不由大驚：「甚麼？有這等事？那失心翁，為妖姬所惑，又要來害我婿！」言畢，即起身去找劉邦。

呂后見了劉邦，當即涕淚橫流，斥道：「你當年避禍芒碭，惶惶如喪家之犬，飲我所煮熱漿，食我所蒸熱餅，若非老娘冒死濟之，恐早已成餓殍。這才做了幾日皇帝，便要加害我女，又是何道理？那魯元，非你所出乎？竟是那審食其所出乎？何須你如此殘害？」

劉邦見呂后言語非常，便也發火道：「這是哪裡話？我待魯元，如何不似親父？」

呂后拭淚道：「那張敖，乃魯元夫君，兩人琴瑟友之，干你何事？為何要誣張敖謀反，捕來長安？」

劉邦這才想起，便冷冷道：「張敖陰使貫高等人，在柏人縣驛謀刺，有人舉發，不得不審。現張敖、貫高羈押於詔獄，自有口供出來。」

呂后便頓足道：「那詔獄，何人進去能不招供？即是將我擄進去，拷掠之下，也只得承認謀反。」

「哼，皇后謀反？天下無此笑話！」

「那張敖為天子之婿，又何以要反？」

劉邦不由震怒，叱道：「柏人謀刺，刺客藏於廁中，貫高已供認不諱。那張敖若得逞，據有天下，還少了妳這一女乎？」

呂后怔了一怔，又泣道：「那張敖，殺狗尚且無力，拿甚麼謀反？我看你得了天下，便失了心！老娘不與你理論，自去探望我婿。」

劉邦怒氣未消，也不言語，任由呂后離去。

呂后帶了從人來至詔獄，即高聲呼喝，要見張敖。宣義聞之，連忙趕來勸阻：「皇后陛下，無符節，宮室與百官皆不得入。」

「我只看我婿，要甚麼符節？」

「趙王今雖入獄，然絕無刑訊，飲食起居照常，皇后請無慮。」

「那貫高是如何說的？」

「趙相雖經榜笞，默然無所招供，一身擔下了罪名，稱與趙王無涉。」

「那還關著趙王作甚？」

宣義一時不能答，只得支吾道：「貫高之言或不實，對簿尚未畢。」

呂后便大怒：「宣義，你個甚麼廷尉！老娘今日既來，自有來的道理。那張敖若謀反，我便也要反了！你官至九卿，莫非是賴榜笞所得？苦苦相逼，究竟有何利可圖？莫非逼出口供，你便可加封諸侯王嗎？我今日方知：天下冤獄，皆是你這等酷吏所為！今日老娘有言在先：若將那貫高笞斃，死無對證，我必令你日後死無完屍，除非我死在那失心翁之前。」言畢，冷笑一聲，便拂袖而去。

宣義面如土色，怔在原地，竟不能動彈，心中將那呂后所言權衡了半晌，覺自家萬萬擔待不起，只得入宮向劉邦稟報。

見了劉邦，宣義便將刑訊貫高始末，逐一陳明。劉邦起先尚面帶冷笑，聞聽貫高身無完膚，仍堅不改口，便有所動容，讚道：「壯士！如此，趙王是否主謀，倒是難斷了。」

宣義想到呂后適才威脅之語，心有所懼，忙奏道：「貫高，絕非常人。其傷甚重，不可再加刑了。」

「也罷，權且將他羈押於獄中，從長計議。不知那群臣之中，可有人與貫高相熟否？若有，可以私下詢之。」

宣義得了上命，便教獄令為貫高敷了藥，任由他將養。又遍訪群臣，終探知中大夫[66]泄公曾與貫高有舊誼。

劉邦聞報，立即召泄公來問。泄公稟道：「貫高，與臣同邑也，略有舊誼。此人耿直，在趙地無人不知，乃守名節、重然諾之士。」

劉邦道：「既是如此，甚好！公可持節，去獄中探視。私下裡問明：趙王究竟是否主謀？」

泄公領命，便持符節急往詔獄，叩門大呼。待獄令迎出，泄公以符節示之：「上命臣勸慰貫高。」

「貫高？」那獄令將符節接過，看了又看，仍不敢放入，急去請了宣義來。待宣義趕到，驗過符節，問了泄公數語，才開門將泄公放進。

泄公來至貫高監室外，待獄令打開門，見那貫高傷勢甚重，斜倚榻上，已奄奄一息。泄公心中大不忍，急忙來至竹榻前，輕喚數聲。那貫高睜開眼，仰頭望了片刻，忽而眼睛就一亮，掙扎欲起：「來人……莫非是泄公？」

泄公連忙扶貫高臥好，道：「正是在下。聞貫公在此，特來探視。」

「那宣義，怎能允你進來？」

「這個，我自有疏通。」

貫高見了故人，不禁熱淚長流。泄公便在竹榻邊坐下，噓寒問暖，說了許多安慰的話。兩人談興漸濃，一如平生之歡。如此，話題由遠及

---

[66] 中大夫，秦制官職，漢代沿用，掌論議。

近，便談及入獄之事。泄公不住嘆息，忽又似漫不經心問了一句：「那趙王，到底是否主謀？」

聞此一問，貫高當即警覺，料定泄公乃是劉邦遣來試探的，於是答道：「我今謀逆，論罪三族皆死。若供出趙王為主謀，則我諸親皆可活。以人情世故論，誰不愛己之父母妻子？趙王若反，我怎能為他瞞得住？我雖為臣，又怎能棄親屬性命不顧，去換他一個趙王活？然趙王確乎不反，我何以忍心誣之？此謀僅我等屬官為之，與趙王實不相干。」

泄公嘆道：「公乃趙之名人，素有高節，卻如何做了這等事？」

貫高便將諸臣為趙王抱不平，私下與謀，而趙王實不知等先後情狀，詳述了一遍。

泄公聽了，心中有數，忙囑道：「公勿心急，好生將養便是。趙王之冤情，終可辯白。」遂喚來獄令，留了些錢，囑其萬不可虧待貫高，便告辭而去。

待泄公出獄門，見了宣義，便邀其一同入見君上。進得宮中，泄公將所探得謀刺始末，稟告劉邦，劉邦方才釋然：「原來如此！果然冤枉了小兒。」

宣義在側又稟道：「臣之屬下探知，貫高門客十餘人，為辯白趙王，皆扮作鉗奴，一路跟來，誓不棄舊主。」

「哦？倒是離奇得很！這便回去，將張敖赦了吧，送至皇后處。」宣義領命，立即退下，回獄中去放人了。

劉邦又對泄公道：「貫高重然諾，不肯誣主，乃古之俠士遺風，實屬難得。今之世，人相戕害，父子尚相疑，況乎主僕？應厚賞此人，以正風習。公請再往獄中告之，趙王既赦，請貫高多將養幾日，其謀逆之罪，也一併赦了。」

泄公大喜，出宮即驅車至詔獄，入貫高室內，坐於榻邊，高聲喚道：「吾賀公！今趙王已然蒙赦。」

貫高本倚在榻上，昏沉似無知覺。聞此言，忽地便驚起，問：「吾王果出獄乎？」泄公道：「公請勿疑。君上盛讚公為賢者，不日也將赦出！」

貫高便緩緩撐起身，蹣跚踱至窗口，張望許久，喃喃道：「吾所以忍刑不死，並無其餘牽掛，唯欲辯白趙王不反。今吾王出獄，吾責已盡，死亦無憾矣！且人臣負此篡逆之名，有何臉面再事今上？縱然今上不殺我，我豈能無愧於心乎……」

泄公聽出貫高心事，便低頭細思，該如何與他寬解。過了半晌，不聞貫高再開口，抬頭一看，見貫高面色青紫，身體已僵。泄公大驚，急起用手試探他口鼻，卻是呼吸全無，端的是服毒而死。最可駭怪者，乃是那僵軀竟倚牆而立，昂然不倒！

泄公連聲急呼，眾獄卒搶進屋來，見此也是慌了，忙與泄公一道，將貫高置於榻上，千呼萬喚 —— 但哪裡還能喚醒？再看貫高手中，尚有黑果數粒，當是毒物無疑。

泄公不意有此驟變，登時撫屍大哭。宣義聞訊趕來，亦是驚出滿頭大汗，連忙赴闕稟報。

劉邦聞報，愕然半晌，唏噓道：「奇士，奇士呀！趙家竟有這等輔臣？吾兒劉盈，福氣不如張敖了。且厚葬了他吧，速召張敖來。」

且說張敖獲釋後，正在椒房殿呂后處，與魯元公主相對垂淚。呂后在旁憤然道：「你二人，也無須再回邯鄲了，就在這椒房殿住下。不信老娘裙帶之下，還有人敢來加害！」

聞劉邦宣召，張敖知事情將有分曉，便急忙入宮中面謁。

劉邦見了張敖，嘆了一聲：「你知否？貫高已死，萬事便也了結。令堂與諸兄弟押於河內，今一併開釋。然你僚屬犯上，你為王，總不能無過；這個王，看來是做不得了，且封為宣平侯吧。」

張敖聞貫高死，心頭一震，險些當場落淚。然好歹保住了性命，哪還敢計較，於是忙伏地謝恩。

劉邦又道：「貫高門客十餘人，扮鉗奴從你入關，倒是俠義！這等豪傑，不結交倒是可惜了，且去喚來我見見。」

張敖便去長安市中，尋著了十餘名門客。眾門客早知貫高已自盡而死，正悲不自勝，各個白布纏頭，商議如何扶柩還鄉。此時聞皇帝宣召，皆感驚異，張敖便道：「諸君請勿疑。相國為我而死，今上稱其賢，欲召見諸君，以為嘉勉。」

孟舒等十餘門客，這才鬆一口氣，都隨趙王進了宮。上得殿來，十餘人皆是一身素白，頂髮皆無，只以白幅巾抹額，頗顯怪異。殿前郎衛們見了，不由都一凜，連忙橫持長戟戒備。

劉邦見這一眾門客，各個器宇軒昂，知其絕非俗流，當即慰諭道：「貫高俠義，朕久不聞世有此風。今不幸亡故，朕亦感哀傷，已令治粟內史撥公帑，遷柩還邯鄲，厚葬於鄉。聞諸君隨趙王入關，不避斧鉞，為王辯白，亦堪稱當今賢者。惜乎日前曾有謀逆，故不可不加罪，以示懲戒。」

那孟舒便稟道：「陛下恩典，臣等自是感激。然孔子曰：『志士仁人，無求生以害仁，有殺身以成仁。』陛下無禮於吾王，吾輩為王爭名分，甘冒殺身之禍，是為成仁，故原本便無罪。」

宣義在旁，聞之不悅，斥道：「你這是如何說話？韓非子亦有言：『公心不偏黨也。』爾等唯貫高是從，就是結黨；謀刺今上，就是偏私；如何能說無罪？」

只見那門客列中，朱建搶出一步答道：「廷尉言及公私，臣便斗膽問廷尉：何謂公？何謂私？臣以為：忠君，即是至公。我輩不圖資財，不為爵祿，唯願為趙王爭名分，又怎的是私？」

宣義未料會受頂撞，一時語塞。樊噲見之，則大怒，叱道：「甚麼至公至私？豎子便不怕死嗎？」

田叔應道：「螻蟻貪生，義士則求死。漢家既然寬仁，吾輩難道不能求死嗎？」眾臣聞之大憤，欲加詰難，然倉促間卻是無辭以對。

劉邦大笑道：「好好！都無須再爭了，此處又不是學宮。朕酒後疏慢，竟惹出這一場大禍來。我只問諸君：趙王、貫高雖免罪，然諸君觸犯刑律，卻是法不能容，可有人悔之？」

十餘人齊聲答道：「無悔！」

劉邦當即起身，讚道：「甚好！往日恩怨，從今起，便毋庸再議。朕萬想不到，貫高府中，竟如此濟濟多才！今赦爾等無罪，亦無須東歸了，且留長安，來日遣往各郡國，為我效力，都做個二千石的職官，為我守好郡縣。」

眾門客聞之，互相望望，心中悲喜交集，躊躇不作答。群臣在旁，急忙遞眼色，門客見了，仍無所應對，急得樊噲大喝：「叩頭，叩頭！豎子還想如何？」

眾門客淚流滿面，遲疑再三，方伏地叩首謝恩。

這日之後，遵劉邦諭令，貫高善後事宜，皆由蕭何出面操持，將貫氏妻兒自趙地接來，入殮致祭。百官慕其名，也多有來拜祭的，祭罷，遣公差扶棺柩返鄉。

柩車出城之日，長安百姓無不悲戚，成群伏於道旁，焚香禮拜。眾門客一身縞素，扶柩東出長安三十里，方啼泣而歸。自此，貫高之名，風動天下。後孟舒、田叔、孟廣、朱建等人，官聲甚著，子孫也累代在朝為官，皆為二千石之職，此為後話。

嗣後，劉邦便下詔，徙封代王如意為趙王，代國撤廢，原代地併入趙國，仍令陳豨代為守土。

貫高謀刺一事，到此方告平息。此案中，另有張敖所獻趙美人，竟也無端遭受株連，其終局實屬可憐。

原來，酈商早前赴邯鄲之際，先就奉了上命，逮了趙美人下獄。趙美人在獄中受苦不過，哭訴於獄令曰：「日前得君上臨幸，已有子。」獄令不敢隱瞞，急報入宮。怎知劉邦正值盛怒，竟不予理睬。

趙美人之弟趙兼，此時趕來長安，親往審食其府中求見，哀懇審食其出面，請呂后從中轉圜。審食其受託見了呂后，說明原委，那呂后卻妒火中燒，不肯為趙美人辯白。審食其知婦人之妒，向來不可理喻，也就未再勉強。

如此，趙美人在詔獄中，不數月便誕下一子來，即劉邦少子劉長。趙美人抱嬰苟活於鐵檻中，幾為世人所忘，思前想後，甚覺生之無趣，便用絲帶在梁上結了個繯，一死了之。次日，獄令見了，大驚失色，慌忙抱起嬰兒送至宮中。

劉邦見那嬰孩活潑可愛，逗弄了兩下，不禁生出悔意來，悔不該將無罪的趙美人活活囚死。嘆息再三，遂令呂后為劉長之母，並下令厚葬趙美人於其故里。可嘆一代嬌娘，就此香消玉殞，竟連個真姓名也未留下。

＊　＊　＊

這年入秋，關中田禾大熟，倉廩充實。那關東故楚諸大姓與故齊田氏，共計十餘萬口，經劉敬親自督促，已陸續徙入關中，定居長安一帶。長安人口頓時繁盛。一時五方雜處，言語龐雜，儼然成了冠絕天下的大邑。

京畿一帶，自此豪徒紛聚，俠客如雲，多有結納權貴、仗勢逞強的。新接掌近畿治安的中尉丙猜，幾不能禁，諸種不法犯禁事，皆上請丞相裁奪。京城治安，由此上交朝廷，此風一開，延及後世，竟是兩千年不斷；後世有史家論及，皆指此為劉敬之失也。

於此，劉邦也甚是無奈，索性令新任御史大夫周昌，仍兼顧原職，助中尉丙猜執掌長安戍衛。

當此際，未央宮已告建成，長安城更其堂皇無比。蕭何入朝奏報，劉邦聞報大喜，要在未央宮行「大朝」，大會群臣與諸侯。

詔命一下，各路使者便四出通告諸侯王。稍後，劉邦又喚來郎中令王恬啟，吩咐道：「小舅，未央宮既成，乃咱家一大事，不可冷落了吾家阿翁。你這便往櫟陽，迎太上皇來。」

王恬啟領命啟行，數日後，便迎來了太公。待四方諸侯集齊，劉邦便在未央宮前殿置酒高會，與眾人同賀新宮落成。

這日筵宴之盛，乃前所未有，案頭水陸齊備，珍饈如山。開筵前，百官列於丹陛下，人頭湧動，喧聲如沸。待劉太公車駕幸臨之時，諸臣皆伏於地，齊聲祝頌。

太公下得車來，進了北闕，走在陛路上，目睹鹵簿五色，耳聞笙簧齊鳴，便是一陣頭暈。家令烏承祿連忙將他扶住，緩緩從執戟列伍中走過，受百官之拜。

劉太公慌得直搖手：「使不得，使不得！我何人哉？如此，豈不要折壽？」烏承祿急忙附耳道：「群臣所拜，實非太公也。」

劉太公望望烏承祿，恍然大悟，苦笑了一下，只得對群臣連連拱手。至前殿，見階陛皆塗紅，是為「丹陛」，太公又不敢踏足了。烏承祿忙上前扶了一扶，太公這才拾級而上，於主座面東而坐，劉邦與諸臣這才各自入座。

劉邦頭戴劉氏冠，威儀非常，於座上開言道：「今日群賢齊集，同賀新宮落成，堪為漢家千載盛事。我漢室方興，承秦之制，一統海內；然除秦之苛法，寬以待民，期之以萬世傳續。唯願此宮，他日不要似阿房宮被一火焚了。我自幼好武少文，然也知秦亡之鑑，在於驕矜無度。故漢家君臣，不可行事無度。有度，則山河永固；無度，則暴起暴亡。這道理，諸君不可不察也。」

群臣齊聲稱是，樊噲更是高聲道：「我等屠狗織席之輩，今日坐廟堂之上，當知足矣，何人還敢無度？」

劉邦瞥他一眼，笑道：「你是每飯不忘屠狗，不要終落得回家屠狗！」樊噲正欲辯白，眾人卻騰起一片嘩笑。

劉邦示意群臣噤聲，又道：「今日漢家，法度漸明，諸君不得視若無物。以朕所頂戴劉氏冠，自明日起，第八等爵以上，亦即乘公車者方可以戴，以示尊貴；非公乘以上者，不得戴。」

群臣聞聽，皆一驚，稍後便齊聲稱諾。

劉邦環視群臣，微微頷首，又拔高聲音道：「大業既成，須常思開闢之艱難。諸公冠帶，不知由幾多人死了才換得？今日環顧座中，不復見紀信、酈夫子、周苛、奚涓等諸友，能不悲乎？我輩雖得這天下，然先死之士又怎能再生？我於夢中，常見有血流漂杵之景；夜半驚醒，就再也睡不成。各位俱為功臣，想想早死之人，便不可忘形。我有言在此，請諸君戒之：萬勿縱容子孫跋扈，致犯禁坐法，鬧得三代之後便奪爵除邑，那就怨不得我劉邦了！」

眾人聞之，皆感悚然，殿上立時鴉雀無聲。

劉邦也不加理會，起身離席，雙手捧一尊玉卮[67]，盛酒四升，來至

---

[67] 卮（ㄓ），古代盛酒的器皿，圓柱形，容量四升。

太公席前，為太公敬酒，高聲道：「往昔之日，大人常言季兒不可依恃，不能治產業，不如仲兒得力。今日看我劉季之業，所成就者，與我仲兄相比，誰多？」

眾人聞此言，初覺愕然，繼之都掩口暗笑。

劉太公略一發窘，旋即笑道：「那劉仲的氣力，總還比你強些。」

「阿翁，你那仲兒日前怯敵，棄國不顧，私自逃回洛陽，現已降為侯。連個王冠都戴不穩，氣力又有何用？」

群臣聽到此，再也忍不住，都開懷大笑，齊呼「萬歲」不止。

大朝之後不久，便是高帝九年（西元前 198 年）新歲，諸侯尚未返國。元旦日，有淮南王英布、梁王彭越、燕王盧綰、荊王劉賈、楚王劉交、齊王劉肥、長沙王吳芮等七王，相偕入長樂宮朝賀。

長安初入冬時，偶也有豔陽如春，照得滿庭明亮。長樂宮前殿階陛上，郎中執戟，禁衛張旗，威儀更甚於往日。諸侯由謁者引入，皆服新袍，前後紋有降龍，望之灼灼耀目。

迎賓之大行[68]官，侍立於殿前，依次傳呼諸王進殿，向劉邦致賀。

劉邦頭戴劉氏冠，身披彩繪龍鳳玄袍，端坐於中央，受七王之賀，不由滿心歡喜，宣諭道：「今八方諸侯齊集，僅閩越王無諸，因路遠未及來朝，然此盛景已足觀！漢家維天之命，據中國而臨八荒，有龍首，有指爪，有龍尾，何其壯哉！我忝為龍首，諸君方為干城之才，委屈做了四肢八爪。還望諸君同心，致力於天下復甦。務求路無餓殍，民無嗚冤，總得要好過那暴秦才是。」

英布、彭越等異姓王，因韓王信叛逃之故，都感心神不安，哪裡聽得進這許多堂皇話？只是俯首應諾，敷衍而已。另有劉氏三王，則躊躇

[68] 大行，官職名，掌迎賓及外交。

滿志，劉賈更是高聲應道：「陛下雄踞關中，四海賓服；齊楚千里之地，子弟亦可保無虞。坐天下，以往思之有如做夢，今日看來，不過如此爾爾。」

劉邦便仰頭笑道：「又是大言。治天下，豈是昔日游擊可比？子弟又如何？那劉喜廢才，也只配在長安賣餅！我漢家地廣，唯賴諸君及子弟分守，日夜勿鬆懈。唯願我有生之年，不再動干戈。」

諸王皆同聲應諾：「勉勉我王，綱紀四方！」

此時，叔孫通率眾弟子立於殿側，白衣垂袖，齊唱《周頌》：「烈文辟公，錫茲祉福。惠我無疆，子孫保之……」君臣皆肅立，屏息靜聽。

唱誦畢，諸王分座，劉邦御賜酒宴。一隊涓人手捧酒卮，魚貫而出，為諸王斟上法酒[69]。君臣各進三杯，行禮如儀。僕射即高呼道：「罷酒！」君臣便又起立互揖，舉座盡歡。

劉邦笑道：「我輩費盡牛力，方奪得這天下，若無規矩，與裡巷惡少又有何分別？不如此複禮，無以稱家國。諸君若不慣，也須忍忍。」

諸王哪裡敢有異議，都只是說好。

劉邦便又道：「諸君可不要陽奉陰違，朝儀既定，便是漢家之法。明年此刻，七位再來，不要有缺席。」

元旦朝賀罷，諸侯見遷延日久，擔心國中有事，便都匆匆離了長安，各歸其國。

年來春夏無事，風調雨順，眼見得是漢興之後最平順的一年。這日春暹，劉邦忽想起：韓信已有一年多不見，不知是否還安分？問起中涓，只道是韓信失職，四年間託病不朝，不奉召侍行，已成常例。

劉邦當下便感不安，急喚來周昌，問道：「你為我泗水亭舊部，素知

[69] 法酒，古代朝廷行大禮時之酒宴。因進酒有禮，故有此稱。

內外輕重，今兼掌長安禁衛，可知韓信動靜？」

周昌答道：「陛下所慮，便是我性命大事。茲事體大，臣怎敢疏忽？有眼線密布淮陰侯府四周，那韓信一動一靜，皆在臣之股掌中。」劉邦喜道：「那好！豎子近來可安分？」

「淮陰侯雖負氣不朝，然亦無異常，平素幾無交往，只與留侯過往甚密。」

「哦？他與張良商議些什麼？」

「臣曾問過留侯。留侯道：『陛下曾囑蕭丞相定律令，囑留侯定軍法。』留侯便邀韓信一道，刪定春秋以來諸家兵法，用以參酌。」

劉邦聽了，拈鬚良久，嘆了一聲：「子房兄，用心良苦啊！韓信這豺虎，果真是在籠中了。」便命周昌，速往留侯府，取些二人刪定的兵書草稿來。

隔日，周昌攜了數卷兵書，呈給劉邦，道：「留侯聞陛下留意刪兵書事，極表感恩，命臣隨意選了帶回。還特囑臣轉告陛下，他與韓信二人連袂，已搜齊古來兵書，凡一百八十二家。至年前，已刪繁就簡，取用三十五家，尚在編纂中。簡冊如此之多，臣實不知該如何選揀。」

劉邦好奇道：「你拿來的是甚麼？」

「此為淮陰侯親撰《韓信兵法》，僅成三篇。臣以為或有大用，特向留侯借得，請陛下過目。」

劉邦接過，急忙解開一卷，看了兩眼：「哦？《項王篇》！甚好甚好。容我囑人謄抄好，你再交還留侯。」

周昌正要離去，劉邦又叮囑道：「韓信竟能靜若處子，實出朕意外。普天之下，也唯有子房能挾制得住他了！你只管照常密查，不得大意。」

周昌領命而歸，心知劉邦放心不下韓信，便又指派得力屬吏，與韓信府中人多多交往，陰探其私下所為。

且說韓信年前在送走陳豨之時，尚存謀叛之心，今見韓王信謀反不成氣候，幾近流寇，知世事已與秦末大不同。如今漢家無為而治，就好比秦始皇棄了苛法，天下還是那個天下，卻寬待了百姓，百姓當然擁戴，又怎能生變？想那秦末時，倒行逆施，又鉗制甚嚴，民不堪其苦，故而群雄並起，天下回應。而今，萬民感念寬政，全無憂患，何人又有心毀家作亂？

如此一想，韓信的事功之心，漸漸也就平淡了。每隔三五日，便帶了家老郤（ㄒㄧˋ）孔，騎馬去張良府上，切磋編纂兵書。主僕兩人，皆服白衣，騎純色白馬行於市中，粗看不過是富家主僕，細心者方能辨出是權貴門中人。

這日後晌，兩人又去張良府邸。出得門來，驅馬方至巷口，就見一落魄壯漢，蹲在路旁。韓信拿眼掃去，見他衣衫襤褸，滿面塵灰，心裡就是一嘆：若當年混跡閭巷而不出，至今怕也正是這等模樣。人之貴賤沉浮，神人也是難料！

那壯漢見有人路過，頭便抬了一抬。韓信忽覺眼熟，細一辨認，此人不正是昔年漢中道上所遇的壯士嗎？

此時，那人也將韓信認出，臉上便一陣驚喜，連忙起身。兩人對揖罷，相對而笑，卻都叫不出彼此名字來。

韓信便問：「壯士，數年不見，何以淪落至此？當年遠行，可曾抵達南海之渚？渚上可有仙人優遊？」

那壯漢臉忽地一紅，躕躕道：「唉，一語難盡！世間事，總是親見大不如耳聞。」

此時，正有一個酒肆店夥，擔了酒桶，從巷中路過。韓信見了，便對壯漢道：「想你此刻也無事，不如前往酒肆一坐，從頭道來。」

那壯漢赧然道：「看軍爺今日，定是已發跡，或為王侯也未可知。鄙人碌碌經年，顛沛千里，卻是淪落到不如從前了，實無顏把酒敘舊。」說著，抖抖身上那汙髒白袍，「看這衣袍，當年還是軍爺所贈，已是襤褸至此了！」

韓信拽住他衣袖，含笑道：「壯士何必拘細節？人世相逢，同心乃為至貴，且隨我來。」隨即吩咐郤孔，「你且先赴留侯府，我與故人閒談數語，稍後便至。」

二人來至路邊酒肆，於櫃前坐下，要了兩碗村醪，對酌傾談。

韓信問道：「聞說趙佗在南海郡自立，五嶺已不可通；壯士此行，想必是頗為不易？」

壯漢便讚道：「那趙佗，倒也是個人物！原本是秦軍一員副將，秦末趁亂出頭，竟然自封了『南越武王』。雖下令封關，不與中原通，然南越也因此未遭兵災。五嶺各關上，守卒只拒大軍南下，對流民倒也禁格不嚴。鄙人本為遊士，耐得辛苦，自荒草棘叢中尋路，也就攀爬過去了。」

「原來如此。那趙佗，是北地何處人？」

「真定人氏。」

「壯哉壯哉！惜乎在下無此好運。聞聽象郡[70]、桂林二郡，也入他版圖了？」

「正是。目下之南越國，東西縱橫千里，以『和揖百越』為要旨，波瀾不興。」

---

[70] 象郡，秦始皇所置「嶺南三郡」之一，轄今之廣西省西部和越南中北部。另外兩郡，為桂林郡與南海郡。

韓信聞聽，似有所動，頷首嘆道：「今昔果然勢已不同！草民於今所望，只是一個安穩。欲再登高一呼，海內沸騰，怕是不易了。」

兩人又對酌片刻，韓信忽而一笑：「幸逢壯士歸來，你我卻在此言不及義，說起甚麼趙佗來！我只問你：可曾尋到『誇風』之仙？」

那壯漢仰頭笑道：「軍爺有先見之明！想我中土萬里，無奇不有，尚且難覓一個兩個仙人；那南海之渚，屄尾大個地方，又何來仙人？在下乘舟登岸，方知彼地尚未開化，人皆赤身而行，棲於林間，食雜果魚蝦，粟米皆由番禺販至。百姓在市中貿易，不知用鑄錢，只將那海貝作錢，猶如上古。最可笑之事，市中竟有那三五閒人，常問我：『南渚之盛，勝過中土幾許？』此等笑談，無日無之。或者，這便是『誇風』之所在吧？」

韓信怔了一怔，不由便笑：「愈卑之，則愈誇之，自是常例耳。」

那壯漢又端詳韓信半晌，道：「向時在漢中道上相逢，軍爺就已是校尉了；這許多年過去，漢家得了天下，軍爺再不濟，也應做了將軍吧？然細察軍爺神態，富貴中卻有殺伐氣，倒不知是何故了？」

韓信苦笑道：「刀劍殺伐，早已成過往，我倒寧願仍為將軍，可以恣意馳騁。今雖顯貴，卻是如髡鉗之徒，欲效兄之雲遊四方，那是奢望了！」

「軍爺果然是做了王侯，然意態為何如此不振？」

「臨其境，方知其無趣。正如兄之遙想南渚，或有神山仙人，美妙無倫，即使跋涉萬里往投，也在所不惜。彼時兄之意氣，磅礴如虹，何其昂揚？而今真正領略了南渚風土，見島上並無仙，所遇無非庸碌之徒，兄之意氣，能再如當年了嗎？」

「不能，吾氣已洩矣。」

「著啊！王侯人人仰之，卻不知其位之險，其心之苦。凡操弄權柄者，焉能不如履薄冰，總不免有失足之時。如有得咎，便落得個滿門皆斬，此等險途，有何可羨之？」

壯漢聞此言，臉色不禁黯然，半晌才道：「兄已洞察幽微，固然是好，然眉宇間殺伐氣未免太重，不如及早抽身，隱遁於江湖才好。」

韓信搖頭道：「隱於市，或可以；隱於江湖，今上已不能容了！」

壯漢面露驚愕，沉吟片刻，拍拍所攜米袋，道：「弟流浪日久，只須這米袋有米，足底便有路。貴如兄者，棄榮華，辭富貴，莫非很難嗎？」

韓信只道：「由賤入貴，譬如攀爬，上去了便萬難下來。當年我做校尉時，若棄了兵刃，與兄同遊南渚，或非難事；然今日……怕是不成了！」

壯漢臉色白了一白，搖頭嘆息道：「福禍無常，兄須小心些。」

韓信摸摸自己頭顱，笑一笑道：「我不反，便無人能取此物。倒是兄長，既無仙人可尋，又身陷困頓，仍奔波於途，所為者何？不如這便隨我去，在敝舍中屈就，也免得櫛風沐雨。」

那壯漢眼中忽現悲情，將碗中酒一飲而盡，起身一揖道：「列子曾言：『不知吾所以然而然，命也。』兄乃貴人，事多無暇，不必牽掛我這廢人了。今日重逢，不知今後尚能再晤否？昔年相識，兄曾賜我白袍，我披上身，於途中便有無窮膽量，蟲蛇虎豹，皆無所懼，在此當俯首謝過！然尋仙夢破，小弟往昔之虛驕氣，便也隨風而去，終知人生在世，多活一日便是好。任憑何等功名，也與『誇風』般不可依恃。我今雖困頓，尚不至飢渴而斃，能沐風鼓盆而歌，便勝過那道旁白骨，故不必與兄攀附。就此別過，還望兄多多保重！」

說罷，壯漢挎上米袋、操起藜杖便走。韓信連忙起身去拽，哪裡還能拉得住？那壯漢步履雄健，一如當年，轉瞬便隱於人群中了。

韓信不知那壯漢為何沒了談興，說走就走，不由得心生惆悵，只得付了酒錢，騎馬來至張良府邸中。

張良見韓信神色不快，便問起緣由，韓信遂將巧遇故人之事，講了一遍。張良笑道：「韓兄打算忘情於山水間，也並非奢望。」

韓信擺手道：「唉！今日君上，已非當年漢王了，如何肯放我出長安？」

張良便笑：「韓兄只須寸步不離我，即是象郡，也是可去得的。」

韓信望望張良，忽然有所領悟，驚喜道：「弟倒是未想到這一層！」

張良便道：「昔日弟在定陶，曾遇一賣荷女子，說過一番話，驚出我一身冷汗來。此女曰：兵戈雖息，人心仍險，就如刀劍環伺！聞此女言，如茅塞頓開，當世有此見識者，寥寥而已。數月前，衡山王吳芮至捨下，討教保全之道，我只是點撥他：承平時日，國中養二十萬兵，絕非良策，而是取禍之道。」

韓信便笑：「那膽小鬼，吃你這一嚇，還敢養兵嗎？」

「吳芮旋將二十萬兵，盡數送給了荊王劉賈，於人於己，都做了件善事。」

「那吳芮無能，即是五十萬兵，又有何用？依兄之所論，弟當年在楚王位上，若握有二十萬兵，恐在雲夢便不能生還？」

「這個嘛，可想而知。雲夢之厄，韓兄不可淡忘。今日兄不做諸侯了，君上再不會為難你，然欲殺你之人，今日不出，明日也將出。不為他故，只因你戰功甚大，為人所不及，故有人恨不得你死。於此，兄無所懼，弟倒是替兄擔著心呢！」

韓信聽罷，忽就想到壯士所言之「殺伐氣」，不由臉色蒼白，欲言又止。張良會意，連忙囑左右家臣暫且退下。

韓信見四周無人，方道：「不想天下安，吾命卻凶險至此，如何才能解脫？還請子房兄教我。」

「這個麼，兄也不必自擾。向日在洛陽南宮，陛下曾當眾讚許『漢家三傑』，亦即你、我、蕭丞相也。所謂三傑，便是鼎之三足也，若欲除去內中一人，須得借助其餘二人之力。」

「哦？也是！那蕭丞相，當年曾舉薦我做大將軍，今日必不會害我。」

「昔在定陶，聞那賣荷女之言，句句如鳴鏑，令我心驚！想到功臣自保，原來在於術，而勿托庇於他人之仁心。就蕭丞相而論，當年曾舉薦你，有如放貸；今日若欲毀你，便是要回收本息了，也是並無愧疚的。」

韓信不由扶案驚起：「丞相有此心？我豈非危殆矣！」

張良便笑笑，按住韓信坐下，緩緩道：「兄若有危，君上必詢我與蕭何之意。我今雖抱病軀，然尚可活十數年。有我在，兄自可無虞。待到劉盈掌天下時，便無人能撼動我輩了。」

韓信這才長舒一口氣，歉然道：「子房兄，我與你交往多年，以往卻是大不敬了！今日方知，你不單有奇智若神，且仁心寬厚。待兵書編罷，我便隨你去隱遁，天南地北皆可。」

張良起身，徐徐踱至窗口，張望園中片刻，方回首道：「你看這窗外，處處是障目之物，不得舒展。此等壓迫之物是甚？即是那王位、爵祿、子嗣、財帛、名望……重重疊疊，如何不教人氣悶？昔年我於博浪沙謀刺秦始皇，事敗逃匿，曾避居於雲臺山中。那山上村寨，僅七八戶田舍家，臨一潭碧水。出則見日月，入則見泉瀑，遠望可見千山萬壑。生而成仙，不就是此境嗎？」

「雲臺山？當年我駐軍大河之北，即在彼地，可惜不曾進山中探訪。今日王侯也做到了這般地步，方有所悟：求富貴者，必遭災禍；求淡遠者，易得至福。當下世事由亂入治，禍起恐就在朝堂，我等還是遠遠避開為好。編纂告畢，你我便同赴雲臺山好了。」

張良笑道：「不忙不忙，今上若能四處征戰，便不是你我退隱之時。假以時日，再作打算吧。」說罷，便高聲喚張申屠、郤孔進書房，「來來，進來研墨！」

# 深宮幽怨，悲聲長繞玉梁

高帝九年這一夏，漢家內外無事，劉邦細思登基以來天下事，惶惑益多，知理政不能僅憑小技，每每便欲向儒生討教。環顧海內，名儒凋零，身邊唯餘陸賈一人可供顧問。於是，常召陸賈至近旁，問東問西。

那陸賈素來自負才高，自以為不輸於勳臣酈食其，然自投漢以來，不過是劉邦座上一清客，偶或出使諸侯國而已，其功遠不及酈生。此次有了可以建言的身分，也就樂於在劉邦近旁，說《詩》道《書》。

豈知劉邦素昔所聞，總不外陳平的奇詭之計，對大道至理總還是隔閡，勉強忍了幾回，已不耐煩之至。

這日，陸賈在朝會上，又論起《詩》、《書》之類來，滔滔皆是「生民如何？克禋克祀」、「不拆不副，無菑無害」，等等。劉邦聞之甚惡，終忍不住大怒，指著陸賈鼻子罵道：「你老子我是在馬上得的天下，與《詩》、《書》有何干？朝議均是燃眉急事，最煩你這等人囉唣。『生民如何』？我倒是想問你如何？殺雞都殺不來的儒生，你知道該如何嗎？」

陸賈不服，亢聲道：「在馬上得之，難道可在馬上治之乎？湯武革命，是為逆取，然也只能順守之。此乃何故？文武並用，方為長久之術也。往昔吳王夫差、晉大夫智伯，恃武而亡；暴秦只重刑法而不知變通，終是亡國滅族。倘使秦並天下之後，行仁義，法先聖，陛下又從何處可得這天下？」

劉邦一時語塞，轉念想了一想，夫子所言也不無道理，操弄文武之道，恰是己之所短，不覺便有慚色，嘆了一聲：「陸生到底是大才，朕腹中之學問，遠遠不及了。請先生為我著文，將那秦所以失天下、我所以得天下之緣故，兼及古來成敗之理，統統寫來，我要好好領教。」

陸賈領命道：「臣實無大才，唯知食魚易而烹魚難。故萬不敢近庖廚，作那烹魚之痴想。今受命作旁觀者文，當勉力為之。」

劉邦笑道：「又來了，你個迂夫子！」

之後數月間，陸賈遵劉邦之命，文思如湧，試論秦漢得失，及春秋以來各國治亂之緣由，陸續寫成了十二篇。每成一篇，即上奏劉邦。劉邦每於輟朝之暇，便捧讀陸賈文，往往讀至夜半。每看畢一篇，必慨嘆連連，拍案稱善。左右侍從諸人，從未見君上有過如此意興，皆伏地高呼「萬歲」。

書成，陸賈總其名為《新語》。其文采甚佳，起首便是一段高論：

> 張日月，列星辰，序四時，調陰陽，布氣治性，次置五行。春生夏長，秋收冬藏，陽生雷電，陰成霜雪，養育群生，一茂一亡。潤之以風雨，曝之以日光，溫之以節氣，降之以殞霜，位之以眾星，制之以斗衡，苞之以六合，羅之以紀綱，改之以災變，告之以禎祥，動之以生殺，悟之以文章……

這陸賈，果然是才子，洋洋一萬二千言，多為韻文，其勢如飛瀑出山，一瀉到底。其間有述說，有縷析，總之是千方百計諫言 —— 坐天下者，須知「君子握道而治，據德而行，席仁而坐，仗義而強」之理，無怪乎劉邦讀得入迷。

這日，讀罷十二篇之末篇《思務》，劉邦久不忍釋卷，喟嘆道：「太公誤我，生我於閭巷，陷我於鄙俗。活了半生，不就是個盲人嗎？」又撫案呆坐半晌，忽然便援筆，給太子劉盈寫了敕書一通，告誡曰：「吾生遭亂世，正當秦禁書之時，曾竊喜，妄言讀書無益。自登位以來，方知讀書須多思其意，不明之處，乃使人探問作者之意。追思昔時己之所行，多不是。」

敕書下給劉盈後，又想起劉盈近日怠惰，有事上疏，竟由太傅叔孫通代筆，實不成體統。於是又寫一敕，傳了過去，敕云：「吾未學書法，今日看你筆意，尚不如我。今後上疏宜自書，勿使他人代筆也。」

敕書送走後，劉邦仍覺心煩意亂，想起太子孱弱，直不敢再思後事，遂長嘆一聲：「如此犬子，文不能，武不能，天下若交予他，恐將害盡蒼生！」

嘆罷，信步出了前殿，慢慢踱到長信殿，見幼子如意正在殿上舞劍，戚夫人在旁撫琴助興。劉邦便踱至階下，駐足觀看，見劍法沉穩，中規中矩，間或虎虎有生氣，心中便暗喜。

待如意將一套劍路舞罷，戚夫人不由拊掌叫好。劉邦便笑道：「女人家，懂甚麼劍法？」

如意聞聲，棄了劍，奔至劉邦跟前，問道：「阿翁，若有戰事，我可否上陣了？」劉邦伸手摩挲如意頭頂，哂笑道：「豎子！你這幾套把戲，如何便能上陣？」如意卻不以為然：「當年沛公軍中，亦有少年將軍呢，其年歲能長我幾何？」劉邦便仰頭大笑：「吾兒好武，倒是不愧姓劉！」

戚夫人此時上前，將如意攬入懷中，對劉邦嗔道：「孩兒今已滿十齡，你只將他看作是頑童。」

「好個虎子，可惜再無楚軍給你殺了。」

「阿翁，我自可殺匈奴。」

「哈哈！天下已定，吾兒無須言必稱殺，安心讀書，方成大器。切勿似乃翁，一身的閭巷氣。」

聞劉邦如此說，戚夫人便回身拿來一卷簡冊，劉邦展開來看，原是如意抄寫的《太公兵法》。細看那筆法，亦隸亦篆，稚嫩中略帶險峻，不覺大奇，連連讚了幾聲，又將如意拉到身邊，叮囑道：「天下漸安，文治必興，在馬上建功的事，不常有了。欲做大丈夫，須將那古今典冊讀通，無事多親近叔孫通、陸賈這幾個叔輩。」

如意昂首道：「我只羨樊噲、夏侯嬰叔父英武。」

劉邦大笑，拍拍如意肩膀道：「小子到底是虛榮！樊噲、夏侯嬰者流，不過僕役婢女罷了，有何可羨？我只望你做蕭何第二。」

如意不解阿翁之意，只是眨眼。劉邦便對戚夫人道：「如意似我，及長，可以託付大事。」

戚夫人卻眼含怨意，道：「你只是虛言，如意千好萬好，封國卻在趙地——他如何只抵得個張敖？」

劉邦聽出言外之意，沉吟了片刻，方才說道：「我終將先赴黃泉，不能護佑愛子終身。好在劉盈懦弱，必不會兄弟相殘。」

戚夫人卻道：「劉盈固然知禮，然皇后卻不拘禮法。你百年之後，我母子將如何得活？」

劉邦不覺倒吸一口冷氣：「唉，皇帝家事，一如市井小戶，紛亂如麻。你與皇后勢同敵國，總不是事。如意乖巧，不覺年已十齡，可以去歷練了，便令他赴邯鄲就國吧。如意不在皇后眼前，皇后或能稍為寬解。」

戚夫人沒料想劉邦起了此念，頓時失色，伏於地啼泣道：「十齡也不過幼沖之童，令我子赴北地，是要他去與匈奴廝殺嗎？陛下此舉，不知是何意？不如便將我母子賜死好了！「

劉邦無言良久，嘆了一聲：「妳無非欲居於皇后之上，然名義未順，朝臣不服，如何能說得通？妳莫迫我，待我細細斟酌。」

如意在旁，聽不懂父母所言深意，但見母親哭泣，亦知事關自身前程，便道：「我不要做趙王，我只要做二世！」

劉邦一驚，叱道：「豎子，休得胡言！」便黑起臉，向戚夫人道：「教他萬事都拋開，只須讀好一部《老子》。」

當晚，劉邦輾轉不能入眠，只想不出好辦法來。這等家事，又不好去找張良、陳平商議，只得獨自苦思。想到自家百年後，呂后如想加害戚氏母子，確是無人可擋。欲保戚氏，便要廢后，然禮法所拘，情理所限，呂后又如何能廢？廢后不成，就只能廢劉盈，另立如意為太子。待如意繼大位之日，中外矚目，呂后總不敢公然殺儲君。

如此，呂后、戚氏這兩端，各有制衡，反而可相安無事。

如此一想，劉邦心中便豁然開朗，披衣起身，踱出屋外，在回廊上憑欄張望。見西邊長信殿的宮燈，遍布庭中，正似戚夫人目光，耿耿不滅。耳畔更有夏夜蟲鳴，一陣陣急管繁弦，似美人哭泣。劉邦呆立半晌，忽覺心酸，幾乎要落下淚來！

次日一早，劉邦即命人知會群臣，朝食後行「大朝」，有要事相商。

漢家草創，至此時，朝會仍無定時，全憑所需，隨召隨至。至朝食過後，群臣便陸續上朝來。

劉邦戴上劉氏冠，正襟危坐，環視文武兩班一遭，朗聲道：「今年開年大吉，至今中外無大事，照此下去，朕倒是無慮身後事了。唯太子劉盈，生性懦弱，頗不似我，來日恐為天下累，今召諸君來，便為此事。朕之意：擬廢劉盈太子位，另擇皇子中睿智者為太子。」

叔孫通在列，聞言便是一驚，手中笏板「砰」一聲落地，也顧不得拾起了，跨步出列，伏地一拜，疾聲道：「臣斗膽問，哪個皇子可稱睿智？」

「朕意所屬，乃皇子劉如意。」

眾臣這才明白劉邦心思，不禁面面相覷，都知是因戚夫人之故，方有這違背倫常之議。

叔孫通當即再拜，亢聲道：「太子劉盈，性素溫良，冊立至今並無過失。今陛下無端興起廢立之議，便是違制廢禮，實為我漢家之不祥。」

周勃也跪奏道：「臣粗魯不文，然亦知『必也正名乎』。立嫡立長，自古已然，乃大統延續之道。今無端廢長立幼，便是無名，恕臣難於遵命。」

周勃言甫畢，便有數十名文武，紛紛出列伏地，同聲道：「臣亦不能遵命。」

劉邦早料到群臣必有此一舉，便冷笑道：「如意係我與戚夫人所出，而非草莽私生之劉肥，如何名便不正？當年若無戚太公容留，我與夏侯嬰等必陷楚軍重圍，如何能有漢家今日？周勃，今召你來，非為商議如何循古制，乃為漢家萬年計，選賢任能。」

「陛下，不循古制，又何以選賢？」

「哈哈，此話甚有理！然若循古制，你我君臣，又何以稱君稱臣？你便該去做你的織席匠，我還是泗水岸邊一亭長！」

樊噲早已耐不住，此時便躍起嚷道：「劉盈我姪，自幼及長，皆在我眼眉底下，從未聞有何不端。且此子乃皇后所出，不是太子又是甚麼？」

劉邦便叱道：「內戚應知迴避，你嚷甚麼？皇后所出，便是聖人嗎？你那內姪，文不能，武不能，只一塊廢才而已。朝堂重地，出言理應三思！得天下，少不得你一柄屠豬刀；治天下，那屠豬刀還有何用？」

樊噲臉漲紅如紫，仍欲抗辯，夏侯嬰急拽其衣襟。樊噲怔了一怔，方才住口。

見劉邦不肯納諫，群臣心頭惶急，然亦無良策可施，只是跪地不動，君臣便在殿上僵持起來。

少頃，劉邦頗不耐煩，忽地一拂袖，起身道：「今日朝會，便議至此，散了吧。中涓聽命：按我旨意，草詔頒布天下。廢立之事非關親疏，乃為安社稷、惠萬民之舉，諸君可勿多言。」

謁者正要高呼「散朝」，忽見文臣班中跨出一人，將笏板擲於地，暴怒道：「不，不可！」

劉邦注目望去，原是御史大夫周昌。但見那周昌虬髯僨張，滿面漲紅，雙臂橫舉作攔阻狀。

劉邦知周昌為人倔強，敢直言，此時不許他奏事，萬難做到。於是復又坐下，問道：「公有何言？不妨平心而論。」

周昌患有口吃，又正值盛怒，出言竟是句句結巴：「臣口不能言，然臣期期……知其不可！陛下欲廢太子，臣期期……不奉詔！」

劉邦正黑臉聽著，聞言不禁笑道：「御史公，『期期』、『期期』，你這倒是幾期？」只見周昌面色由紅轉紫，益發憤恨：「臣素強直，期期、期期，只是一期。」

眾臣聞之，亦滿堂大笑，原本殿上的震悚之氛，竟一掃而空。

原來，周昌也是沛縣人，操楚語，本想說「極以為不可」。楚語中稱「極」為「綦」，讀如「期」。周昌口吃，盛怒之下連說「期期」，便成了一段掌故。至後世，「期期以為不可」竟成了一句成語。

劉邦笑得腹痛，亦知眾意不可違，便揮袖道：「公既有此言，也罷，此事便不再議。散朝！」

散朝後，周昌也不與他人多言，只低頭趨出殿門。正行走間，忽有一宦者攔路，稱：「御史慢行！奉皇后命，請御史入東廂問話。」

聞呂后宣召，周昌不知底裡，只得隨宦者轉入正殿東廂。見呂后正恭立迎候，周昌大驚，急趨幾步，欲行大禮，忽見呂后先倒跪下了，謝道：「老身適才於東廂聽廷議，若非君抗旨廷爭，太子幾廢！」

周昌慌得不行，連忙也跪拜如儀，道：「皇后請勿在意。臣性愚直，唯、唯知守禮，故惹惱了君上，是為公也。當不起皇后如……如此大禮。」

兩人皆起身後，呂后恨恨道：「君乃舊人，知我當年如何助那酒鬼。今日他坐了龍廷，便寵妖媚。來日他必不肯甘休，總要生事，還望君仍為太子伸張。」

「臣唯知劉盈為太子，不知其他。」

呂后聞此，面露欣慰之色，這才再三拜謝而去。

且說那邊廂劉邦退朝，便往長信殿戚夫人處歇息。戚夫人早已探得，今日廷議乃是改立太子事，忙上前詢問詳情。

劉邦手扶欄杆遠望，怏怏不快，只道：「群臣皆日不可，奈何？」

「妾實不明白：廢立太子，乃天子家事，與朝臣何干？」

「妳是婦人，有所不知——朝臣無一人遵命，便是無人贊同如意繼位。若違逆眾議，強立如意，則我百年之後，他又如何能登大位？即便繼了皇位，群臣不服，他又如何能安坐不倒？天子家事，恰不似民間，非但不能違群臣，也要顧忌天下之口。」

戚夫人張了張口，欲言又止，旋即淚流不止。

劉邦看得心酸，將戚夫人攬在懷中，喃喃道：「此事容我轉圜。」

戚夫人泣道：「如意聰慧，乃漢家之福，不知何人要與我母子為難？」

「唉！今日廷爭，乃是周昌最力。」

「舊部驕橫，周昌尤甚，連蕭丞相都不在他眼中！陛下何不借故殺之？」

劉邦不禁瞠目，凝視戚夫人半晌，才道：「舊部隨我，捨生冒死至今，必無異心。為姬妾而殺重臣，吾不能。若殺，必為桀紂，為萬世所罵。」

戚夫人知事不可為，忍不住掩袖號泣；劉邦見了，心也黯然。此後每逢散朝，必來戚夫人處，兩人執手相語，總不離如意將來之事。如此再三再四，卻只是無計可施。日復一日，兩人倚坐於欄杆，望見庭中花事凋零，觸景傷情，不由相對唏噓……

再說白日罷議之後，呂后回到椒房殿，思來想去，坐臥不寧，唯恐劉邦再生事。此時審食其自內室出，見呂后愁眉不展，知是為太子事，便問道：「君上又欲換太子乎？」

呂后當即落淚道：「今日朝會，若非周昌，我兒便做不成太子了。」

「既如此，皇后理應慶幸。」

「還慶幸個甚？過兩三日，那失心翁必定反覆。」

審食其便湊近道：「留侯張良善用計，君上對他，一向言聽計從。」

呂后拭乾淚，想了想，猛然站起道：「如何便將他忘了？」

「皇后欲召張良乎？」

「這個……恐為不便。張良未必肯為我獻計，反而易生枝節。且去召吾兄來。」

呂后之兄呂澤，當年在下邑接應劉邦敗軍，立有大功，又貴為外戚，故而封為建成侯。平素在朝中極擅結交文武，人望甚高。今夜聞召而來，跑了一頭大汗，見了呂后便嚷：「阿娣，半夜喚我來，有何事？莫非是今上病危？」

呂后便嗔道：「亂說甚麼？今上好好地，倒是你外甥兒快要喪命了。」

呂澤聞之一驚，連忙四下裡瞄看，要找劉盈在何處。

呂后這才拽住呂澤，將白日欲易太子之議對呂澤敘說一遍。

呂澤頓足道：「這如何使得？如意若做了太子，那戚姬豈不要登天了，還有我呂氏的活路嗎？」

「正是。此事關天，阿兄請速去見張良，就此事問計。」

「張良？他怎肯為我獻計？」

呂后便將眼睛一瞪：「你統兵多年，羽翼滿朝中，怎的就說不動個張良？」

呂澤眨了眨眼，似有所悟：「我知矣！這便去留侯府上。」當即疾奔回府，換下袞服，戴起武官大冠，全身披掛，帶了府中數十名甲士，騎馬急赴留侯府邸。

到了門口，時已入暮，呂澤揮手示意，眾甲士便一擁而上，將門叩得山響。

司閽聞聲，連忙打開門探看，見門外甲士成群、劍戟交錯，不禁大驚失色，連忙施禮。呂澤自馬上跳下，看也不看，便大步邁入，邊走邊道：「建成侯呂澤，拜訪留侯！」

他身後甲士，也疾步搶入，司閽瞠目不知所措，哪裡還敢阻攔。府中家老張申屠聞聲，連忙迎出，見是呂澤，臉色也不由一白，慌忙施禮道：「建成侯駕臨，恕小臣未及迎候。」

呂澤粗聲道：「去喚留侯來！」

張申屠將呂澤迎入堂屋，忙去稟報張良。其時張良已然睡下，聞聽呂澤忽然來訪，連忙更衣而出，見呂澤竟是武官裝束，又有數十名甲士立於庭中，知事非尋常，心中便一凜。與呂澤相互揖過，便請呂澤入書房坐下。

張良心中不快，卻強作笑顏道：「建成侯光臨敝舍，倒是頭一回，適才在下已就寢，迎候不周。不知我這病夫，可為將軍做些甚麼？」

呂澤打量張良一眼，語甚威嚴：「君為今上謀臣，今上日日欲易太子，君還能高枕而臥嗎？」

張良聞言，心中明白了，呂澤原是為此事而來，便道：「昔年君上數次在危困中，屢用臣之計策；今天下安定，臣之諫言，就聽不大進了。君上偏愛幼子，欲易太子，此骨肉間之事，誰人可多言？即有百個張良，又有何益？」

呂澤一挺身，倏地抓住張良手腕，勃然變色道：「吾乃武夫，不說廢話，請與我獻計！」

張良面色尷尬，然亦無奈，只蹙額道：「將軍，臣有疾患。」呂澤這才鬆開手，問道：「留侯欲坐視太子失位乎？」

「臣不敢。此事，不可以口舌爭也；愈諫，君上便愈怒……」

「不諫，太子失位豈不更快？」

「不然。臣於此事，日前倒是有所慮。將軍可知『商山四皓』乎？」

「不知。」

「此乃四位老者，當世罕有之高士，聲名遠播，民無論賢愚皆仰之。然四人以今上侮慢名士，不願入仕，逃匿於商山，誓不為漢臣。今上卻不以為忤，甚是高看。今將軍若不惜金玉財帛，令太子寫一封信，遣門下善辯之士，安車往山中相邀，彼輩或許能來。既來，則為太子賓客，出入相隨。今上若親見四皓為太子僚屬，或將大有利於太子。」

「好！謝留侯為我出計，然這四個老翁，能做得甚麼？」

「此四人，義高於天，今上欲召入朝，四人不應，太子卻能收其為賓客，上必大驚。此可謂太子之仁，天下皆服。」

呂澤聞罷，面露喜色，忙執張良之手道：「留侯，善人！你救我呂氏矣！」隨即起身，要去見呂后覆命。

張良也起身，囑道：「四皓有美名在外，然凡間之人，豈有不愛財之理，將軍請勿吝嗇。」

呂澤便笑：「這個自然，金玉財帛算得甚？事成，也有你留侯的。」

「這便免了吧！臣久抱病軀，正欲往蜀中的天臺山去，要錢財也無用。」

「哈哈，這個……也好，也好。」

呂澤辭別了張良，返回宮中，面稟呂后，將那張良之計一一道出。

呂后想想，嘆口氣道：「張良若僅有此計，也只得如此了。」便命呂澤遣人去請商山四皓。

隔日，呂澤便派一得力心腹，前往山中，卑辭厚禮，以奉太子讀書之名，說動了四位老翁出山。以車載至長安，安頓於呂澤府中，以備啟用。

且說那周昌自廷爭之後，聲震朝野。他心下也知，君上既如此倚重，於公事就更不可有半分懈怠。其所掌御史臺，平素負責起草皇帝詔書，發至丞相蕭何處，再由丞相下達百官。又代皇帝受理群臣奏疏，摘錄條陳上呈，每日過手文稿，如同山積。

周昌執掌糾察百官，平素事多，似這等文稿擬批、呈送等事宜，則多為屬下掌璽御史趙堯操辦。

這位趙堯，乃一少年文吏，辦事幹練，胸中亦多謀。周昌有一友人方與公，曾對周昌道：「你屬下這個趙堯，雖然年少，然胸中有奇志，君不可藐視！不妨多倚重，日後此人必代君之位也。」

「趙堯？」周昌聞之，不覺冷笑，「我自血泊裡蹚過，數歷生死，方坐得此三公之位。趙堯年少，且一刀筆吏耳，何能至此！」遂不信，一笑置之。

豈知周昌卻是看走了眼，這趙堯，心智膽略都遠在一干庸吏之上。入了幾次宮，看君上終日愁眉不展，便悉心揣摩，知君上是為愛子之事煩惱。

這日，趙堯入宮送文稿，趁空便對劉邦道：「小臣平日幾番入宮，每見陛下怏怏不樂，想是憂心趙王年少，而戚夫人與皇后有隙，恐於陛下萬歲以後，趙王不能自全。」

劉邦苦笑道：「然。私心憂之，苦無良策。」

「臣以為：趙王應當就國，早得些歷練，也好早為天下計。」

「唉！那孺子怎可就國？」

「陛下只須為趙王置一強相，便可。」

劉邦聽出門道來，便坐起問道：「言之有理！你看朝中，何人可當此任？」

趙堯遂深深一躬道：「臣想那皇后、太子貴不可言；闔朝文武，亦居功自傲，然眾人最懼是誰？」

「莫非周昌？」

「正是。周昌其人，堅忍耿直，皇后、太子及大臣等，素所憚之，故趙相一職，獨周昌可當。」

劉邦不由一振，拊掌叫道：「此議甚好。有周昌輔佐如意，諒諸人都不敢相欺。」「有周昌在，趙王便可無虞。假以時日，羽翼漸豐，進退也就兩便了。」

劉邦細思趙堯所言，甚覺驚異，端詳了他一會兒，嘉許道：「你這小吏，實不尋常。在御史臺行走，未免屈了才，來日將有大用。」

隔日，劉邦便喚周昌來，推心置腹道：「趙王如意，久未就國，實乃朕心頭一件大事。公必也知我憐趙王，若遣之就國，豎子將曝露風雪，迫近敵寇，奈何？」

周昌不知劉邦之意，稍沉吟方道：「趙王就國，可緩行。」

「不可緩！朕於此子，所望甚厚，今若再不就國，必成廢才。」說罷目視周昌，目光炯炯。

周昌連忙揖道：「陛下有憂患，臣何以得安？願聽陛下吩咐。」

劉邦有所動容，也朝周昌一揖，道：「朕愛趙王，朝野均有非議，公亦謂趙王不可為太子。今遠遣如意，是為他好，然稚子處險地，吾又怎能忍心？故欲煩勞公，請公勉為其難，為我出任趙相，為趙王之庇蔭。」

周昌位列三公日久，驟聞此命，一時愕然，竟忘記了謝恩，急道：「臣自沛公軍初起，即隨陛下，陛下為何半途而棄臣，將臣發配至諸侯國？」

劉邦連忙道：「公隨我日久，互不相疑，故以幼子相托。今改徙公為趙相，我亦知此為左遷[71]，然我甚憂趙王，非公不能解憂，望公不得已而勉強受之。」

周昌聞劉邦肺腑之言，不由熱血上衝，立時答道：「既有上命，臣萬死不辭。我在如意身側，即為如意之壁壘，無人可逾！」

劉邦大喜，執周昌之手道：「我輩起自草野，手創宏業，惜乎天不假年，好日子誰知還能有幾時？若我先赴黃泉，則如意仍托庇於公，勿生差池。」

周昌應道：「定然無誤！」說罷便告辭，即回御史臺辦理卸任了。

劉邦又至戚夫人處，告之擬遣周昌隨如意就國。戚夫人本就不捨如意，正悲愁間，聞之不覺大驚：「那周昌，曾力阻如意為太子，如何將如

---

[71] 左遷，貶降官職的委婉說法，猶言「下遷」。漢代貴右賤左，故將貶官稱為左遷。

意交予他手？豈非害了吾兒？」

劉邦便嗤笑道：「婦人之見！周昌既敢違朕意，又更懼何人？其為趙相，誰又敢欺如意？」

戚夫人聞言，心方稍安；數日後，終與如意垂淚作別。

自周昌赴邯鄲之後，御史大夫遂告空缺。此時「三公」之丞相蕭何、太尉周勃，均為開國勳臣。資歷相類者多另有重任，御史大夫應屬誰，一時竟不能定奪。

如此，御史大夫之印綬，便置於劉邦案頭多日。這日，劉邦拿起摩挲良久，嘆道：「滿朝文武之多，有誰可為御史大夫？」

此時，恰逢趙堯來送公文，侍立於案側。劉邦熟視其良久，脫口道：「非趙堯不可了！」於是立即下詔，拜趙堯為御史大夫。

那趙堯，此前因軍功已封有食邑，然終為平常文吏；因緣際會，竟一躍而為三公，朝野皆嘖嘖稱奇。

周昌於赴邯鄲途中得此消息，亦是大驚，遂想起好友方與公此前所言，心中感慨，嘆息數聲而罷。

光陰荏苒，倏忽而過，到了高帝十年（西元前 197 年）夏，中外仍是無事。然甫一入秋，代郡忽又生出了不祥之兆。

這日，周昌告假返長安休沐，忽然夜入長樂宮求見。劉邦知其必有機密要事，當即宣入。君臣相見，只見周昌以目示意，劉邦心中不由一凜，忙摒退左右。

周昌見涓人已退下，便奏道：「代相陳豨，自稱素慕魏公子信陵君，於代郡廣招賓客。常告假休沐，借道過趙，其賓客隨從竟有千餘乘車，浩蕩堪比始皇出巡。致邯鄲客舍皆滿，趙地官民，無不驚異。臣見陳豨賓客太盛，又掌兵在外，恐生變故。」

劉邦聞奏，心中大駭，良久方道：「人心莫測，竟至此耶！公可速返邯鄲，靜觀其變。朕這便遣人赴代郡密查，無事則罷，倘若查實，我再親征不遲。」

周昌領命，便要告辭，劉邦少不得又叮囑了一句：「吾兒如意在趙，乃百年之托，公勿大意。」

周昌慨然道：「太子、趙王，皆吾姪兒，臣當捨命護衛之。」劉邦聞言動容，幾欲泣下，執手親送周昌至北闕，方作別。

待周昌返國，劉邦即命趙堯遣遊士潛入代郡，密查陳豨賓客有無不法事。稍後，遊士奉命入代，未及數日，便查得諸多罪證，暗地馳報長安。豈料那陳豨在代地經營多年，耳目甚廣，不久便有耳目察知朝中有眼線潛入，連忙稟報陳豨。

陳豨素好結交，門下賓客不計其數。得報不禁大恐，心知賓客魚龍混雜，不法之事甚多，自己也逃不脫干係。若彼等罪名坐實，自己必是臧荼下場。當下，便想起了韓王信。原來，自平城解圍，韓王信一直游弋於北邊，不時襲擾，又遣部將王黃等人，赴陳豨營中策反。如是再三，陳豨見大勢未明，不肯答應，然與王黃卻有了暗中交通。

此時，陳豨知再不容遲疑，便立遣心腹，夜奔王黃、曼丘臣處，商酌聯結起兵事宜。此後，兩家信使又幾經往返，盟誓立約。如此，陳豨反漢，已是遲早之事了。

正當此際，恰逢劉邦連喪考妣。夏五月，劉太公續弦、太上皇后李氏崩；至秋七月，太公亦崩。

卻說那太公秉性，至為執拗，長居櫟陽宮，不肯移居長安，獨喜驪邑新建之「豐邑故里」，不時前往，與舊友鬥雞走狗，淹留不歸。彼時未央宮成，劉邦請太公入住，太公也只偶爾小住，未及三日便不耐煩，總要匆匆返回櫟陽。

老妻病歿後，劉太公也忽然病重，臥於驪邑不起，劉邦聞信，急往探看，又親扶轀輬車載往櫟陽宮。太公病漸危，於病榻上囑道：「天下姓劉，或是上蒼錯予，季兒不可忘乎所以。我死後，骸骨恐未能歸鄉，願勿遠離驪邑。」

劉邦含淚道：「阿翁生養我，飽受顛沛。兒至今方悟：生於閭里者，才知孜孜以求而脫困厄，遂有今日。若阿翁身為王侯，則我必驕狂而不知法度，終不得好死。」

太公氣息奄奄，勉強一笑：「吾兒知盡孝，容我鬥雞走狗到老。今生足矣。」

劉邦坐守病榻，晝夜不離。未幾日，太公終告不治，遽爾升遐，劉邦便於櫟陽宮發喪。

訃聞傳之四方，朝野上下，自是一番忙碌。朝中重臣與各諸侯王，皆來參與會葬。櫟陽城內，一時冠蓋雲集。諸侯中，唯彭越最為哀切，一身縞素，親執靈幡，處處與劉邦一道，也充作了一個「孝子」。

太公陵寢，就在長安以東。落葬後，劉邦又下詔，在陵側新建一邑，號曰「萬年」，設官吏為陵寢監守。原驪邑則改稱「新豐」，以志追懷。不久，又詔命各諸侯國，於各都城設太公廟，四時祭享。

想那劉太公本為閭里沽販，生平唯喜嬉戲，因其子而貴甲天下，亦可稱是秦末亂世中的一位奇人了。

正當此時，劉邦得遊士密報，知陳豨已有不軌之心，甚怒之。然念及舊誼，心中尚有躊躇，便喚陳平來商議：「陳豨或是欲反，或是僅為牢騷，吾不能斷。擬率禁軍一支巡遊邯鄲，就近查看，兄以為如何？」

陳平問明周昌所奏緣由，便笑道：「陛下若率軍北上，那陳豨不反也要反了。」「哦？也是。那該如何是好？怎知陳豨有無反心？」

「諸侯會葬太公，只須召陳豨也來。若來，其心必坦蕩；若不來，則反跡已明矣。」

劉邦望望陳平，忽而大笑，以手指點道：「公之詭計，何以百出而不窮？」

於是，翌日便有諭旨下，以沛公軍舊部故，特宣召陳豨前來會葬。數日後，陳豨聞召，心疑事已敗露，哪裡還敢來？只稱病不奉召，一邊便加緊謀反。

待會葬畢，諸侯各自歸國，轉眼時已入九月，陳豨果然揭起反旗，自立為代王，遣人四處張貼布告，與王黃、曼丘臣相約發兵，劫掠代、趙。

那代郡東西當途，往來商賈甚多，聞陳豨起兵，多有回應者；另有市井少年、鄉野農夫，亦持棍棒來投，一時從者甚眾。

陳豨便在代縣城中豎起大纛，疾聲對眾人道：「今上劉邦昏聵，因諸侯之力得天下，席不暇暖，便恩將仇報，逐滅功臣，前有臧荼，後有韓王信。更有那淮陰侯韓信，助劉邦滅楚，功高於天，反遭褫去王位，廢置不用。我等之功不及韓信之一二，於前程更有何奢望？今陳某舉兵，是為天下豪傑討公道。自陳勝王起，人人可做王侯，天下焉能為漢所私有？那漢家文武，唯淮陰侯一人可稱雄霸，今不為劉邦所用，故漢軍不可畏也。趁秋高馬肥，望諸君勠力同心，隨我殺進關中，也學那劉邦滅秦，共用榮華，豈不強於寒暑稼穡、販運於途？」

眾商賈聞之，血脈僨張，手足狂舞，每日有千餘人來投軍，半月便聚起徒眾數萬。代郡軍卒，原即為天下精兵，今又驟添新附丁壯，就更為囂張。代地各城邑聞陳豨倡亂，無不震動，各遣使者持羽書，飛馳長安告急。

陳豨見聲勢已壯，即發兵四出，劫掠代、趙，其勢猛不可當。各城郡守、都尉無兵可用、無險可守，哪裡見過這等陣勢，紛紛棄城而逃。代、趙吏民，出降者無以數計。陳豨興兵未及一月，代、趙大部城邑，便席捲而下。唯上黨郡守任敖，守著一座孤城苦撐。

長安九月間，邊警迭至，驪山烽燧，可見黑煙沖天。闔城百姓見了，惶惶然奔相走告，一時店鋪關張，家家囤糧，似又將重現秦末之大亂了。

劉邦心中震怒無可形容，急召眾臣宣諭：「陳豨為我舊部，受我驅使，素來行止有信。那代地，為北境要衝，為我憂心所在；故封陳豨為列侯，出守代郡。焉知人心不足，忠亦作奸，豎逆竟勾結王黃等賊，劫掠代地。那陳豨原是個無名下僚，以事功而驟貴，不知報恩，竟忘形至此！朕意已決，擬率軍親征，必斬此豎之頭顱。」

周勃聞言，出奏道：「那代、趙吏民，目無君上，賊至即降，罪實可族誅！若非任敖死守上黨，則賊勢恐將搖撼關中。陛下可發詔令，從賊者概不免罪，傳檄至邯鄲，以為震懾。」

劉邦便笑：「太尉所言差矣！那代、趙吏民，非有罪也。悍騎將至，你教人家以釘耙、連枷討賊嗎？此事我已想好，親領近畿精兵八萬，赴邯鄲討逆。太尉可領別軍一支，進至太原，伺機側擊。區區邊將作亂，上下都不必驚惶，你這便去點起人馬，克日發兵。」

待諸臣散朝，各去布置，劉邦亦無心去戚夫人處消遣，不知不覺踱至椒房殿，來見呂后。

呂后早已知劉邦有意親征，見他心事重重，便道：「夫君，何所憂之？你自去征討，關中有老身在，且與蕭何商議，必無差池。」

劉邦心頭一熱，方知臨大事，還是老妻靠得住些，便直言道：「陳豨隨我日久，我素知他善戰，不易平定。方才朝議，我口出大言，是為安定人心。今親征詔令雖已下，然決之勝負，我近畿之兵、朝中之將，總還覺得力單。」

呂后冷笑道：「那韓信閒居長安，彭越、英布各擁其國，你養著他們做甚麼？用人之際，就該召來。莫非天下只須共用，無須共守的嗎？」

劉邦便一拍案：「言之有理！我這便召他三人前來，隨我討逆，都不要太安逸了。」

是夜，劉邦、呂后於燈下商議良久，似又重返當日在芒碭時情景。

翌日，便有諭旨入淮陰侯府，宣召韓信。另有羽書兩封，飛遞出關，徵調梁王彭越、淮南王英布之兵。

豈料三道詔令發出，竟全無效用。當日，淮陰侯府便有回音，稱韓信病患甚重，出入皆感不便，故不能出征。不數日，彭越、英布處也有快馬回報，皆託病不能從命，僅由部將率人馬少許助戰。

劉邦連連遭拒，怒不可遏，一腳踢翻香爐，與左右道：「韓信與我賭氣，爭誰將兵更多，不來倒也罷了。那彭越、英布如何也不來？若無我劉邦，彼一為山賊，一為水賊，何來累世王侯可做？今日天下略有騷動，便要看我笑話，心何其私也！此等異姓王，是何居心？我不欺他，他反倒要來欺我！」當下，便遣人持戒書去責問。

陳平見劉邦惱怒，恐有擾征討，便勸道：「漢家休息已數年，關中漸盛，陳豨不足為慮。今有樊噲、灌嬰為前鋒，周勃、王陵為別軍，酈商、夏侯嬰等驍將為左右翼，即是項王再世，亦可與之一戰，不可謂無勝算。」

經陳平這一說，劉邦心中方覺稍寬，立遣周勃率別軍三萬北進太原，自己則領勁旅八萬赴邯鄲。行前，欽點御史大夫趙堯隨行，留太子劉盈監國，蕭何輔之。又私授呂后問政之權，可裁處朝中大事。

未幾，漢家大軍抵近邯鄲，於城下紮營。劉邦則率左右入城，於叢臺之下安營，趙王如意、趙相周昌聞知，忙率封國諸臣來見。

劉邦見如意神色如常，並無驚惶，遂大感欣慰，向周昌發問道：「陳豨今駐兵何處？聚眾幾何？他給我布下了甚麼陣勢？」

周昌見劉邦所帶兵馬，遠不及叛軍之數，心中不免憂慮，回奏道：「陳豨自反後，屯兵於曲陽（今屬河北省保定市），遣人四方搜羅散兵，號稱聚眾五十萬，氣焰大張，代、趙各處，已、已罕見漢家旗色。」

劉邦哂笑道：「咦？相國之勇，何以不如從前？此等烏合之眾，有十萬人堪用，便是他福氣。那麼，他手下將佐，又有幾個？」

「原韓王信所部王黃、趙利，皆甘為他前驅。另還有侯敞、張春、劉武等人，皆為他悍將。」

劉邦鼻孔嗤了一聲：「悍將不悍將，總不比季布、鍾離眛高明，相國可勿驚。那陳豨，徒有善用兵之名，今起事，不南來據邯鄲，以便憑漳水阻我大軍，我便知他無能為矣！」說罷，又掉頭對趙堯笑道，「項王在時，吾不敢大言；今區區小兒，且看我手段。」

周昌仍未能釋慮，吃吃道：「朝中大軍，不、不足十萬，與叛逆五十萬眾相抗，如何能、能勝？」

「你怎道我無兵？趙地丁壯，遍野皆是，吾兵即在此處出。」

周昌見劉邦似有輕敵之意，又提醒道：「代、趙二十五城，二十城已陷於賊。各城守尉，不戰而逃，令吏民束手投敵。臣請陛下傳令：凡棄城守尉，皆誅之，以振軍心。」

劉邦一怔，心知周昌有卸責之意，便故意瞠目道：「啊？二十城守尉皆降乎？」「降倒未降，然各個棄城而逃。」

「這就對了。棄城乃是力不足，彼有何罪？」

「失地甚多，郡守、都尉無罪，那便是臣有罪。」

「相國亦無罪！那陳豨，昔為我左右親信，受我調教，勇悍多謀，休說你周昌難敵，即是我親征，旗鼓亦相當。漢家昔日勇將，今又多病，可嘆臨陣之猛士，為數寥寥。請相國盡速在趙地選壯士，可為將者，召來晉見。」

周昌領命而退，去閭里探訪。此時恰逢投軍者甚眾，周昌沒費力氣便覓得了四人。隔日，便入奏道：「有四人可用。」

劉邦即命宣進，只見那四人昂然而入，皆布衣莽漢，不知規矩，叉手呆立於御座前。

隨何此時侍立帳前，看不過眼去，正要喝令下拜。劉邦卻抬手止之，戟指四人罵道：「爾等豎子，可知兵法？可上過戰陣？我看爾輩，欺行霸市尚可，然能為將乎？」

四人見劉邦發怒，大慚，慌忙伏地請罪道：「小人無知，只想著僥倖受賞，萬望寬恕。」

周昌立在帳前，面色便顯尷尬，期期欲有所辯解。

劉邦卻忽地大笑：「爾輩雖豎子，然知羞，尚可教也！不錯，今日討賊，便是你等立功之時。便如此吧 —— 皆封千戶，各為將，且歸灌嬰麾下。」

四人聞命，疑是夢寐，抬起頭望望，皆感泣謝恩而退。

隨何不解劉邦用意，發急道：「將士用命，軍功皆自血泊中來。自沛公軍入蜀漢，至伐楚，大小百戰，軍士尚未及遍賞。此四人白手入營，臣不明：彼輩有何功可賞？」

劉邦見諸臣亦有疑惑，便高聲對隨何道：「這便非你所知了。陳豨反，趙、代兩地大半歸其所有，吾發兵之前，曾發羽檄徵天下之兵，竟無一個來的。今無他計，唯在邯鄲就地徵兵，又何必吝惜這四千戶？以此為恩賞，激趙地子弟從軍，豈不是好？」

眾臣聞聽此番言說，方大悟，交口稱善不止。

劉邦忽地想起一事，望望周昌，問道：「古之燕將樂毅，可有後乎？」

「有。其後名喚樂叔，今為布衣，長居故里樂鄉。」

「好！傳朕諭旨：即封樂鄉為其食邑，號華成君，以慰代、趙豪族名家。」

至此，周昌神色方稍緩，深揖謝道：「陛下睿智天授，謀於帷幄，臣、臣魯鈍不能解，甚為慚愧！」

「哪裡？你堅守邯鄲不逃，護衛吾兒無虞，便是有大功。想我漢家，素以厚德待民，於代、趙多有恩惠；只不知那陳豨有何高德？竟能聚起五十萬眾來，眨眼就傾覆北疆！」

「回陛下，此處城鄉，商賈甚多，陳豨部將亦多為商賈。此輩財厚，不安於鄉里，聞陳豨反，皆散財聚眾，故而一呼百應，群情洶洶。」

劉邦笑道：「無怪乎！吾知如何與之戰了。」

當下便罷議，劉邦又召治粟內史來，吩咐多撥金帛交予趙堯，遣斥候攜金，分赴各失陷城邑，廣賄陳豨部將不提。

且說自劉邦率軍東出，長安城內，更是人心浮動。閭巷中，多有流言四布。曰：「陳勝王消，陳豨王起。」市井商販，多關門歇業；大戶人家，亦紛紛遷往鄉間避禍。蕭何察知，心甚不安，遂與王恬啟商議，遣禁軍晝夜巡行於市，以安人心。

此時淮陰侯府中，亦不安寧。韓信多年門庭冷落，當此時，卻有久不走動的故舊絡繹來訪。此中有一人，便是舊日部將高邑。

高邑自韓信雲夢被擒後，已解除原楚王府職，歸屬漢軍本營。後因心中不平，便託病不履職，只在長安逍遙，偶或也來淮陰侯府閒敘。

這日向晚時分，街衢肅靜，司閽忽來報：「高邑將軍來訪。」

韓信一驚，急忙迎出，一把拽住高邑衣袖：「宵禁如何出行？」

高邑道：「昔在洛陽，即有夜行腰牌，至今未繳。」

「門前可有人窺見？」

「小臣已留意，鳥雀也無一隻。」

韓信知高邑此來，必為陳豨之事，便拉高邑直入書房，摒退左右，促膝對坐。高邑急切問道：「陳豨起事，此前可知會大王？」

韓信便笑：「何來大王？病夫而已！閒居多年，與陳豨早已不通音信。」高邑似不信，望住韓信，試探道：「大王何不赴代地？」

「陳豨事起，君上召我從征，我數夜不能成眠，苦無良策，唯有託病一途。若隨軍征討，以舊日之誼，實難刀劍相向……」

「大王休要迴避！我只問：如何不去助陳豨，共用功成？」韓信臉色一變，向後移席數尺，只閉目不語。

高邑心急，膝行向前道：「陳豨稱王，關中震動，豪傑皆不安於室。長安城內，唯見壯士磨劍，賓客奔走於大戶。一俟漢軍敗報傳來，勢必亂民四起，闔城皆反矣！」

韓信渾身一顫，睜開雙目道：「戰事未明，愚夫蠢動於內，那不是自尋死？」

高啟亢聲道：「市中風傳，陳豨屯兵曲陽，已聚眾五十萬，氣吞河嶽。代、趙皆不能守，遍豎降旗，直教漢家坐不到二世了！」

「曲陽？」韓信仰頭思之，遂嘆道，「陳豨豎子，徒然大言，不知兵法云『隘形者，我先居之』，卻為何要自居死地？」

高邑不由一驚：「那曲陽，背倚太行，屯兵此邑，如何不是先居隘形？」

「大錯！曲陽之南，一馬平川，有何險可守？區區一隅，又有何糧可籌？若南下邯鄲，進抵漳水，糧足而兵多，臨水拒漢，則可演成今日之鴻溝！只須僵持數月，天下必亂，群雄伺機而起，令漢軍首尾不能相顧，大事或可成。而今一錯，叛眾即使有五十餘萬，亦為漢軍砧上肉矣。」

「這……如何是好？陳豨將軍英武蓋世，素為小臣所敬服，何忍心坐視其敗？小臣願微服北行，潛入他營中，當面授以大王謀略，以助其成。」

韓信沉吟有頃，忽地起身，坐於案前，援筆疾書一劄，其文無頭無尾，唯見寥寥數字：

弟舉兵，吾在此助弟。

書畢，交予高邑。高邑捧起信劄，喃喃讀了兩遍，大惑道：「此有何用？」

韓信笑道：「吾之計，乃據邯鄲、阻漳水，你已熟記於心。此劄，只為信物耳。」

高邑這才領悟，連連頷首。正當此時，有府中舍人欒說，端了兩盞熱羊羹進屋。韓信見有人來，立即以目示意，高邑慌忙將信劄藏於懷中。

欒說將羊羹置於案上，見燈火已暗，又為膏油燈添了些油，方才退下。

兩人用罷羊羹，韓信又囑高邑道：「今赴曲陽，不必急歸，便在陳豨帳下好了。那陳豨若受點撥，全力取邯鄲，則吾三人可在長安相會。若天不助代，公且好自為之，可微服匿於民間，待事平後，再歸長安。」

高邑聞言，神色凜然，以手指天誓曰：「昊天有成命，匹夫亦當受之。願從大王之命，萬死不辭。」旋即起身，與韓信作別，闊步邁出侯府。

韓信送高邑至府門，凝視良久，直至高邑轉入閭巷，才吩咐司閽將門關好。

越日，韓信正在書房編纂兵書，家老郤孔前來稟事，稟罷欲退，韓信喚住道：「陳豨舉事，家臣中有何議論？」

這位郤孔，乃東海人，在韓信麾下為家臣多年，已是身邊心腹。聞韓信提及陳豨事，雙目即炯炯有光，答道：「家臣數十，聞陳豨將軍反，皆踴躍。」

「哦？此乃何故？」

「臣等久為主公抱不平。今陳豨既反，漢家河山必動搖，主公吐氣之日，將不遠矣。」

韓信環顧屋外，見無他人，便密囑道：「今夜子時，在家臣中覓死士數人，到此來議事。」

郤孔聞命，便猜出了八九分，滿面欣喜而去。

至夜深，郤孔帶了賓客、舍人、僕役十數人，來見韓信。

韓信逐一看過面孔，略一頷首，命眾人環繞坐下，便拱手道：「諸位義士，隨我多年，亦飽受朝廷欺凌。我為漢家第一功臣，因功高而獲罪，禍及諸位，我心常有不忍！君上無德，負我久矣。今逢陳豨舉事，席捲代、趙，天下亦蠢蠢欲動，不知諸君將做何為？」

眾人聞韓信吐露肺腑之言，不禁動容，齊聲道：「唯主公之命是從。」

「好，便請諸君聽好：今上親征，勝負在未定之數。若漢軍敗，則我輩便有千載難逢之時機。可聚眾據有長安，效項王入關事，號令天下，諸君亦可得封王封侯！」

眾家臣聞之，皆雀躍，唯郤孔略顯躊躇：「主公，兵從何來？」

「此易耳！趁夜於市中，廣張布告，詐稱奉詔命，誅殺皇后與太子，立趙王為太子，並赦免各官邸奴僕、刑徒。待天明後，官奴蒙赦，必從我；我則糾眾攻入宮中，殺皇后、太子，代漢而立，傳檄四方，定可克竟全功。」

郤孔又道：「各官奴徒，不過烏合之眾，持白竿而聚，如何能闖入宮禁？」

韓信便仰頭笑道：「陳勝王本為何人？沛公軍原為何眾？孫子曰：『屈伸之利，人情之理，不可不察。』那官奴累代困苦，乍聞一夜便可贖身，子孫有望，必捨命而從之，其勢何人可當？不見當年驪山刑徒蒙赦，出關禦敵，勢若猛虎，斬豪雄之頭如探囊取物耶？」

眾家臣聞之，皆血脈僨張，攘臂大呼，但求歃血為盟。

郤孔便起身道：「諸君稍候，我這便去殺羊取血。」隨即出了書房，來至堂下灶間，見舍人欒說與其弟欒仲正在閒談，便吩咐道：「且去捉一隻羊來，吾殺之。」

欒說聞言，面露驚異，略一遲疑，便與欒仲去畜欄，縛了一隻羊來。郤孔在灶頭尋了一柄利刃，將羊頭按在地上，對準頸側，一刀抹過。那羊蹬了蹬腿，頸血如注而出，郤孔以碗盞接滿了血，轉身便要離去。

欒說搶上一步，道：「容小人來伺候！」便接過碗盞，隨郤孔步入書房，將盛血之盞置於案頭，方低首而退。

眾人便輪流以手指蘸羊血，塗於唇上，而後齊齊跪下，面朝東，對天起誓。如此喧囂至天將明，方才散去。

盟誓之後，韓信便吩咐郤孔：府中雜事，盡可以不問，須常去太尉府打探，務將北地軍情探明。其餘十數死士，則於府邸後園操練刀劍，以備事變。

卻不料，北邊傳回軍情，陳豨軍並無甚麼作為。朝中大軍開至邯鄲，並未接戰，兩邊均按兵不動。僵持之中，劉邦陰使趙堯，重金賄賂陳豨部將。彼等叛眾本為商賈，易見利而忘義。收了朝廷賄賂，便陸續有各城守將降漢。

韓信心中焦急，又想到那高邑北行之後，渺無所蹤，也不知是否將密信帶到。兩月後，忽聞陳豨軍四方出擊，並未南下攻邯鄲，便知高邑使命未成。

卻說陳豨在曲陽軍中，聞高邑來投，便喚他進大帳，問明了來由。陳豨昔日與高邑同為韓信僚屬，彼此相熟，見面也無暇敘舊，便問淮陰侯可有信來。高邑從懷中摸出短劄，雙手遞上。陳豨看了，先是一喜，繼而又疑道：「如何只有這幾個字？」

高邑便將韓信計謀，詳盡道出。陳豨聞罷，卻是不大相信，只道：「將軍微服遠來，想必歷經萬難，且在軍中好生歇息，容在下細思。」

高邑面露疑惑，急道：「漢帝親征，便是要置足下於死地。依微臣之見，如遇斧鉞加頸，即是野獸也知騰跳逃生，當此際，請大王早些兒決斷。那邯鄲攻不下，何以圖大業？舉事就是動刀兵，還要細思那麼多做甚麼？」

陳豨面露不豫之色，道：「軍中事，也是簾幕重重，百計萬端，豈是一語可以了結的？請將軍暫且退下吧。」

高邑一怔，連忙起身，嘆了口氣道：「可惜淮陰侯一番用心了。」遂再不言語，一揖退下。

當夜，陳豨便與王黃、趙利、張春、侯敞等部將商議，對眾將道：「淮陰侯現居家，已數年矣，與我久不通音信。當年分別，雖有約定，然今日他是否真心履前約，外人不知。彼在長安，或為劉邦所挾制，以數語誆我南下，投入漢軍羅網，則我命休矣！」

眾部將聽了，都七嘴八舌。有說淮陰侯久存叛漢之心，不致有詐；亦有人說，漢王之詐，不可不防，僅憑淮陰侯無頭無尾一劄，便聽高邑口信，驅新募之兵往擊漢軍，實為險棋。說得陳豨越發心亂，遂道：「罷罷！權將高邑軟禁於軍中，淮陰侯信劄或真或偽，不必理會，我軍自是不宜南下，免得自投羅網。且我軍東西出擊，南北遊行，令漢軍首尾不能相顧。久戰，天下諸侯必不會袖手，或將揭竿四起。」

眾人皆稱善，當下便各個領命。越日，先後有王黃率馬軍千餘，西取曲逆；張春率步卒萬名，渡河向東，圍攻聊城。另有偽丞相侯敞，率勁卒萬餘人，東西遊走，全無定略。

高邑見陳豨多疑，既揭反旗，又畏首畏尾、心存僥倖，不由在軍帳中大罵：「豎子將誤淮陰侯矣！」然士卒將他看守得緊，寸步不離。高邑出不得軍帳，徘徊無計，也只得終日借酒消磨，坐看陳豨事敗。

果然至數月後，陳豨在曲陽立足不住，倉皇西竄。高邑遂趁亂逃出，知天下事再不可為，便在民間隱匿下來，終身不復出。此乃後話了。

且說冬十月間，新歲方至，劉邦坐鎮邯鄲，看過了四方軍情，笑道：「陳豨這等小兒，徒然拜服韓信，何曾學得韓信半分堂奧？且看我如何布陣！」

於是下令，命東武侯郭蒙引軍一路入齊，與曹參部將合兵一處，赴聊城擊張春；命樊噲領軍一路，赴信都擊曼丘臣；灌嬰領馬軍一路，追擊侯敞；又傳令周勃，率別軍自太原殺出，趁陳豨後方虛空，攻入代地。

漢軍以強擊弱，不及一月，各軍均告大捷。郭蒙會合齊地漢兵，在聊城大破張春，斬首萬餘；樊噲先後略定清河、常山，擊破曼丘臣，動搖陳豨之曲陽大營。灌嬰率軍攻曲逆縣，與王黃、侯敞激戰一場，盡滅賊眾，斬殺侯敞於陣中。王黃單騎脫身，落荒而逃。

周勃一路更是威風，入代地如入無人之境。途中進至已叛之馬邑城下，數度勸降，馬邑叛眾只不肯降。周勃怒起，發大軍猛撲馬邑城垣。不數日，便攻破西門，盡滅叛眾。周勃見馬邑屢叛，實為不馴之城，將來恐還要生事，於是下令墮城，將城垣拆了個精光。

又過半月，代地大部收復，有叛眾眼見無望，便綁縛了曼丘臣前來降漢。劉邦在邯鄲聞之，大喜過望，道：「此等賊子，留之何用？斬了吧，將首級傳回。」

如此，陳豨軍在東西兩面皆損兵折將，聲勢大減。樊噲更領兵來攻陳豨。陳豨見勢不妙，率部逃離曲陽，與韓王信會合。樊噲領兵追之，追至雁門郡樓煩地界，大破之，叛軍餘眾逃散。此時，唯有原偽王趙利死守東垣，氣焰仍熾。

劉邦見陳豨軍連戰皆敗，占地日蹙，不由大喜，對陳平、趙堯道：「陳豨年少，雖勇悍，終無謀略。若是韓信為他謀劃，焉能不來攻邯鄲？日前賊勢浩大，倘趁勢南下，我必為其所困！」

趙堯道：「陳豨若所圖者大，本應兵鋒直指關中，彼進兵一寸，則天下便動搖一分。而今看他，卻只在邊地襲擾，全是蟊賊所為，陛下無須多慮。」

劉邦便大笑：「我得趙堯用之，便是又得一陳平。今日軍中，也用不著甚麼御史大夫了，且為我參酌軍事便好。那賊子趙利不知好歹，且看他往哪裡逃？」於是傳令三軍，輕裝裹糧，自邯鄲北上，務必一擊而下東垣。

此次出征，劉邦所率近畿精兵尚未一戰，軍士求戰心切，一路疾行，金鼓喧闐，長驅二百里，三日便進至東垣城下。

那東垣城，曾由靳歙經略多年，城高塹深，易守難攻。趙利所擁徒眾甚多，據守堅城，有恃無恐。

劉邦自城下仰頭望去，方知叛眾何以如此囂張——但見那城頭旗幟如林，盡是故趙規制的藍邊赤旗，簇新耀目。守城士卒所用鎧甲、劍戟，也一派簇新，氣勢上遠勝過朝中大軍。原來，陳豨軍自反漢之後，多有劫掠，各路商賈亦紛紛出資，故而軍器糧秣十分充足。

叛眾以逸待勞多時，今見漢軍前來，竟是灰塵滿面、衣袍舊敝，便都不以為意，只在城上嘩笑。

劉邦便對夏侯嬰、酈商感嘆道：「賊眾竟如此之富！我漢家方興，官民皆貧極，家無餘糧，戶無肥馬，卿大夫上朝，竟有乘牛車而來的！蕭丞相經營關中多年，民之膏脂，盡付了南北征戰之用。這天下，如何還能再戰？再戰，民之負累又何以堪？」

趙堯在側道：「陛下不必憂心，商賈從軍，見過甚麼陣仗？還以為是錢能通神。然彼能通神，我亦能通神；東垣之外，賊眾多受我賄賂，已紛紛瓦解。此趙利孤軍，必也不久。」

陳平亦道：「御史大夫所言甚是，臨陣交兵，並非交易，錢多有何用？我軍善戰，彼軍雜湊；我奉正朔，彼為叛逆；我有安邦之謀，彼輩則賴劫掠度日，有何可憂？以臣觀之，陳豨之亂，月內可平矣！」

劉邦便笑：「兩位高士，巧言何用？只為哄我寬心吧！」說罷，便喚了周昌所募的趙地四壯士，以盾護身，縱馬躍至城下近處。

城上士卒見漢軍竟有敢來搦戰的，都齊聲哄笑。有那嗓門洪亮的，在城上喊道：「城下漢將何人？看你塵土滿頭，形似種菜翁，如何敢來受死？」

劉邦身側一壯士便回道：「城上聽著，漢家天子在此！大軍掃逆，勢若雷霆，你等頑豎，聚眾械鬥尚可，上陣便是送死。竟敢從偽王趙利，違命犯上，可是不要命了嗎？」

城上那叛卒便笑道：「甚麼漢家天子，無非泗水老吏，拖幾根木桿起事，混個巴蜀諸侯，便可妄稱天子嗎？秦末以來，遍地梟雄，哪個不比你家主公善戰？照此說來，都可稱天子了嗎？」

另有一叛卒亦附和道：「秦失天下，皆因民不得活。你這新天子出世，倒教左右功臣也活不得了。俺只問你，這天下，是何人助你取得？你做了天子，最應善待何人？寡恩無義之徒做了皇帝，普天下都將無恥無義。開此惡例者，便是千秋禍首，不如今日你便死在這城下，以謝蒼生，免得吾人受萬代之禍。」

劉邦受此詈罵，面色便一白，以劍指城上道：「天下定於一尊，自古已然；若人人皆欲坐天下，恃力相逐，你便有十個頭顱，亦不夠砍！今秦亡楚滅，萬民求安，唯你輩從逆，屢屢生事。我當年揭竿，是為除苛政；你輩今日生事，則是擾亂天下。道之不同，差得天與地去！上天助我，卻助不得爾等蟊賊。爾等不服，且伸長了脖頸看劍。」

身側壯士亦戟指城上，大罵道：「小兒不識順逆，助賊氣焰，竟不知身死將至？你家偽王趙利，先附韓王信，為匈奴犬馬；今又自去偽號，覥顏為陳豨走卒。你等自倡亂以來，打家劫舍，形同山賊，其罪滔天，百身莫贖，還想活過今日嗎？」

城上那叛卒當即回罵道：「聽你口音，亦為趙人，為何資敵入境，反以為榮？趙國先賢輩出，多如星漢，廉頗、李牧、趙奢，哪個是投到別家旗下的？即是那不爭氣的趙括，亦是為國而死！你等食故邦之粟，何為他人張目？我等固無名分，然並未兵臨他國，只奮起守土，反被指為賊，你劉氏新天子的道理，便是如此詭辯嗎？」

劉邦連遭奚落，滿面漲紅，不由大怒，罵道：「豎子無知！那陳豨本為漢家臣子，奉命守邊，卻聚眾反叛，允諾你等可封侯王。然不忠君者，何以言而有信？無非是欲借你等白骨，成就他裂土分封之夢。此夢若在項王未死時，或可成真，然漢既有天下，便容不得你草寇自立。道理不道理，全在兵戈強弱、民心向背，絕非你等妄人想做甚便可做甚的。早降，或還能食幾十年粟；若不降，今生便休想再見天日了。」

那叛卒便笑：「奪人山河者，反來教訓我輩如何忠君，直是曠世奇談！秦末以來，趙之國君，先後不知有幾何；前有武臣，後有張耳，如何一夜之間趙地便須姓劉？我軍主將趙利，本為貴胄，乃故趙王之後。我輩小民，為王前驅，為國執戈，已將生死置之度外。你這亭長老兒，敢說吾輩不忠君嗎？」

劉邦氣急，怒道：「我識得你兩個豎子面孔，城破之日，萬難全屍！」

城上眾卒側耳聽到此，都一派哄笑；遂又將那城堞上紅旗拔下，左右搖晃，直看得人眼花繚亂。

劉邦滿面尷尬，回首對四壯士道：「趙國之人，何以口齒如此伶俐？若在故趙未亡時，罵也將那秦軍罵跑了！」說罷，便率四人奔回營中，喚來夏侯嬰，下令攻城。

夏侯嬰拱手領命道：「臣遵旨，若三日不下，願提頭來見！」

劉邦卻擺手道：「夏侯兄，切勿心急。東垣城高糧足，賊勢正盛，不可以血肉搏之。那叛眾之中，多為商賈大戶，平素驕奢慣了，耐不得久戰。你只須晝夜襲擾，令其寢食不得安，不出一月，彼輩自會請降。」

夏侯嬰似不相信，眨眨眼應道：「陛下既如此說，臣領命就是。」

翌日，漢軍將城四面圍定，以盾遮箭，負土築版，兩日工夫便築好了壁壘，與城對峙。更有那衝車、壕橋、拋石炮，皆推進至四門外，殺氣騰騰。夏侯嬰望了城上一眼，冷笑道：「今日漢軍，已有秦軍之悍！莫說個小小逆賊，即是項王在城內，也只能俯首。」

這日晨，夏侯嬰一聲令下，漢軍陣中便金鼓大作，從四面撲城。數千名弓弩手，遍布壁壘，一隊射罷，後隊繼起，但見箭雨遮天蔽日般射向城頭。四門外之拋石炮，亦齊聲擊發，呼嘯聲破空而來，愈近愈令人震恐。斗大的巨石接二連三，落在城門樓上，地動山搖。騰起煙塵蔽天。

一陣箭雨、炮石之後，近畿精兵與趙地新募之兵，便前赴後繼，豎起雲梯撲城。數十輛衝車，各高約十丈，恍若怪物，從四面逼近城垣。車內藏有長戟兵及弓弩手，初時萬箭齊發，近城時，甲士便紛紛挺戟亂刺。東垣四圍，霎時殺聲動地，劍戟相擊。

但見那東垣城頭，血光四射，刀劍交集如葦叢密布，驚恐、絕望、呼痛之聲迭起。兩軍士卒在城頭互搏，跌落下城的，如蟲蟻密密麻麻。原本為褐色的城垣，經血水浸漫，頓成醬紫色，竟至士卒們站立不穩，紛紛跌倒。

如此慘烈廝殺，一個時辰過去，漢軍大營中猛然一陣鳴金，所有撲城將士，聞金而退，換了他營士卒，復又進擊。

城下漢軍，因添了趙地新募兵，堪堪已過十萬之眾，將城圍困數重。牆垣上血色，愈發深濃，看去竟連天色也成了殷紅顏色。兩軍士卒，都放開喉嚨喊殺，鼓噪之聲，震耳欲聾，連校尉傳令之聲都掩蓋住了。夏侯嬰、酈商心中都發了狠，連日身不解甲，督軍晝夜攻打，輪番不休。十數日下來，城上簇新旗幟，已被箭矢射得千瘡百孔，有如丐衫。四座城樓，三座為炮石所毀，唯餘殘梁瓦礫，屍積如山，教人慘不忍睹。

那城上叛眾，多為新附之商賈，平日嬌養慣了，何曾見過如此凶惡之戰陣。初幾日，尚能在城頭力搏，叫罵不絕；捱了幾日，夜不得眠，晝不得歇，便覺飢疲交困，氣力不支。加之多為生平頭回拿刀劍，見了許多血泊，聽了滿耳殺聲，身旁積滿殘肢斷臂、無頭屍骸，只覺得心膽俱裂，方知戰陣絕非遊戲摔跤，直是拿命來填溝壑！

叛將趙利看得心焦，率一隊彪悍親兵，於城垣上踏著血海積屍，日夜巡行；何處喊殺聲勁急，便急趨何處，督叛眾力戰。只要城外攻勢稍緩，便急命軍士將積屍搬下城內，依內牆堆成小山數十座，留待他日收拾。

眾叛軍看了，各個心驚，每日睜開眼，便不知能否活到日暮，只能強忍驚恐，活一日便是一日。

如此又過了半月，時入冬十一月，大雪如絮，寒風刺骨，軍士手指幾乎凍墮，難執矛戈。城上叛眾晝夜惶惶，飲食不濟，越發地耐不住了，便有許多怨聲出來，軍心大為動搖。

劉邦見城上氣焰不似先前了，知時機已到，便要下令全軍盡出，三日內力拔此城。

陳平卻諫道：「不可！天大寒，士卒苦於戰，不若智取。」當下附於劉邦耳畔，獻上一計。

這日，漢軍忽然便不再攻城了，雪野一派岑寂，唯聞旌旗獵獵作響。城上叛眾正在疑惑，忽見東西兩面，各有車隊源源而來。至南門近處，方看清原來是一車車首級！

待車馬緩緩行至城下，隨車漢兵便將首級卸下，堆作一處。漸堆漸高，竟巍峨如一座丘山。城上叛眾伸出頭看去，見那無數首級累累如瓜，其面覆血，其目圓睜，竟是教人驚恐之極。

少頃，又有一隊漢馬軍，以竹竿高挑一首級，繞城而馳，喧呼耀武。

叛眾看得瞠目，正驚愕間，只見劉邦身披鎧甲，頭戴皮弁，率四壯士縱馬奔至城下，高聲叫道：「前日辱我者何在？今叛賊王黃、曼丘臣、張春等部，皆為我漢軍所破。從逆諸眾，拋屍荒野，魂魄已不得歸鄉。此首級，便是曼丘臣之頭。城上將士，且睜眼看看，這便是你輩賊首，如今已成陰間白骨矣！那賊首陳豨，逃往雁門，來日怕也是無多。東垣孤城一座，上天也救不得你輩了！我先前曾有敕令：趙地吏民附逆，非為本心。大軍既至，降者便不問；不降，則要拿你輩頭顱，在此築一個京觀[72]。諸位後代子孫，來日若要祭享，便來此地尋祖宗頭顱吧！」

劉邦言畢，城上便是一片死寂，先前曾詈罵之卒，也再不敢開口。正僵持間，忽見漢營中有一騎飛馳而出，卻是文吏裝束。眾人望去，原是趙堯單騎奔出，只聽他高聲道：「陛下請回，待臣來勸降！」

劉邦一笑：「御史也要來爭功了！」

趙堯一拱手道：「此時不建功，臣便愧為三公！」

劉邦大讚道：「文臣貴在有勇，今日朕看你手段。」言畢，便勒轉馬

[72] 京觀，古代為炫耀武功，聚集敵屍，封土而成的高塚。

頭，與四壯士退回營中了。

只見那趙堯雙手高舉，緩緩放馬至城下，至半箭之地才停下，喊道：「吾乃御史大夫趙堯，請趙利將軍答話。」

城上聞之，便是一陣騷動。堞間所藏之弓弩手，也忍不住探頭張望。少頃，便有趙利一身戎裝，自城堞後探出頭來，答道：「我便是趙利，有何話可說？」

趙堯遂翻身下馬，朝城上拱了拱手：「見過將軍！在下與將軍，百年前或為同宗，以此之故，有數語欲說與將軍。我為文吏日久，已多年未執兵戈，今又見屍山血海，實有不忍！唯恨秦滅六國以來，蒼生無辜，屢遭屠戮，人頭枉自紛紛落地。將軍乃故趙後裔，當最恨暴秦，今漢家滅秦，亦是為趙復仇，將軍何故要無端生事，恩將仇報？」

趙利雙目圓睜，怒視趙堯道：「你少年新進，哪裡配來指點山河？吾趙固然不幸，先亡於秦，後亡於漢；然趙人一日不絕，社稷一日不復，烽煙便不能消。正所謂，國若不存，生之何為？恃強凌弱者，焉知壯夫之志！此東垣城雖小，亦是趙之國祚所繫；豈是你片語蠱惑，便可下的？」

「將軍大義，可感可佩。然老子所言聖人之治，要者有三：一者『使民不爭』，二者『使民不為盜』，三者『使民心不亂』。陳豨倡亂以來，劫掠城邑，流寇四方，驅民為盜賊，徒亂民心，與將軍所言之高義，相去何其遠矣！」

「少年狂徒，豈知鴻鵠之志？趙之宗室，綿延千百年，豈肯臣服於泗水鄙夫？你未經國滅之痛，不知滄桑，且放你一馬，速回你營去。若再狂言，小心萬箭穿心！」

趙利此言一出，城上弓弩手便一齊躍起，各個滿弓，只待令下。

趙堯卻是面色不改，深深一躬道：「謝將軍不殺之恩！小臣今來，早已不計生死，只以城中眾生為念。今東西兩面，叛軍盡歿，陳豨自顧不暇；此城之破，只在旦夕。若愚頑拒降，則城中丁壯，必為城下白骨。聽好！—— 若棄干戈而降，則兩軍無須再死一人。兩相權衡，將軍還猶豫甚麼？」

這一番陳詞，聽得城上叛眾發呆，聞聽「兩軍無須再死一人」，立時群情譁然。俄頃，便有人高喊一聲：「今日降了吧！」說罷，將手中兵器拋下了城去。諸叛眾飢寒交迫，皆無戰心，都紛紛附和。眨眼之間，旗幟、劍戟便雨點般拋下城去，片刻便如山積。

趙利一驚，拔劍正要彈壓，卻見群情洶洶，勢不可當。大股叛眾蜂擁奔下城去，欲開城門。

眾親兵見狀，知大勢已去，急勸道：「請將軍易裝，趁亂潰圍。我等即是捨命，也要為將軍殺出生路來。」

趙利持劍在手，嘆了一聲：「哪裡還有生路？趙堯此番勸降，是以一命賭我一命。今唯有我死，諸君方能存活。不如縛了詈罵劉邦之卒，自求活命去吧！」隨即環顧一眼城垣，便欲自刎。

眾親兵急攔阻道：「趙國未復，將軍不可輕生。」

趙利愴然泣下，環視眾人道：「國既亡，乃是弱不敵強，復之談何容易！諸君不允我死，莫非忍心見我受辱乎？」言畢，趁眾人怔神之際，便猛一揮劍，刎頸而亡。

恰在此時，城南門轟然洞開，其餘三門亦繼之大開，叛眾紛紛拔旗棄戟，伏地請降，四門之外，滿地皆是蓬頭跣足之眾，密密匝匝，猶如蟻聚。劉邦在壁壘上望見，哈哈大笑：「壯哉趙堯，片言即下一城！」便命樊噲揮軍入城。

稍後，已降之趙利親兵，將日前兩個詈罵劉邦之卒縛住，推至劉邦駕前。兩小卒渾身戰慄，只低頭不語。

劉邦瞥一眼兩人，問道：「逞口舌之快者，必在口舌上死。今日如何？」

為首一卒抬起頭來，求饒道：「陛下仁厚，恕小人無知，萬不該汙言犯上。」

劉邦微微一笑，揮袖道：「我本無能，屢遭楚營將士詈罵，倒也聽慣了；且你二人詈罵君上，罪亦不當死。然煽惑人心，裂土分封，卻是罪不容誅。今日便要借你二人頭顱，以儆天下嗜血之徒 —— 不思安居，恣意倡亂，只配往那黃泉下去做勾當。吾漢家天下，無為而治，官不逼民，民亦莫存妄念。左右，拖下去吧，梟首懸於城頭，成全這兩個無名豎子。」

眾郎衛聞聲而上，將兩個叛卒推了下去，刀光一閃，便有兩顆頭顱滾下地。旋即，兩頭顱被懸掛於南門，血水淋淋，猶如泉滴。

劉邦正得意間，忽聞馬蹄聲近，側首望去，這才看見，此時趙堯已策馬奔回，容色雖鎮靜如常，然後背已為汗水所溼透。

趙堯下馬覆命，劉邦便道：「御史好大膽，不怕城上放箭，連朕也看得心驚。我問你，勸降之時，究竟怕也不怕？」

趙堯回道：「趙地叛眾，皆為圖利，豈有荊軻那般大勇？臣以利害曉之，彼輩作亂之心必瓦解，哪還有心思放箭？臣亦常人，豈無畏懼之心，然此番平亂，以命賭之，不亦快哉！」

劉邦便仰頭大笑：「好個趙堯，回朝必封你為侯。惜乎你這本家趙利，至死不降，雖不至猥瑣，然終不是正途。遣人尋個高敞地方，悄悄葬了吧。」

吩咐既畢，劉邦這才整整衣冠，登上戎輅車，昂然入城。

大軍進占東垣之後，各邑無不震動，降寇者紛紛反正，開門輸誠。劉邦便傳令各地：「為我漢臣，當如任敖！著令諸縣邑，百姓堅守未降反寇者，均免田賦三年。曾降寇者，倘若來歸，概不追究。」使者奉命，即飛騎四出，安撫各處。

時至春正月，北邊忽有斥候回報，稱陳豨聞東垣城破，大起恐慌，心知事不可為，只率餘眾在代地遊走，屢向韓王信求援。劉邦聞報，只一笑置之，也不去理會。

這日，漢軍大營又獲急報，稱韓王信部眾與胡騎數千人，應陳豨之請，南下竄擾，已進占參合（今山西省陽高縣）。

劉邦閱畢軍書，一笑置之，道：「老友韓王信，今又來矣！你與我周旋六年，至今日，事該畢了。」便問左右諸將，何人願往參合征討。

時有棘蒲侯陳武，自列班中跨出，拱手道：「末將與韓王信有舊，素知其人，願領兵滅之。」

劉邦便頷首應允：「也好。韓王信乃久戰之將，公切勿輕敵。」

陳武應道：「韓王信竄擾，不過為陳豨壯膽而來，決無意南下惡戰，故率眾必不多。臣當全力圍之，一舉掃滅。」

這位陳武，史籍上亦稱作柴武，早在薛城便投了沛公軍，功勞顯赫。楚漢相爭時，曾率萬人自滎陽往援韓信，那時，陳豨便在他麾下。

陳武領命之後，率別軍一支北上，銜枚疾進，鳥獸不驚，潛行未及旬日，便悄然圍住了參合。那韓王信進占參合，果然是為陳豨壯聲勢，並無攻略之謀，全想不到漢軍會貿然北上，逃遁不及，只得閉門死守。

漢軍進抵城下，部將見城上防守甚嚴，都勸陳武夜襲。陳武卻搖頭道：「終是漢家舊人，實不忍兵戎相見。」於是安下營來，秉燭寫了一封勸降信。次日天明，遣人送進了城內。

韓王信拆開來看，只見內中寫道：

陛下寬仁，諸侯雖有叛逃，而後來歸，則仍復故位，不誅也。此等寬懷，大王必也知曉。今大王因兵敗而亡命於胡，非有大罪，宜自歸漢。

韓王信看了，見語多委婉，不由心傷，登上城頭痴望漢營良久。隨後一嘆：「吾歸漢？遲矣！」遂下城，援筆回書一封，曰：

陛下拔擢僕於閭巷，得以南面稱王，此為僕之幸也。然僕有大罪，昔在滎陽未能死，囚於項籍之營，此罪一也。胡騎攻馬邑，僕不能堅守，以城降之，此罪二也。今為反寇，領兵與將軍爭一日之活命，此罪三也。想那文種、范蠡，本無一罪，卻不得活；僕今有三罪，而欲求活，其可得乎？此乃伍子胥必死於吳之故也。我匿於山谷間，旦暮乞求於蠻夷，思歸之念，如駝背欲直立，盲者不忘視，然勢不可耳。

陳武閱過回函，知韓王信絕無反悔之意，然詞語卻甚淒涼，想起昔日同袍之誼，不由一嗟三嘆。遂將此信封好，遣使飛遞劉邦。翌日，便下令攻城。

韓王信望見漢軍聲勢浩大，連營遍野，知生死只在數日間，便盡驅城中男丁上城，作拚死之鬥。所率徒眾與千餘胡騎，也知必有一死，都斷了求生之念。兩軍攻守數日，白刃相搏，皆是死傷枕藉。

然參合畢竟城小牆薄，經不起漢軍連日猛撲，終被攻陷。城破之日，韓王信大慟，仰天呼道：「宗室庶子，終無福消受王侯之尊乎！」遂棄劍於地，準備受死。身邊眾親兵看不過，皆脫去甲衣，赤膊執短兵，將韓王信死死護住。

陳武縱馬入城，見所部將士死傷甚多，不由大怒，當即下令屠城。頃刻間，漢軍大開殺戒，城內翻作一片血泊。可憐那韓王信，不知何時，竟斃命於亂軍之中。

說來可嘆，韓王信自投沛公軍起，操戈為前驅，勞苦功高。然享王侯之尊不過兩年，便見疑於君上，不得已亡命，竟做了異鄉之鬼。其旋起旋落，忽如流星。

後至漢文帝時，其幼子韓頹當、長孫韓嬰，皆自匈奴率眾降漢。文帝不咎既往，為兩人都封了侯，其後人亦累代皆為顯貴，當可慰韓王信於九泉之下了。此為後話。

再說劉邦在東垣，獲陳武飛書報捷，知韓王信已死，亦搖頭嘆息道：「公何不在滎陽便死？」遂傳書陳武，命他就地將韓王信厚葬。

至此，漢軍將士冒寒苦鬥已兩月有餘，皆顯露疲態。最令人可嘆之事，乃是護軍中尉隨何偶感風寒，竟病歿於軍中。劉邦見此，心中怏怏，便令大軍暫駐東垣，稍作喘息。

這邊廂在長安，韓信囑郤孔每日打探軍情，觀望了月餘，至春正月，越發不得要領，便喚郤孔至密室，急道：「陳豨膽怯，不敢與今上對陣；只是流寇四方，連遭敗績，事將不成矣！」

郤孔大驚：「陳豨負主公甚矣！府中死士，已磨劍多時，唯待舉事，義無生還之念。那陳豨雖蹇蹙，然今上亦不能即刻還都，我輩不如趁機舉事，天下必有回應。」

「不可不可！以陳豨之勇，尚不能勝，關中豪強哪個還敢動手？我等若貿然起事，豪門袖手，百姓驚疑，必難以聚眾。宮中只須遣一吏赴市中，持節宣諭，則我區區徒眾，豈不哄然而散？如此，吾將死無葬所！」

郤孔臉色便是一白：「這如何是好？」

「此事須就此罷手，將那後園刀劍棍棒，深埋於地下。諸死士遣散歸鄉，不留一人。彼等既有決死之志，而今事不成，便須緘默終生。」

「大計既出，何以一夜間便化作痴夢？小臣心實難平。今四海不寧，異姓王心懷怨望，或不日尚有變數？」

韓信翻動案頭自撰兵法，揀出《項王篇》瞥了兩眼，呆然良久，嘆道：「天下未定之局，只在項王未死時。今項氏既滅，劉氏獨大，海內何人可敵？陳豨若敗，則英布、彭越者流，皆無能為也。漢家河山，傳十世當無疑矣。吾輩縱有陳勝、吳廣之志，也只得留待十世孫了。」

郤孔聽得冷汗直冒，伏地答道：「小臣已知利害，這便去布置，主公請勿慮。諸死士皆為高義之人，縱然是身滅，也必不會賣主。」

韓信這才稍感釋然，頷首道：「如此甚好。兵法有曰：『須知動靜之理。』今之勢，便是宜靜不宜動。謀反之事，以今日天下人心看，萬不可行！就此罷手，你我可保子孫安然。且去布置吧，不可稍有疏漏。」

郤孔唯唯退下，急去與諸死士交代。不數日，諸歃血死士便紛紛離府，歸鄉隱跡。韓信挨個問明瞭去向，方才放心。又命郤孔道：「府中凡舍人、僕役等，須嚴加管束，無事不得外出。」

未至半月，忽有舍人欒說不告而出，一整日不見蹤跡，至次日晨方歸。郤孔聞知大恐，親往欒說屋內查看，質問道：「主公有令，府中諸人無事禁足，不得出門。你何以不告而外出？」

那欒說滿面赤紅，宿醉尚未消，昂然答道：「家老多心了！府中舍人謝公，日前忽被遣返歸鄉。謝公素與吾善，吾難捨舊誼，與之飲酒作別，大醉，故而遲歸。」

郤孔不敢怠慢，遂將此事急報於韓信。韓信聞之大怒，命郤孔將欒說引至書房，責問道：「日前有令，諸人不得擅離。你久在府中，本應遵令，何以一日不歸，莫非欲謀不軌乎？」

那欒說倚仗酒意，心中不服，便頂撞道：「主公此話，是從何說起？我又未交通外敵，怎能圖謀不軌？」

韓信本就有怒意，聞此言更是勃然大怒，便也不問，即吩咐郤孔道：「此豎不可饒過，當死無疑！且押於後堂，明日召集府中諸僕役，當眾笞殺，以儆效尤！」

欒說正要分辯，早被郤孔一把扭住，招呼了幾個僕役，將他五花大綁，拽往後堂關押。

欒說這才酒醒，知闖下了彌天大禍，一時竟亂了方寸。頹然良久，忽地想起一個解脫之道，便央僕役喚來郤孔，哀懇道：「弟酒後失言，得罪主公，明日將暴死。兄請憐我，家有老母幼子，可否允吾弟欒仲前來，當面託付後事？」

郤孔見此，想到欒說擅出一事，係自己告發，竟要斷送他一條性命，不由起了惻隱之心，便私下去喚欒仲。那欒氏一門知欒說犯禁，命將不保，正哭作一團。聞郤孔來喚，欒仲慌忙抹乾眼淚，隨郤孔來至後堂。

兩兄弟見面，不禁抱頭痛哭，郤孔心有不忍，便避了出去。欒說斜瞟了一眼，忙止住嗚咽，低聲急道：「謝公醉酒，已向我吐露真情：淮陰侯陰遣高邑出關，勾連陳豨，欲擇日起事，趁夜詐稱敕命，赦免官奴，糾合徒眾，天明即襲殺皇后、太子。你速往長樂宮，上書變告，一刻莫遲，或能救我一命。」

欒仲聞言，且喜且疑，只發愁道：「那長樂宮門禁森嚴，我如何得入？」

欒說便怒道：「小家子如何恁地自賤？那宮門外，置有路鼓，民間有冤，可徑往擂鼓，自然有中涓出來問話。你將我之所言，寫成書信，交予來人即可。」

欒仲連連頷首道：「弟已知，兄請保重。」

「適才所言，可曾記牢？」

「已記牢。」

「既如此，速去，勿作婦人之泣了！」

欒仲趕忙抹了淚，長揖退出。郤孔守在門外，見欒仲低首出來，神態哀戚，匆忙離去，並不覺有異，便吩咐下人守牢後堂，自忙別事去了。

淮陰侯邸中，當天的後半日，安謐如常；然欒說密告之事，已如星火落入薪柴，一發而不可收拾。向晚時分，欒仲所寫的變告信，便由北闕急遞至椒房殿。

此時，呂后正與審食其兩人卿卿我我，打算挨至掌燈時分，便下到地宮好好繾綣一番。得謁者急報，呂后連忙拆開密信來看。閱罷，不由大驚，遽然躍起道：「居然有此等事？這如何是好？」

審食其倒還沉穩，看過只道：「下人變告，或因挾嫌報復，也未可知。」

呂后惶急道：「當此際，寧可信其有，焉能信其無！我這便召韓信進宮問話，將他擒住，如何？」

審食其忙擺手道：「不可。韓信黨徒甚眾，若生疑，必不肯來，反而激起事變。」呂后仰天喟嘆一聲：「危急之時，你只是寡謀！且下地宮迴避吧，我請蕭丞相來商議。」

原來，那長樂宮中，殿閣之下多有地宮，係主人私自開掘。地宮廣如屋宇，器具齊備，可行諸種私密事。先前只是劉邦在前殿開鑿地宮，暗中與婢女享樂；呂后及後宮諸姬妾聞知，亦偷偷效仿，各個挖有地宮，只瞞住了外人而已。

入夜，蕭何聞召，知有大事，便急入宮中，徑往椒房殿。呂后甫一見，便拽住他衣袖道：「丞相，你我二人監國，本無差池，誰知偏偏生出驚天的大事來！」

蕭何不知就裡，便道：「皇后勿驚。老臣經營關中已近十年，事無巨細，皆在股掌中。我若不做驚天之事，便無人可做得出驚天之事。」

呂后望望蕭何，眼淚就掉了下來，哀聲道：「幸虧有丞相在！沛縣故人，到底還是靠得住些。劉季那失心翁，偏愛狐媚之子如意，封他在趙地，激得陳豨作亂。那老不死翁，率傾城之兵去討逆，韓信在都中忽又生亂，這如何得了？」

「韓信？」蕭何便是一怔，惶惑道，「淮陰侯抱病多年，幾成退隱，恐不至於倡亂。」

呂后立時變色，將密劄遞出，叱道：「你看這變告信，言之鑿鑿，豈是能閉門臆造出來的？蕭何，你居然不信！莫非怪老娘我多事？」

蕭何接過變告信，坐下讀罷，「噫」了一聲道：「下人投書變告，事或有蹊蹺。」

呂后便逼視蕭何，咄咄道：「即是誣告，也不得不信！莫非丞相因當年曾舉薦韓信，今日便有意袒護？」

蕭何面色大窘，紅了一陣又白，急辯道：「當年韓信投軍，尚是孺子。拜將封王之後，日漸驕縱，亦是臣所不能預見。既如此，容臣細思對策。」

「老吏斷獄，總這般遲緩！此事甚急，倘有閃失，亂兵即入長樂宮，容不得你細思了。」

蕭何也不理會，只是閉目而坐。呂后急得繞室徘徊，幾次欲言又止，但終是不敢打攪。

少頃，蕭何睜開眼，緩緩道：「韓信既欲使詐，便怪不得朝廷也使詐。可遣一老練吏員，潛出城去，復自北門入長安，詐稱係信使自邯鄲來，飛報陳豨已死。而後，召群臣進宮朝賀，方可哄得韓信出來。事先將武士暗藏宮中，待韓信至，立可縛住。」

「那韓信多年不上朝，今夜又如何肯來？」

「此事無須多慮，待老臣親自修書一封，他必定來。」言畢，便親筆寫了一封信，信中囑道：「有使者自邯鄲歸，報稱陳豨已死，群臣皆來賀。足下曾與陳豨相善，今雖病，為避嫌之故，當勉強入賀，方為上計。」

寫畢，教呂后閱過，兩人便商議：遣何人送信為妥。此時，恰有外放常山郡守的徐厲來長安催軍糧，蕭何便道：「徐厲最妥。」

呂后想想，便拊掌稱善，即遣人喚來了徐厲。蕭何對徐厲如此這般吩咐了一番，那徐厲卻不明所以，翻了翻眼睛道：「臣離代郡不久，聞陳豨竄回代郡，賊勢仍盛，如何忽而便死了？莫非是流言？」

蕭何便將書信、符節交予徐厲，厲聲道：「朝中大事，有托於公，公可不問緣由！」

徐厲這才知事體重大，遂不再問，將蕭何所囑默記了幾遍，便提了燈籠出宮，乘馬往淮陰侯府去了。

待徐厲走後，呂后仍覺惶惶，要集合中涓諸人，分發刀劍棍棒，以備萬一。

蕭何便笑：「此等閹人，頂得甚麼事？速從禁軍之中，召五十名武士來，守牢宮門。稍後諸臣來賀，便一概不得出。」

「五十名武士，便可當得事嗎？」

「足矣！只是……萬勿洩與留侯知。」

「丞相放心，他哪裡會知道！」呂后至此才覺釋然，急忙傳令下去。

宮中自是一陣忙亂不提，且說徐厲馳至城北，直赴侯門聚居的「北闕甲第」，找到淮陰侯邸，請司閽通報求見。

韓信尚未入睡，聞說徐厲持節來訪，大感詫異，急忙出中庭迎候。見了徐厲，正待問個究竟，徐厲卻一語不發，只將那蕭何信劄遞上。韓信拆開閱過，心頭便一驚，躊躇片刻道：「陳豨既死，固當可賀，然在下抱病多年，素不上朝，今夜便也免了吧。」

徐厲道：「陳豨作亂，漢家之大患也。今上征討，頗為費力，臣在常山，也是日夜不得安寧。今來催糧，方離趙地數日，不想君上有天助，已擊殺陳豨。捷音傳回，滿朝文武俱赴宮中稱賀，丞相之意，淮陰侯若不去，恐易生讒言。小臣昔在軍伍，素敬大將軍威名，望足下莫負丞相好意。」

韓信聞陳豨敗亡，心中大感失望，本不欲朝賀，聽了徐厲一番話，想想亦有道理——陳豨既死，今生便再也無望爭天下了；若想今後無虞，須哄得那劉邦不再猜忌，故而今夜朝賀，當從眾，擺個樣子也好。想到此，便對徐厲道：「足下請稍候，容我更衣備車。」

徐厲急催道：「今夜倉促，一切可從權，常服乘馬亦不妨。這般時辰，只恐諸臣早已集齊，足下不宜太遲。」

韓信想了想，應道：「也罷，我便乘馬隨你去。」

離了侯邸，二人打馬飛奔。徐厲高擎長樂宮燈籠在前，街上巡哨見了，都紛紛避讓。來至北闕下，早有蕭何在宮門外等候。待韓信下得馬來，蕭何連忙迎上，執手笑道：「若非朝賀，尚不知何時能見足下一面！」

韓信也寒暄道：「丞相掌朝綱，百事待決，在下不過區區一病夫，豈敢打擾？」

蕭何便附耳低語道：「群臣已集齊，唯少足下一人，速隨我來，莫使皇后心有不悅。」

韓信環顧宮門前，卻只見空空蕩蕩，不由心生疑惑：「怎不見群臣車馬？」

蕭何道：「群臣皆自西闕而入，車馬停在武庫。皇后囑我，專在此處迎候足下。」

韓信心中忐忑，不由按了按佩劍柄，還想再問，蕭何便一揖道：「君臣共濟，方為幸事。既來之，務請隨眾如儀，莫生猜疑。」說罷，便不由分說，拉了韓信直入宮內。

三人行至蹕路上，見前殿果然燈火輝煌，似有百官熙熙攘攘，韓信這才不疑，急趨而行。俄而，忽有一涓人舉燈攔路，傳諭道：「皇后正在鐘室小憩，傳淮陰侯謁見。」

韓信驀然警覺，問道：「何事獨獨傳我？」

涓人答道：「陳豨尚有餘眾未滅，故陛下有密信來，問計於淮陰侯。」蕭何忙道：「既如此，便請淮陰侯速往鐘室，我等不陪。」

那涓人將燈籠一舉，恭請韓信先行。韓信聞涓人所言，心中略感得意，便向蕭何、徐厲拱了拱手，與涓人急往鐘室趕去。

韓信早年並不識呂后，自呂后獲釋歸漢後，方在朝賀時遠遠望見，故不知呂后脾氣秉性，此時心中便不免忐忑。

待邁入鐘室大門，唯見室內幽深，簾幕低垂，靜謐非同尋常。有一宮女上前迎住，請韓信解劍置於劍架，方引入內。行了數步，又有一宮女接替，如此行行重行行，換了數名宮女引路，只見曲徑幽深，帷幕重重，竟不知到了何處。

忽而，路至盡頭，眼前一派燈火通明，恍如白晝，兩扇銅釘大門之內，竟是別有洞天。宮女拉開帷幕，見是一間極宏闊之屋宇，室中有編鐘一架，氣勢非凡。編鐘之銅架，高約七尺，闊有三丈，上懸三層銅鐘。架前有宮女六人，手持木槌擊打，鐘聲悠然入耳，恍似仙境。

韓信縱是見多識廣，也未曾見過這等景象。正在發怔時，忽見側室簾幕拉開，兩個宮女扶住呂后，緩步出來。

呂后儀態從容，身著一襲平常長襦，並未著廟祭時的錦繡深衣，全不似接受朝賀的樣子。韓信慌忙躬身一揖，口稱：「臣韓信，見過皇后。」

呂后便止住步，打量韓信片刻，道：「淮陰侯抱病多年，氣色似好於從前，臉孔也不甚黃了！」

韓信俯首道：「蒙陛下垂顧，臣得以居家將養，略有恢復。」

「那便好！你閒居家中，總不是侍弄園圃吧？」

「臣常與留侯來往，遵旨刪削古來兵書，為後世明定兵法。」

「哦哦，張良他也知兵？……那古來兵法，想來甚多？」

「凡一百二十八家，雜蕪亦甚多，臣與留侯商議，僅選取其中三十五家。」

「三十五家？嘖嘖，若老身打算通讀一過，恐也須十年。淮陰侯真是了得！」

「不敢。臣助陛下滅楚，攻戰甚多，於兵法略有心得。」

呂后便忽地冷笑一聲，拍了兩下掌：「哦？好好！那我來問你：你與那馬陵道上之龐涓，韜略誰高誰低？」

韓信聞聽此言不善，猛然一驚，抬頭去看呂后，卻不料，從簾後猛地衝出五十餘名武士來，個個彪悍異常。為首數人一擁而上，將韓信擒住。

眨眼之間，鐘室內宮女全都不見，呂后身邊，唯有一群赳赳武夫。

韓信拚死掙扎，然難以脫身，不由雙目圓睜，怒道：「臣何事得罪，皇后要擒我？」

呂后嗤道：「事已至此，尚不知罪乎？你遣人交通陳豨，欲在長安為內應，詐稱敕令，釋放官奴，圖謀聚眾闖宮。可有此事？」

韓信一怔，不由滿面漲紅，勉強遮掩道：「此等謠諑，如何可信？」

呂后便戟指道：「堂堂丈夫，敢做而不敢當耶？你府中，可有一舍人名喚欒說？你身邊，可有一死士人稱謝公？此事，便是謝公酒後洩於欒說的。欒說知你謀逆，已投書告發，由不得你抵賴！你舊部高邑，現在何處？你屬下死士十餘人，曾歃血為盟，所為何事？諸死士今又緣何遣散？犯下此等謀逆之罪，還敢強辯嗎？」

韓信聞聽禍由欒說而起，便知事機已洩，不禁大沮，張口而不能言。

呂后便一聲大喝：「拿下！」

眾武士一起發力，將韓信按倒在地，一把繩索捆了。

情急之下，韓信奮力挺起身，疾呼道：「臣忠心事漢，百戰百勝，今何罪當縛？丞相知我，必不反！」

呂后便微微一笑：「將軍百戰百勝，奈何為我一婦人所縛？老身不妨明言：擒你之計，皆由丞相所出！」

韓信便大驚：「是丞相詐我？」

呂后叱道：「休得怨丞相！天要滅你，你將何所逃？」

韓信仰頭，思忖片刻，哀嘆道：「天將滅我？天下萬人，上下千年，能滅我者，何在？何在？」

「哼，就在今日，就在此處。」

韓信滿面悲愴，仰天嘆道：「張良兄，弟不聽你勸，不效你歸隱，致有今日。身歷百戰，死有何憾？然如此之死，卻是人間奇恥！」

呂后一笑：「張良兄？他耳聾了，聽不見，也救不得你。左右，推出去，斬了！」

眾武士聞命，齊聲應諾。為首數人上前道：「淮陰侯，得罪了！」便一把褫去韓信頭上大冠，欲將韓信拖走。

韓信引頸大呼：「且慢！漢家亦有律法，既誣臣謀反，須經廷尉府對簿，如此殺人，名將竟不如雞狗乎？」

呂后輕蔑一笑：「名將？不吃漢家飯，你又談何名將？你既吃了漢家飯，便與雞狗無異！老身教你死，你休想活到天明。若要講理，老身自也有道理 —— 你貴為王侯，多年不朝，陰與賊通，竟是顛倒恩仇，要功高弒主了！還養著你這雞狗有何用？」

「說殺便殺，無憑無據。只憑著小人信口譭謗，便要枉殺功臣；難道王侯命賤，竟不如都中小吏嗎？」

「看你是功臣，才喚你來宮中行刑，算你死得體面。若真是小吏，當街便將你撲殺！」

韓信心中頓起大悲憤，仰天呼道：「人間何世？竟慘至此！頭頂還有蒼天嗎？」

呂后叱道：「你想喊冤？漢家之地，天也姓劉，任你喊破喉嚨，蒼天就在上，他能瞥你一眼嗎？」

韓信不禁淚流如注：「臣自投漢，漢家幾經危難，臣未曾有一念欲背漢而去，東西征伐，殫精竭慮，漢家的『漢』字，總還有臣寫的一筆吧？今雖有小過，卻罪不當死，皇后不念臣滅楚之功，聽了幾句讒言，不問情由，便來索命，臣即使下了黃泉，亦不能瞑目！」

呂后冷笑道：「通賊之時，只圖快意，可曾想到今日？大丈夫，流淚何用？死也要死出個樣子來！」

韓信猶自掙扎，悲憤呼道：「臣不該滅項王乎？臣之大功，便是大罪乎？臣智取陳倉，為漢奠基；東出魏趙，應援滎陽；橫掃齊魯，直搗彭城；垓下揮軍，逐死項王，功即便未高於天，亦是震爍當世。無我韓信，漢家可望有此偉業？無我韓信，陛下恐仍為僻遠諸侯。臣為漢家殺敵百萬，竟不抵區區欒說一言乎？臣半生之功，竟是自設陷阱乎？季布可活而韓信不可活；擁漢者，反倒不如反漢者乎？半生盡忠，換來屠戮，這不是冤，又是甚麼？蒼天若有目，便也是盲目！蒼天若有耳，便也是聾耳！」

呂后一甩袖，冷笑道：「人將死，省悟豈非太遲！你道理說破天，可敵得過我刀鋒嗎？」

「皇后雖尊貴，到底是一婦人，妳有何刀鋒？有何雄略？有何經天緯地之才？帷幄中設計害我，鼠竊狗偷之技也。來世有史，必洗我之冤，必唾妳之面！大丈夫固不該有淚，然此淚為半生之功而流！小人得逞，功臣蒙冤，墨白顛倒，忠奸不辨，這便是我灑血打下的山河嗎？如此亂命，如此昏政，來日漢家若遭外寇，豈不要遍地揭竿，人皆引路？」

「哼，漢家之事，與你韓信何干？我之天下，我自做主。還囉唆甚麼，拖出去，這便了結！」

眾武士聞令，齊聲應諾，將韓信拖曳至庭中，死死按住，跪在地上。

韓信復又淚流，喃喃道：「日月何在？天理何在？如此漢家，又哪裡勝於暴秦？」

眾武士便揪住韓信髮髻，連聲喝道：「住嘴！」隨後，一武士端來一碗醴酒，強行為韓信灌下。

韓信髮髻散亂，強咽了幾口酒，知此生不過僅有片刻了，不由仰頭大呼道：「悔不用蒯通之計，為小人、女子所詐，豈非天意！」

一赤膊武士執刀立於身後，喝道：「罪臣！伏法在即，又何必多言？」韓信遂一聲長嘯，淒厲之極：「丞相——，何其不仁也！」

眾武士急忙遮攔其口，韓信掙扎欲起，幾近狂怒，連聲大呼：「此乃誰之漢家，誰之蒼天？恨呀！我恨呀——」其聲響徹鐘室庭院，遠近可聞。旁殿的宮女聞之，皆驚恐萬分。

呂后在鐘室內聽見，頓足大怒：「殺！」

赤膊刀斧手快步上前，手起刀落，斬下了韓信頭顱，隨即提起首級，入鐘室內，呈給呂后驗看。呂后一揮袖道：「不看了！首級留下，屍身拋至荒郊餵野狗，勿與人知。」

待鐘室事畢，呂后便急率武士至前殿院落，見了在此等候的蕭何，開顏一笑：「丞相計謀天成，韓信已被斬，首級置於函匣中，待陛下歸來驗看。」

蕭何聞言，遽然變色：「將韓信斬了？」

「斬了！丞相何故驚異？一個陳豨作亂，便須陛下親征，勞師動眾，數月不能平定。若陛下百年之後，韓信復起倡亂，豈是你我可制服的？」

「這……淮陰侯終究是重臣，本該交陛下處置。」

呂后冷笑道：「韓信功高，那失心翁萬一不忍，豈非遺患來日？」蕭何略一沉吟，道：「既如此，容老臣草擬奏表，報予陛下。」

「否！此事且擱置，勿令陛下分心。待他歸來後，老身自有分說。」

「這如何使得？」蕭何滿面愕然，望住呂后。

呂后上前兩步，忽朝蕭何一施禮道：「丞相，今夜勞苦！然大功尚未告成，韓信眷屬，罪當連坐，須在今夜盡捕。此事還須丞相親為，勿使一人脫逃。」

蕭何一驚：「捕之，將何如？」

「當族誅！」

「啊——，誅九族？不亦甚乎？」

「念在韓信當年功高，且誅三族，余則再無寬宥。」

蕭何望住呂后不語，呂后也望住蕭何不語，兩人僵持良久，蕭何終不敢抗命，只得拱手道：「臣這便率武士前往韓府，請皇后無慮。然他府中屋宇甚多，人丁雜亂，僅憑武士，哪裡理得清頭緒，不若老夫喚些家臣來助。」

呂后看看蕭何面色，微微一笑：「也好！便有勞丞相處置吧。」

蕭何嘆了一聲，當下持了符節，集齊眾武士，又遣人往自己府中，命長史蕭逢時率眾家臣前來相助。兩邊人馬會齊，便浩浩蕩蕩開赴淮陰侯府。

蕭何出宮後，呂后方步入前殿。百官在此已候了半夜，只不見呂后出來，都驚疑不定。此刻，只聞一聲傳警，呂后換了一襲鳳紋錦繡深衣，款步而入。

眾臣見了，都長出一口氣，紛紛頓首，大讚「萬歲」，爭賀皇帝報捷。

呂后卻全不理會這些，在龍床坐下，環視一周，面色忽就一沉，道：「陳豨敗亡，乃是遲早之事。今夜百官齊集，老身恰有一緊要之事，須面諭諸君：淮陰侯韓信，多年稱病不朝，數度抗命，卻陰與陳豨勾連，欲在長安倡亂，釋放官奴，入宮殺老身與太子。此事經我與丞相共商，以巧計平定。首逆韓信，今夜已伏誅，近畿安堵如故，各官都不必驚慌。」

百官聞之，都驚呼不已。因朝中重臣多隨劉邦出征，其餘小臣自覺位卑，心中或有疑慮，也不敢開口。

呂后見無人多言，便揮袖道：「夜半入朝，諸君也是勞累了，都散去吧。」

殿上卻有一少年文吏，忽「啊呀」了一聲，道：「陛下未歸，淮陰侯卻倡亂，且一夜之間便伏法，這教長安百姓如何信服？」

這文吏所言，恰是多人心中疑慮。此言一出，眾官便一片譁然。呂后心中大怒，喝道：「何人在此放肆？」

眾官連忙閃開，唯留下那少年文吏，孑然立於大殿正中。

呂后看去，原是舊部任敖之子任道謙，不禁氣就短了一截。原來，那任敖先前為沛縣獄吏時，呂后曾因劉邦造反事被拘，在獄中遭小吏調戲。任敖得知，將那小吏痛毆了一通。此後多年，呂后視任敖若恩人，優禮有加。此次陳豨叛軍席捲代、趙，又是任敖在上黨獨立支撐。故任道謙毫不懼呂后，乍聞韓信「謀逆」，覺匪夷所思，忽起不平之心，脫口便犯顏質疑。

正因有這一層緣故，呂后也只得忍了忍，放緩口氣道：「待陛下歸來，對天下自有交代。韓信謀逆事，已有證供；道謙若有不明事，可去問丞相。那韓信，若有你父一半忠直，今夜又豈能遭砍頭？好了，散朝吧。」

眾官面面相覷，都不敢再冒犯皇后，只得退下。

再說那淮陰侯府中，韓氏眾家眷正在酣睡，冷不防便有眾多武士手擎火把，破門而入，逐屋捉拿人，闔府立時大亂，婦孺哀啼之聲起伏不絕。

韓信那些家眷，得韓信庇蔭，做了十幾年貴人，官吏見之亦畢恭畢敬；今夜忽遭巨變，自是有不服的。眾武士倚仗有皇后諭令，呼喝連天，絕無容情，凡遇違抗者，皆當場擊殺。

蕭何見府中亂作一團，心中越發悲涼，忽而想起：呂后臨事倉促，只命捉拿家眷，並未下令緝捕家臣。於是，便暗囑蕭逢時道：「速去尋他府中家老來。」

不消片刻，蕭逢時便將郤孔帶到。蕭何對郤孔道：「淮陰侯已伏誅，天命難違，老夫亦無能為力。我只問你，淮陰侯有幾子？」

郤孔乍聞此變，不由魂飛天外，怔了半晌，才忍悲答道：「淮陰侯有三子。」

「幼子有幾歲？」

「未及五歲。」

蕭何便將郤孔拽至暗處，低聲道：「速攜此子出逃，遠至桂林、象郡，若是南海之渚最好，隱名埋姓，勿返中土。」

郤孔聞之，猛然跪倒在地，哽咽道：「丞相……」蕭何亦險些淚下，擺擺手道：「無須多言，速去！」

郤孔忍住悲泣，伏地叩了三個頭，起身便去尋韓信幼子。尋了許多屋宇，終將那幼子尋到。郤孔便以布帶將小兒縛於後背，身披大氅蓋住，由蕭逢時巧為遮掩，趁亂逃出。待逃出大門，郤孔又狂奔了數條街，見有人家牆垣不高，便翻牆而入，在後園樹叢中躲了一夜。至昧爽時分，路上有了行人，方才混出城去。

後世有傳聞說，郤孔攜韓信幼子逃至南海之渚，藏匿多年，後又輾轉至象郡住下。那幼子長成，便將姓氏「韓」字去掉一半，易為「韋」姓，在嶺南繁衍生息。此說甚離奇，或僅為軼聞而已。

武士搜捕至天明，將韓信闔府人丁全部拘到，蕭何正待點驗，宮中忽傳來皇后諭旨，命將韓信家眷押至西市，於午時斬決。蕭何正在擔心郤孔下落，聞此令，便不再核驗，即下令起解，將那韓信幼子脫逃一節，不動聲色地瞞了過去。

西市刑場亦在城北，離淮陰侯府並不遠。一路行來，韓信眷屬哭聲震天，路人觀之，無不心酸，多有悄悄作揖者，而絕無一人擲石詈罵。是日，彤雲密布，寒意料峭，一派天昏地慘景象。百姓聞韓信已死，無不驚駭，闔城震動。有膽大者當眾嗟嘆：「開國之臣，竟也遭殺頭，世事恐是要亂！」眾人便也跟著嘆息。

人犯解至西市，成排跪下，刑場四周觀者如堵。那韓信妻、子及族屬，只一覺醒來，便要遭殺頭之禍，一時都回不過神來，女人只是哭泣，男丁皆呆若木雞。

至午時三刻，只聽三通鼓播過，一隊刀斧手頭裹紅巾，大步入場，挨個提了刑犯，殺雞一般，逐一斬決。刀光起處，眷屬群中哀聲大作，圍觀百姓便是一陣陣驚呼。

韓氏一族，就此幾遭滅門，其興衰榮辱，常為後世讀史者所嘆。想那韓信，因蕭何三薦其才，方得以登壇拜將，遂成大名；後又因蕭何使詐，致其落入呂后圈套，枉送了性命。故後世便留下了「成也蕭何，敗也蕭何」的成語，喻成敗乃命中註定。

豈知蕭何此時，也是萬般無奈。這日午時，監斬完畢，蕭何身心俱疲，又率人親往淮陰侯府，查抄家產，遣散餘眾，直忙到掌燈。至此時，尚未有郤孔被官家捕獲的消息，知他已攜幼子順利脫逃，蕭何心中方稍安。待諸事已畢，又強撐著入宮，面稟呂后。

呂后此時正與審食其在地宮逍遙，聞宮女來報蕭丞相到，連忙結衣束帶，登梯來至椒房殿地面，出來見蕭何。

蕭何稟道：「臣親往淮陰侯府，查抄已畢。」

「那韓信所刪定兵法，可如數收繳？」

「片簡未漏，已全數解至宮中。」

「這些簡牘，權且放在老身這裡。韓信為人不忠，兵法倒還可靠。此事既完結，丞相也可歇息了。」

「仍有一事未了，請皇后定奪。韓信伏誅，朝野必有疑惑，皇后須代陛下擬旨，布告天下。」

呂后一笑：「待那失心翁回來，還不知作何想呢！老身若急於代他擬旨，倒真是矯詔欺世了，來日恐難擔當。且天下知與不知，人也是死了，尚能還魂乎？」

蕭何聞言，只在心裡一嘆，遲疑片刻，便告辭退下了。

回到府邸，竟是全無睡意，只秉燭呆坐，昨夜以來種種場面，如在眼前。蕭逢時見主公憂心，來催過幾次，請蕭何早些睡下。然蕭何內心震駭，為平生所未有，哪裡還可入眠？蕭逢時無奈，只得陪坐於側，連連打盹。

聽了譙樓上幾番更鼓，堪堪天已將明，蕭何方才起身。卻不料一陣暈眩，手中蠟燭落地，「噗」地熄滅，人也癱坐於地了。

蕭逢時聞聲驚起，急忙來扶，苦勸道：「主公，昨日至今，你已兩日兩夜未眠了。年事已高，如何當得起這般操勞！不如也抱病在家，將養些時候再說。」

蕭何掙扎而起，搖搖頭道：「不可！當今之時，誰若敢抱病，誰頭顱便難保。此事毋庸再議，我自會將養。」

蕭逢時聞聽此言，不由驚駭，想起昨夜淮陰侯府之禍，嘆道：「功臣何辜？竟連遭橫禍？還不如項王未死時安穩了。」

蕭何摸到地上蠟燭，苦笑道：「那是自然！天已明，還用燭火何為？」

# 梟雄覆滅，天下無一漏網

高帝十一年（西元前 196 年）春二月末，北地叛眾潰散，烽煙漸消，只餘一個陳豨，率殘部逃入雲中郡。劉邦見陳豨已不足為患，便留下周勃、樊噲，轉攻雲中郡。兩將率軍入雲中，於春三月，大破陳豨所率胡騎，生擒王黃等賊將，收復了雁門、雲中二十九縣。前後攻戰，且按下不表。

單說劉邦回軍途中，路過代縣，登城北望，見重巒疊嶂，宛如壁壘，不由感嘆：「塞上景象，究竟是不同！此地抵近匈奴，形勢甚險要，似不宜與趙地合併，仍應封國，由諸侯在此為我鎮守。」行至洛陽，劉邦住進東宮，淹留多日，又不想走了。便在洛陽下詔，仍將趙、代分為二國，擬在諸王、封國相、列侯及二千石官吏中，擇賢者為代王，定都於晉陽。

半月之後，便有盧綰、蕭何等三十八人，聯名上疏，俱說皇子劉恆，為人賢明溫良，可以為代王。

這劉恆，不是別人，正是薄夫人所生之子。薄夫人自入宮之後，不受劉邦見愛，全不似戚夫人那般風光，所幸當年便育有一子，以子之貴，可得安居後宮。薄夫人頗知隱忍，也不與他人爭寵，只專心撫育愛子。

母子兩人相依為命，謹小慎微，在後宮倒也無事。年復一年，劉恆漸漸長大，處世恭謹，知書達理，竟是一個難得的人才了。

至今日，劉恆雖已是少年，卻未封王，此次若遣劉氏子弟去鎮守晉陽，自然非劉恆莫屬。劉邦思之，確也妥當，於是准了諸臣所奏，封劉恆為代王。

劉恆在長安奉詔後，實難捨其母，便上奏：請攜母同赴晉陽。那劉邦眼中，除戚夫人而外別無顏色，視薄夫人可有可無。見此奏，便准了劉恆母子同行。

有道是，禍兮福之所倚。薄氏母子此去，雖是遠離了長安繁華地，屈居邊關，卻也遠離了是非之地，此後，任他朝中種種風波，都能安然度過。

且說劉邦在洛陽住了許多日，方率軍返回長安。入城之日，百官於城外夾道郊迎，劉邦在輅車上，不見百官面有喜色，心中便納悶。回到宮中，見中涓諸人也是神色張惶，心中就更是生疑。

片刻之後，呂后自椒房殿來見，劉邦劈頭便問：「出征數月，朝中莫非有大事乎？何以眾官皆怏怏不樂？」

呂后不知劉邦心思，不免惴惴，望了望劉邦神色，心一橫，仰面答道：「朝中確有大事，恐擾亂陛下，故而未奏。」

「何事？」

「韓信欲聚眾謀逆，已於上月伏誅。」

「啊？」劉邦一驚，瞠目道，「胡鬧！怎能有這等事？」

呂后吸足一口氣，道：「韓信謀反，妾身不敢獨自做主，與蕭丞相商議，斷然捕之。經盤詰，此事定然不虛。」而後，便從欒說告密說起，將韓信伏誅之事始末，縷述了一遍。

劉邦聞罷，拈鬚失神半晌，又問：「韓信府中，還殺了何人？」

呂后垂下眼瞼答道：「已誅三族。」

劉邦右手猛然一抖，嘆了一聲：「這個韓信，自作孽。」遂斜倚於靠幾，閉目沉思，漸漸地嘴角露出笑意來，睜開眼道，「如此也好。」

見劉邦並未怪罪，呂后這才放下心來，進而道：「韓信既有罪，則舉發者便應重賞。」

「不錯。那個舍人欒說，且封侯吧，要教天下人皆明忠奸。」

「蕭丞相亦當加封食邑。」

劉邦略一遲疑，勉強道：「這個自然，他怎能不封賞？只不知那韓信死前，更有何言？」

呂后想了想，回道：「韓信曾大呼：『吾不用蒯通計，反為小人、女子所詐，豈非天意哉！』妾卻是不知蒯通為何人？」

劉邦目中精光一閃：「此乃齊之辯士也！此人，我倒是要見見。」說罷，便命中涓向齊相府發敕書一道，命搜捕蒯通。

次日朝會畢，劉邦留下蕭何。兩人踱至鴻臺上，劉邦摒退左右，一把拽住蕭何衣袖，怒道：「老吏！你斷獄無數，不可謂愚氓。那韓信謀反之事，僅憑家臣舉發，一夜之間，便可殺頭的嗎？」

蕭何嘆息一聲，答道：「韓信因老臣而得大名，臣豈忍心殺之？然漢家上下，可有一人能阻得住皇后？」

劉邦不禁火起：「皇后若要你的頭顱，你也允嗎？」然想想蕭何之言，竟也無由斥責，便頓足道，「這個老婦，如何得了！」

「臣以為，陛下在外征討，而韓信在內伏誅，終是天意，天下當無人責怪陛下。」

「只是……誅其三族，未免太狠毒了些。」

「不如此，此事終不能了。」

劉邦低頭想了片刻，漸漸平息了怒氣，對蕭何道：「誅韓信，丞相畢竟有大功，這便加封你食邑五千戶。你謀國十年，殊為不易，明日起，將『丞相』改稱『相國』，與封國相的名號同一，以示大統。再命王恬啟遣一都尉，率五百人禁軍為你護衛，常隨出入，以示榮寵，要教那天下人都羡慕，皆知忠君必有賞。」

蕭何見劉邦不再責怪，方才長出一口氣，連連謝恩而退。

翌日，果有詔下，厚賞蕭何。百官聞之，皆欣羡不已。蕭何有五百人護衛左右，出入備極榮耀，道旁百姓皆翹首觀望。想想前後事，蕭何心中暗自慶幸，接連幾日，受百官登門之賀，不免便有些欣欣然。

這日，司閽忽然來報：「有召平先生自城東瓜田來，一身縞素，手執一鐵鋤，口稱弔喪。」

蕭何詫異，忙迎出門去，見召平果然是白巾白袍、以鋤作杖，狀頗為怪異，也不好當面嗔怪，只得迎入內室。

召平甫一坐下，也不理會蕭何神色，開口便道：「公將從此招禍了！」蕭何大驚，忙正襟長跽，問道：「先生所言，究是何故？請指教。」

召平道：「人曰喜事，我曰禍事，並非故作驚人語。以常理推之，君上連年出征，親冒矢石，公卻安居都中，不披甲革，今反加封食邑，豈非有異？老夫斷言，此封乃大禍將至也！名為重公，實為疑公。公可曾想過：淮陰侯有百戰之功，尚且誅夷；公之功高，焉能及淮陰侯？」

召平此言，恰說中蕭何心事。蕭何不禁臉色一變，大起惶恐，忙俯身一拜：「足下所言極是，然君上起疑，容不得老臣辯白……如此，計將安出？」

召平笑笑，將手中鐵鋤一舉，道：「此事易耳，公可讓封不受。貴府地下埋有多少私財？可盡皆掘出，移作軍需。如此，便可免禍。」

蕭何面露詫異：「我府中地下，哪裡有甚麼財寶？」想了想，方恍然大悟，「善哉！公無愧為秦之重臣，有如此城府——你是要我捐出家財，以釋上疑。此乃以退為進之計，老臣這便照做。」

次日，蕭何入宮求見，呈上奏疏一道，奏請辭還新增封邑與護衛，並懇請捐出大半家產，以助軍需。

劉邦接過奏疏閱畢，神情大悅，道：「蕭相國終究知我心！漢家興業艱難，諸臣都似你這般不愛財便好了。既如此，我便准奏，所捐財物入府庫。你蕭何之功，譬如日月，人皆可見，另加食邑反倒是多事了。至於護衛，乃朝中威儀，相國便不必推辭了。」

自此之後，蕭何知自己一靜一動，皆在劉邦的股掌中，便越發不敢恣意。每每上朝奏事，都要察言觀色，與呂后亦有意疏遠。久之，見劉邦並無異樣，這才放下心來。

此時，韓信之事還未曾了，黨羽蒯通尚未到案。朝中搜捕蒯通的敕書飛遞至齊，曹參看了，只覺得為難。昔日在韓信帳下，曹參便與蒯通相熟，也知此人已遁跡故里，要尋出來怕是不易。想到此，便遣一得力掾吏[73]，赴蒯通故里范陽（今河北省定興縣），向縣令探問究竟。那縣令見來人問起蒯通事，只搖頭道：「此人恐是難尋。今上登基之年，蒯通倒是曾歸故里暫居，替人相面卜筮，狀甚潦倒。後漸至癲痴，常顛倒衣履，狂歌於市，里正不能禁。如此僅一年，忽然便無蹤，人稱已往臨淄去了。」

掾吏謝過那縣令，回來覆命。曹參不禁失笑：「原來就在我鼻子底下！」便命隨身的眾吏員，分頭去臨淄各坊間，尋覓癲痴之人，凡年逾三十以上者，統統拘來。

未幾，各閭里便送來癲痴者數十人，皆蓬頭垢面、衣衫襤褸。曹參命將一干人提至堂上，排成一列，便離座上前辨認，才看了三數個，一眼便認出蒯通來。當下揪住他衣領道：「故人！何故佯狂？」說著，便將蒯通拽至內室。

兩人於內室對坐，蒯通仍欲佯狂，哧哧笑道：「足下是何人？若有酒肉，我便不狂。」

[73] 掾（ㄩㄢˋ），古代官署屬員的統稱。

曹參雙目咄咄逼人：「夫子，淮陰侯殞命，你還有心戲謔嗎？」蒯通不由怔住，半晌才道：「相國請拿酒來。」

曹參便命人上酒。蒯通接過酒杯，一飲而盡，遂向西一拜，大慟道：「大王，何不早悟？何不早悟耶……」

曹參亦頗覺淒然：「夫子節哀。淮陰侯之功過，非你我所能評斷。我尋你，乃今上有敕令，要召你入朝。」

蒯通驚道：「今上？漢帝召我何事？也要殺頭嗎？」

曹參便拱手道：「在下亦不知其詳，只教將先生禮送至長安。」

「長安！」蒯通不由怔住，良久方黯然道，「老夫若去了長安，便無望生還矣，請足下再拿酒來。」

曹參笑道：「自重用酈夫子起，今上已知禮賢下士，你不必擔憂。」說罷，便喚來掾吏，吩咐備一席上等酒肉，為蒯通餞別。

當下，曹參請蒯通沐浴更衣，兩人豪飲一番，說了許多舊日之事。飲畢，已有侍曹備好安車一輛，停在府門等候。曹參便起身，送蒯通至門外。

蒯通謝道：「有今日一宴，蒯某赴長安，即是死，也是飽食之鬼了！」

曹參一揖道：「此乃戲言了！夫子師從安期生[74]，精通權變，謀術都寫了八十一篇，有何禍患躲不過？」

蒯通仰面想想，笑道：「也是。小臣若僥倖不死，回來再與相國對飲。」

雖如此，蒯通仍是心神不寧。登上安車，便見有一隊甲士，各個執戟，將車左右夾持，心中便知凶多吉少。再回頭望去，卻見曹參早已沒了蹤影。

---

[74] 安期生，琅邪人，世稱「安丘先生」，是秦漢時期燕齊方士活動的代表人物，也是黃老哲學的傳承人之一。

這一路，有掾吏一人悉心照料，然路途終是多坎坷，顛得蒯通甚苦。如此跋涉月餘，進得長安，即獲劉邦召見。

劉邦望望蒯通，面露輕蔑道：「蒯通，蒯夫子？韓信素所倚重之人，便是你嗎？」蒯通俯首回道：「不敢。臣蒯通，閭里潦倒之人，蒙君上召見，光耀先祖。」

「聽你說話，果是善辯之士！我倒要問你，你教韓信反，欲與楚漢三分天下，又是為何？」

蒯通一驚，端詳劉邦片刻，即朗聲答道：「然！此正是臣之所為，陛下竟連這等微末事都已聞知？真是眼線遍天下。臣只知：狗之所吠，必非其主。當彼時，臣唯知有韓信，不知有陛下 —— 若非此次曹相國搜求，臣哪裡得睹天顏！臣只嘆：那韓信愚頑，不用臣言，終以族誅了結。若聽了臣言，陛下如何就能殺得了他？」

劉邦大怒，叱道：「你教韓信謀反，罪大於韓信，分明是不逞之徒！韓信既伏誅，你似甚惜之，莫非是想下油鑊麼？」

蒯通昂然道：「烹則烹矣，臣只為韓信憐！想昔日，秦失其鹿，天下共逐之，高才者先得。那楚漢交兵之際，天下洶洶，豪傑爭欲效仿陛下舉兵，唯恐舉旗太遲，可曾有人怕砍頭？唯韓信優柔，不忍叛漢，其所獲，卻是求仁而不得仁。古來奇冤，有過於此乎……」說到此，不禁淚流滿面，悲不能言。

此言觸動劉邦心事，渾身就一顫，連忙顧左右而笑道：「又是一個貫高！愚直之人，何其多也？」繼而斂住笑，對蒯通道，「念你愚忠，罪不當死。朕欲赦你死罪，授你以官，再不必操弄神鬼以謀生了，你意下如何？」

蒯通大出意外，怔了怔神，方才答道：「昔臣與安丘先生從項王，項王不用臣策；臣改投韓信，韓信亦不聽臣言。久之，臣已心灰意懶，不欲為官。唯願陛下憐韓信之功，乞將韓信首級賜予臣，攜回葬於淮陰。如此，也不至冷了天下功臣之心。」

聞蒯通其言哀切，劉邦不禁動容，揮揮袖道：「也罷也罷！韓信首級，便交予你，朕明日便傳令淮陰有司，助你造墳下葬。你既無意仕進，朕便准你東歸，且閒散去吧。」

蒯通悲喜交並，稽首道：「今日始知，天下人何以謂陛下寬仁。」

劉邦擺手道：「罷了罷了，莫再教人謀反就好！」蒯通嘆息一聲，遂再三謝恩而退。

話分兩頭，且說韓信於長安伏誅之日，梁王彭越也在洛陽身陷囹圄。原來，年前陳豨作亂，劉邦召彭越會師助戰，彭越對陳豨素來敬佩，不忍刀兵相見，故託病未赴，僅遣了部將衛胠（ㄑㄩ）率數千兵馬赴邯鄲。如此抗命，惹得劉邦大怒，不久，便有使者持戒書[75]來責問。

彭越得了戒書，心中惶恐，想要親往邯鄲大營謝罪。

此時，他身邊有一部將，名曰扈輒，倒還有些識見，力勸道：「不可！大王前日不往，今日始行，則前日之病，究竟是真是假？漢帝之疑，怎是面謁謝罪便可解的？大王一入邯鄲，必定被擒。不如即刻舉事，趁漢家關中虛空，發兵西行，截斷漢帝歸路，方為上計。」

那彭越本無雄才大略，漢定天下之後，唯知曲意逢迎劉邦，常赴都中朝覲天子，為諸侯中走動最勤的一個。忽聞扈輒此諫，竟然驚出一身冷汗來。躊躇再三，終是託病未去謝罪。然亦不敢造反，硬起頭皮，生死只託付於天。

事有湊巧，那扈輒與彭越所議之事，府中太僕賈友倉偶然聞知，吃

[75] 戒書，漢代皇帝四種命令之一，用以戒敕外官。

了一驚，遂記在了心上。一日，賈友倉在外犯罪生事，彭越聞之大怒，便欲治罪。

那賈友倉被彭越下令奪職，在家中待罪，想想不忿，便起了念，要舉發主公以贖罪。他聞聽皇帝已班師洛陽，便隻身赴洛，叩南宮之門變告。

劉邦接到變告信，冷笑一聲：「一個反了，兩個也要反！」遂命酈商率禁軍一隊，夤夜赴梁地拿人。酈商奉命持節，突入梁都定陶，出其不意，將彭越與扈輒兩人鎖拿，拘至洛陽。

劉邦聞彭越已就擒，也不召見，只吩咐交予廷尉宣義，即日對簿審訊。

宣義收了人犯，輕車熟路，按張敖、貫高舊例，先將彭越以酒肉安撫好，便嚴刑鞫問扈輒。

酷刑之下，扈輒饒是鐵人，也只得招供，將他如何勸梁王謀反事，和盤托出。宣義聞扈輒已招認，入獄看了證供，一笑：「如此，便少受些皮肉之苦。」遂拿起證供，掉頭去見彭越。

彭越初被囚，尚心存僥倖，心想自己絕非尋常人物，乃漢家立朝功臣，雖然抗命，卻並無反跡，劉邦即使多疑，亦須有證據，否則如何向天下人交代？因此，只盼宣義早些來訊問。

這日，宣義面露笑容，手持一卷冊，來至彭越囚室，恭恭敬敬道：「梁王，請閱此卷。」

彭越展開卷冊，見是扈輒供詞，臉色便一白。待讀畢，不禁汗出如雨，囁嚅道：「扈輒固有此勸，然孤王並未反⋯⋯」

宣義斂了笑容，板起面孔道：「梁王，反或不反，乃孩童遊戲乎？部屬勸謀反，即是大逆不道，當場便應拿下，送朝廷治罪。你堂堂諸侯，如何不知律法？分明是存了反心，故意縱容。」

彭越在囚室被拘數日，滿腹委屈，聞此言，不禁大怒：「你何人也？無名之輩！昔年若無孤王斷楚糧道，使項王食盡而敗，你哪裡可得九卿做？」

宣義聞此言，倒也不惱，只冷笑道：「如無君上之命，臣亦無緣親聆梁王教誨，實為幸甚！臣告辭了。」說罷，轉身便走。

次日，宣義上奏，言扈輒勸梁王反，是為謀逆，罪無可赦；梁王聞屬下欲倡亂，知情不舉，顯是反形已具，當同罪。

這宣義，倒也未深文周納，只不過依刑律，將彭越坐罪而已。劉邦得了奏報，當下明白了原委，也知彭越必不敢反，然知情不舉亦足以坐罪，心中就暗喜。待提起筆來，擬准奏，忽又想起彭越舊日之功，頗有不忍。躊躇間，索性將此案擱置，留置彭越於洛陽獄中，自己先率軍回了長安。

待處置韓信事畢，正值春暖花開，劉邦復又心念洛陽，便率親信再赴洛陽。至南宮住下，想起仍在獄中的彭越，心中忽覺不忍，遂有意留他一命。當即下詔，公告天下，以謀反罪誅扈輒。梁王彭越包庇逆犯，與扈輒同罪，然念在往日功高，免死，廢為庶人，徙往蜀郡青衣縣（今四川省雅安市）安置。

彭越在獄中月餘，聞韓信被誅族之慘狀，知劉邦是在剪除異己，遂大哭一場，再不存僥倖之心，只待有一日引頸就戮。這日，忽聞蒙赦，將赴蜀郡安置，不由既喜且悲。聽宣義讀完詔令，彭越長嘆一聲，向宣義叩了個頭，道：「臣行止無端，謝君上不殺之恩。」

出獄隔日，彭越便帶了數名親隨，由一隊兵卒押解，乘驛車離了洛陽，前往蜀郡。待交予蜀郡西部都尉看管之後，再遷徙眷屬。

彭越一路西行，一路便嘆息流淚，想自己當年橫行大澤，何其威武！未曾想，全力助漢定了天下，卻落得這般境地，真乃大夢一場！

驛車行至鄭縣（今陝西省華縣），忽見前面有大隊車馬迎面而來，儀仗威嚴，顯是宮中來人。兩隊相近，才見是呂后出宮，自長安往洛陽去。

彭越在驛車內望見，如見故人，忽然就情急，連連大呼：「皇后救我！」

呂后聞聽呼叫，便命車駕停下，步下車來，走近驛車。見是彭越被一隊兵丁押解，心中便明白了大半，卻故意問道：「梁王，何故在此？」

彭越不由放聲大哭，哀哀道：「皇后，臣馭下不嚴，部將擅言違礙之語，陛下卻不問緣由，罪及微臣，令人百口莫辯。陛下今有詔，廢臣為庶民，發往蜀地安置。」

那呂后心中，只巴不得異姓諸侯全死光，為劉盈鏟平隱患。今聞彭越僅是廢王免死，心中就一驚：「哦，有這等事？」

彭越卻以為呂后發了善心，便呼起冤來：「彭某出身山賊，若非今上賞識，如何可得諸侯王做？人非禽畜，皆知報恩，臣又怎能存謀反之心？望皇后憐之，為臣辯白。」

呂后仰首想想，冷冷一笑：「這個失心翁，又做蠢事！」

「皇后，臣今已年老體弱，遠非當年，那蜀郡僻遠，此去如何得活？唯願返歸故里，總還能多活幾日，望皇后開恩。」

呂后便道：「梁王之意，老身已知。且隨我來吧，入洛陽謁見陛下。」彭越大喜道：「謝皇后再造之恩。」

呂后遂命押解兵卒，掉頭返洛陽。那兵卒首領，不過為一屯長，見既無詔令、又無符節，僅憑此一語，便要半途折返，不禁面露猶豫：「此事，須得衛尉有令。」

呂后聞聽，立即雙目圓睜：「老娘之言，不能作數嗎？」

那屯長哪裡敢違抗，連忙從命，一行人便尾隨呂后車駕，折返洛陽。

待車馬入洛陽，呂后又好言安撫彭越，告之來日自有分曉，便遣人送至館驛安頓了。那彭越自忖無事，也就放下心來等候。

此事，還未等呂后通報，便有城門校尉得知，報給中尉丙猜，丙猜不敢怠慢，急入宮稟報劉邦。

劉邦聞聽呂后竟擅自做主，將彭越帶回，不禁大怒：「諸臣瀆職，該當何罪！」當下，便將廷尉宣義、中尉丙猜、衛尉酈商等免職，另擇他人接任。

翌日晨，劉邦遣人喚呂后前來，劈頭便罵：「老婦愈發不知規矩了！前日殺了韓信，也就罷了，如何又將彭越帶回？詔命頒下，竟不如廢柴一根，廷尉等諸臣，竟也任由妳做主，不敢發一語阻攔。如此擅權，還要我這皇帝做甚麼？」

呂后挨了罵，亦不動怒，只緩緩道：「陛下如今能統馭萬軍，如何臨事仍不明——那彭越，壯士也，將他遷徙至蜀，無乃自遺禍患乎？不如誅之，以絕後患。陛下今日優柔，明日優柔，那彭越若在蜀郡發難，豈不要重演取三秦舊事？到時悔之，只怕是晚矣！故而妾身冒風險，與之俱歸，就是不想讓他活！」

劉邦聞言一震，怒意漸消，想了想才道：「要殺彭越，不能無名。今日起，廷尉已換了鄒育，妳自去處置吧。」

呂后得了這旨意，正中下懷，立即遣人去館驛，密召彭越舍人，囑其誣告彭越返洛陽後，即召集舊部，意在「復謀反」。

那舍人哪敢不從，便照呂后所囑，寫了變告信。此信送至宮中，劉邦便知是呂后上下其手，苦笑一下，即命廷尉鄒育捕了彭越，下獄治罪。

鄒育新接任廷尉之職，眼看前任被奪官，知此事大意不得，接旨後即赴館驛，將彭越鎖拿收監。

當其時，彭越正自做著好夢，巴望呂后進言，勸動劉邦恩准復位，卻不防一群公差擁入，橫拖直拽，將他押至詔獄中，這才知大事不好，一夜竟未能合眼。

鄒育揣摩上意，知劉邦此番定是要彭越的命，便親臨詔獄勘問。幾句話問過，彭越哪裡肯服，只連聲呼冤：「笑談！原本便無謀反，又何來『復謀反』？小人之言，可據之定罪乎？」

鄒育於治獄之事，也頗有心機，見梁王是個莽漢，便不再使威，只溫言勸道：「福禍皆由天定，梁王也不必抱怨。今日之罪，根苗恐早已前定。大王以諸侯之尊，入此詔獄，豈有僥倖之理？不若痛快招了，免受酷刑。陛下已赦你一回，此次服罪，或也可赦免。若不服，則必死無疑。」

彭越雙淚長流，仰面嘆道：「悲夫！我彭越豪雄一世，到頭來，卻要自汙以求苟活。罷罷罷，你便寫好證供，我畫押便是。」

次日，鄒育便上了一道奏表，曰：「故梁王彭越，蒙赦廢王之後，賊心不死，折返洛陽後，即圖謀不軌，現經勘問，已供認不諱。依律應重治，擬比照韓信謀反案，梟首示眾，並誅三族。乞准奏。」

奏章擺上劉邦案頭，劉邦瞇眼看了看，幾次拿起朱砂筆來，復又放下，呆想了良久，忽而怒罵了一句：「這個也要反，那個也要反，存心不教我安睡耶？」隨即照准立斬，又吩咐中涓，擬詔書送至各郡國，昭告天下。

批復已畢，劉邦似仍有餘恨未消，又知會廷尉府，將那彭越屍身，剁成肉醬，名之曰「醢（ㄏㄞˇ）」，分賜給諸侯，以為震懾。

鄒育接了詔令，心頭也是一凜，急調差人往定陶，將那彭越三族盡行拘至。又親往詔獄，提出彭越，當面宣讀詔令。

彭越在獄中囚繫多日，將數年來與劉邦之恩怨，思之再三，只覺無愧。至於御批發回，是禍是福，已全不在意了。這日見鄒育率一眾屬吏，至獄中宣詔，其排場如臨大敵，便知死期將至，遂整了整衣冠，步出囚室聽旨。

眾吏見他出來，都齊聲喝道：「跪下，接旨！」

彭越微微一笑：「昔日同舉義，由兄弟而君臣，我可跪劉季。今日既非兄弟，亦非君臣，便容我立著接旨吧。」

鄒育也不計較，將詔令宣讀一遍。甫一讀罷，即有獄卒虎狼般圍上來，為彭越戴上死囚枷。

彭越也不抗拒，任由擺布，待枷鎖戴好，方嘆了一聲：「鳥棲何枝，便是何命。當初若投項王，即是見疑，也不至汙名而死！」說罷，便大步返回囚室待斬。

行刑這日，眾刀斧手正在西市刑場布置，劉邦又有敕令下：如有敢收殮彭越首級者，與彭越同罪。

至午時三刻，陽氣正盛時，合該行刑，西市道旁又是觀者如堵。廷尉鄒育持節監斬，一聲令下，眾差役便將彭越及其三族拖拽至場上，個個五花大綁，背插斬標，場上登時哀聲如潮，差役連忙喝止，彭越也一聲怒喝，不許眷屬再啼哭。

鄒育當眾宣讀詔書畢，問彭越還有何話可說。此時的彭越，披髮覆面，滿面悲憤，昂首長嘯了一聲，怒目道：「死便死了，有何可言！」

鄒育回首，命差役端來壯行酒，要為彭越灌下。彭越將頭一昂，踉蹌幾步，向天啐道：「大丈夫，死不飲劉邦之酒！」

刀斧手便不容他再說，上前將彭越綁縛於木架，含一口水噴向刀鋒，舉刀便砍。

其餘眾眷屬，亦先後就戮，霎時之間，人頭滾滾⋯⋯市井小民中，有那幸災樂禍之徒，便喝起彩來。

一俟首級送往東門掛起，眾刀斧手便一擁而上，將彭越屍身斬成肉醢，分盛缽內。時有十數名使者，於場外倚馬而待，拿到肉醢，即飛騎攜往四方。

彭越首級懸於東門，猶怒目圓睜，鬚髮僨張，有死不甘心之狀。過往百姓見之，無不膽寒，何人還敢近前？未料數日之後，忽有一人，麻衣布巾，自東而來。至東門懸竿下，跪倒在地，向彭越首級伏拜，口中念念有詞，連呼數聲「大王」。拜罷，又從背簏中取出祭品，哭而祭之。其聲之哀，驚動眾人。

城門校尉大驚，急命兵卒將其捕住，送往長樂宮發落。

劉邦聞報，也是吃驚不小，命將此人帶至殿上。舉目望去，見不過是一莽漢，便厲聲問道：「你是何人，曾隨彭越謀逆乎？我禁人收彭越之首級，人皆不敢近前，為何獨有你祭而哭之？如此張揚，豈不是反跡已明？」

只聽那人答道：「臣乃梁大夫欒布，不忍見梁王死於無名，故而哭之。」

原來，這欒布也是梁人，曾為彭越舊交。家甚貧寒，昔年流落於齊地，為人幫傭，做了個酒保。後又被人設圈套，販賣至燕地為奴。既為奴，其心倒也頗忠，曾為主人報仇，斬殺仇家。其時，燕將臧荼甚推重欒布，便與燕王韓廣言之，舉為都尉。及至臧荼自稱燕王，則拔欒布為部將。彭越在梁地舉旗反楚，寫信拉欒布入夥，欒布念及舊誼，毅然投奔，遂拜為副將，後擢升為大夫，為彭越得力之左右手。

日前，欒布出使齊國，未及返回，彭越便為朝中收捕，旋即梟首。欒布聞之，大慟，三日水米未進。返定陶後，料理好家事，一身縞素獨赴長安，來至彭越首級之下，伏拜奏事，以示覆命，繼而哭祭之。

劉邦聞欒布為彭越辯白，不禁怒從心中起，叱道：「吾殺彭越，豈能無名？彭越反形已具，他自家都不抵賴，何須你來喊冤？來人，推出去，著即烹了！」

眾郎衛聞命，便上前來捉牢欒布，一面在殿前備好湯鑊。

那欒布卻了無懼色，只冷眼看著眾郎衛忙碌。不消片刻工夫，一鑊熱湯便已滾沸。眾郎衛一聲呼喝，正要推欒布往鑊邊去，忽見欒布回首，對劉邦高聲道：「願一言而後死。」

劉邦一笑，道：「有何言，只管道來。」

欒布直視劉邦，慨然道：「昔楚漢相爭時，陛下敗於彭城，困於滎陽，然項王卻不能西移一步。究其緣故，乃是我彭王居梁地，與漢合縱，屢襲楚軍糧道所致。當是時，彭王一顧，勢傾天下，助楚則漢破，助漢則楚破。且垓下之戰，若彭王不率軍至，項王焉能旋即覆亡？值此天下已定，彭王剖符受封，貴為諸侯，豈有不想傳於萬世之理？又何來反心？日前君上徵兵於梁，適逢彭王有病，不能應命，陛下即疑以為反。然彭王並無反跡，誅戮無名，便以苛細之故誅之；臣恐如此處置，功臣聞之心寒，人人自危也。今彭王一死，臣生不如死，烹便烹了吧！」

這一番陳詞，說得劉邦心內羞愧，然事已至此，又怎可挽回？當下便不語，臉色紅了又白。

欒布望之，冷笑一聲，掙脫郎衛，便大步往湯鑊奔去。劉邦一驚，連忙立起，急喚郎衛拉住欒布，命人為欒布鬆綁。

欒布解縛後，也不謝恩，挺立原地不動。劉邦遂離座，緩緩踱至欒布跟前，溫語道：「公之言，甚是有理。然人之就刑，不似刈韭而能復生；彭王之事，就無須再提了吧。朕征伐四方，閱人甚多，唯重忠直之士。公若有意，可否為漢家都尉？望公在漢家，以事彭王之心而事我。即使世事更易，陵谷變遷，我亦定不負公。」

見劉邦神態甚恭，詞意誠懇，欒布倒不好再出惡語了，只是沉吟。

劉邦又勸道：「彭王既薨，盡忠死節亦是無益，不如歸漢。吾待公，定如彭王。」

欒布淚如泉湧，僵立多時。劉邦便有些急，整整衣冠，向欒布行躬身大禮，道：「望公助我，劉邦這廂有禮了！」

欒布見此，遂仰面一嘆，也向劉邦回揖道：「欒布無能，願從帝命。」

劉邦連忙將欒布扶住，眼裡似也含淚，道：「彭王之事，就此了結。請公盡心職司，漢家必有重托。」

君臣兩人又說了些肺腑之言，欒布才謝恩退下。

待彭越事了，劉邦看看北方無事，這才惦記起南邊的事來。

數年前，長沙王吳芮便曾來函，稱南越趙佗已在嶺南自立為「南越武王」，封關絕道，不與中原相通，以嶺南三郡[76]之地，自成一統。劉邦聞之大怒，禁邊民向嶺南售賣鐵器、牲畜，兩下裡便成敵國之勢。

至彭越伏誅，劉邦見天下一統，唯缺嶺南，且多年不能收服，不禁大費躊躇。

---

[76] 嶺南三郡，即南海郡、象郡、桂林郡。所轄包括今廣東省、海南省、廣西壯族自治區的大部分與越南北部。

想那南越五嶺險峻，瘴氣密布，始皇大軍也曾折兵嶺下，一籌莫展。如今北邊匈奴未平，時有不靖，若再向南用兵，顯是取敗之道。然聽任趙佗劃地自封，又實有損漢家威儀，不好向天下交代；想來想去，還是以安撫為上。

於是喚來陸賈，吩咐道：「今南越趙佗，違命不從，自立為王，阻斷五嶺，為漢家一大患。然則向南用兵，吾不如始皇也，故應以收服為上計。擬賜趙佗南越王號，為我藩屬，以示漢家天恩。如此，兩家皆有臉面，和揖共存，豈不是好？」

陸賈道：「陛下此計甚好，免得我兒郎赴瘴癘之地送命。然趙佗已自立為王，他若歸服，朝廷也不過再封他一個南越王，這又如何能誘得他就範？」

劉邦便一笑：「巧言說之，必可成也。今海內善辯之士，僅得先生一人，先生開尊口，神鬼也要顛倒，便看你如何能似酈夫子一般，憑一張嘴，說下異國數十城了！嶺南三郡若來歸，千秋史冊上，陸夫子當不輸於酈夫子。」

「不敢！酈公乃千古一遇之才，臣僅得其皮毛，然唯願一試。」

劉邦便將少府所鑄南越王金印一方，交予陸賈，笑道：「以公之數語，兼賜這金坨一個，若換得嶺南來服，亦為我平生一大快事了。」

陸賈道：「趙佗乃故秦之人，非異邦冒頓也。臣以中國之禮曉諭之，必不辱使命。」

領命之後，適逢五月，陸賈不顧天氣漸熱，率隨從數人，攜了黃金、繒帛等厚禮，快馬疾行，間關萬里，取道長沙國南下。至都城臨湘，其時老王吳芮已於高帝五年病歿，其子吳臣襲了王號。聞朝中使者路過，吳臣出城相迎，恭恭敬敬對陸賈道：「南國暑熱，嶺南瘴氣更可畏，請先生路途保重。」

陸賈道：「謝大王牽念，臣本閒職，蒙君上有所托，唯履險克難以報。」

別了長沙王，一行人又顛簸半月，來至陽山關（在今廣東省陽山縣），見峭壁摩天，飛鳥絕跡，果然是險要異常。陸賈抬眼望去，但見關隘阻塞，嶺上有旗幟隱約，顯是駐有重兵。於是親挽強弓，在箭矢上縛了帛書，大喝一聲：「上面聽著，吾乃漢使陸賈，前來叩關！」喊罷，便一箭射上了關去。

聽得關上一陣嘈雜，卻許久不見有人回應。眾隨從跋涉數月，已是疲極，不免焦躁起來。陸賈卻道：「慌個甚？且下馬安營。他關上守將，總不能裝聾作啞。」

眾人下馬，在陰涼處歇了半日，忽見叢林中擁出一彪人馬來，為首一員關將，拱手揖道：「聞漢家使者至，特來相迎，恕未奉王命，不便開關。請上使棄馬步行，隨下官自山路攀援入關。」

眾人聞聽，都面面相覷，不知吉凶禍福。陸賈將心一橫，對從人道：「朝命在身，生死許之。大丈夫臨此地，豈能回頭？」說罷，便率眾人隨那關將，鑽入叢林中去了。

諸人隨那關將，一番手腳並用，方得攀爬過關。下至平地，見早有輅車備好，由一隊兵卒護送，一行人便乘車南下。

眾人皆是生平頭回涉足嶺南，一路只看見新鮮，覺山川樹木，皆與中原不同。那百越之民，面目黧黑，衣著多粗陋，然田園之繁茂，又遠勝於中土。南行半月後，才進了番禺城（今廣東省廣州市），更見那市街繁華，人煙稠密。道旁店鋪之中，玳瑁、珠璣、瓜果等貨物累積如山，又有無數海外珍奇，為平生所未見，眾人便紛紛驚嘆。

至南越王宮門前，早有典客在此等候，將一行人迎入宮內。看那王宮規制，雖不能與長樂宮比，然屋宇、門廊皆為石砌，中有水渠回環，格局與中原宮殿迥異。陸賈細看那殿宇，飛簷如翼，欲凌空而去，宏麗竟又勝過長樂宮幾分。屋上瓦當之文字，也不似漢宮取「延年」「永壽」「長樂」之語，而多為「萬歲」兩字。

漢使一行來至殿前，只聽得大行官一聲呼喝，眾人望去，見趙佗早已坐於殿上。只是坐姿箕踞，十分無禮；且未戴冠冕，髮結依舊從秦俗，向右偏。

見趙佗面色不善，眾隨從不由倒抽一口冷氣。唯陸賈不卑不亢，手捧印綬，拾級而上，行大禮畢，抬頭緩緩道：「久聞南越王治越有方，朝野無不敬服。漢天子劉邦尤重大王，只因戰亂多年，故未通音訊，今遣微臣攜薄禮前來致賀，並賜漢南越王印綬。願大王勿忘故里，心存魏闕，樂見宇內混一，與我君臣共襄大業。」

趙佗未答話，看也不看抬上殿來的禮品，只教謁者接過印綬呈上，將那金印拿在手中看了看，冷笑一聲道：「我為先皇守邊二十餘年，守白了頭，未聞秦二世之後有詔命。如何憑空便掉下個新天子來？」

陸賈聞言，臉色便一變，挺直身道：「足下為中國人，親朋兄弟迄今猶在真定，祖宗墳墓也在真定。卻一反天性，棄中華故邦，欲以區區之南越與天子抗衡，視漢家為敵國。臣以為，大王禍將臨頭矣！」

趙佗哂笑道：「久聞陸賈為漢之國士，果然是一張利嘴！我乃堂堂秦將，淵源有自，秦亡而非我亡，如何要我臣服劉邦？」

「秦雖堂堂，然失之於苛政，天道不容。向時群雄並起，唯漢王一人先入關，此即為天命。後項羽背約，自立為西楚霸王，不可謂不強。然漢王應天之命，起於巴蜀，揮鞭掃天下，諸侯望風而從，共誅項羽，一舉滅楚。五年之間，海內便告平定，豈是人力可致乎？此番宏業，乃是天之所建，天之所佑，天之所成！」

趙佗聽到此，微微一顫，急問道：「漢家將征南越耶？」

陸賈霍然揮袖，急趨兩步，挺立趙佗座前道：「正是。聞大王僭稱王，欲棄絕中國而自立，漢天子左右將相皆攘臂請戰，欲發兵南下，破五嶺，墮番禺。然天子憐百姓安定不久，不忍再驅之，故而作罷。今遣臣南來，授大王印，與貴邦剖符通使，永結和好。大王本應郊迎於前，稱臣於後，順天而行事；然大王卻不知利害，欲以新造未穩之南越，逞強於蕞爾之地。若我朝君臣聞之，必掘大王先人塚，燒毀墓廬，夷滅宗族。而後，遣一偏將率十萬軍，兵臨南越，則越人必殺大王以降漢，此易如反掌耳。」

趙佗渾身一震，猛然坐起，忙將衣襟整好，向陸賈一揖，謝罪道：「我居蠻夷地日久，已失禮儀！」

陸賈回揖一禮，殷切道：「大王中國人也，根繫所在，心豈能外移？臣臨行之前，已向天子申明，保大王必定歸服。」

趙佗頻頻頷首，繼而又道：「漢家果真濟濟多才，惜大多未曾謀面。請問先生，我與蕭何、曹參、韓信比，誰賢？」

「大王似更賢。」

「我與漢帝比，誰賢？」

「漢家天子，起豐沛，討暴秦，誅強楚，為天下興利除害，繼五帝三王之業，統理中國。中國之人以億計，地方萬里，居天下豐腴之地，人眾車繁，物產殷富，政由一家。此盛況，天地開闢以來未曾有也！反觀大王，人眾不過數十萬，蜷曲於山海間，僅如漢之一郡。臣性素魯鈍，唯知駑馬難以追風，河伯羞於見海，大王又何能比於漢？」

此言甚犀利，趙佗身邊有一老臣，聞之臉色轉怒。而趙佗反不以為忤，大笑道：「吾十八歲投軍，以龍川縣令入仕，出身與漢王相類，卻無緣在中國起兵，僅在此稱王。倘使我居中國，未見得不如漢家。」

陸賈立時對道：「臣陸賈不才，然當年若居沛縣，或也成漢王。」

趙佗一怔，不由便哈哈大笑。以手指身邊老臣，對陸賈道：「此乃我國丞相，越人頭領呂嘉。呂丞相機智過人，孤王原以為天下無雙。今日看來，陸夫子當在呂丞相之上。」

呂嘉便跨前一步，向趙佗略一施禮：「以上使之智，出使我南越，未免屈尊了。」

陸賈聞此言不善，忙還禮道：「丞相，陸賈性本如此，非以漢家勢大欺人。四海之內，無不為我族人，無不為我兄弟。」

呂嘉不卑不亢道：「上使謙遜了！封關多年，南越孤懸，不知關中歸了誰家。今聞上使之言，老臣始知有漢。」

「既知天下已易幟，丞相亦應知順逆。昨日封關，是為避禍；今日開關，則為免禍。此即順逆之不同也。」

「不然！順逆之道，當以南越百姓之意取捨之，非關漢家君臣所喜惡。」

「漢家與南越，所從何來？秦也！秦時天下便混一，四海無缺，何其偉哉！吾輩新肇基業，反倒不如秦乎？」

呂嘉自知再辯亦無益，便道：「此事重大，我雖傾慕中國，然身為南越之臣，唯從吾王命也。」

經這一番較量，趙佗甚喜陸賈見識通達，留陸賈在番禺數月，餐餐煎烤，日日痛飲，只拗著陸賈講述秦亡以來世事之變，樂而忘倦。

南越之酒，向不濃烈，陸賈談興大起，只顧豪飲，酒酣耳熱時，辯才更是無礙。直聽得趙佗恨不能秉燭達旦，目視陸賈嘆道：「南越國中，罕有高士，皆莊子所言之鴟[77]，只知腐鼠為美味，無足與相語者。幸而有陸生來，令我每日聞平生之所不聞！」

又過了數日，趙佗賜陸賈一個皮囊，內藏明珠、琉璃璧等奇珍，價值千金，另有其他所贈，亦值千金。陸賈便擇了吉日，沐浴齋戒，依中國之禮，拜趙佗為漢家南越王。五嶺關禁，就此解除。趙佗心悅誠服，稱臣如儀，誓言守漢家之約法，不在南邊為患。

分別之際，趙佗率呂嘉等重臣，送陸賈出番禺郊外，行三十里而不忍駐足，執陸賈之手嘆惋道：「非先生，南越不得歸漢。然此一別，不知何日能與公對飲？即是有龍肝鳳膽，也無甚滋味了。」

陸賈連忙稱謝道：「大王盛意，令微臣也開了眼界 —— 旬日之內，食盡平生所食魚鱉蝦蟹！」語罷，二人大笑揖別。

待陸賈返回長安覆命，劉邦聞其稟報，心中大悅，讚道：「好個陸夫子！只幾樽老酒，便掙得南越歸服，勝過能將兵百萬的韓信了。往日朕不許你說話，看來失之操切。爾等儒生，生了一張嘴，除了吃喝，便是要說話，今後便允你說個夠吧。」當庭便下詔，拜陸賈為太中大夫[78]，專司諫議。

話分兩頭，且說春四月之時，淮南王英布在都城六邑，閒得無聊，只追逐聲色。這日，又點起了親衛，赴郊外圍獵。

就在今春正月，英布乍聞韓信伏誅，著實惶恐了多日。然轉念一想：自己不過一武人，上陣雖勇，卻不習韜略，劉邦又能有何猜忌？若似韓信那般飽讀兵書，將兵百萬若挑輕擔，便無怪乎招禍了。如此一想，便卸去許多疑慮。堪堪春去夏至，見朝中果然並無異常，英布才放下心來。

[77] 鴟（ㄔ），此處指貓頭鷹一類的鳥。
[78] 太中大夫，秦置官職，掌論議。漢以後各代多沿置，後世亦稱諫議大夫。

這日天氣晴和，南風習習，英布在郊野飛鷹走狗，好不快活。眾軍士趕得些鹿豕狐兔出來，英布跨馬持弓，只追風般奔來馳去，箭無虛發。

歇息之際，英布跳下馬來，與上柱國、大司馬等左右坐於地上，遠眺大別山。見一片葱蘢之上，有山石嶙峋，狀若巨人，便問左右：「此石可屹立幾時？」

中大夫[79]賁赫此時便道：「可立千秋萬代。」

英布笑道：「孤王以刑徒而諸侯，千古以來可曾有過？」

「絕無。」

「哦？那麼英布之名，亦當如此石了。」左右聞言，皆拊掌大笑，齊聲稱頌不已。

賁赫向英布一拜道：「臣以為，大丈夫在世，當博取英雄之名，令後世仰之。山石或因日晒雨淋成灰土，然英雄之名則不滅。」

英布仰頭大笑：「中大夫說話，聽來就是順耳，若吾名能與這山林同壽，便是幸事。昔年秦亂，丞相李斯為二世皇帝所殺，臨死唯憾，不能再獵。吾一草澤之人，經刀兵而不死，得享圍獵之樂，已強於李斯矣。」

「不然。草頭百姓之願，唯求身前平安；然吾王英武，又恰逢盛世，必與山澤同壽。」

英布望了賁赫一眼：「孤王知你忠直，然休得輕言盛世！今春以來，漢家內外皆不寧，你應以諍諫為上，莫只顧了討孤王喜歡。」

賁赫辯白道：「臣乃剖心之言，非為奉承。大王可問：淮南諸臣及百姓，何人不敬服大王？」

[79] 中大夫，官職名。秦始置，為光祿勳屬官。

「哈哈！這等話，能信乎？孤王明白：吾在世一日，眾人便是這些奉承話而已。」正言笑間，林間忽有一白鹿竄出，猛見圍獵人眾，驚而止步，掉頭便跑。

英布挾弓箭一躍而起，大喜道：「白鹿，祥瑞也。兒郎們，快與我去追！」說罷，便翻身上馬，循蹤追去。

豈料那白鹿鑽入叢林，眨眼便不見了蹤影。眾親隨分頭去找，也毫無所獲。英布正遲疑間，忽聞有幾個軍士鼓噪起來，搭箭瞄準一處樹林，高叫道：「出來！」

少頃，便見一白衣男子，從一片梧桐林中步出。

英布打馬上前，喝問道：「何人在此，攪了我好興頭？」

只見那白衣男子，神態從容，衣帶飄飄，腰間繫有一柄豎笛，看去竟無一絲煙火氣。他見英布氣盛，知是尊者，便一揖答道：「在下為市井之人，不耐喧囂，出來尋個清淨。不想有擾尊駕，還望包涵。」

英布跳下馬來，端詳那人，叱道：「看你模樣，似讀書之人；不安分讀書，來此荒野閒逛甚麼？」

那男子毫不慌亂，微笑答道：「秦亡以來，恃強者勝，刀劍下方討得好活。善讀書者，可有幾個能苟全性命的？」

英布聞言，知此人絕非常人，便斂起了驕橫之態，道：「看不出你年紀輕輕，倒還能說出老成之言來；那書，不讀也罷！然兵亂方息，謀食艱難，你一個文弱小子，又何以為生？」

白衣男子一笑，淡然道：「生計，小技也。足下請看，在下以此技便可為生。」說罷，從袖中拿出一枝木芍藥來。

眾軍士望見，甚感好奇，都圍上來看。只見那花束，本是一枝白花，男子用長袖一遮，旋又露出，那白花竟成了一枝黃花。眾人正在驚奇，那男子復又遮擋一遍，花又變為了朱紫。如是五六回，每次顏色皆不同。軍士見了此等幻術，不由得歡喜，都嚷了起來。

英布亦是驚詫，問道：「小兄弟，你是人還是神？」

白衣男子將那花枝棄於地上，大笑道：「這有何怪？顏色雖不同，不過一枝花耳。譬如天下萬民，爵位有等差，門楣有高下，總不過活這一世。何者為貴？何者為賤？全不用煩惱。」

英布知是遇見了異人，連忙斂容，深深一揖道：「先生方才曾言，讀書人不能苟全性命，若似我不好讀書者，可否長保富貴？」

白衣男子打量英布片刻，答道：「讀書者百慮，尚不得保全，遑論不讀書者？觀足下之貴，海內罕有，何以仍擔憂不長久？」

英布聞之，心驚肉跳，連忙道：「人在世，有百憂而少有一喜，正要請教先生，可有靈驗的避禍之道？」

那男子一笑，解下腰間竹笛，吹了幾聲，而後道：「我在市集上，為人吹笛鼓盆，也可養家。足下也可棄富貴，歸於恬淡，便無可憂之事。若戀富貴而希圖長久，所失恐不只是富貴。」

英布聞罷此言，眺望遠山良久，微微搖頭：「路已行至此，如何還能回頭？」遂向白衣男子一揖，「多謝先生良言。在下無所報，送你些珠寶吧。」

那男子遽然色變，凜然道：「小人已有一技在身，便是受用不盡之寶。今與足下相逢於山野，實屬天意。數語之間，竟涉及貴賤生死、人世窮通，何其愜意耶！此際遇，小人不敢忘，望足下好生珍重。」言畢，便往梧桐林中疾步而去，頭也不回。

英布看得愕然，良久才喃喃道：「天知我心也……」遂又搖頭苦笑，吩咐左右牽過馬來，準備重新圍獵。

此時遠處忽有人高呼，眾人循聲望去，但見兩騎飛馳而來。原是朝中一使者，由宮中謁者引路來見。

英布一驚，連忙整好衣冠，恭恭敬敬迎上前去。

那使者翻身下馬，與英布互相揖過，稍事寒暄，便轉身，從馬背取下一陶缶，呈予英布，宣諭道：「故梁王彭越，圖謀作亂，未逞。上命斬殺，懸首於長安東門。屍身斬作肉醢，分賜諸侯，以儆效尤。」

英布聞詔大驚，接過陶缶，忙掀蓋視之。見果是一罐肉醬，當下臉色大變，竟忘了謝恩，只驚駭道：「這，這⋯⋯」

那使者也不多言，向英布略施一禮，道一聲告辭，便翻身上馬而去。

英布面帶怒意，雙手發顫，幾不能持缶，狠狠吐出兩個字來：「桀紂！」左右諸人中，有少府忙搶進一步，接過陶缶。又有中尉牽來馬匹，請英布上馬，再行圍獵。

英布強忍驚恐，叱道：「如何能再獵？彭越既死，我還做得幾日李斯？回宮，回宮！」

回宮之後，英布連發數道密諭，命各邊將就地徵發壯丁，守牢四方，以防朝廷大軍突至。

這一夏，英布心中怵惕，無心飲宴，晝夜思應變之計。如此日子一天天挨過，倒也無事，眼見得是虛驚一場。

豈料至秋七月，合該他命中註定，竟有人告他要謀反，且如韓信一般，也是臣屬赴闕舉發。

變故皆因一樁家事牽扯出來。話說英布身邊有一愛姬，名喚陳姬，生得美貌無比，且知如何取媚，深得英布鍾愛。這位陳姬，在秋伏日中了暑氣，厭食無力，常含愁苦之色。英布見了不忍，便令其赴名醫崔孝襄家中就醫。

那崔孝襄見是淮南王愛姬登門，不敢怠慢，使出渾身解數望診把脈。初時服下藥，病況並不見好，陳姬便隔日赴崔府一趟，如此往返數次，方有所減輕。半月間，那陳姬便早晚常赴崔府。

可巧中大夫賁赫的府邸，就在崔府對門。聞聽陳姬來此就醫，賁赫自忖身為內府侍臣，照顧好陳姬乃分內之事，便備了許多奇珍珠寶，代陳姬厚贈崔孝襄。其間，又陪陳姬在崔府飲宴了數次。

崔孝襄受了賁赫厚贈，只道是淮南王有所托，診病就更是上心，不數日，便藥到病除，陳姬復又巧笑如初。這本是尋常事一樁，豈料，陳姬於談笑之間，卻生出了好大的枝節來。

某日入夜，英布攬陳姬在懷，二人坐望星漢燦爛，言笑晏晏。英布見陳姬康復如初，滿心歡喜，不由誇讚道：「那崔氏確是有些身手，只這幾日，妳便痊癒了。」

陳姬應道：「崔孝襄在淮南有大名，看病又十分盡心。此等小恙，當不在話下。」

「嗯，孤王日後若有恙，也須延他入宮來看。」

此時，陳姬想起賁赫日前的照拂，不禁感慨，隨口讚了一句：「那中大夫賁赫，忠厚盡職，實乃長者也！」

不料此言一出，卻惹得英布起疑，當即面有怒意：「婦人長居深宮，屬官品性，妳從何處得知？」

陳姬見英布發怒，不由便慌了，忙將賁赫數日來的照拂，如實道來。

哪知英布只是不信，將陳姬推下地去，起身從劍架上拿起一柄劍來，劍鋒直指陳姬咽喉：「賤妾，妳如實招來！可是與賁赫有私？竟當著孤王之面，美譽賁赫，倒是有何所圖？」

陳姬嚇得面如土色，只嚶嚶哭泣：「妾未病之時，半步不出宮門，如何能與屬官有私？」

「胡言！那賁赫，又代妳饋贈，又陪妳飲酒，若不是淫亂，又為何如此殷勤？」

「大王如此說，妾身百口莫辯。那賁赫殷勤，總是看在大王面子上，且他又不曾托妾代為美言。」

「狐為捉兔，方肯刨土，他怎能白白為妳掘洞？妳還為他辯白！看我一劍斬了妳，再去取他人頭。」

兩人便如此，直吵嚷到半夜，英布方才半信半疑，收起了劍，喝令陳姬：「今後不得出宮一步。若敢再為賁赫言事，定將妳斬首示眾！」

宮中的這場風波，隔日便有涓人傳了出去。賁赫聞聽風聲，心中暗暗叫苦，想面謁君上為自己辯白，又怕越發說不清楚，只好稱病不朝，避避風頭再說。

過了半月，英布忽然想起，已有多日不見賁赫了。問過左右，方知賁赫稱病，心中益怒，脫口罵道：「騷犬！主意打到孤王眷屬身上，真有包天之膽，此時倒不敢露頭了？看我捕了你，諒你也不敢抵賴！」

英布只是出惡語洩憤，卻未立下捕令。次日，便有與賁赫交好的涓人，向賁赫暗遞了消息。

賁赫在家中聞訊，驚出一頭冷汗來，心想自己忠而見疑，渾身是嘴也難以分辯，不由悲憤莫名。其時韓信家臣因變告而封侯事，已遍傳國中，賁赫思前想後，認定唯有赴闕舉發主公，方能免去這無妄之災。

情急之下，他伏地向天叩了三個頭，念念有詞道：「主上不惜忠臣，便莫怪臣之不義。賁某活了半世，今日方知：世上負義之徒，多為主上所逼。此舉是禍是福，無從猜度，唯願上蒼護佑，保我一家性命。」

主意已定，賁赫便覺遲疑不得，再過半日，捕人差役恐就將前來叩門，於是連家眷也不及告之，出門即直奔郵驛，等到往長安的傳車駛至，便登車遁逃。

賁赫出逃多半日之後，府中尋不見主人，亂作一團。家眷四出探尋。至暮方探知，曾有人見賁赫登傳車西去。次晨，相府也偵知此事，忙稟報英布。

英布聞賁赫乘傳車西逃，豈肯甘休，急命宮中親衛乘馬追趕。須知那傳車乃三十里一換馬，疾馳如飛，甲士已落後了一晝夜路程，如何能追得上？直追了二百里，仍不見傳車蹤影，只得返回覆命。

英布見賁赫逃走，更認定賁赫與陳姬有私，遂將陳姬幽禁，命內史將賁赫家眷統統收捕，待捉到賁赫之後，一併發落。

卻說那賁赫乘車入長安，便立至長樂宮北闕，擂鼓變告，向中涓呈上了變告信。

劉邦接到變告信，吃了一驚，想那彭越肉醢才分發不久，諸侯應知利害，如何英布又要反？此事究竟是真是假，難以辨明，於是召蕭何來問計。

蕭何看那變告信稱：英布往日即多有不法陰事，尤以今春得肉醢之後，即徵集丁壯守邊之事為甚。凡此種種，皆為謀反端倪，朝廷應趁其未發而先誅，以絕後患。

閱畢，蕭何沉吟有頃，只是不語。劉邦微微一笑，問道：「相國，計將安出？」

蕭何搖搖頭道：「英布，漢之舊臣也，當不至有此，或為仇家誣陷。應將那賁赫下獄，另遣使者往淮南，詳加偵訪，以驗英布有無反跡。」

劉邦冷笑道：「那韓信也是舊臣，誰料他會反？相國誅韓信時，可曾謹慎若此？」蕭何臉色一白，半晌方答道：「正因韓信之故，微臣至今仍心懷忐忑。」

「唔，也好！吾也不願得個濫殺之名，便依你之計，先行查驗再說。」

當即，劉邦便吩咐下去，令將賁赫收監，另遣劉敬為使者赴淮南，佯為安撫，實為密訪。劉敬臨行前，劉邦又囑道：「公乃聰明人，於世事有獨到之察。向日曾窺見匈奴詭計，獨出眾人之上。今往淮南，請本以公心，密訪淮南王究竟有無反跡。英布究係漢家舊臣，若反跡未發而先誅，恐天下人要將我唾死！」

劉敬心領神會，當下帶了親信數人赴六邑，見了英布，一番慰諭，便在館驛住了下來，遍訪官民人等。

那英布自從封淮南王之後，權勢赫赫，無人約束，確有諸多不法陰事。日前見賁赫西逃，便疑心賁赫會入朝變告。正惴惴不安之際，又見朝中來使，住在館驛不走，形跡甚是詭祕，便遣心腹去貼近打探。

待心腹打探得明白，回來稟報，英布大吃一驚。原來劉敬所召見，無一不是相府中關要之人，正逐個查驗今春調兵守境等舊事。

英布當即叫苦道：「如此查驗，不反也是反了。今上枉殺韓信，不赦彭越，如何就能饒過我？索性便起兵了吧！」

有左右忍不住提醒道：「漢使尚在，大王不宜輕舉妄動。」

「哈哈，不說倒忘了！那漢使劉敬，拿他自家當真姓了劉，將我當成了冒頓？今日便教他有來無回。」當下便命親衛，前往館驛捉拿劉敬。

然那劉敬是何等機敏之人，驗實了英布數件不法之事，料想自己密訪，英布必會有異動，僅滯留數日，便率親信連夜出城，奔回長安。待英布遣人去館驛，那劉敬一行，早已出了淮南地面。

英布得報，大怒道：「跑得了一個，跑不了一窩。」當下便要傳檄四境，豎起反旗。

親信中有老成之臣，上前勸阻道：「漢家勢大，猛將如林；若漢帝親征，我軍恐不能敵。」

英布大笑道：「今上老矣，久已厭兵，必不能來，唯遣他帳下諸將來。諸將中，吾獨懼韓信、彭越，今兩人已死，餘者不足畏。」

諸親信聞言，皆大感振奮，拔劍喧嘩，各個誓言相從。

英布足踏案几，睨視群僚，當即下令道：「將那賁赫三族斬首，傳諭國中，以儆官民。」隨即又傳書各邊將，嚴令封關，斷絕往長安通道。此令一下，全境震動，百姓皆知淮南王已是反了。

未幾，鄰近荊楚兩國便有軍書飛遞長安，報稱淮南王反。劉邦閱罷軍書，目露精光，一拍案道：「果不其然！」隨即下令，赦賁赫出獄，加為將軍，以示獎賞忠良。

那賁赫雖得榮寵，然家眷滿門被英布誅殺，心中自是五味雜陳，只得忍泣謝恩。劉邦又召諸將前來計議，以軍書向諸將示之，問道：「英布反，如之奈何？」

諸將聞聽英布作亂，皆大忿，一派喧嚷。樊噲高聲道：「發兵擊之，坑了這豎子！天威之下，諒他能有何為？」

劉邦白了樊噲一眼：「我如何不知發兵？然英布並非草寇，我軍欲獲勝，諸君可有良策？」

諸將面面相覷，不知如何應對才好。劉邦冷笑道：「諸君說話，可用心乎？英布何許人也？昔日項王之先鋒悍將。討英布，恐為立朝以來從未有之惡戰，豈如諸君所言這般容易？只不要坑人不成，反倒坑了自家。」

樊噲辯道：「項王已死，英布有何可懼？季兄得了天下，如何反變得膽小？」

劉邦道：「項王固然已死，然韓信亦死。我倒要問諸君：誰人可當昔日韓信？」樊噲臉忽地漲紅，張口結舌，諸將也是一片啞然。

劉邦揮揮袖道：「今日無謀，明日便無頭，又談何取勝？還是想好了再說吧。」便命諸將退下，改日再議。

諸將退下後，劉邦忽覺胸中氣悶，頭暈目眩，不由長籲一聲：「這天下，如何了得？」

回到寢宮之後，劉邦愈覺病重，竟臥於榻上不能起，尤厭見人。隔日便發下詔令，令門禁諸衛，不得放群臣入宮，只圖個清淨便好。

這邊廂，軍報一日三至，稱英布軍勢極盛，荊楚兩國已危在旦夕。夏侯嬰、周勃等諸將得報，心急如焚，欲進宮奏事，皆為郎衛所阻，只得止步嘆息。

如此過了十數日，軍情更急，群臣心內焦慮，相見只是搓手頓足。這日，樊噲耐不住，吼了一聲：「即是殺頭，又如何？諸君請隨我來。」便率群臣至北闕，搶先步上階陛。眾郎衛見了，大驚失色，一起擁上來攔阻。

樊噲大喝一聲：「狗眼看清了，我是何人？滾開！」說罷，推開眾郎衛，排闥直入，文武諸臣也相隨一擁而入。

待闖入寢宮，見劉邦正枕著一少年宦者躺臥，那少年名喚籍孺，素為劉邦鍾愛。聞聽群臣聒噪，劉邦眼也未睜一下。眾人來至榻前，伏地而拜，樊噲流涕道：「反秦之時，陛下與諸臣起豐沛，定天下，何其壯也！今天下已定，為何反倒頹喪若此？今聞陛下病重，大臣震恐。然陛下不與臣等議事，卻與一宦者獨處，欲就此隔絕臣民乎？陛下昏聵，已忘記前朝趙高之事乎？……」

劉邦聽到此，忽然睜眼，一笑而起，叱道：「甚麼趙高？我疲累，枕籍孺之腿歇息，如何就扯到了秦二世？」

樊噲望望劉邦，不由也笑了：「不如此諫言，陛下哪裡得痊癒？」

劉邦摸摸額頭，環顧群臣道：「爾等這一鬧，我病倒是大半好了。」樊噲連忙叩首道：「既然好了，便請陛下視事。」

劉邦瞪了樊噲一眼：「屠夫，只你一個是催命的鬼！爾等來見，無非是為英布事，此事正是我心病。近來想了多日，仍不知他為何要反？既不知其反意，又如何言及征討？各位有甚好計，明日再議吧。」

當日見過劉邦，夏侯嬰回到府邸中，細思劉邦所言，覺是切中要害，深愧自己胸無良謀。忽而就想到了門客薛公，連忙遣人去請。

原來，那薛公曾為楚令尹，位高權重，為西楚百官之長，等同於漢之丞相。項王西征時，他與項聲同守彭城、下邳。當初灌嬰攻下邳時，陣中盛傳薛公戰歿，然僅為傳聞而已。其時楚軍勢危，薛公有一親隨護主心切，與他互換了衣裝。於亂軍中，薛公隻身脫逃，戰死的只是一個替身。

其後，薛公輾轉多時，投奔了舊識夏侯嬰，在夏侯府中做了一個門客。項王死後，劉邦赦項氏諸人無罪，除鍾離昧、季布以外，也未追究其餘楚臣，故而薛公在夏侯門下做賓客，倒也安穩。

這日薛公聞召而來，夏侯嬰便道：「君上召諸將，問英布謀反事，諸將無計所出。你說，英布如何要反？」

薛公脫口便道：「英布當反！」

夏侯嬰面露詫異：「君上待英布不薄，裂土而封之，加爵而貴之，令其南面為王，貴為萬乘之主，他為何要反？」

薛公便一笑：「前日殺彭越，往日殺韓信，你教英布作何想？三人功勞相似，視同一體，韓、彭先後死，英布豈能不疑？必憂懼禍及己身，不反才怪。」

夏侯嬰聞言一驚，不由起身道：「我非諸侯，竟未慮及此！薛公到底是高士，明日定要將你薦於君上。」

那薛公聞言，倒是慌了，連連擺手道：「滕公，使不得！楚漢皆傳說我戰歿，我今復出，豈非成了詐死而匿？君上若知，我便是又一個鍾離昧。」

夏侯嬰笑笑，道：「哪裡會？容我稟告陛下，包你有個好前程。」

次日夏侯嬰入見劉邦，將薛公投為門客之事稟報，盛讚薛公有奇謀，可察英布之機心。

劉邦訝異萬分，直視夏侯嬰半晌，方道：「薛公在你門下？你要做甚？」「無他，惺惺相惜而已。」

劉邦眨眨眼，想了想，嘆道：「也是。堂堂故楚令尹，竟躲在你府中吃白飯，可惜可惜！你喚他來，我要問他，究竟有何良策？」

夏侯嬰當下回府，將薛公載入宮中。劉邦於偏殿召見，劈面便朗聲道：「薛公，昔聞你戰歿，我還著實唏噓了一回，不意你竟能復活！」

薛公惶然道：「臣未死，托庇於滕公，苟活至今，只是不敢見陛下。」

「故人有何不敢見？我又未生出獠牙來。楚漢之爭，已成往事，一筆勾銷算了！我召你來，是為問計——那英布作亂，朝廷該如何應對？」

「臣孤陋，姑妄言之。英布反，不足怪也，其成敗與否，在於他出何計。倘使出上計，則山東之地將非漢所有；若出中計，勝負之數未可知也；他若出下計，陛下可安枕而臥也。」

劉邦望望夏侯嬰，笑道：「令尹到底是令尹，語出即不凡！」轉頭便又問薛公，「何謂上計？」

「先取吳楚，再出兵滅齊魯，傳檄定燕趙，而後固守其本，則山東非漢之所有矣！」

「天下大半歸了他，漢家哪裡還有活路，這如何使得？那麼何謂中計？」

「先取吳楚，再滅韓魏，據敖倉之穀粟，塞成皋之關口，則勝敗之數未可知也。」「嗯，如此，他便又是一個西楚霸王！何謂下計呢？」

「東取吳，西取下蔡（今安徽省鳳臺縣），掠財寶歸於越，移兵長沙，則陛下可安枕而臥，漢家無事矣。」

「移兵江南，欲為流民乎？其蠢豈能如此！依你之見，英布將出何計？」

「出下計。」

「彼非庸人，何以棄上計而出下計？」

「英布，昔日驪山刑徒也，趁亂而起，遂成萬乘之主，然性本愛財，所謀皆為自身計，豈能為百姓萬世而慮？故必出下計。」

劉邦大喜，向薛公揖道：「所言甚是。薛公果然通達，項王若納公之所言，今日怕是已無漢家了。罷罷，那夏侯嬰府中，白飯也不好吃，朕便封你為關內侯，食邑千戶，保你衣食無憂，也算為我添些臉面。」

薛公自是心喜，再三謝恩而退，劉邦便與夏侯嬰道：「有薛公此言，我不懼英布矣。豈用我親征，便是劉盈也可討平他。」當即喚來涓人，下令擬詔，由太子統兵討英布。

夏侯嬰心有疑惑，脫口道：「太子如何能統兵？」

「他再不統兵，怕是接不得這個天下了。深宮長成，不辨菽麥，來日怎麼得了？叔孫通尋常所教，不過是些裝模作樣之術，治文臣尚可，如何治得了梟雄？今也讓他掂一掂刀劍，拚殺他幾陣，來日或許可以安天下。」夏侯嬰搖搖頭道：「太子若敗，將如何是好？」

劉邦便厲聲道：「若戰敗，他便做不得這太子了！」

夏侯嬰見劉邦動怒，遂不敢再言，拱手而退。

時不久，詔令傳入椒房殿，呂后正與兄呂澤、子劉盈閒話，聞令無不愕然。呂后接過詔令，棄於地下，怫然怒道：「失心翁究是何意？欲陷我兒於死地乎？」

呂澤忙起身道：「此事突兀，待我先去打探一番。」

呂后忽而想起：「你那商山四皓呢？快快去問計。」

呂澤拍拍額頭道：「忘了忘了，罪過！」便辭別呂后，連忙趕回府中。

當日，呂澤邀集商山四皓，圍坐於庭中槐下，議起太子將兵事。夏黃公挺身長跽，朝呂澤一拜道：「我等來此，即為存太子位，若以太子將兵，事危矣！」

東園公頷首拈鬚，亦道：「太子將兵，有功則太子不能加位；若無功而還，日後必受諸侯欺侮，且太子所轄諸將，皆為梟將，曾與今上共定天下，誰能聽太子號令？今若遣太子領兵，無異於驅羊入狼群，太子無功而返，乃鐵定矣！今戚夫人日夜侍寢，常將趙王如意抱於堂前。今上亦日：『總不能讓不肖子居於愛子之上。』此話已說得再明白不過，無非是想以如意代太子。君何不請皇后向今上泣言，請放太子一馬。至於皇后應說些甚麼……你附耳過來……」

聽罷東園公一番耳語，呂澤不由面露笑意：「好好！商山四皓，果然厲害，在下受教不淺！」謝過四皓之後，即連夜入宮，去見呂后。

呂后聽了計策，頗覺有理，便在心中溫熟了東園公所言，屈尊去了長信殿找劉邦。

見了劉邦，呂后依商山四皓之計，掩面泣道：「英布，天下猛將也，善用兵。故而此次征英布，不可草率。如今漢家諸將皆為陛下故舊，若以太子為將，無疑使羊將狼，無人肯為他用命。假使英布聞之，必大喜，擊鼓而西行。令太子將兵，不若你親征。你雖有病，然可強作支撐，臥於戎車中，諸將都不敢不盡力。如此，雖辛苦些，就算為妻兒勉強一回吧！」

劉邦仰頭想想，嘆口氣道：「正是。那豎子不足以成事，還是我自去好了。」

太子出征之議，遂告作罷，旋即另有詔令下來，曰：天子自將兵十萬東征，群臣留守，著令曹參自齊國帶兵會攻。廢去英布淮南王號，另立皇子劉長為淮南王。

這位劉長，也非等閒之輩，乃是張敖送給劉邦的趙姬所生。趙姬蒙冤而死，劉長則為呂后所養，雖是嬰孩，但終究是劉氏骨肉。以子弟守四方，既然是劉邦心心所念，就算嬰孩，也不妨為王了。

且說劉邦率軍出城當日，群臣都送至霸上。張良抱病在家，也強打精神起身，趕來相送。行至曲郵（屬長安下轄）這地方，見到了劉邦，連忙下馬道：「臣本該相從，然病甚，上不得路。陛下此去，臣無須多言，唯楚人剽悍，願陛下勿與楚人爭鋒。」

劉邦望望張良病容，嘆惋良久，囑道：「我不放心者，唯有太子，今已令太子為將軍，督關中之兵。豎子素少計謀，子房雖病，也要多為太子獻策才好。」

張良諾諾應允，劉邦便又道：「太子已有太傅叔孫通，你且委屈一下，暫任太子少傅，多教他學識，不得敷衍。」

臨別，劉邦又命太尉周勃：調集車騎、板楯蠻及禁軍，攏共三萬人，駐軍霸上，為太子護衛，囑張良、周勃道：「我若歸不得，太子便是天下之主。你二人，一文一武，可安天下。」

兩人聽了，都極感惶悚，連聲說道：「還遠不到託付後事之時，陛下請放心出征。」

劉邦此番重披戰袍，又見兵馬絡繹而行，如當年反秦之時，自是感慨：「半老的人了，還要如此披掛。沒有得力子弟分守四方，如之奈何呀！」遂下令以灌嬰為車騎將軍，率馬軍為前鋒，務求神速。

再說那英布，果如薛公所料，先發兵擊荊、楚。那荊王正是劉邦族弟劉賈，劉賈哪裡肯示弱，自都城廣陵發兵抗拒。兩人揮軍大戰一場，慘烈無前，兩面皆死傷無算。然英布終究是悍將，知此戰是死地求生，須驅士卒捨命廝殺，便忽地掣出一面大紅旗來，上書斗大的「滅劉」二字。

眾淮南軍見了，齊聲歡呼。英布跳下戰車，拉過一匹馬來，翻身跨上，手舉紅旗一馬當先。淮南軍登時士氣大振，一場惡戰，竟大破劉賈所部，追劉賈至富陵（今江蘇省洪澤縣）。一彪淮南馬軍呼嘯突進，將劉賈團團圍住，殺盡他身邊親兵。劉賈身被重創，寧死不降，為淮南軍亂劍擊殺。所部殘兵，盡都降了淮南軍。

首戰得手，英布便又回軍，北渡淮水，攻入楚國。現今的楚王，乃是劉邦幼弟劉交，聞報大驚，急發本部兵馬前去抵擋。一日裡，自國都薛城連發三路大軍，三軍各有列伍，互為犄角之勢，以便救援，在徐、僮一帶（今江蘇省泗洪縣）迎擊英布。

此時，有臣屬對劉交諫道：「英布善用兵，民皆畏之。今別軍為三，敵若敗吾一軍，餘皆逃走，安能相救？」

劉交少年氣盛，哪裡聽得進這話，只是命三軍分頭齊發。接戰後，果不其然，其一軍為英布所破，餘二軍聞之立即逃散。劉交大慚，知自家絕非英布對手，只得率殘部奔回薛城。

英布起事以來，連勝兩陣，震動江淮。每據地登城，甚為得意，常對左右道：「荊楚全境，指日可下，關中也就不遠了。早知反漢如此容易，早就該反！」

此時忽有斥候來報，稱：「漢帝親率十萬兵，沿河而下，已過滎陽。」

「哦？」英布心頭不由一緊。「老翁果然來了？也罷！那就及早會面。」言畢，即號令全軍十五萬餘人，空巢而西進，要與劉邦約戰。

高帝十二年（西元前 195 年）冬十月新歲，天氣漸寒之時，曹參奉了劉邦詔命，發齊地步騎十二萬人，由博陽（今山東省泰安市）沿泗水而下，一路拚殺，頗有斬獲，稍挫英布軍之銳氣。

曹參軍乘勝進抵蘄西（今安徽省宿州南），與朝中大軍會合，漢軍聲勢便壓過了淮南軍。兩軍在會缶（亦在今宿州南）狹路相逢，彼此遙望，都不敢輕易接戰。

劉邦見英布部伍整齊，軍鋒甚銳，心中還是忐忑，遂下令漢軍在庸城（亦屬蘄西）安營，築壘堅壁，暫且閉門迎歲首。未幾，英布軍盡數前移，也在城外紮下營。兩軍劍拔弩張，對峙起來。

這日，劉邦率曹參、灌嬰、酈商等諸將，登上庸城城頭，望見淮南大營連綿十數里，旌旗林立。那英布本為項羽驍將，治軍甚嚴，反漢後，又命全軍換了楚之赤旗，因此，頗有項羽軍當年之風。見此狀，劉邦不禁就蹙起了眉頭，眼前又浮出睢水畔的一片血海。

曹參見劉邦臉色不好，便道：「英布小兒，有何可懼？我率部前去衝他一衝。」

劉邦道：「且慢，待我問他一問。」當下便寫了約書一封，打發兵卒送往英布大營，約英布於陣前過話。

至約定時辰，兩邊營門大開，各自湧出一隊兵馬，簇擁主公戎輅車來至陣前。劉邦一見面，便問：「英布，你何苦要反？」

英布也懶得說理，只答了一句：「欲為皇帝也。」

劉邦大怒，戟指罵道：「英布小兒，你本為刑徒，趁秦末大亂，肆行暴虐，項羽所坑降卒數十萬，大半乃你所為。因此才僥倖得個諸侯做，還不知足嗎？皇帝乃天下共推，豈是你匹夫說做就做的？」

英布回道：「諸侯固推你為天下之主，然自你登基之後，我輩卻逐個身滅，這又是何道理？我若不反，你也容不得我。天下本非你所有，原為諸侯助你而取，今我不欲助你，便想與你在刀劍上較量。這天下你劉氏坐得，我英布便也坐得，還是陣上見個高低吧。」

「英布，天下之大，怎就容不得你，竟要自尋死路！堂堂漢家，海內共舉，萬民歸服，豈是你英布反得了的？秦為亂世，刑徒可為諸侯；漢為治世，則諸侯也休想作亂！」

「你我皆由亂起，何以五十步笑百步？你如何奪秦之天下，我便如何奪你天下，還是毋庸多言為好！」

劉邦將袖一揮，道：「好你個英布豎子，十日之後，你我拿刀劍說話！」英布便躬身一揖：「季兄，弟恭候。」

兩邊人馬遂各自歸營，那灌嬰按捺不住，問劉邦道：「今日即可開戰，何須十日以後？」

劉邦便指點淮南軍陣精妙處，搖頭道：「英布兵鋒甚銳，不亞於項王楚軍，今日出戰，勝負難料呀。」

諸將隨劉邦手指看去，逐一看出了門道，皆嘆服，情願歸營待戰。

＊　＊　＊

過了十日，便是開戰時。晨起，兩軍之間平野上，一派肅殺。北來寒風凜冽，漫天都是欲雪的樣子。朝食畢，兩營先後開了營門，隊伍源源湧出，在野地裡各自布陣，但見漢軍陣中，氣象森嚴，軍士多為百戰之卒，行走之間，張弛有度；再看英布陣中，一派赤旗飄揚，雖經十日消磨，軍卒士氣仍高昂，都在躍躍欲試。

待兩軍布好了陣，英布登車眺望，看了看漢軍陣容，不由嘆道：「今日有一場好仗！」正要擂鼓時，前軍忽發鼓噪，一陣紛亂，竟從枯草叢中拽起一個人來。

英布詫異道：「斥候都潛入陣前了，了得！帶過來看看。」

眾軍卒將那人推至戎輅車前，英布定睛一看，不由笑了：原是那日在六邑，曾在郊外玩幻術的白衣男子。

「又是你！兩軍大戰在即，你躲在此處做甚？」

那人望望英布身後大纛，猛醒道：「哦，原來是淮南王。怪不得！在下雲遊至此處，晨起就坐在這裡，焉知忽就來了恁多軍士？」

「讀書兒郎，快快閃避，不然鼓桴一擂，小心你喪命！」

「在下這就閃避。大王，且聽讀書郎進一言：冠冕再高，亦不如一技在身，何苦去爭那名分？」

英布聽了，眨眨眼，放聲笑道：「我本武夫，唯有一技，便是戰死在陣前。且躲閃去吧！」

白衣男子仰頭嘆道：「陣前死，是好死，只恐是……欲死於陣前而不得呀！」

英布不耐煩聽他囉唣，揮手命軍士將他帶往陣後，隨即，高舉起鼓桴，全軍荷戟而望，只待令下。

當此時，天地間彷彿萬物屏息，一派靜默。兩軍陣前，萬人無聲，唯刀劍相碰之聲清晰可聞。英布正猶疑時，對面漢軍陣中，忽一陣鼓聲驟然擂響，數萬漢軍，齊聲發喊。英布心頭一凜，忙將鼓桴擊下，淮南軍便也一齊呼喝起來。

只見漢軍陣門大開，為首一將，乃是曹參，威風凜凜立於戎車上，急擂鼙鼓。眾軍揮戟跟上。英布見了，冷笑一聲：「曹參更是何物？」隨即大喝一聲，「求富貴，殺漢賊！」便揮軍大進。淮南軍陣門一開，便如當年楚軍般，數十列縱隊疾奔而出，勢若洪流。

兩軍漸近，頃刻間，便貼近在一處，闊野間唯見劍戟林立，如同棘叢。鋒刃寒光，灼灼刺目。兩軍都知對方非等閒之輩，這一番廝殺，必是血流成河、人頭滾滾！

劉邦於陣後，乘車停在一小丘之上，觀看戰陣，周緤、徐厲等諸將緊隨其後。從高處望去，漢軍與淮南軍如同紅黑兩條巨蟒，近身互搏，緊緊纏繞。喊殺之聲，不絕於耳，遍野狐兔被驚起，四處逃竄。

英布歷來為項羽楚軍之先鋒，拔城陷陣，無不當先。所練部伍精幹猛銳，此時在平野上與漢軍對撼，殺聲盈天，凌厲無前。

兩軍互有進退，反覆衝殺，陣中鮮血噴濺，如同泉瀑。士卒們在血泊裡踐踏，以肉身迎住劍戟之鋒，頃刻便如谷捆般連排倒下。前隊僕倒，後隊便至，源源而至，不見盡頭，直將那無數人身填進血海之中。漢軍雖威猛，但也覺多年未有此等惡戰了。戰至正午，漢軍後隊已全數壓上，仍不能擊退淮南軍。

周緤等人護衛在劉邦身側，見此不禁著急，欲提劍殺入陣中。劉邦阻止道：「急的甚？且看。」

果然不久，從淮南軍北側忽然殺出一彪漢軍來，遠望旗幟，原是灌嬰、酈商領數萬別軍殺到。灌嬰一馬當先，神勇無比。此時兩軍正戰得力疲，淮南軍冷不防側翼受敵，立時動搖。英布見勢不好，急忙調兵去抵擋，然漢軍人數終究占上風，自西、北兩面壓來，淮南軍漸漸不支。

劉邦在高地看得清楚，對周緤等喚了一聲：「隨我擊敵！」便命御者冒箭矢前行。

但見一桿漢王大纛，自陣後向前疾進，迎風翻飛。漢軍見了，歡聲雷動，更是勇猛進擊。

英布望見，眼中精光一閃，又掣出那面「滅劉」紅旗來。有部將急諫道：「大王，軍力已疲，全不似前日能戰。此時不退，則全軍將覆沒！」

說話之間，灌嬰已連斬淮南軍中三員樓煩將，淮南軍驚恐大起，紛紛高叫：「漢軍有神！」

英布手搭遮陽望望，一嘆，只得棄紅旗於地，一面命弓弩手拚死放箭，一面引軍退向淮水。

漢軍見淮南軍退了，都跳躍歡呼：「反賊敗了！」遂挺起長戟，奮力追擊。英布悲憤莫名，忽對御者大吼一聲：「停車！」便回身搭箭，瞄準了劉邦射去。車旁一眾弓弩手，也紛紛勒住馬，向劉邦放箭，一陣疾射，眼見得漢軍前鋒遲緩了下來。

眾弓弩手正要歡呼，忽見前隊潰兵潮水般退下來，漫山遍野，止不住腳。英布見大勢已去，再戰已是徒勞，便罵了一聲「揹運」，跳下車來，也隨眾而逃。

半日之內，數萬淮南軍奔逃於途，或死或降，三去其一。漢軍得手後，倒也未再窮追，趁勢收了兵。

經此一戰，英布知劉邦已非當年沛公了，日前貿然反漢，顯是走了一步險棋，渡淮水南下後，回望身後又有塵起，原是灌嬰領別軍一支來追。英布氣不過，遂下令止軍，回頭再與漢軍廝殺。

漢軍挾得勝之威，其勢銳不可當。騎將劉瀙一馬當先，眾軍卒漫山遍野高呼：「殺反賊！」

淮南軍將士知力不能敵，自家名分又不正，便失了戰心。在洮水南北，勉強兩戰，復又敗，一潰數十里，棄甲遍地。上柱國、大司馬皆戰死。英布精銳盡失，無力回天，只得打馬狂逃，原先七萬人馬，僅餘了百餘騎緊隨左右。

一行人逃至大江以南，踏入姻親長沙王地面，方稍得喘息。

其時老長沙王吳芮已辭世，長子吳臣襲了王位。那吳臣雖是英布妻兄，卻是無心反漢，聞聽英布敗落，怕受牽連，便欲使計誘殺之。當即遣人送信給英布，偽稱厭漢已久，願與英布一同逃往南越國。

英布正在走投無路之際，接了來信，一時不能辨真偽。有隨從勸諫道：「若有詐，一入長沙，則成囚俘！」

英布苦笑道：「姻親若也想害我，則天地間還有何處可逃？」遂不疑有詐，改道往長沙奔去。

途經鄱陽郊外的茲鄉，堪堪日已暮，一行人走得困乏，便尋了一個田舍家歇息。

眾人席地而臥，草草入睡，全不覺有異常之處。至半夜，忽然院外人聲嘈雜，大門猛地被撞開，數百鄉民手持火把，揮舞鋤耙擁入，口呼：「殺反賊！」

英布倏然驚起，聞室外有人格殺，心中便明白了，怒喝一聲：「妻兄也誘我？大丈夫，果不能死於陣前乎？」便欲尋劍格鬥，然黑夜裡尋不著軍器，便抓了傢俱來抵擋。

鄉民發覺英布在此處，立刻聲如鼎沸，蜂擁而至，以刀劍相逼。英布不屈，捉了案几來抵擋，怒喝聲震動屋瓦，然終究是寡不敵眾。一場廝殺後，可憐一代英豪，竟被眾鄉人用鋤頭擊殺。

吳臣聞報，心中稍安，遣人去取了英布首級，飛遞至漢軍大營。

卻說早前劉邦出陣，不巧為淮南軍箭矢所傷，牽動舊創，正負痛難忍。見首級傳入，不禁大罵：「豬狗！好好的兄弟不做，卻非要如此相見。不看了，拿去拋了，拋了！」

# 大風歌罷，蒼茫盡顯江山

滅掉英布，劉邦便覺天下無敵，心略略放寬，命大軍於淮南休沐些時日。想到劉賈戰歿，且無後，又不勝哀傷。不幾日，便有詔下，曰：「吳，古之國也。昔日荊王劉賈兼有其地，今荊王戰歿，不忍再立。朕欲復立吳王，諸臣請議可任者。」

詔書下後不久，便有長沙王吳臣等共推劉濞為吳王。

這位劉濞，乃劉邦之姪，即次兄劉喜之子。劉喜怯陣逃歸，被貶為侯，其子劉濞卻是個偉丈夫，年方弱冠，英武異常，其虎背熊腰，望之儼然。此次征英布時，已封為沛侯，以騎將之職隨軍出征，身先士卒，建有大功。

劉邦便將劉濞召至帳中，望望其面貌，不由疑道：「諸臣薦你做吳王，誇你厚重，朕為何看你似有反相？你近前來。」

劉濞來至劉邦座前，劉邦拊其背片刻，似有勸勉，卻猛然問道：「近日我曾問卜，太卜許終古曰：『漢家後五十年，東南有亂。』莫非是你耶？」

劉濞臉立時白了一白：「臣哪裡敢？」

劉邦又囑道：「姪兒，你不似乃父，一望而知你大有膽略，朕甚嘉許。然天下同姓一家，你須慎之，不可以反！」

劉濞連忙伏拜，連連叩首道：「臣不敢。」

「那便好。平身吧，不日即封你為吳王，領故荊王之五十二縣。將來若生事，莫怪阿叔不留情面。」

待劉濞退下，劉邦心中甚感不妥，便想道：「秦末以來，天下多出梟雄。有梟雄，便要動兵戈；如此兵戈連綿，怎麼得了？須得使百姓皆知尊孔讀書方可。」自此，便將這一節記下。

幾日後，北地又有捷音至，周勃在代郡半年，追擊陳豨，致其逃無可逃。終在當城（今河北省蔚縣），將其圍困。城破，漢軍卒將陳豨當街擊殺，割了首級傳回。代郡一帶，就此全數平定；連帶雲中、雁門兩郡，亦皆無叛眾蹤跡了。

劉邦大出一口氣，讚道：「厚重者，周勃也，當成大事。」於是下令周勃、樊噲著即班師。

想想江淮也是無事了，劉邦便於冬十一月下令：禁軍及關中兵隨駕班師，各郡國之兵亦各自返屬地。

回軍途中，劉濞在鹵簿前伺候，甲冑鮮明，英氣逼人，觀者疑是天將下凡，紛紛夾道仰望，竟冷落了皇帝大駕。劉邦看了，心中不是滋味。忽而就下令，全軍轉向，繞道魯城，將以大牢[80]之禮郊祭孔子。眾臣擔憂劉邦傷勢，頻頻勸阻，但劉邦只是一個不理。

至魯城，郊祭當日，三軍簇擁劉邦出城。於魯城南郊排列成伍，跟隨劉邦齊齊伏拜，行大禮，山呼萬歲，場面極是壯觀。闔城百姓都出城來看，各個心喜，皆讚孔子之尊。

劉邦拜畢，對諸將道：「我等善使刀劍，卻拿不起一桿禿筆，安天下恐也安不得幾年。這四方河山，有何人可為我守？朕為此，每夜不得安枕，必得後代子孫世世讀書，方為長遠之計。」

諸將為祭孔儀典之盛所懾，聞此慨嘆，唯有應聲諾諾。

曹參道：「英布既滅，海內晏然，今日回軍途中，不如繞道沛縣去看看。」

---

[80] 大牢，祭祀時並用牛、羊、豕三牲，曰「大牢」，亦稱「太牢」。用於隆重的祭祀，按古禮，僅有天子、諸侯可用大牢之禮。

劉邦怔了一怔，嘆道：「昔年還是睢水大敗後，曾匆匆一過，至今又是十年了！好，不妨便前往。」遂命大軍，轉往沛縣而行。

十一月中，寒風蕭蕭，雲飛雪落，正是天地蒼黃時。大隊行至沛縣，劉邦見農家倉廩尚充實，心中喜悅，對曹參等沛縣舊部道：「昔在故里，遍地都是凋敝；今見士民安樂，倉廩尚可，也不負我輩廝殺一場了。」

行至縣城，劉邦著令各舊部將士，凡家居沛縣的，盡可歸家探親；鹵簿則進駐城中，以泗水亭官署為行宮。

故里人民聞聽皇帝駕臨，都歡天喜地，跑來縣邑觀看。劉邦便囑當地縣令、嗇夫道：「百姓來觀望，不得阻攔。」

隔日，劉邦見人來得更多，便在行宮設筵席，廣召縣中父老子弟近千人，置酒高會。

那些鄉中耆宿、幼時玩伴，聞劉邦有請，無不泣下，紛紛趕來赴宴。泗水亭內外，鋪了數百幅氈席，眾人分席圍坐，一派喧騰，連槐樹上鴉雀亦被驚飛。

鄰近十數家民戶的灶頭，火光熊熊，眾鄰里前來幫忙烹炙，將美饌流水般地呈上。此筵乃由少府打理，水陸珍禽，無所不有。每上一菜，皆係鄉中父老聞所未聞，子弟更是一片驚呼。

劉邦方要舉杯，席上即有父老起身，祝酒道：「天子歸故里，吾鄉父老何其幸也……」

劉邦連忙擺手道：「今日不提天子，我就是劉季。十數年來，兵連禍結，劉季在外爭戰，連累父老受苦。人皆曰：遊子思故鄉。我又何嘗不是？今天下安定，我身在關中，卻是只念著豐沛。」

眾父老皆含淚稱：「吾人亦思陛下。」

「朕昔為沛公，自此地起兵誅暴秦，遂有天下，當以沛縣為朕湯沐邑，免百姓賦役，世世無須繳付。」

此言一出，滿座皆歡，父老都齊呼萬歲，擊掌相慶。

酒過數巡，劉邦抬眼望去，見院中角落處，有數席是女流，便起身過去，招呼道：「王媼、武負，兩位阿嫂可在？」

席上兩婦人應聲而起，原是邑中兩個酒肆的主人。

劉邦舉杯道：「昔日所欠酒資，至今尚未還清，慚愧！今我永免故邑賦役，兩位可否也免我欠資？」

那武負便拍掌笑道：「這個買賣，皇帝豈不是虧了？」眾人亦大笑，都道：「善哉，兩清便是！」

正杯觥交錯間，有一隊小兒嬉笑跑過，劉邦便喚來縣令，命他將城中小兒統統召來。

縣令連忙傳話下去，各里正便挨戶搜求，喚來小兒一百二十名。劉邦大喜，趁酒酣，親自擊筑，教眾小兒唱自作歌曲，前後溫習數次。待小兒唱熟，劉邦便起身至庭中，騰挪起舞，與眾小兒齊唱。其曲蒼涼無比，辭曰：

大風起兮雲飛揚，

威加海內兮歸故鄉，安得猛士兮守四方！

如此反覆再三，益發悲涼。一曲尚未歌罷，劉邦便想起垓下以來諸事，不由慷慨傷懷，泣數行下。

歌罷，眾人流淚喝彩。劉邦滿腹心事未了，佇立原地，仰望蒼穹良久。

少頃，有庖廚急急來報，抱怨道：「賓客太多，饕餮過甚，庭中琉璃井之水，已被汲乾了！」

眾人聞言大笑，劉邦亦笑道：「民之膏血，就如井水，哪禁得起恁多人飲？」便命郎衛速去別處擔水。

與庭中眾人盡歡之後，劉邦一手提壺，一手拿酒盞，自庭中踱至院外，遍巡各席，逐一敬酒。席中諸人，多有相熟的。或舊日有恩，劉邦便要多飲一杯；或昔時結怨，便是一笑了之。正遊走間，忽見有一席人已飲罷，離席起身，已各自騎上了馬，堪堪便要走。

那一席人共七男一女，長幼不等，雅俗各異，衣飾與現世判然有別，不似沛縣地方的人。劉邦連忙搶上幾步，大呼道：「諸君且慢行，待我劉季祝酒。」

為首一位壯男，頭戴斗笠，長鬚飄飄，於馬背上拱手道：「我等一行，非沛縣人也。雖老少有別，賢愚不一，然皆來自南山，長居雲深處。近聞世事翻新，特來恭賀。心意既至，多留也無益。當告辭。」

劉邦至此已是半醉，趔趄了幾步，問道：「諸君……可是商山四皓之友？」

那長鬚男子一笑：「商山四皓？恕我孤陋，不曾見過。吾輩出山，乃是應天命，不忍見秦亂連綿、人間相殺，欲助王者開天下之正道、安無助之黎民。此行所遇，見各路豪雄，懷抱有別，或向通途昂然而行，或往絕路埋頭狂奔，紛爭不已。竊喜終有人悟得大道，一鳴沖天，開我中夏千年太平，百姓終不致再填溝壑。說來，我輩八人，個個都是為此出了力的，今日山河既定，便也該歸去了。」

「哦！然則……急的甚？不妨暫留盡歡，或明日再來？」

「古之大化者，乃與無形俱生，吾輩亦最喜無形而生。今日既已遂願，自當歸去。再重逢，恐在千年之後了。」

其餘眾人也一併揖道：「今日當別，後會有期。」

劉邦環視這幾個奇異男女，不覺一怔：「千年？……」

長鬚男子笑道：「君曾為吏，治天下，必循規蹈矩。世代因襲，即是千年以後，與今日又能有何異？」

劉邦聞言，心頭一震。察其音容，忽覺熟稔，不由脫口道：「你，你是……」那人摘下斗笠，大笑，在馬上拱手道：「大象無形，聖人無名。兄弟，別過！」

「你！美髯客，莫走！」

那人一笑：「吾八人，皆為同道，無緣為君所用！」說罷催馬便走，其餘人也緊隨其後，暫態，便疾風般地馳遠。塵頭起處，唯見八人身形如仙，衣袂飄飄而遠。

劉邦愕然半晌，方舉起杯，將杯中酒緩緩灑於地。

周緤、徐厲等諸將，此時也察覺有異，跑來問道：「陛下，走的是何人？」

劉邦微微搖頭：「乃天人也，非人間所能留。」

此刻泗水亭外，一片蒼黃，高天流雲正急，半空有蒼鷹高翔。劉邦前行幾步，來至一株老槐前，手扶斑駁樹幹，遠望山河，闊不知邊際，渺不知來者，心中便更是空茫，不由嘆了口氣：「時無英雄乎？竟推我至此！」

至夜，劉邦在行宮酒醒，於榻上輾轉。憶起美髯客現身之事，又唏噓了一回。

此後每日，由故舊族屬輪流做東，極盡歡宴，爭說當年舊事，以為笑樂。如此歡悅十數日，劉邦便欲告辭，眾父老哪裡肯放，皆拽袖挽留。

劉邦懇切道：「吾隨從眾多，父兄哪裡供得起？」於是下令起駕出城。

沛縣父老聞之，空城而出，人人攜果蔬雞鴨，至西門外，伏於道旁，把那雞鴨舉在頭頂進獻。劉邦禁不住熱淚盈眶，逐一答謝，作揖作得手臂發麻，然相送者仍不肯捨，致車馬寸步難移。無奈，劉邦便命就地設帳幕，又留了三日，與諸父老痛飲。

三日後，劉邦決計啟行。臨別，沛縣父老伏地叩首，請道：「沛縣有幸得免賦，然豐邑尚未免，故里小民苦盼天恩，望陛下憐之。」

劉邦這才想起，笑笑道：「豐邑，吾所生長之地，最不能忘。豐邑不免賦，乃因吾恨雍齒曾偕豐邑子弟投魏，使我顏面全無。」

父老不肯起身，又流淚再三懇求，劉邦方才揮袖道：「罷罷！父老的面子，我也駁不得。便比照沛縣，永免豐邑賦役便是。」

眾人聞之皆歡，手舞足蹈，方讓出道路，目送鹵簿西行。離城數里後，劉邦回望故邑，知今生恐不得再見，不由就鼻酸。行了半日，忽又想起，命劉濞無須隨軍回朝了，即刻赴廣陵就國。

沛縣父老送走劉邦，幾日不能心靜，遂日日聚議，由那富戶豪族捐資，草頭百姓出力，於行宮原址築起高臺一座，號曰「歌風臺」，以資紀念。

且說劉邦率隊出了沛縣，一路逢城邑便停留，受吏民拜賀，好不愜意。半途曾數遇朝中來使，押解軍糧接應大軍。劉邦知蕭何在關中做事細密，使前方無一日斷糧。然越是如此，越是心懷疑慮，每每扯住來使，問三問四，務要打聽明白：相國近來所做何事？

那幾路使者無從揣測上意，皆據實答道：「相國勤懇操勞，安撫百姓，籌措糧草，無一日敢懈怠。」

隨駕眾臣聽了，都大讚蕭何，唯劉邦聽後默然，似心中有不樂。來使見了，摸不著頭緒，返回長安時，便報給蕭何聽。蕭何聽了，心中也納悶，不知劉邦此舉究竟是何意，也只得佯作不知。

一日，東陵侯召平來訪，蕭何與他在堂上說話，寒暄既畢，便談及此事。東陵侯問了問詳情，臉色就一變，大聲道：「不好！公不久將要滅族！」

蕭何大驚失色，忙問究竟。

東陵侯便道：「公位至丞相，功居第一，已不可復加了，今上屢問公所為，乃是恐公久居關中，深得父老之心，若乘虛而起，將關中做了芒碭山，據地稱王，今上豈非失了老巢？公不察上意，只知處處為民，令今上越發猜忌，你愛民越深，禍就越近，反將好人做成了逆賊！」

蕭何聽得瞠目，脫口道：「朗朗乾坤，焉有此理？往日著實未曾想過。」

「若想保命，怎能做如此乾淨之人？須得自汙。天子只怕聖人，唯不怕聲名狼藉者。公何不多買田地，且以極低之價，逼戶主賤賣，務使民間怨聲載道。你有惡名在民間，今上還能再提防你了嗎？唯自汙，不惜羽毛，公方可保全性命。」

蕭何茅塞頓開，搖頭感嘆不止，當下就喚來蕭逢時，命他去招一夥惡徒來，赴四鄉強買好地，務必凶神惡煞，以相國府之名壓人。

蕭逢時大惑不解，不欲做惡人。蕭何大怒，道：「你不做惡人，便要你的頭！頭顱與美名何輕何重？請君自選。」

蕭逢時低頭想想，忽然有所悟，抬起頭來望望蕭何，嘆了一聲：「做官做到這個地步，當初又何苦反秦？」

「唉！你我非神人，誰又能料得到？」

蕭逢時只得搖搖頭退下，即去閭巷招攬惡徒了。

如此過了不久，相國府便惡名在外，民間物議，如煮如沸。中尉、廷尉各衙署屢次接訴狀，只能裝聾作啞。唯御史大夫趙堯不依不饒，接連密報劉邦，卻不見有回音。

有使者再赴淮南，也忍不住向劉邦告狀，說蕭相國擾民甚苦。劉邦聽了，故意裝作不懂，只道：「蕭相國何至於此？必是家臣所為。」心中卻甚覺欣慰 —— 看來蕭何老兒，在關中似也未必得民心。

此事剛放下，卻又有憂心之事接踵而至。原來，劉邦在途中顛簸，勞累過甚，竟引發了日前箭創。這日醒來，忽感疼痛難忍，便急召御醫孔何傷來看。

孔何傷來至劉邦轀輬車上，看了創口，見紅腫流膿，已是難治。又屏息把脈良久，只覺脈搏紊亂，竟有險象，心中就一驚，汗流滿面。

徐厲在側見到，也一驚，忙問：「孔先生有何見教？」

孔何傷強作鎮靜，朝劉邦一拜：「陛下聖體，經百戰而無事，小小箭創，豈有大礙？只須靜養，不可有一時出轀輬車。」

劉邦便一嘆：「弄了個山河在手，整日碌碌，又談何靜養？速還長安就是了。」

「途中縱有勝景，也請陛下勿再流連。」

劉邦臉上便突現怒意：「你是怕我做了秦始皇嗎？」

孔何傷也不答話，再拜之後，下了車，將徐厲拽至一旁，附耳低聲道：「陛下聖躬堪憂，欲歸，不可遲一日。如能抵長安，便是大幸。」

徐厲暫態面如白紙，竟然口吃起來：「這，這⋯⋯臣如何脫得了干係？」

「將軍請無憂。回朝後，皇后那裡，我自去交代。」

這之後，大隊行進便驟然加速，日暮而歇，日出即發，過郡縣而不停留。

劉邦在車上昏沉了幾日，也不知到了何處。這日，忽聞車外人聲喧騰，似有人阻道喊冤，隨後徐厲便大聲呵斥。

劉邦在車內聽見，便喝道：「徐厲不得無禮！百姓有冤，聽一聽不妨。當年吾輩如能攔車訴冤，何至於上芒碭山？」

徐厲便將車簾拉起，劉邦起身一看，嚇了一跳，見車已行至霸上，道旁百姓跪了一地，竟有千餘人之多，都頭戴白幅巾，將訴狀舉至頭頂。

劉邦命徐厲將訴狀收上來，拆開看了幾個，竟都是訴相國府強買民田的，心中便有了數，命徐厲宣諭：「聖上有旨，將訴狀全部收上，回朝後，自有廷尉府處置。」

那些冤民聽了上諭，立時喊成一片：「廷尉府哪裡敢治相國？請陛下親斷。」

劉邦只好探出頭去，宣諭道：「父老請歸。相國府有惡僕擾民，我定將親斷。蕭相國昏聵，亦將受嚴處。」

眾人聞之，都高呼萬歲，方起身讓開了道路。

徐厲抹抹額頭上大汗，咂舌道：「真嚇煞人也！」即命御者加速通過。待鹵簿一過，便留下後隊禁軍千餘名，執戟遮道，禁行至日暮，不許冤民即刻返歸。冤民大呼：「皇帝待民如子，你等如何似虎狼？白日當頭，這是甚麼天下？」

徐厲叱道：「甚麼天下？劉氏天下。才安生了幾日，難道又念秦始皇了嗎？敢再喧嘩，以刺客論處！」

眾人無奈，只得噤聲。徐厲督軍卒攔至日落，方才解禁放行。

且說劉邦一行抵近長安城，便望見蕭何率眾文武，郊迎於途。劉邦見蕭何貌仍恭謹，留守眾臣神色也無異常，這才放下心來，吩咐蕭何道：「相國辛苦了，請隨我入宮，有要事相商。」

蕭何心中一跳，當即應諾，登上了車輦，隨鹵簿入宮。

劉邦進了寢宮坐下，不等洗漱，便命人將冤民訴狀搬進來，足足有兩擔，笑對蕭何道：「相國，我出行不過兩月餘，你在朝中，幹的利民好事！」

蕭何拆開幾卷信函，見是失地之民告御狀，便也不慌，朝劉邦拱手道：「臣御下不嚴，致使白圭有玷，當向百姓謝罪。這些訴狀，請賜我攜回，老臣定當平息民憤。」

劉邦揮揮手道：「拿走拿走！怪不得沛縣舊部中，唯我一人可坐天下。爾等處世，真是奇哉怪也，莫非還嫌食邑不足乎？」

蕭何也不答話，只唯唯而退。

劉邦靜思片刻，忽而疑惑起來：「老兒昏聵，似也不至於此！莫非是演戲與我看？唉，做了這天子，連人心都看不透了。」當下便命人傳趙堯來。

趙堯進宮來，猜到是為蕭相國事，便搶先諫言道：「天子不可久離都城，一旦久離，便有各種古怪事。」

果不其然，劉邦劈面便問：「你說，相國強買民田，究是何意？」

「為子孫計。」

「朕尚安在，他就想到身後事了嗎？」

「不唯相國一人，諸臣心中，也都是惶惶。」

「哦？難得你直言。昔年吾曾不解：秦始皇何以要重用趙高？今日看來，坐上這龍床，天下還有何人可信？這萬人之上，倒真是孤家寡人了。趙堯，自今日起，你便是我的趙高，上至相國，下至屠夫，凡有圖謀不軌者，盡速報來。我活一日，便容不得朝野有一日離心。若需坑儒……坑也就坑了吧！」

趙堯聽了，暗自心驚，也只得將心一橫，高聲領命。

次日晨，趙堯便向宮中發出密報，稱相國府已將所有強買民田，按市價重估，今日即補錢給民戶。眾民戶聞之，皆口誦天恩，稱相國乃是真為民。

劉邦接報，呆了半晌，喃喃道：「民心，便是如此好收買的嗎？」

隔日，劉邦正看奏章，忽見有一道是蕭何親筆，內中言及：「長安地狹，關東豪族遷入，族人多無田，遂成滋事遊民，為京都之大患。昔日上林苑，尚有空地，荒蕪多年。以臣之見，不如准百姓入內開荒，使遊民有業。」

劉邦閱畢，觸動心事，大怒，將奏摺摔下，高聲道：「相國受商賈賄賂，為他人請上林苑地，還有王法嗎！甚麼遊民無業？彼等既是遊民，又怎能有心思開荒？」當下，便急召廷尉鄒育入見。

鄒育進了宮，揖過劉邦，不知又要處置甚麼人，心中只是忐忑。

劉邦問道：「你斬了彭越，夜半可有彭王陰魂索命？」

鄒育不知此話是何意，遂答道：「漢家天下，陽氣沖天，豈有陰魂敢作祟？」

「那好，你既斬彭越，當是百鬼不侵了。今又有頭等功臣觸刑律，著你立即拿下。」

「是何人斗膽？」

「蕭相國受賄，著你將他拿下，械繫入獄，聽候處置。」

鄒育當即面如土色，口齒結巴：「這，這……這如何使得？」

劉邦便高聲叱道：「彭王無辜，你尚且能問出罪來，相國如何就動不得？」

鄒育聞劉邦提起彭王事，心中一凜，又不敢反駁，只得辯解道：「那相國，乃百官之首也。按漢律，以下犯上乃逆倫，故下官不敢糾彈相國。」

「恐不是你怕以下犯上吧？朝中文官，皆以攀附相國而自固，上下勾結，連我的話也不大聽了。」

鄒育慌忙伏地，請罪道：「陛下令出如山，微臣怎敢違拗？既有詔，臣這便去相國府拿人，然需賜臣符節，也好持節捕人，否則便是造反了。」

「你造反，也強於相國造反！今日他敢受賄，我死後，他就定要造反了。我賜你符節，你儘管去，只拿相國一人，不得驚擾他眷屬。」

鄒育這才鬆了口氣，領了符節退下。回到廷尉府後，立時布置下去，移文中尉衙署，請丙猜遣兵卒一隊，將相府大街淨街，執戟警戒。待安排妥帖，即率廷尉府吏員百餘人，浩浩蕩蕩開往相府。

那相府守門的司閽，早察覺風聲不對，通報了長史蕭逢時。蕭逢時出門來看，但見兵卒林立，街上無一閒散行人，還當是皇帝即將駕臨，連忙奔告蕭何。

蕭何正在書房閉目養神，聞報，微微一笑：「陛下豈能來相府？你只管守住門，非陛下，天王老子亦不許進。」

少頃，鄒育率百餘名掾吏，來至相府門前，下得車來，望了一眼門楣，撩衣便要進。蕭逢時識得鄒育，情知有異，挺身擋在了門前，賠笑道：「小臣為相府長史蕭逢時。鄒公有何事？容我通報。」

「奉上諭，面見相國。」

「上諭何在？可否出示？」

那鄒育並非沛縣舊部，與蕭逢時並不熟，只道：「我奉上命，會辦公事。無須長史你通報，請借過。」

那蕭逢時資歷甚深，遠勝於灌嬰、王陵等輩，哪裡將一個新任廷尉放在眼裡？聞聽此言，不由火起，斷然道：「此地為相國府，不經通報，百官皆不得入。」

鄒育便將符節一舉：「奉上命，何人敢阻？」

蕭逢時見是錯金龍符，知道來頭不小，心中便暗自叫苦，卻仍是嘴硬道：「廷尉一人請入內，其餘人等，可在廊下等候。」

鄒育不禁大怒：「一個長史，敢阻九卿乎？來人，與我拿下！」

左右吏員聞命，一擁而上，將蕭逢時按倒在地，一把繩索捆了。相府內屬吏見了，不由大驚，都掣出劍來，一齊衝出大門，將鄒育等一眾官差逼住。

鄒育怒喝道：「阻攔公務，是要造反嗎？」

眾相府屬吏登時大嘩：「擅闖相府，爾等才是造反！」

那些警戒的禁軍見了，亦滿面驚惶，不知該助哪一邊，只是呆立觀望。

正僵持間，蕭何聞聲出來，對屬員喝道：「不得放肆！」又向鄒育一揖，「不知鄒公駕臨，恕老臣失禮。」

那鄒育已知相國府厲害，也無心周旋，當即口傳上諭：「奉上諭：相國干犯禁令，收了商賈之賄，著提至廷尉府問話。」

蕭何聞言，臉色一變，忽想起查抄淮陰侯府情景，將頭一昂，問道：「可要抄家？」

鄒育連忙道：「哪裡？相國多慮了。有令，僅提相國一人，無涉眷屬。臣下職分在身，有所冒犯，萬望寬恕。」說罷，向後一使眼色，眾屬吏就要上前拿人。

蕭何冷冷一笑:「且慢！廷尉府是何衙門？」鄒育道:「奉上命執法。」

「既然執法，可知漢律？我乃漢家相國，一人之下，萬人之上。有罪過，請御史臺先行彈劾，罷職後，才輪到你廷尉府拿人。你那些爪牙，請閃避，我隨你去就是了。」

鄒育正要稱謝，忽聞蕭何又道：「將我那長史放開！彼為沛縣人，君上也不敢如此待他。」

鄒育也知蕭府之人絕非尋常，這面子定然要給，於是一笑：「好說，放人！請相國上車。」

一行人遂押著蕭何，轉了幾條街，來至詔獄。蕭何望見詔獄大門，便微微吃驚:「鄒公，來此處何干？」

鄒育也不答話，跳下車來，一聲斷喝:「來人，將罪臣蕭何拿下，枷鎖伺候！」

眾公差立時撲上來，褫去蕭何衣冠，將一個二十斤重的枷，套在蕭何頭上，又將鎖鏈縛住雙腿。

蕭何也不掙扎，只仰首嘆道:「我今日便是商鞅了，作法而自斃！只不知，堂堂漢律何在？」

鄒育適才受了蕭逢時頂撞，也正氣悶，便道:「相國今日才知漢律？若早知漢律，為何要強買民田？」

「為買田事，何至於下獄？」

「相國，非為下獄也，且械繫於此，聽候處分。吃喝用度，儘管令家臣送來，本衙絕不刁難。」說罷，便喚來獄令，教他調來兩個犯官，與蕭何同室，以便伺候。

獄令此生，從未見過如許高官入獄，也不知該如何處置，便將蕭何當作了死刑犯，令同室犯官晝夜看守，吃喝便溺，有人從旁協助。家眷探監，只許送物品吃食，絕不允私會。

一連關了數日，並無人來提審。那獄令每日來巡視，頤指氣使。因平日威風慣了，也將蕭何叱來喝去。

蕭何左思右想，只覺得如同夢寐：二十年勤謹奉公，竟落得形同死囚。一日，那獄令吼得凶了，蕭何不由便怒：「差爺，此地唯你為大，固然不錯；然我仍是相國，並未奪爵。」

那獄令便冷笑：「進了詔獄，便不是相國；何日你回廟堂，才是相國。此時欲得善待嘛 —— 請交錢來。」

「大膽！你竟敢公然索賄？」

「相國以受賄罪名入獄，心中應有數，這算得甚麼？」

「嗚呼！漢家廢秦法，是為利民，非為方便你等小吏索賄。」

「既廢秦法，索賄便不至死，不死還怕個甚？我又不是傻瓜。如此苦差，若不索賄，誰還情願來做？」

蕭何掂量此話，似無從駁斥，也只能無語。默默看了十餘日，只覺詔獄之黑幕，深不可測，各種徇私枉法事，關節重重。不由便嘆：「前朝之時，我亦掌縣獄，只道秦法嚴苛，不似人間。豈知今日詔獄，黑幕竟甚於秦時！既如此，我輩捨命建立新朝，又是何苦？」

同囚室兩個犯官，急忙掩蕭何之口，勸道：「相國慎言，此地不比朝堂。無罪的彭王，都問成了謀逆，況你相國乎？」

蕭何聞言，面露慘笑，唯有嘆息而已。

如此半月過去，朝中百官聞相國繫獄，無不駭然。卻又不知罪名為何，故不敢上疏為蕭何緩頰，唯恐沾上那謀反罪。府中掾吏因懼怕株連，幾日裡便逃去大半。唯蕭逢時獨自一人，東求西拜。卻不料，群臣中平素最恭謹者，多變了臉，或敷衍或冷臉，一派炎涼之態。

當此際，有名喚王純者，新接了酈商為衛尉，為蕭相國大感不平。這日巡視路過詔獄，便喚來獄令，吩咐道：「我要見相國。」

獄令回道：「請王衛尉出示符節，我去提人出來。」

王衛尉怒道：「當我是何人？若須我出示符節，你離滅門便也不遠了！」那獄令害怕，連忙去提了蕭何出來。

王衛尉見蕭何蓬頭跣足，面無人色，不由得心痛，連忙扶他坐下，問道：「相國，外面盛傳相國繫獄，卻不知罪名，都驚駭萬分。只不知相國犯了何罪，竟致陛下暴怒？」

蕭何只是搖頭：「不知。只知我曾上疏，請准遊民入上林苑墾荒，陛下便斥我受商賈之賄，實是冤枉。」

「再無他事？」

「我留守關中，王衛尉昔日常與我相見，我還能有何事？」

王衛尉便頷首道：「我知矣。」當下喚來獄令，塞了幾吊銅錢過去，囑他不可怠慢相國。

數日後，恰逢王衛尉侍駕，見劉邦與群臣議事畢，便不等散朝，上前發問道：「相國有何大罪，竟遭陛下嚴懲？」

劉邦不意有這一問，當著群臣之面，又不好發怒，只道：「吾聞李斯為秦始皇丞相，有善歸於主，有惡歸於己。今蕭何受商賈之賄，為其請上林苑地，與民開荒，以此籠絡民心，意在陷我於不義，故而囚繫之。」

眾臣面面相覷，這才知蕭何被繫緣由。

那王衛尉有備而來，當即回稟道：「所請若便於民，當請之，此乃宰相職分，陛下如何就疑相國受商賈之賄？說到相國受賄，豈非玩笑？陛下數年在外，與楚軍相持，後陳豨、英布反，陛下又自率大軍征討；

當是時，相國留守關中，若有異心，只須稍一蹺足，關西一帶便非陛下所有。然相國卻不曾有私，遣子弟從軍，出私財助餉，使我關中固若金湯。相國不在那時謀亂，以取大利，反倒貪圖商賈區區賄賂乎？想那秦末，以拒不納諫而亡天下，此乃李斯之過也，李斯又何足效法哉？陛下疑相國，持理何其淺也！」

劉邦聞此番話，自知理虧，然當著群臣之面，又不願認錯，只得拉下臉來道：「王衛尉，所言我已知，你可退下。滿朝文武，無一人言此事，你貴為九卿，反來多言，也不怕人說是蕭氏黨羽乎？」

「黨羽，亦有榮辱之別。能為蕭黨，榮莫大焉！」

劉邦聞言，甚驚愕，直視王衛尉良久，方轉身離去。

當日，劉邦便召王恬啟、王陵進殿，溫言道：「漢家立朝，二位有大功，然不得封王，皆各有因，也不必掛懷。老臣之中，我只信你兩位。今日召入，乃有重任，請做我使者，赴詔獄開釋蕭相國。」

二人聞命，皆感驚異。王恬啟大惑道：「釋相國，乃天經地義事，由獄令宣諭即可，何用我二人出面？」

劉邦搖頭道：「相國在獄中，必遭獄令折辱。獄令宣諭，他不出，則朝野震動，反倒是我下不得臺階了。」

二人這才領會，於是銜命而出。至詔獄，出示錯金符節，聲稱開釋相國。獄令聞命臉色大變，不敢怠慢，連忙提了蕭何出來。

蕭何見兩位老臣至，嘆了口氣：「陛下赦我了？若非你二位來，我便不出，寧願死於這詔獄。」

王陵連忙勸慰：「相國息怒。季兄已老，作好作歹，我等也奈何不得，且忍一時。」

王恬啟亦道：「近歲以來，今上行事，臣下多有不解。然他若不容我輩，則天下還有何人可容？」

蕭何聞言，不禁老淚縱橫，閉目無語，任由獄卒卸下枷鎖。

待卸去枷鎖，兩人見蕭何足踝已腫、步履蹣跚，都唏噓連聲，忙命獄卒拿了乾淨衣物來，要與蕭何換上。蕭何擺手道：「不必，主上如何落子，便須如何收子。我就這般模樣去覲見，二位無須操心。」說罷，便蓬頭跣足，緩緩步出詔獄。

王恬啟、王陵奈何不得，只得隨在後面，扶蕭何上車。

上得車來，蕭何回望獄門，見那獄令正惶悚伏地，滿頭冒汗，便笑道：「獄令不必驚慌。我自入獄，方有所悟：若無油水可撈，如何教小吏賣命？秦時法度嚴苛，獄吏無利可圖，焉能不放走刑徒？故而陳勝王、漢沛公，皆由擅放刑徒而起事。故而法至嚴，則無徒；法有隙，得長久。此理，只是上不得檯面而已。你儘管照舊吧，我絕不追究。」

獄令聞罷此言，幾乎嚇癱，連連叩頭如搗蒜。蕭何也不理會，只喊了一聲「走」，教那御者啟行。

不多時，車至北闕，二人於左右攙扶，蕭何跣足上殿，恭恭敬敬揖謝劉邦。

劉邦見了，面紅耳赤，俄而又嘻嘻一笑，道：「相國休得如此，這是要折殺我！相國為民請上林苑，我不許，錯便在我。我為桀紂之主，相國乃賢相也。天下人皆知是非，我必令天下知皇帝也有錯，今械繫相國，實為自曝我之過錯也！」

蕭何心知劉邦狡辯，然亦無心剖白，只道：「多謝陛下，僅用了二十斤枷。若用三十斤枷，那便要假戲真做了，老臣恐活不到今日告謝。」

劉邦大窘，連忙道：「那是那是！君臣事，權當做戲好了。這便請相國回府將養，所有公務，由掾屬自行處置，你病癒之前，可無須再問。」

兩大臣又送蕭何返歸相府，蕭逢時在府門迎上，拽住蕭何大哭，要與鄒育去拚命。蕭何嚴詞制止，又朝兩大臣一揖，請二人自回。至府中，從此不問公事，終日寡言呆坐，若泥塑一般。

劉邦自此後，待蕭何倒也平常，君臣間便再也無事。

春正月，劉邦箭創復發，疼痛難忍，竟不能視事，只覺自己來日無多了，索性便搬去了長信殿，由戚夫人侍寢。

臥於榻上，想起與項王苦戰數年，從未有過如此巨創。此等慘痛，或是上天示警：勿逼人太甚？想到韓信、彭越、陳豨、英布等諸人，都曾是手足一般，音容笑貌，宛然若生，如今皆成骷髏矣，劉邦便心有不安。然又想到劉盈、如意、劉長等輩，皆是孩童，若留了梟雄父執輩在世上，則自己死後，何人可助少主？今日逼迫異姓王死，或是太過，然則為子孫後代計，想來上天也能寬恕。

如此臥了幾日，劉邦只翻來覆去想：漢家究竟能有幾多壽數？忽想起那先秦六國，無廟無祀，已湮滅多年，不由起了惺惺相惜之意。隔日，便有「守塚令」下，曰：「秦、楚、魏、齊、趙及信陵君等，皆無後。今為秦始皇立守塚編戶二十家，楚、齊、魏、趙各十家五家不等，令其四時致祭，不得有他圖。」

過了幾日，又恐天下物議，說漢家容不得異姓王，便下詔曰：「南越世家織，守土有功，立為南海王。」

自定陶會盟之後，新封異姓王，此乃絕無僅有的一個。這南海王，原為閩越國之南武侯，封邑在南武（今福建省武平市）。閩越一帶，為未開化之境，你不封給人家，劉氏子弟也無人願去那蠻荒之地，索性便做了個順水人情。

忙罷這些，劉邦胸前箭創，又一日日沉重起來，竟是夜夜呻吟，難以入眠。戚夫人侍寢在側，見此越發憂心，便朝夕進言道：「陛下，箭創如此，你如何保得我母子平安？」

說得多了，劉邦不由煩躁，嘆口氣道：「若要我除去皇后，如殺雞狗耳。然朝中勳臣列侯，半為呂氏故舊。我若殺皇后，立你為后，則我今日賓天，明日妳母子便休想活命。唯有廢太子，將如意扶上皇嗣位，求得正名，方能保妳母子平安。」

「然你萬歲之後，還不是一樣？」

「哪裡話！如意若做了太子，便是我欽定，中外矚望，還有何人敢反？」

戚夫人聽明白了道理，心中便喜，催劉邦立下詔令。劉邦想想，將心一橫，便發了「易儲令」下去，舊事重提，再議太子廢立，命諸臣擇賢者報來，不得敷衍。

張良此時，正為太子少傅，每日旁事不問，專教太子讀書。忽聞易儲令下，不由大驚，連忙入長信殿謁見，力陳不可換太子。

劉邦於榻上懶懶道：「吾之家事，子房兄請勿多言。」

「此乃社稷事。」

「社稷事，也就是劉家事。自古疏不間親，子房兄應比我明理。」

張良自投漢以來，為劉邦謀臣，所謀無不被採信，不料今日諫言，與君上竟勢同水火，心頭不由大沮。稍後，便抱病不出，不再去教太子了。

那叔孫通單獨教了數日，才發覺有異；四下裡打探，才知又要換太子了，不禁惱怒。授課畢，便闖進長信殿去，伏於地，叩頭似山響。

劉邦大驚：「好了好了！夫子這是為何？」

叔孫通道：「昔日秦始皇昏聵，不早立長子扶蘇，偏私幼子胡亥，遂致禍亂天下，終於滅族亡祀。這一節，陛下曾親歷，恐記憶猶新。若始皇當初早立扶蘇，則陛下今日仍是亭長，何來此番天下？我投漢以來，陪太子讀書，已有十餘年。唯見太子仁厚，人品無瑕，天下人都知太子大賢，陛下若為戚夫人故，欲廢長立幼，臣以為萬萬不可。」

劉邦不為所動，只道：「廢立乃廷臣之事，非東宮屬官所應與聞。夫子既定禮儀，當知此理。你下去吧。」

叔孫通不服，亢聲道：「廢立乃天下事，臣如何不能與聞？若太子無端被廢，便是漢家不如故秦，一世便禮崩樂壞！皇后與陛下同甘共苦，在芒碭山立有大功，陛下又怎忍背棄？臣有言在先，何日廢立詔書下，臣便請伏誅，即是頸血塗地，亦絕不遵命。」

「好了好了！夫子越說越難聽，你要脅迫天子嗎？且退下，容我細思。」

叔孫通走後，劉邦也甚感躊躇，明白了欲廢太子這事，絕非一道詔書便可。眼見得「易儲令」發下已有數日，群臣卻毫無動靜，並無一個推薦奏疏上來，顯見是人人不贊同。此次群臣抗命，實為前所未有，若群臣不推薦，則皇帝便無由冊封新太子，所謂易儲之議，便徒然貽笑天下了。

想到此，劉邦便覺頭痛——皇帝竟也有做不成的事！一個腐儒叔孫通，尚且敢揚言屍諫，那周勃、夏侯嬰、灌嬰、王陵、酈商等人若一起鬧起來，豈不更是尷尬？即是舊部勉強同意，則又將陷如意母子於險境，自家撒手後，還不知如何收場？

想來想去，忽而想到了一計：不如謊稱箭創已愈，置酒宮中，召太子劉盈來侍酒。於酒席間，父子私聊，勸劉盈自己讓賢，豈不是好？

當下，便發了一道召宴諭令，傳至東宮。劉盈聞令，急忙報與呂后。呂后聞聽，心中大惑，不知劉邦為何事宴請太子；於是也顧不得許多了，急遣人請張良來問計。

張良來至椒房殿，甫一坐下，呂后便淚落如雨，哀哀道：「留侯救我母子！」遂將劉邦邀太子赴宴一事相告。

張良聞罷，大感驚異：「莫非，陛下要逼太子退位？」

「退位？」呂后一怔，立即醒悟，不由號啕大哭：「我母子死到臨頭了！如何是好呀？」

張良想想，斷然道：「可請商山四皓相隨。」

呂后拭淚問道：「四皓？那些老匹夫有何用？」

「唯有一試。若不成，臣也陪叔孫通去死！」

呂后將信將疑，命審食其速往呂澤府中，去迎四皓入宮。

張良便勸慰道：「皇后勿急，請用臣之計，或有奇效。請太子自今日起，與四皓晝夜不離。」

待得四皓步入殿中，唯見各個白鬚飄然，果然氣度不凡。呂后見了，心頭略安，連忙道了個萬福，賠笑道：「四位長者，吾兒性命，便相托了。」

四老者回揖謝過，其中東園公便道：「老朽無能，唯有年紀一把，忝為太子僕從，諒無人敢於輕忽。」

呂后拭去淚，點了點頭，一面便緊緊抱住劉盈。

設宴這日，劉邦命人在殿上拉了些帷幕，重重疊疊，不令外人進入，便打發涓人去請太子。

少頃，劉盈應召而來，劉邦抬頭看去，只見宮女撩開帷幕，劉盈當先緩緩而入，行了伏拜禮；後面還有四人跟進，卻是籠袖而立，不禮不贊。細看，原是四位長者，鬚髮皆白，貌皆儼然。

劉邦大驚：「這是何人？」

劉盈答道：「兒臣之師。」

「尊姓？」

四人便挨個上前，施禮報名。剛報過兩個，劉邦便又一驚：「甚麼？四老乃商山四皓？朕欲求四位下山，然多年而不得，分明是瞧我不起，卻如何願為豎子之僕？」

東園公一揖道：「陛下無學，喜謾罵文士；臣等不願受辱，故不應召。」

「那太子倒強於我了嗎？」

「太子仁孝，善待文士，天下都慕其美名，人人願為太子效死。故我等不辭辛勞，出山輔佐太子。」

劉邦便笑：「甚麼太子？豎子！爾等所說，似不是吾兒，倒像是位聖人了。罷罷，旁觀者所見，或許是實。四老請不必客氣，且坐下，吾與爾等同飲。」

四皓卻不坐，只輪流上前，向劉邦敬酒。敬罷，亦不飲，侍立於太子身後，畢恭畢敬。

劉邦本想與劉盈說些私房話，見此情景，倒說不出甚麼了。飲了幾巡，終覺意興寡淡，便道：「有四老輔佐，太子將來不致失德；也好，就勞煩公等始終護佑太子。今日，諸公與太子便回吧。」

劉盈應命而起，行禮告辭；四皓也略略一揖，緊隨劉盈之後而出。

劉邦呆望了片刻，急喚戚夫人出來，指著四皓背影道：「本欲與太子言廢立事，然太子已得四老輔佐，羽翼已成，天下矚望，勢難拔矣！」

戚夫人望去，看得一清二楚，不由便泣下。

劉邦見戚夫人無助之狀，亦是悲抑莫名。長嘆一聲，吩咐道：「妳且為我作楚舞，我為妳作楚歌。」

戚夫人含淚從命，於茵席上迴旋作舞，長袖飄飄。劉邦倚欄觀之，一面便擊掌歌曰：

鴻鵠[81]高飛，一舉千里。羽翮已就，橫絕四海。橫絕四海，當可奈何？雖有矰繳，尚安所施？

此曲乃是說：太子羽翼已成，高飛萬里，我手中雖有弓箭，卻不知往何處可射？

如此反覆歌吟，再三再四，聲愈淒涼，竟有些哽咽了。戚夫人聞聽歌詞，觸動心事，旋又淚流滿面，竟至舞步紊亂，索性停了下來，委地痛哭。

劉邦也不去扶，自顧流淚不止。轉身憑欄望去，見二月早春，草色漸綠，然能否見到秋之黃葉，尚在未定之數，便覺這人間事，何其難料也！想自己貴為天子，既不能護佑愛姬，也不能傳位於愛子，生無寧日，死亦糾結，還不如美髯客無家無累的好。

自此之後，劉邦每日愁眉緊鎖，寡言無神。有時半日不發一言，有時則喃喃自語：「怎生了得？怎生了得？」嘆息無數，然亦無計可施。宦者婢女見了，也陪著心傷，私下裡說起，竟無一人羨慕這皇家人倫的。

廢立之事，就此無人再提起。群臣見劉邦終於死心，都長出一口氣，暗自慶幸。

且說周勃早前平定了代郡，應劉邦召，與樊噲分頭班師回朝。周勃先至，聞主上病篤，慌忙入宮，直奔長信殿。至榻前，見劉邦已不能坐起，不禁便泣下。

劉邦聞周勃飲泣之聲，睜開眼，便是一喜，伸出枯瘦的手掌來。周

---

[81] 鴻鵠（ㄏㄨˊ），即天鵝。古人常以之喻志向遠大者。

勃忙執起劉邦之手，道：「陛下，臣周勃覆命，代郡、雁門、雲中等郡，胡塵盡散，再無半個叛眾了。」

劉邦喘息有頃，勉強一笑：「壯哉！絳侯……我今已到壽限，英布那豎子正喚我，我將去了。漢家山河安否，有賴君矣。」

周勃頓時淚下如雨：「陛下戲言了！萬年尚早，漢家不可一日無陛下。」

劉邦搖頭道：「生也有涯，不必說那些虛言了。今春以來，我每夜輾轉，只不能安睡。唯覺太子懦弱，恐又是一個秦二世。委實不願抱此憾而離世，於地下見我漢家分崩。」

「有臣在，必不致此！」

劉邦微笑頷首道：「豐沛舊人，到底是心腹。」周勃聞言，臉色忽地就一沉。

劉邦雖病重，卻十分警覺，急問道：「何事？」

周勃遲疑片刻，方答道：「臣掃滅陳豨，其裨將紛紛來降，有曰：盧綰曾遣使通陳豨，與之謀。」

「哦？盧綰？他與吾乃總角之交，自幼親愛無間，今居燕六年，不聞有異，恐不至於謀反，或是降將為求活命而誣之？」

「降將供述，言之鑿鑿，說那燕使名喚范齊，常駐陳豨大營，陳豨左右無人不識。」

「便是如此，也不可輕信。異姓諸侯凋落至此，唯餘長沙、燕王兩人，若燕王亦反，我豈不成了無德之君？又如何向天下交代？」

「臣亦不願輕信，然……」

「休要說了！盧綰少時，行鼠竊狗偷事，皆不敢瞞我。待我遣使赴燕，傳召他回朝，我當面來問。」

當日，典客衙署便遣使者入燕，向盧綰傳旨道：「君上有話要問，請燕王速回朝。」

那盧綰聞劉邦傳召，脊背上便汗溼了一片，應不應召，躊躇難決。在殿上敷衍了使者兩句，便請使者暫回館驛，改日再說。

這一晚，盧綰於燈下獨坐，權衡再三，仍難以定奪。原來，他與陳豨通謀，果有其事！其前因後果，說來話長。

當初陳豨謀反，欲借匈奴之力，便遣了部將王黃入匈奴借兵。可巧，時值白登山解圍不久，漢匈兩家正在和親，冒頓不願背約，故不肯借兵。

其時，盧綰已獲劉邦諭令，正要南下征討陳豨，聞陳豨求助於匈奴，便急派屬臣張勝赴匈奴勸阻，囑張勝告誡冒頓：「陳豨敗亡，指日可待，單于萬萬不可相助。」

豈料張勝出使途中，偏巧遇見了臧荼之子臧衍。張勝早先為臧荼屬下，與臧衍頗為相熟，兩人就在路旁攀談起來。

當年臧荼兵敗，臧衍逃至匈奴，好歹保下一條命來，遂與漢家結下如海深仇。此時便對張勝道：「漢帝乃捉盜吏出身，性本多疑，自登基以來，以猜忌功臣為樂，今日殺一個，明日逐一個，吾父迄今仍生死不明。還有那韓王信投敵、韓信伏誅，皆因他多疑所致。照此看來，你那主公又僥倖能活乎？不如勸說燕王連結匈奴，暗助陳豨。待漢帝有朝一日與燕王反目，陳豨也好從旁助燕王。」

張勝聽了這番言辭，甚覺有理，竟然自作主張，見了冒頓，便鼓起如簧之舌，力勸匈奴出兵助陳豨。那冒頓娶了漢家公主，早已聞知是贗品，心中本就不悅，被張勝一激，不由大怒：「中原自劉邦出，便無一句真話，連公主都有假，況乎百年結盟耶？」於是發兵犯代境，力助陳豨。

盧綰驚聞匈奴背約，遣胡騎犯境，惱恨張勝有辱使命。待張勝返國，不由分說，便將張勝拿下，要開刀問斬。

張勝被刀斧手縛住，卻只笑道：「大王之功，難道高過韓信嗎？」

「妄言！那韓信是何人？孤王又是何人？如何能相比？」

「以故里而論，大王與漢帝近；然以滅楚之功而論，則韓信與漢帝之近，則無人可及。如今近者已誅，遠者尚未誅；非為不誅，乃一時無暇誅耳。」

「我與漢帝，乃總角之友，他豈能忍心誅殺我？」

「昔日在鴻溝，父將烹，卻還能嬉笑如常。有此心腸者，何人不忍心殺！」

盧綰當下語塞，想想張勝言之有理，便教左右為他鬆了綁，令他歸家待罪。自己則關起門來，苦思對策。

不數日，張勝又強闖入宮禁，大呼道：「來日若有漢使一人，率數名兵卒，便可索去大王頭顱。大王有十萬雄兵，卻不知該當何用！」

一句話，點醒了盧綰，轉念一想，便赦免了張勝，仍派他去匈奴為使，隨時通消息。又遣屬臣范齊赴代郡，常駐陳豨大營中，以示應援。不料，陳豨自叛後，未見有甚奇謀，卻屢出昏招，一敗再敗，將一盤好棋下成了臭棋，終在當城敗亡。范齊僥倖脫逃，奔回薊城，向盧綰覆命。盧綰聞他稟報，嘆息連連，只怪自己眼盲，將賭注押錯了。

正私心慶幸此事外人不知，便忽有漢使來召，盧綰哪裡還敢回朝？次日，漢使又上殿來催，盧綰口中應諾，緩緩起身，卻一個趔趄，「啊呀」一聲摔倒在殿上。左右連忙上前扶起，攙他進了寢宮，跟著便傳出話來：「燕王抱病，不能回朝了。」

漢使呆立在殿上，心中暗笑：「這倡優之戲，演得未免太假了些。」

於是也不勉強，自回長安覆命去了。

待漢使回朝，將所見稟報，劉邦仍不信盧綰有異心，不欲討伐，只喚來辟陽侯審食其、御史大夫趙堯，吩咐道：「你二人，位高而功小，朝臣久有非議，今日可建大功也！即日便請赴燕，查探盧綰病情虛實，迎盧綰回朝，勿為漢家留後患。此去燕都，安危或有難料，須多留意。」

審食其、趙堯知君上所托甚重，都不敢推辭，互望一眼，便慨然領命。

旬日之後，兩人馳入燕都薊城。盧綰聞之，大起恐慌，忙遣典客迎住二人，只說是燕王重病未癒，不便召見，務請上使多候幾日。

兩人便入館驛住下，候了幾日，仍不得要領，便通告典客，要往燕王宮中探病。典客亦無措，只是巧言推託。審食其、趙堯也不便用強，只好借機盤問燕王左右，查驗與陳豨通謀之事。

那些燕王左右，或有見苗頭不對的，便將內情和盤托出，趙堯一一錄下口供，備案不提。盧綰聞之，越發惶急，索性搬出宮去，在范齊家中躲了起來，連屬臣也遍尋不著。

如此數日，范齊以為大不妥，勸盧綰召見漢使，務必辯白。盧綰嘆道：「非劉氏而王者，今唯餘我與長沙王了……」

范齊道：「還有南越王、南海王。」

「嗤！南蠻番邦，那算得甚麼王？擺設而已。環顧海內諸王，韓信受族誅，彭越遭烹殺，皆為呂后之計。吾聞今上已抱病不起，不理朝政，諸事專任呂后，就更不得了！此婦彪悍，專以細故誅殺功臣，顯是以殺人立威，為太子張目。我若還朝，正入此婦羅網，以我一世功名，為悍婦幼主墊腳，豈不冤哉！」

「然……兩位漢使在此，如何打發才好？」

「還打發個甚？就說病重，隨他去吧。」

自此，薊城中便散漫無主，相府、城衙等眾官，都察覺大事不妙，紛紛逃匿。燕境內六郡亂成一團，已呈分崩之勢，

審食其、趙堯見盧綰死活不出，亦是無奈，商議了半日，唯恐燕地亂起，連命都難保了，便不再痴等，收拾了行囊出城，回朝覆命去了。

春二月末，兩人返回長安。至劉邦榻前，趙堯出示了燕臣口供，具述盧綰反狀，稱已確鑿無疑。

劉邦知趙堯善斷案，所探必不虛，不由大怒：「盧綰果然是反了！」

正巧樊噲率部自代郡返回，劉邦便喚來他，吩咐道：「如今蕭相國抱病，已不能視事，朕加你為相國，點起十萬人馬，征討盧綰，務要提他人頭回來。」

樊噲驟然位至萬人之上，心中雖暗喜，然亦不願擔此惡名，便道：「盧綰，是幼時總角之交的兄弟，欲拿他人頭，教我如何下得手去？不若綁回他便罷。」

「你不下手，他便下手！此賊不死，來日你姪兒天下，如何能坐穩？今日發兵，我就要見他人頭。」

樊噲只得領命而退，赴相國府視事。不數日，便發近畿及關中兵十萬，自領將軍，浩浩蕩蕩出關，往燕都去了。

當日劉邦召見樊噲，趙堯正在殿上，立於側旁一語未發。待樊噲退下後，劉邦對趙堯道：「蕭相國不視事，樊噲出征，你這御史大夫，便是個副丞相，朝中諸事，不可大意。」

趙堯心中惶惶，竟有末世之感，應命之後，甚感不安。回到御史臺，徹夜未歸家中，將朝中大事顛來倒去思量，天明時，毅然揮毫，寫了一道密奏，遞進宮去。

劉邦一夜未睡好，天將明時，正要瞌睡，忽有涓人呈上火急密奏。

拆開一看，竟是趙堯舉發樊噲欲行不軌！劉邦渾身一激，不由坐起，細讀那密奏：「臣聞樊噲與呂氏結黨，謀於帷幄，只待今上一日晏駕，即發兵盡誅戚氏、趙王，欲闔門殺絕，不留遺子。」

劉邦大口喘息，怒拍臥榻道：「樊噲見我病，望我死也！」

眾涓人皆驚，以為君上已陷入譫妄，忙為劉邦額上敷冰水。

劉邦憤而推開涓人，大叫道：「果然果然！這屠夫之心，果然不正。喚陳平來，速喚陳平來！」

陳平聞召，急入長信殿，正要問候，劉邦便急命道：「速駕車，載絳侯周勃赴軍中，將樊噲那狗捉住，就地砍頭。命周勃代將軍，你攜樊噲人頭回朝，我要親見。」

陳平聽了，目瞪口呆：「陛下，朝中老臣，所餘已無幾個了。」

「教你殺，你就殺！你不殺樊噲，明日他就殺如意⋯⋯」說到此，劉邦覺胸前劇痛難忍，如萬箭穿心，撐持不住，竟一頭栽倒在榻邊。

陳平慌忙上前扶住，急喚御醫孔何傷前來。

孔何傷已數月不能安眠，形銷骨立，顛倒衣履，聞聲連忙衝了進來。

陳平乍見御醫之貌，大驚道：「孔太醫，你這副模樣，似不久於人世，如何能治得好陛下？」

孔何傷也不理會，只管為劉邦熬湯灌藥。

良久，劉邦才復甦過來，喘息道：「陳平兄，漢家多難，既這般多難，又如何能興？傳百世，豈不是說夢？我只問，你究竟能不能斬樊噲？」

陳平大懼，忙答道：「能斬，能斬！請賜予虎符。」

劉邦便於懷中，摸出個錯金龍鳳符來，道：「此符，乃至尊之符，可調衛尉之兵，向為我護身之符。你且拿去，即便有十個樊噲，也不敢抗命。」

「諾。」陳平接過符節，便要退下。

「且慢！拿筆硯來。出師討逆，不可無名。我口說，你且擬詔。」劉邦強撐坐起，緩緩口述諭旨，陳平持簡牘記下，詔曰：

燕王盧綰係我故人，愛之如兄弟，近聞與陳豨通謀，吾以為無有此事，故遣使者迎盧綰回朝詢問。盧綰託病不回，反跡明矣。燕吏民未與謀者，凡六百石以上吏員，各加爵一級，以示嘉勉。與盧綰同謀者，凡來歸，則赦免，亦加爵一級。廢盧綰燕王號，應長沙王吳臣等所請，立皇子劉建為燕王，嗣後就國。

書畢，劉邦哀嘆道：「一王反，二王反，尚可說是其心不正；然諸王皆反，莫逆之交亦反，後世將如何看我？」

陳平道：「陛下勿多慮。君王在上，若無人反，便是庸主，家國之祚也必不久。」劉邦便慘笑：「你就是贏在了一張嘴上，且去吧。」

陳平領命而出，即回府中，將戰袍尋出，披掛整齊，駕車直奔絳侯府。叩門喚出周勃來，不由分說，拉他上了車，便急往東門而出。

周勃惶然不知所以，於車上數次發問，陳平只顧驅車，也不答話。周勃愈急，驚道：「中尉，你不是也要叛漢吧？」

陳平回首苦笑，手上韁繩緩了一緩，這才將劉邦諭旨詳盡轉述。周勃聞罷，臉色大變：「中尉，樊噲乃至尊外戚，若陛下萬歲之後，你我如何向皇后交代？」

陳平便道：「將軍所慮，也正是我之所憂。然上命緊迫，我又怎敢抗命？」

「君上龍體如何？」

陳平便沉默不語。

周勃又道：「樊噲，重臣也，殺之不祥。」

陳平一嘆，便將心中憂慮道出：「唯其權重，便成礙目之物，不殺他殺誰？然殺之，明日太子繼位，呂后必取你我之頭顱，君上又不能起於地下，為你我擔待。如若不殺樊噲，則君上怪罪下來，你我亦成樊噲同謀，勢難保命。」

「唉！征戰半生，竟然唯求保命，倒不如當年織席去了，好歹無性命之憂。」

「周兄，建功立業，恰似累卵，吾輩又能奈何？」

周勃想想，滿面便漲紅：「中尉，你我抗命難活，遵命亦難活，橫直是不讓人活了。」

陳平道：「樊噲，親貴也，絕殺不得！且拖延行程，陛下之箭創近日復發，或許……」說到此，話頭忽戛然而止。

周勃不解，望住陳平半晌，方才會意，心中不由大駭。繼而想想，也只得嘆氣道：「遵中尉之意，便如此吧。」

兩人走走停停，旬日才趕上大軍。陳平高舉龍鳳符，自報身分，喝開了衛卒，駕車馳入軍營。樊噲聞報，急忙率諸將迎出。諸將見護軍中尉與絳侯至，以為是朝中添將，都歡呼起來，簇擁二人進了大帳。

陳平見人多雜亂，生怕有變，便高聲道：「君上有密令，交付樊相國，其餘諸人請迴避。」

諸將聞言，知事關重大，連忙退出大帳。

陳平便對樊噲道：「樊噲兄，請卸甲摘劍，接旨。」

樊噲心中不情願，嗔怪道：「今日乃何日，怎的如此鄭重？」便卸去戎裝，躬身聽命。

陳平向周勃一使眼色，周勃便拔劍在手，對帳中衛卒道：「你等聽護軍中尉之命。」

衛卒都齊聲唱喏，叉手肅立。

陳平便道：「今上有諭令，相國樊噲，與呂氏圖謀不軌，實為大逆，著即拿下。」

樊噲大出意外，便要跳起。周勃大喝一聲：「衛卒，動手！」眾衛卒怔了一怔，即一擁而上，將樊噲按住。

樊噲大怒，破口罵道：「盜嫂之徒，竟殺到自家人頭上了！」

周勃喝道：「閉口！有上命：擒拿樊噲，於軍中當即斬殺。若非中尉做主，我這劍便要砍下了。」

樊噲望望陳平，恨恨道：「自古疏不間親，今日，卻是連襟也要相殺了！」陳平便道：「多言也無益，請相國隨我回朝。將軍之事，交絳侯代行。」樊噲長嘆一聲：「事已至此，便由中尉吧。」

陳平即一甩衣袖，吩咐眾衛卒道：「綁了！」

待繩索縛好，樊噲淚流不止，向陳平點點頭道：「謝陳平兄不殺。」

陳平忽又彎下腰，附樊噲之耳低語道：「且隨我徐行。兄若命大，陛下或等不到你我還朝了。」

樊噲聞言一震，雙目大睜，惶然不知所對。

至春三月，天已轉暖，宮牆外鶯飛草長，可聞仕女踏青的嬉戲聲。劉邦臥於病榻，仍覺寒意入骨，自知再活不多久了，便掙扎而起，召周緤、徐厲至近前。吩咐二人攙扶，要乘車輦離開長信殿，回寢宮起居。待起身，又對二人下令道：「你二人自今日起，持劍警蹕，晝夜不離我左右。有朝臣故舊來，一概不見。」

二人應命，便將劉邦扶上車輦。

那戚夫人知此去便是訣別，不由大哭，欲拖住車輦。劉邦也不理，向空中做了個斬斷的手勢，周緤、徐厲見此，挺劍而上，雙雙逼住戚夫人道：「得罪了！」便不允前行一步。

戚夫人哀哭道：「陛下，欲棄如意乎？」

劉邦倚在車輦上，似未聽清，只含混道：「怎生了得，怎生了得呀……」

車輦隨即疾入前殿，眾宦者扶劉邦進了寢宮，周緤、徐厲仗劍守住殿門。丹陛之下，郎衛執戟林立，除御醫外，其餘人等概不准入。至午後，便有諭令傳出，宣諸王、列侯進宮，聆聽遺訓。

且說趙堯掌國柄之後，即移文各諸侯，通報君上病篤，望諸王盡速赴長安應變。故而各處諸侯王，已於月前抵長安候旨。此時，便有相府掾吏分頭四出，傳召諸王及列侯。至日暮，諸臣已集齊，皆著素服入宮，在中庭列隊等候。

這半日，長安城內，各街衢唯見車馬往來，疾馳如飛。百姓於道旁望見，情知有變，都屏息斂氣，不敢言笑。自秦滅六國以來，苛政兵亂無日無之。直至劉邦登基做天子，天下方有八年安寧。如今，百姓都知天子病篤，命不久矣，無不惶惶然；正如大戶豪族家主瀕死一般，不知來日該怎樣過下去。

各王、各列侯也都心事重重，不知天子駕崩後，朝政將有何種變故，自家性命又能安然否？因而各個面色陰沉，步履遲緩。

此時，內外諸人已無由可睹天顏，寢宮內所有消息，均由一二宦者傳出。日將落，周緤忽自殿內奔出，附在趙堯耳畔，密傳諭旨。

趙堯連連頷首，即高聲傳令，請劉肥以下諸皇子登上正殿丹陛，其餘諸侯、群臣皆伏地聽旨。

待諸人就位，趙堯便宣諭道：「陛下有旨，今與諸侯及各功臣盟約：非劉氏不得王，非有功不得侯。不如約，天下共擊之。」

諸臣聞之，皆齊聲複誦；誦畢，三呼萬歲。丹陛之上，諸皇子隨即列隊揖禮，以謝群臣。

少頃，有宦者牽來一匹白馬，駐於中庭。周緤、徐厲便從丹陛疾步而下，來至白馬前，徐厲接過轡繩，忽地以臂夾住馬頭；周緤便舉劍，一劍刺破白馬脖頸。白馬轟然倒地，頸血噴湧。

此時，殿角有殘陽餘暉，正照在屋脊上，簷頭鴟吻，如沐於血泊之中。白馬之側，早有宦者備好陶缶，接滿血，分灑於數百酒盞中，賜予諸臣。諸臣飲下，再呼萬歲。

眾人盟誓畢，便分列退出；殿前雖人頭攢動，卻是一派肅然。此即為有名的「白馬之盟」，其典儀之盛大，震動朝野。

翌日，又有明發上諭，公告天下，詔曰：

吾立為天子，臨天下，於今十二年矣。與諸位豪士、賢大夫共定天下，同安輯之。其有功者，上可至諸侯王，次為列侯，下亦可封食邑。漢家重臣，多為列侯，自聘屬吏，自得財賦，佩金印，賜大宅。向日隨我入蜀漢、定三秦者，雖小卒，亦世世免賦，我於天下功臣，可謂不負矣。來日如有不義者，擅自起兵，逆天而行，諸君請與天下人共討之。此諭令，布告天下，使萬民明知朕意。

此即為有名的「同安輯令」，當日便飛傳四方。普天之下，盡知此諭無異於皇帝遺囑。

白馬之盟後，劉邦病癒甚，牽動舊創，越發不可收拾。呂后心急，遍尋民間，終覓得一良醫，自稱神醫扁鵲之後。

呂后大喜，連忙將良醫迎入宮中，報與劉邦知。劉邦心亦甚喜，即命召入。

那扁鵲後人已是一位鶴髮老翁，摸劉邦之脈良久，只是搖頭嘆息。劉邦便問：「吾病如何？」

那良醫道：「可治。」

此話，乃婉語也。古時醫者，不敢直言君王之病不可醫，故而曲意稱作「可治」。劉邦一聽，立刻大罵：「我以布衣起家，提三尺劍取天下，活了六十有三，此豈非天命乎？命乃在天，莫說是扁鵲孫，就是扁鵲自來，又有何用？」

呂后亦覺無奈，便勸道：「有良醫在側，總還聊勝於無。」

劉邦道：「我不用他治疾！賜五十斤黃金，哪裡來的，隨他哪裡去吧。」

良醫遂告罪退下，治療之事，仍由孔何傷總攬。呂后數次私下詢問：「太醫，能撐兩月否？」孔何傷只是搖頭。

呂后知劉邦來日無多，忍了又忍，還是問起後事：「陛下百歲後，若蕭相國死，誰可以代之？」

「曹參。」

「曹參之後呢？」

「王陵。然王陵少謀，陳平可以助之。陳平智謀有餘，卻難以獨任，故而只能輔佐。此外，周勃厚重少文，然安劉氏者必周勃也，可仍令其為太尉。」

「此後呢？」

「此後？此後便非你所知了！」

呂后疑惑道：「這又為何？」

「除非……你覓得長生藥。」

呂后大窘，嗔道：「將死，其言也不善！」

劉邦長出一口氣，喃喃道：「天下甚好，勿棄之……」便闔上雙目，眼見得說不出話來了。呂后看看，便要告退，劉邦卻伸手拉住呂后衣袖，呂后會意，連忙坐下，此後便晝夜不離病榻。

如此拖到春四月廿五日，晨起，劉邦忽然睜開眼，面露欣悅，口中喃喃有詞。呂后聽不清，側耳過去，方聽見是在唱：「我便是我，我便是鵝……」唱了數聲，眼角便流下兩行清淚。

呂后正要說話，忽見劉邦手指牆壁，隨著看去，原是牆上有一幅絹繪山河輿圖。呂后會意，忙起身去摘下，交予劉邦。

劉邦以枯瘦之手緊緊攥住輿圖，張嘴想說話，卻發不出聲來。呂后心急，望住劉邦。但見劉邦忽然睜大雙目，費盡全身力，只吐出一個字來：「劉！」便頭一歪，雙目闔上，竟是溘然長逝了。

呂后吃了一驚，癱坐於地，眾宦者急忙圍上去扶，殿內頓時嘈雜聲大作。門外周緤、徐厲聞聲，臉色猛地慘白了，急急拔出劍來，惶然相對。

此時宦者籍孺從殿內奔出，顫聲道：「糟了糟了……」

徐厲渾身一顫，手中劍掉落地上，呆了一呆，忽跪地大哭道：「陛下，陛下……這怎麼得了呀！」

才哭了幾聲，呂后忽自殿內衝出，戟指徐厲，厲聲喝道：「住聲！天塌了麼，你就哭？」

# 漢家天下——劉邦定鼎：

## 忠將辭弓，王者恓惶！英雄路何處歸？

作　　者：清秋子
發 行 人：黃振庭
出 版 者：複刻文化事業有限公司
發 行 者：崧燁文化事業有限公司
E-mail：sonbookservice@gmail.com
粉 絲 頁：https://www.facebook.com/sonbookss/
網　　址：https://sonbook.net/
地　　址：台北市中正區重慶南路一段61號8樓
8F., No.61, Sec. 1, Chongqing S. Rd., Zhongzheng Dist., Taipei City 100, Taiwan
電　　話：(02)2370-3310
傳　　真：(02)2388-1990
印　　刷：京峯數位服務有限公司
律師顧問：廣華律師事務所 張珮琦律師



定　　價：550元
發行日期：2025年01月第一版
◎本書以POD印製

**國家圖書館出版品預行編目資料**

漢家天下——劉邦定鼎：忠將辭弓，王者恓惶！英雄路何處歸？ / 清秋子 著. -- 第一版. -- 臺北市：複刻文化事業有限公司, 2025.01
面；　公分
POD版
ISBN 978-626-7620-50-2(平裝)
1.CST: 中國史 2.CST: 通俗史話
610.9　　　113020269

電子書購買

爽讀 APP

臉書